欧洲学术丛书

孙周兴　冯俊　主编
赵千帆　执行主编

洪堡语言哲学
和语言学（二）

Wilhelm von Humboldt:
Schriften zur Sprachphilosophie
und Sprachwissenschaft Werke II

[德]威廉·冯·洪堡　著
Wilhelm von Humboldt

赵劲　译

同济大学出版社·上海
TONGJI UNIVERSITY PRESS·SHANGHAI

图书在版编目（CIP）数据

洪堡语言哲学和语言学．二／（德）威廉·冯·洪堡著；
赵劲译．-- 上海：同济大学出版社，2023.12
（欧洲学术丛书）
ISBN 978-7-5765-0650-1

Ⅰ．①洪… Ⅱ．①威… ②赵… Ⅲ．①语言哲学－文集②语言学－文集 Ⅳ．① H0-53

中国国家版本馆 CIP 数据核字（2023）第 002627 号

"十四五"国家重点出版物出版规划项目

欧洲学术丛书

洪堡语言哲学和语言学（二）
［德］威廉·冯·洪堡 著　　赵　劲 译

丛书策划　熊磊丽　张　翠
责任编辑　张　翠
责任校对　徐春莲
装帧设计　张　微　李　丽

出版发行	同济大学出版社　www.tongjipress.com.cn	
	（地址：上海市四平路1239号　邮编：200092　电话：021-65985622）	
经　　销	全国新华书店	
印　　刷	上海颛辉印刷厂有限公司	
开　　本	710mm×960mm　1/16	
印　　张	25	
字　　数	500 000	
版　　次	2023年12月第1版	
印　　次	2023年12月第1次印刷	
书　　号	ISBN 978-7-5765-0650-1	
定　　价	128.00元	

本书若有印装质量问题，请向本社发行部调换
版权所有　侵权必究

编委会

主　　编　孙周兴　冯　俊

执行主编　赵千帆

编　　委　（按姓氏笔画为序）

叶　隽　冯　俊　刘日明　孙周兴　杨　光　吴建广　吴树博　余明锋
张尧均　张振华　陆兴华　郑春荣　居　飞　赵　劲　赵千帆　赵旭东
柯小刚　徐卫翔　韩　潮　谢志斌

学术支持　同济大学欧洲思想文化研究院

总　序

欧洲曾经是一个整体单位。中古基督教的欧洲曾以教会和拉丁文为基础形成相对统一的文明形态。文艺复兴前后，欧洲分出众多以民族语言为基础的现代民族国家。这些民族国家有大有小，有强有弱，也有早有晚（德国算是其中的一个特别迟发的国家了），风风雨雨几个世纪间，完成了工业化—现代化过程。而到20世纪的后半叶，欧洲重新开始了政治经济上的一体化进程，1993年11月1日，"欧盟"正式成立。至少在名义上，又一个统一的欧洲诞生了——是谓天下大势，分久必合，合久必分么？

马克思当年曾预判：要搞社会主义或者共产主义，至少得整个欧洲一起搞——可惜后来的革命实践走了样。一个统一的欧洲显然也是哲人马克思的理想。而今天的欧盟似乎正在一步步实现马克思他老人家的社会理想。虽然欧盟起步不久，内部存在种种差异、矛盾和问题，甚至有冲突和分裂的危险，但一个崇尚民主自由的欧洲，一个重视民生福利的欧洲，一个趋向稳重节制姿态的欧洲，在今天的世界上是有特别重要的地位和价值的。

马克思之后，欧洲文化进入到一个全面自我反省的阶段。哲人尼采发起的现代性文化批判尤其振聋发聩，但他依旧怀有对"好欧洲人"的希冀。而20世纪上半叶相继发生的两次世界大战，更是彻底粉碎了近代以来欧洲知识人的启蒙理性美梦和欧洲中心主义立场，从此以后，"世界历史"进入一个全新的阶段。但另一方面，我们也不得不看到，欧洲的哲学—科学—技术—工业—商业体系，至今仍旧是在全球范围内占统治地位的知识形态、文化形式、制度设计、生产和生活方式。这就是说，今天世界现实的主体和主线依然是欧洲—西方式的。现代性批判的任务仍然是未完成的，而且在今天已成为一个全球性的课题。

欧洲已经是"世界历史性"的欧洲。有鉴于此，我们当年创办了"同济大学欧洲思想文化研究院"。也正因此，我们今天要继续编辑出版"欧洲学术丛书"，愿以同舟共济的精神，推进我国的欧洲文化研究事业。

孙周兴

2017 年 8 月 25 日写于海口

2023 年 4 月 27 日改写于杭州

目 录

总 序 ·· V

11. 论语法形式的产生及其对观念发展的影响 ··························· 1
12. 论语言的民族特性（残篇） ·· 28
13. 论美洲语言的动词 ··· 42
14. 何种程度上可根据美洲语言的残余来判断美洲原住民从前的文化状态 ··· 58
15. 论语言与文字的关系 ··· 87
16. 论拼音文字及其与语言构造的关系 ······································ 150
17a. 论《摩诃婆罗多》中以《薄伽梵歌》著称的片段 I ··············· 173
17b. 论《摩诃婆罗多》中以《薄伽梵歌》著称的片段 II ············· 218
18. 语言普遍类型的基本特征 ·· 235
19. 致阿贝尔·雷慕萨先生的信：论语法形式的通性以及汉语精神的特性 ··· 330
20. 论汉语的语法构造 ·· 379

11. 论语法形式的产生及其对观念发展的影响

1822 年 1 月 17 日宣读于柏林科学院

　　在此我将描述语法形式的起源以及它们对观念发展（Ideenentwicklung）的影响。但我无意细究语法的具体类别，而更多的只限于介绍语法的概念，用以回答以下两个问题。

　　1．在一种语言中，那些有资格称之为"形式"的语法关系的表达方式是如何产生的？

　　2．这些语法关系是通过真实的形式还是通过其他手段来表达的？这对思维和观念的发展有多大的意义？

　　这里探讨的是语法的逐渐形成，从这一角度而言，不同语言的差异体现了语言发展的不同阶段。

　　然而必须注意的是，不要试图为语言的逐渐发展成形构想一种普遍的类型，并由此来评判所有的具体现象。对所有的语言而言，时间的作用与民族特性的作用都相辅相成，因此，美洲和北亚原始部落的语言特征不一定要与印度和希腊原始部落的相同。无论是单一民族的语言，还是多个民族的共同语言，都不可能遵循一条绝对均衡的、在某种程度上由自然所赋予的发展道路。

　　然而，语言就其普遍意义而言可视为人类的本质特征。如果要问，迄今为止人类将语言发展到了何种完美的程度，那么可以说，有那么一个固定的基点，据此可以确定其他一些固定点。通过这种方式便能看出语言能力是持续发展的，而且有迹可循。在这一意义上，我们有充分理由认为各种语言的发展存在着阶梯状的差异。

由于这里只提到语法关系的概念以及它们的语言表达，因此，我们只需讨论观念发展的基本要求，并确定语言完善的初级水平。

然而，只要有人提出疑虑，认为并不是每种语言，包括最不完善和最不开化的语言，都拥有真正知性（Verstand）意义上的语法形式，就会让人感到奇怪。因为人们只是根据这些语法形式的实用性（Zweckmässigkeit）、完整性、清晰性和简洁性来寻求不同语言之间的差异。此外，人们还会提出另一个依据：恰恰是那些原始部落，如美洲印第安人，他们的语言尤其具有丰富的、有一定规律的、人为的语法形式。以上两点均完全正确。我们只是要问，这些形式是否真的能被视为语法形式。因此"形式"这个词的概念就非常重要。要明确这一点，必须首先消除两个很容易产生的误解。

当谈到一种语言的优点和缺陷时，不能以某一个人的意见为标准，即便他受过这一语言的训练并能用这一语言进行表达。每一种语言，不管它对精神有着多么强大、多么生动的影响，同时也只是一种僵死而被动的工具。所有的语言都具有一种被正确甚至被完美使用的禀赋（Anlage）。如果一个接受过其他语言训练的人学习并掌握了某种不太完善的语言，那么他就可以通过这一语言为其施加一种对这一语言而言特殊的作用，并将一种与仅受该语言影响的民族完全不同的观点带入这一语言。一方面，这种语言被迫稍稍脱离了它自身的轨迹；另一方面，因为所有的理解行为都是客观和主观的结合，所以还有其他的一些东西被添加其中，因此很难说清楚哪些不是这种语言本身就具有并通过该语言产生的。

如果我们只看一种语言的表达能力，就会发现所有语言的优点和缺陷基本相同，这一点不足为奇。尤其是语法关系，完全取决于使用者的意图。它很少依附于词语而是更多地由听者和言者在思维中生成。若语法关系得不到表达，那就无法想象还会产生任何的言语和理解行为。所以每种语言，无论多么原始，都必须有特定的语法表达方式，只不过这类方式还比较贫乏、还不同寻常，主要还只是具象的（stoffartig）。由较为完善的语言所形成的知性能更好地驾驭语言，观念之间的关系也就可以用语言得到充分的表达。在想象中为一种语言添加语法关系要比词义的扩展和细化容易得多。所以，即便是在原始和不开化的语言中，也能找到那些高度完善的语言所具有的一切语法形式的名称，就并不会显得奇怪了。实际上，在每一种语言中都能找到这些名称的踪迹，因为人永远只能完整地而不是部分地拥有语言。至于语法关系的这类表达方式是不是并在多大程度上体现了真正的语法形式，对母语者的观念发展是否产生影响，其程度又如何，这类细微的差别是很容易被忽略的。

然而恰恰是这些细微的差别极其重要。决定一种语言优点和缺陷的并不是这种语言能够表达什么，而是它用自己内在的力量鼓励和激发了什么。而相关的评判标准是由该民族的语言所唤起的观念的清晰性、确定性和活跃性。语言本身由民族精神所塑造，反之又对民族精神发挥着建构性的作用。倘若不顾语言对观念发展和感知活动的这种影响，就来检验语言作为一般工具能够生成和造就什么，那么我们就丧失了立足点，因为一定的精神概念需要通过语言来表达，否则就会缺失不见。通过言语所产生的一切总是精神和语言的复合产物。在这一意义上必须将每种语言都理解为是由某一特定民族所构造的，而不是产生于与之无关的其他民族。

即便有的语言不具备真正的语法形式，但由于绝不缺少表达语法关系的其他手段，所以也能够很好地进行言语，亦即形成具体的语言产品（materielles Erzeugniss），而且或许还能够转译和构造任何类型的言语。而后面一种情况，只是一种不甚完善的语言利用了另一种比较完善的语言并借助这种外在力量所取得的成果。

虽然几乎每种语言都能或多或少地表达所有的语法关系，但这并不是说，每一种语言都拥有高度发达的语言所具备的那些语法形式。言语和形式作用之间存在着细微却可以明显觉察的区别。对此本文将作进一步的研究。为了消除有可能发生的第一个误见，这里首先需要区分的是：什么是某种力量借助语言所能造就的，什么是语言自身通过对观念及其发展施以持续的习惯性影响所能创造的。

第二个误见是由于一种形式与另一种形式相混淆而产生的。人们通常是从一种自己更为了解的语言（如本族语或拉丁语）出发去研究一种不熟悉的语言：习惯于把熟知的语法关系运用到陌生的语言之中，用自己语言里语法形式的名称来命名所遇到的词形变化和词序现象，或者是根据一般的语言规律来予以处理。然而，这种语法形式通常并不存在于该语言，而是由其他形式来替代和表达的。所以，为避免犯这种错误，我们必须研究每一种语言的特性，通过详细的成分剖析，认清一种语言在其构造方面用何种特定的形式来表达各种语法关系。

在美洲语言方面就经常可以见到这类错误的做法。在修改那些用西班牙语和葡萄牙语编写的美洲语言教材时，最重要的是必须剔除其中的偏见误识，以真实地呈现美洲语言原本的构造。

下述示例可以清楚地表明这一点：在加勒比语（Karaibe Sprache）中，*aveiridaco* 作为第二人称单数、过去时、虚拟式，相当于德语的 wenn du wärest[1]。如果我们进一步仔细划分，*veiri* 表示系动词"是"；*a* 是第二人称单数，也可指代名词；*daco* 是表示时间的语助词，虽然我在相关的词典里未能发现这样的解释，但 *daco* 甚至也可能表达某一段时间，因为 *oruacono daco* 的意思是"在第三天"，因而上述具有形态

---

[1] 相当于现代德语的 wenn du gewesen wärest。（译者注）

变化的 aveiridaco 可字面翻译为"你在的那一天"。通过这样的改写，虚拟式的假设语气得以表达。这里所谓的虚拟式，其实就是一个与介词相连的动词性名词。如果要用一个近似于动词的形式来表达，它就是不定式的夺格（Ablativ）[1]或者拉丁语的动名词（Gerundium）[2]。许多美洲语言正是以这种方式来表示虚拟式的。

在鲁勒语（Lule）中，据说有一种被动分词，如 a-le-ti-pan，表示"用土做成的"。但这个音节组合的字面意思却是"土—用—它们—做"。其中的"做"是 tic（"我做"）的第三人称复数、现在时形式。

希腊人和罗马人所熟悉的不定式概念，也往往与另一些形式相混同而被认为存在于大多数、虽然不是所有的美洲语言之中。比如巴西语里的不定式是一种完完全全的名词：iuca 意为"杀害"（动词）和"谋杀"（名词），caru 意为"吃"（动词）和"食物"（名词）。"我要吃"在这里可表达为 che caru ai-pota，字面意思即"我的食物我要"，或者也可以用一个与动词融合在一起的第四格名词 ai-caru-pota 来表示。只是这种词序还保留着动词性，可以以宾格的形式支配其他名词。在墨西哥语中，不定式由第四格宾语融合于支配它的动词而构成。只不过不定式由之前所谈及的处于将来时中的人称来替代，比如：ni-tlaçotlaz-nequia（"我曾想要爱"），字面意思"我—我将爱—曾想要"。ninequia 即"我曾想要"，它把第一人称单数、将来时的 tlaçotlaz（"我将爱"）包含了进来，使得整个短语变成了一个词。但是，同样的将来时也可作为一个单独的词使用，跟在支配动词的后面，那样的话，墨西哥语只是在动词中嵌入一个代词 c 加以表明：ni-c-nequia tlaçotlaz，字面意思即"我—这个—曾想要，我将爱"。此外，名词也同样具有像动词那样的双重位置。墨西哥语在不定式中把将来时的概念与名词的概念联系了起来，用词形变化

---

1 指拉丁语法中的第六格，也称离格或夺格。（译者注）
2 指拉丁语中动词的变格名词形式。（译者注）

表明将来时，用结构关系（Construction）表明名词。在鲁勒语里，两个动词（其中一个支配不定式）只是作为两个定式动词（verba finita）直接连接起来。如 *caic tucuec*（"我习惯于吃"），字面意思是"我吃，我习惯"。甚至在古印度语中，正如葆朴（Bopp）[1]教授敏锐地指出的，不定式乃是一个处于宾格状态的动词性名词，在形式上十分接近拉丁语的动名词（Supinum）。[2]因此，这种不定式不能像希腊语和拉丁语的不定式那样自由地使用，因为后者具有更多的动词性。这种不定式也没有被动形态，当它需要时，就采用支配它的那个动词的被动式，因而"它能被吃"（es kann gegessen werden）要说成"它被能吃"（es wird essen gekonnt）。

从以上例子可以看出，所有这些语言中，我们并不能将其不定式作为一种独立的语法形式加以引述，而是应该更多地对这类不定式的替代形式的真正本质进行描述，注意到它们满足了不定式的哪些条件，因为没有一种替代形式能够发挥不定式的全部功能。

一种语法关系的表达和真正的语法形式所体现的概念意义并不完全吻合，在某种语言中如果这种情况经常发生，这就成为该语言的本质和特征。这样的语言虽然也可能用来表达一切内容，但还远不适合于观念的发展。如果要较好地促使观念的发展，除了言语这一要具体达到的最终目的，绝不能忽略言语的形式特征。而要做到这一点，就必须要考虑语言的作用和反作用。

词以及词之间的语法关系是概念上完全不同的两类事物。词是语言真正的对象，语法关系则只起到某些连接作用，但是言语只有通过二者的结合才能成为可能。语法关系即便没有在语言中处处标记也可以推测而得，但语言的构造至少能够通过这种方式在一定程度上避免含混不清和引起误解。只要语法关系有自己特定的表达方式，语言就可以

---

1 Franz Bopp（1791—1867年），德国梵语学者。（译者注）
2 参见纳鲁斯（Nalus）版本：第202页，附注77；第204页，附注83。

使用一种其实没有语法形式的语法。例如，如果一种语言借助粘附于无形态变化词语的介词来构成格，那么就不存在语法形式，而只存在可以推测出其语法关系的两个词。在姆巴依语（Mbaya）中，*e-tiboa* 并不像人们翻译的那样相当于德语的"durch mich"（"通过我"），而是相当于"ich durch"（"我通过"）。此种语法联系只存在于头脑的想象中，而没有标记于语言之中。在同一语言里，*l-emani* 并不等于德语的"er wünscht"（"他希望"），而是相当于"er"（"他"）和"Wunsch"（"愿望"，名词）两词相连或"wünschen"（"希望"，动词原形），这里并没有体现出动词的特点，因而更接近于这样的表达："sein Wunsch"（"他的愿望"），其中前置词（Präfixum）*l* 实际上是一个物主代词。这里，动词属性也是推测而得的。尽管如此，这样或那样的形式都足以表达名词的格和动词的人称。

然而，如果观念的发展既要明确，同时又要迅捷并富有成效，那就必须摆脱这种纯粹推测的知性行为，并让语法关系像词一样通过语言表达出来。语言所力求的语法关系是一种通过语音来描述的知性活动。当然，语法标记不应该也是称谓事物的词，否则语法标记就依然是孤立的存在，需要为之建立新的联系。

倘若排除这两种手段，即用以推测语法关系的词序和表示事物的名称，那么要真正表达语法关系，就只能通过称谓事物的词本身的形态变化（Modification）。而恰恰是这种方式体现了语法形式的真正含义。当然还有语法词（虚词），它们一般不指称任何事物，而只表示关系，也就是语法关系。

只有精神乐于纯粹的思想创造，而这往往基于对思想创造形式的兴趣，观念才能生气勃勃地发展。一种不习惯于将形式作为形式来表达的语言，也就无法唤醒这种对形式的兴趣，思想的创造自然也就无法中意这种语言。哪里要进行思想创造，那里就会改造语言；哪里语言以其他途径采纳了这种形式，那里思想的创造便得以勃发。

那些尚未达到这一发展阶段的语言，其思想常常摇摆于多种语法形式之间，并满足于实际的使用结果。例如巴西语中，*tuba* 既用作名词表示"他的父亲"，也用作动词表示"他有一个父亲"，甚至还用作"父亲"的一般称谓，因为"父亲"始终是一个表示关系的概念。与此类似，*xe-r-uba* 既表示"我的父亲"，又表示"我有一个父亲"，而其他所有的人称词都是如此。这种语法概念的摇摆不定甚至还可以进一步表现为：根据巴西语其他的类比规则，*tuba* 还可以表示"他是父亲"，这与巴西南部方言中表示"他是人"的 *iaba* 一词情况完全相同。在这里语法形式仅仅表现为代词与名词的前后排列，其语义联系必须由知性来补充。

显然，通过 *tuba* 一词巴西本地人只是将"他"和"父亲"联想在了一起。而要让他们分清那些混乱不堪的表达，估计也是一件费力的事情。一个使用这种语言的民族，尽管在诸多方面都明智聪慧、机智敏捷并富于生活经验，但这样的一种语言构造却不能造就自由纯粹的观念发展，也不会激发对形式思维的喜好。如果由其他方面而引发了该民族朝这方面的智力转变，那么其语言构造也必将遭受剧变。

所以，在翻译这类语言中如此构成的短语时必须要注意，只要是针对语法形式的转译几乎总是错误的，因为目标语的语法观与源语言的语法观完全不同。若要避免这样的错误，在转译时就只能表达那些源语言中存在的语法形式，然而如果这样处理，在某种情况下就可能需要尽量放弃所有目标语的语法形式。例如在华斯特卡语（Huasteca Sprache）中，*nana tanin-tahjal* 表示"我被他治疗"，但是更确切的译法应为："我（第一格主语），我（第四格宾语）治疗他（第一格主语）。"也就是说，一个主动的动词形式与作为一格主语的受事客体连在了一起。该民族似乎已经感受到了被动状态，但一种只有主动态的语言却只能运用主动表达。然而必须考虑到，华斯特卡语里根本就不存在格的形式。*Nana* 作为第一人称单数代词既指"我"（一格），也指"我的"（二格）和"我"（三格、四格），它只是表达了"我"（Ichheit）的概念。nin 和它前面的 ta 在语法上也仅仅表示第一人称单数代词为动词所支配[1]。由此可见，操华斯特卡语的当地人并没有掌握主动态和被动态的区别，而只是对"我"这一概念进行了语法变化并赋予其一定的被动意义。

这类语言与我们熟知的高度完善的希腊语之间有着不可逾越的鸿沟。在希腊语人为的多元组合句（Periodenbau）构造中，语法形式的排列构成了一个整体，观念的作用不仅因此得以加强，而且通过句式内部的对称与舞蹈般的和谐（Eurythmie）得以进一步的激发。由此生成了一种独特的、具有一定思想性的且似乎温柔飘忽的魅力，就像古典时期的一些雕塑作品，不仅是各形体排列本身，而且其组成的群体轮廓就已经生成了美好的形式。不过语言的形式不只是为了暂时满足想象的需要。当语法关系完全符合逻辑关系时，思维就会变得敏锐；当语言让精神习惯于语法形式的严格分类时，精神就会更为强烈地被引向形式的、因而也是纯粹的思维。

倘若不顾及两种语言由于处于不同的发展阶段而具有的如此巨大的差异，那就必须承认，在那些形式匮乏的语言中也有诸多语言拥有大量表达观念的方式。它们将少量语言要素人为地、有规律地结合起来，简要有力地表达观念间多种多样的关系。不过这类语言与构造更为完善的语言之间的区别并不在此。它们虽然精心修饰了应被表达的内容，几乎达到了相同的目的，同时拥有多种表达手段，却依然缺少一点，即一种真正的语法形式，亦即缺少这种语法形式对思维重要且有益的反作用。

如果我们在此驻足，回过头来用同样的方式观察高度发达的语言就

---

1 华斯特卡语同大多数美洲语言一样，有不同的代词形式，可以依据代词是否独立、是否支配动词或受动词支配来进行划分。nin 属于最后一种情况。音节 ta 指出了连接动词的宾语，但只有在宾语是第一或第二人称时才前置。华斯特卡语这种借助动词标记宾语的方式非常奇特。

9

会发现，似乎它们也有类似的情况，虽然方式有所不同。因而对另一类语言的指责也许并不公正。

我们可以认为，语句的排列或连接一旦被用来表达一定的语法关系，便也可视为一种真正的语法形式，尽管这种语法关系是通过有意义的、表征实物的词来实现的，其形式关系必须推测而得，但这并非是决定性的。真正的语法形式也不可能一蹴而就，即便是那些具有人为有机构造的更为高级的语言，也是从原始的构造发展而来，并且仍然明显保留着这种构造的痕迹。

这一异议无疑非常尖锐，如果本文的研究要建立在可靠的基础之上，那就必须详细阐明上述异议。首先，我们必须要承认，这一异议中包含着无以辩驳的正确性；其次要确定的是，尽管如此，那些被抨击的观点是否还有哪些方面是正确的。

语言对一种语法关系典型的表达方式（且在相同的情况下反复出现）就是这一语言的语法形式。直到现在，我们在大多数高度发达的语言中依然能识别语言要素之间的连接，这与那些较为原始的语言并未有所不同。即便是真正的语法形式，也经历过有意义音节的粘附（即Agglutination；粘着）这样一种阶段，而且这种语法形式曾经必定非常普遍。通过罗列语言所具有的语法表达手段便可清楚地得出这一结论。这些手段主要如下。

1. 有意义的音节的粘附或插入，这些音节本身已构成了或可以构成独立的词。

2. 无意义的字母、音节的粘附或插入，仅用以表明语法关系。

3. 元音的变化，转化成另一个元音或改变数量或重读音。

4. 词内部的辅音变化。

5. 相互依赖的词依据不变的规则进行排列。

6. 音节的重复。

单纯依靠词序仅能产生极少的变化形式，若要避免所有歧义，词序变化就只能表明极少的语法关系。在墨西哥语以及其他一些美洲语言中，虽然词序的用法有所扩展，即动词本身包含名词或将名词与其连接，但表达范围依旧有限。

假如一种语言是真正的约定俗成，那么粘附和插入无意义的词素（Wortelemente）以及改变元音和辅音可能是最自然、最恰当的手段。与粘附的方式相反，这是真正的词形变化（即 Flexion：屈折变化），它既可以生成符合形式概念的词，也可以生成符合事物概念的词。从以上论述中甚至可以看出，符合事物概念的词基本上不适用于形式的表达，因为这样的词又要通过一种形式与其他的词相连。不过很难想象，一种语言在形成之初，对语法关系有着明确认识和区分的这样一种表达方式会占据主导地位。人们会说，或许有过这样的民族，他们以这种方式拥有一种明确而深刻的语言意识，因此可以用挥刀破结的方式直接掌握语法关系的核心要义，而不是用逐步解结的方式迂回曲折地去表达。但如果我们很自然地想象一下，那么就非常容易洞见其中的困难。表达事物的词其概念通过感知对象而产生，其符号源于对象本身所提供的类比关系，理解则通过展示对象本身而实现。而语法形式则完全不同，只能根据它的逻辑概念或者从中产生的一种含混的感觉来识别、表达和理解。逻辑概念只能来自业已存在的语言，而且缺少足够明确的类比来进行表达并使表达清楚明晰。从这种含混的感觉中会产生一些表达方式，如长元音和复合元音，以及希腊语和德语中表达虚拟语气和祈使语气（Optativus）的那种持续拉长的音。但语法关系的逻辑本质不允许它们过多地借助于想象力和感觉，所以这种情况极少发生。不过美洲语言里倒还是有一些奇特的现象。墨西哥语中，以元音结尾的或在复数形式中故意去掉词尾辅音的词，其复数的构成形式是：词尾元音的发音通过该语言特有的、强烈的并由此引起停顿的送气方式；此外，偶尔也会利用音节的重复构成复数，如：*ahuatl*（女人），复数 *ahuâ*、*teotl*（上帝），复数 *teteô*。没有什么比用语音来表达多数的概念更为生动的方式了：重复第一个音节，摒弃清晰而短促的词尾辅音，赋予留剩的词尾元音持续强化的重读，这样，语音似乎消散在了宽阔的气流之中。在瓜拉尼语（Guaranische Sprache）的南部方言中，完成式后缀 *yma* 的发音时长时短，用以表达比较久远的或是不太久远的过去。这一类表达方式几乎已经超越了语言的范畴，近乎手语（Gebehrde）。除了刚刚提到的少数类似的情形，经验也告诉我们，语言的词形变化并非具有原初性。因为只要更为细致地剖析一种语言，有意义音节的粘附这种方式便会全方位地展现出来；若无法证明是粘附现象，那么也可根据类比原则对其进行推断，或者至少无法明确地认为粘附现象不曾存在过。美洲语言中的一些情况可以清楚地说明，显而易见的粘附很容易变成类似于词形变化。姆巴依语（Mbaya）中，*daladi* 意为"你将扔"，*nilabuitete* 意为"他已经编织"，其词首的 *d-* 和 *n-* 分别标志了将来时和完成时。这种仅由一个语音而引起的时态变化似乎能够被称为真正的词形变化，但尽管如此，这还只是一种纯粹的粘附。因为这两种时态真正常用的完整标志分别为 *quide* 和 *quine*，但是 *qui* 被省略，*de* 和 *ne* 在其他元音前失去了词尾元音。*quide* 意为"晚到的""将来的"，*co-quide*（*co* 取自 *noco*，"白天"）则表示"晚上"。*quine* 是一个语助词，意为"也"。我们语言中所谓的"屈折音节"（Beugungssilben），其来源还要得益于某些从曾经有意义的词变化而来的这一类缩写形式。因而，认为只要粘附现象无法再得到证明，那么其存在就是一种空洞且虚无的假设，这种观点简直是无稽之谈。而真正的、原初的词形变化在所有语言中无疑都很罕见。无论如何，我们务必要谨慎处理那些尚存疑问的情况。我认为，由上述事例可以看出原初也同样存在屈折变化，因而它可能与粘附一样作为语法形式存在，只是现在已经无法予以区分了。的确，我们还需进一步研究，同时承认，某一民族的精神个性较之于其他可能尤其适合于语言的构建和形式的思维（这二者密不可分、紧密相连）。一个这样的民族即使起初与其他民族一样，同时使用了粘着和屈折变化两种方式，但会更常使用后者、对其也更为敏感，并会更快捷、更稳定地将粘着转变成屈折变化，从而更早地完全放弃粘着形式。在其他方面，外部的条件以及一种语言向另一种语言的转变则会赋予语言的构建以更快速、更强大的动力，而与之反向的作用则会让语言在笨拙迟钝、不甚完善的道路上举步维艰。

所有这一切都是自然的途径，可以从人类的本质以及民族的活动中得到解释。我只想指出，较之于认为某些民族原初便通过屈折变化和内在发展来促进语言的构建，而另外的一些民族则完全不具备这类形式，我的观点有所不同。在我看来，这种过于条框化的划分背离了人类发展的自然道路。如果我所从事的研究确凿可信，那么对大量不同语言进行仔细研究所获得的经验本身就可以推翻这种划分。

除了粘着和屈折变化，还有第三种极为常用的构造手段必须纳入词形变化一类。在语言的使用中，某一词形被有目的地打上了特定的语法印记，但不是通过粘着或屈折变化这类标志性的形式。

音节的重复基于一种由某种语法关系而引起的含混感觉。若这种感觉关乎概念的重复、强化和扩展，就可以通过音节重复来表达。倘若没有这种感觉，正如某些美洲语言以及古印度语中所有第三变位的动词，那么音节重复只是出于语音的特性。元音的变化也是如此。相比任何其他一种语言，梵语中元音变化更为频繁、更加重要也更有规律。但只有在极少数情况下，语法形式才通过元音变化来标志。元音变化只与某些语法形式相关，而且通常可以同时与多种语法形式产生联系，因而这些语法形式必须通过其他方式加以标志。

有意义音节的粘附对于构建语法形式而言始终都是最重要、最常见的辅助手段。在这一点上，原始的语言与文明开化的语言相同。但假如认为，原始语言中每一种形式全然可以立马分解为自身可辨别的要素，那就完全搞错了。即使在这类语言中，形式的区别也要归结于一些单独的语音，这样的语音，不考虑粘附，同样可以看作是屈折音（Beugungslaute）。墨西哥语中，将来时要根据根词（Stammwörter）的不同由许多单独的字母来表示，过去进行时（Imperfectum）则由词尾 -ya 或 -a 来表示。o 是表示过去时的动词前缀（Augment），正如梵语的 a 和希腊语的 ε。墨西哥语中没有任何迹象表明这些语音是以前词语的残留。如果不想把希腊语和拉丁语中类似的情况看作是起源不详的粘附，那么就必须承认墨西哥语与这些古典语言一样具有屈折变化。在塔玛那卡语（Tamanaca Sprache）中，tareccha（动词，意为"背负"）是现在时，tarecche 是过去时，tarecchi 则表示将来时。我列举这些情况只是为了证明，通过对不同的语言更为详细的探究以及对其构造更为深入的认识，那些关于"粘附仅为某些语言所独有，词形变化则是另一些语言所特有的"的观点是全然站不住脚的。

如果由此不得不设想在高度发达的语言中也存在着粘附形式，且在很多情况下甚至能够明显地加以辨认，那么认为在这类语言中真正的语法关系也必须推测而得，这一观点就是完全正确的了。拉丁语的 amavit 和希腊语的 ἐποίησας 无疑都汇集了根词、代词和时态，但基于主谓结合的真正的动词性并未得到特别的表达，必须推测而得。可能有人要说，并非出于表达语法关系的考量，一些这样的形式其实已经包含了助动词并表明了这种结合。但这是不够的，因为即便是助动词也需要加以解释，且不能总是夹插在另外的动词之中。

然而，所有这些说法均不能消除 amavit 和 ἐποίησας 这种真正的语法形式与大多数原始语言用来表达语法关系的那种词序和音节位置之间的区别。这种区别在于，前者的语法表达正如浇铸成型的整体，而后者只是要素之间的排列。整体的交融使各组成部分失去了自身的意义，各部分之间在一个重音符号的统领下紧密相连，同时改变了各自原有的重读音，甚至常常还有语音。由此，整个形式作为一体来表达某种语法关系，语法学家即便绞尽脑汁也常常无法再对此进行剖析。人们将无法分离的看成整体，将无法拆分、无法任意连接的看作真正的、固定的有机体，而从不将唯以这种方式否则无法出现在语言中的看作独立的要素。这种整体性如何产生，于其作用而言已无关紧要。不管语法关系的表达曾经多么独立、多么有意义，现在却成了纯粹的形态变化，虽然其固有的概念始终如一。这种原本必须对有意义元素推测而得的语法关系，通过语言中不同部分的交融而成为了固定的整体，成为一种确确实实的存在，既听得见又看得见。

有些语言被指责其语法形式不太具备形式特性，这在很多方面类似于上文的描述。

在这些语言中，即便只是一些松散排列的要素，大多也能汇集成为一个词，并统领于一个重音。然而，这种情况一方面并非一直存在，另一方面也会出现一些对形式特性或多或少产生干扰的附带情况。形式的要素可分且可移动；每一要素都有其完整的语音，既无缩略又无改变；这些要素在语言中既可独立存在，又可服务于其他语法关系，比如，代词性词缀可作名词的物主代词，也可作动词的人称代词；无屈折变化的词，不同于在一种语法构造极为深入的语言中，本身并未带有词类标记，而是要通过语法要素的粘附才得以显示；整个语言的构造易于这些要素的分离，而且毫不费力；除了通过形式或类似于形式的词的连接之外，同样还可以通过单纯的词的排列，通过对这些连接关系的大胆的推测来表明。

以上所列举的情况越多地出现在一种语言中，语言对形式思维的影响就越小，其语法关系的表达方式与语法形式的真正概念则越加相距遥远；反之，若这种情况只是零散地出现，那么语言对形式思维的影响就越强，其语法关系的表达方式与语法形式的真正概念就越加接近。因为在此起决定作用的并非语言中那些单独零散出现的，而是对精神产生作用的现象。然而这取决于全部的印象和整体的特征。前面所列举的一些现象只是为了反驳那些太过泛泛而谈的观点，并不能由此否认两种语言据其整体构造而处于不同的发展阶段。

在其他条件相同的情况下，一种语言距其起源越远，具有的形式就越多。语言使用的时间久了，组成词序的要素会紧密地融合在一起，它们各自的语音会被消磨掉，它们曾经的独立会变得难以辨识。因为我始终坚信，所有的语言都主要从粘附的形式发展而来。

只要语法关系是通过单个的、或多或少可分离的要素组合而加以表达，那么与其认为言说者运用现成的语法形式，还不如说他们自己在时刻构建这些形式。由此语法形式也就变得更加丰富多样。因为人类的精神就其自然禀赋而言始终在追求完整性，因而每一种语法关系，即便极为罕见，都会由于这种相同的知性作用而与其他语法关系一样成为语法形式。相反，那种严格意义上的形式一旦在语言使用中形成，就无须在以后的日常言语中重新构建。由于只有常见的语法关系才有形式表达，那些罕见的需要通过描述，由独立的词加以表达。与此相关的还有两种其他的情况：其一，尚未开化的民族喜欢描述每一特殊现象的所有特点，不局限于那些为满足某一目的所必要的特点；其二，某些民族习惯将整个句子压缩成所谓的形式，比如把一个受动词支配的对象，尤其是代词，插入动词之中。这就是为什么会有一些语言，它们本质上缺乏真正的形式概念，却有着数量惊人的形式，这些所谓的形式借助严格的类比共同构成了完整的语法。

如果语言的优势取决于形式的多样性和严格的规律性，取决于语法特点的数量［比如阿比坡人（Abiponen）的语言中，第三人称代词的形式要依据一个人是否在场、是站立还是坐下、躺着还是走动而进行区别］，那么也许就得将许多原始语言置于那些高度文明民族的语言之上了，这种推论并不罕见，即便是现在。然而，更理性地讲，语言的优势只能取决于其对观念发展的适宜性，因而上述情况恰恰相反。因为形式的多样性反而会妨碍观念的发展。在许多词中添加次要的限定语，对观念的发展而言既是一种累赘，也并非完全必要。

目前为止我只谈到了语法形式，但每种语言中也都存在着语法词，也可以用来表达大多数形式。语法词主要指介词和连词。这类词作为语法关系的表达方式，其起源与那些表达真正语法关系的形式一样难以查明。区别仅在于，不同于纯粹的语法形式，并非所有的语法词都源于纯粹的观念，而是必须借助于空间、时间等经验性概念。所以我们有理由怀疑这种论断，认为原本就存在真正意义上的介词和连词，即便最近鲁姆斯登（Lumsden）在他的《波斯语语法》一书中以激烈的方式对此加以表述。霍恩·图克（Horne Took）的理论更为恰当，认为所有的语法词可能都源自真正的表达事物的词。所以，一种语言的语法在形式上的作用基于这类语助词与其源起词之间的远近程度。也许较之其他任何语言，墨西哥语的介词在这方面比较引人注目。墨西哥语有三种不同的介词。

1．第一类介词：也许能很快看出它们的起源，但已无法辨别其名词特性，如 *c*，表示"在……里面"。

2．第二类介词：这类介词通常与一个未知的要素连接在一起。

3．第三类介词：这类介词明显包含一个与之相连的名词，比如 itic 一词，实际上是由 *ite*（"肚子"）和 *c*（"在……里面"）组合而成，意为"在肚子里"。*ilhuicatl itic* 并不像翻译的那样表示"在天空中"，而应该是"在天空的肚子里"，因为"天空"一词在这里是二格形式。

代词只跟后两类介词搭配，因为从未出现人称代词，只有物主代词，所以能够清晰地显示插在介词中的名词。*notepotzco* 虽通常译为"在我后面"，但其实应为"在我的背后"，从 *teputz*（"脊背"）一词而来。我们在这里看到了该词的发展过程，它逐渐失去了原本的意义；同时还

17

看到了该民族构建语言的精神。如果一个名词，如"肚子""脊背"，用作介词，为使词之间保持语法上的联系（类似于拉丁语的 *ad instar*，德语的 *immitten*），就会添加一个现成的介词。在这一点上，语法构建不够完善的密特加语（Mixteca Sprache）分别用 *chisi*（"肚子"）、*sata*（"脊背"）、*huahi*（"房子"）三个词表达了"在房子前面"和"在房子后面"。

语言中词形变化和语法词的使用构成了不同语言之间新的差异。例如，有的语言倾向用格来限定，有的语言则更多地运用介词；有的语言通过词形变化表示时态，有的语言则通过与助动词的复合来达到同一目的。而这样的助动词如果只用来表示句子成分之间的关系，则同样只是语法词。希腊语 τυγχάνειν 一词真正的具体含义已无从知晓。梵语的 *shtha*（"站立"）一词与之类似，只是极为少用。由此看来，可以依据普遍的原则来确立判断语言优势的标准：如果要表达的关系只是出于一种更高级、更普遍关系的本性，无需增加特殊的概念，那么词形变化要优于语法词，反之则使用语法词。词形变化本身没有任何含义，只表达纯粹的语法关系。在语法词中，除了关系概念还有为了确定语法关系而添加的附加概念，当纯粹的思维无法企及时，就必须增添附加概念。因而，梵语变格系统中的第三格甚至第七格也并不是其值得称道的优势，因为由此表达的语法关系不够明确，需要借助介词来进一步划清界限。真正语法形式发达的语言会始终排除将一个完完全全的实义词作为语法词来使用，正如上文介绍的第三类介词。

现在无论从屈折变化还是语法词来看都能得出相同的结论：有些语言能足够清晰而明确地表达大多数以至所有的语法关系，甚至拥有丰富多样的所谓的形式，然而尽管如此，这类语言无论是从整体还是局部而言可能都还缺乏真正的语法的形式性。

至此，我主要努力将试图表达语法关系的类似语法形式与语法形式本身加以区分。我深信，对于语言研究来说，最有害的莫过于对事物缺乏深入了解而得出的一般推论，所以在避免过于详尽的同时，我对每一具体情况都辅以实例，虽然我明白，至少对一种这里所提及的语言作出全面的研究之后，我的看法才能具有真正的说服力。但是为了取得关键性的结论，我们现在有必要暂时抛开实例，总结一下这里所论及的全部问题的要点。

所有关于语法形式性的形成和作用的研究，其实都是要正确地区分对象和关系，或者说事物和形式的表达方式。

言说作为具体形式和现实需求的结果只与事物的表称直接相关；而思维，作为观念的活动，始终与形式有关。思维能力若占据优势，就会赋予一种语言以形式性；而语言的形式性若占据优势，则会增强思维能力。

1. 语法形式的产生

语言起初只表称对象，而言语之间的联系形式则需要听者或读者自己进行推测。

但语言试图减轻推测的难度，如利用词序或借用指代对象或事物的词来表达语法关系和形式。

所以在语法发展的最低阶段，语法通过惯用语、短语或句子来表达。

这一辅助手段具有了一定的规律性，词序变得固定，指代对象或事物的词语逐渐失去了独立的用法、实物意义以及原本的语音。

在第二阶段，通过固定的词序和游动于实物意义与形式意义之间的词表达语法关系。

词序得以统一，此外，具有形式意义的词成为了词缀。但词与词之间的联系尚未固定，连接尚且明显，整体而言还只是一个聚合体，而不是一个统一体。

在语法形成的第三阶段，语法关系通过形式的类似方式（Analoga von Formen）来表达。

终于，形式贯穿了整个语言：词成为统一体，仅通过变化的屈折音表达不同的语法关系；每一个词都归属于一个特定的言语类别，不仅有词汇特性，还有语法特性；表达形式的词不再受到附加意义的干扰，只是纯粹地表达语法关系。

因此在语法形成的最高阶段，语法关系通过真正的形式，即词形变化和纯粹的语法词来表达。

形式的本质在于能够构成单位，以及具有形式的词对附加语音的支配性。由于一些要素失去了原本的意义，语音也在长期的使用中逐渐消弭，词的形式性变得容易实现。但语言的产生无法完全用那种僵化力量的机械作用加以解释，我们决不能忽视其中思维力量强大和个性化的作用。

词的单位通过重音形成，重音本身要比重读的语音更具有精神特性。人们之所以将重音称作"言语的灵魂"，并不仅仅因为它引发了对言语真正的理解，而是较之语言的其他方面，重音同时也是那种随言语而生的感觉的直接体现。重音还可以将词标记为表达语法形式的单位。正如金属若要快速紧密地熔合在一起，需要迅猛、强烈的火焰，而新形式的融合也必须借助一种强大的、追求形式区分的思维力量所发挥的强有力的作用。形式的其他特性也同样显示了思维的力量。不可辩驳的是，一种语言无论命运如何，如果它并未有幸被一个精神丰富、思维深刻的民族所使用——哪怕只有一次，它都不会获得出色的语法构造。除此之外没有什么能把一种语言从形式的不确定性中解救出来，这种形式连接松散，无法敏锐地满足精神力量的需要。

2. 语法形式的作用

思维要借助语言，或是出于外在的、物质的目的，或是针对自身的、精神的需求。为达到这种双重目的，思维需要概念的清晰性和确定性，而这很大程度上要依赖于语法形式的表达方式。

借助短语和尚未形成固定规则的词序，即便是通过形式的类似方式表达语法形式也常常会引起歧义。

如果对语法关系的理解、也就是思维的外在目的隐藏不显，那么概念就通常会充斥着不确定性。而那种明显能以两种不同的方式加以理解的语法概念，常常是含混不清的。

如果思维真正内省，不只关注外在的活动，那么概念的清晰性和确定性就会引发另一些需求，而这些需求很难通过外在的途径产生。

因为一切思维都趋向必然性和统一性，这也是人类全部努力的方向。究其竟，人类努力的目标就是通过研究去发现思维的规律性，或明确地证实其规律性。

如果说语言应该胜任思维活动，那么它的构造就必须尽可能地符合思维的有机结构。语言总体而言是表达符号（Symbol），然而就与之紧密相连的思维而言，通常语言恰恰是一种不完善的符号。一方面，语言大量的词汇展示了它对世界的认识范围；另一方面，语言的语法构造体现了它对思维有机结构的观感。

语言要伴随着思想，通过语言各要素的连续思想才得以表达。思想自身的连贯所需要的一切，也都可以在语言中找到标记。否则就会产生漏洞，使语言脱离了思想，不再伴随着思想。

尽管精神终究一直在处处追求其统一性和必要性，它也只能慢慢从自身发掘或借助更富感性的手段发展它们。语言就属于其中最有力的一种手段。哪怕是出于最有限和最低层次的目的，语言也需要规则、形式和规律性。精神在语言中体现得越完善——这也是精神自身所努力追求的，二者就越加紧密地结合在一起。

如果根据这里对语言所提出的全部要求来考察语言，那么只有当语言具有真正的语法形式而非其类似形式时，语言才能满足或较好地满足这些要求。语法形式差异的全部要义亦在于此。

最重要也最为关键的是，精神要求语言清楚地区分事物和形式、对象和关系，不要相互混淆。倘若语言使精神习惯了这种混淆，或者使精神难以对其进行区分，那么精神全部的内在作用就会丧失并被歪曲。正如上文所提到的，语法关系在不同阶段具有不同的表达方式，而唯有利用词形变化或语法词构建真正的语法形式时，才能对事物和形式、对象和关系进行彻底的区分。一种只拥有类似语法形式的语言，其形式化的语法表达中往往还残留着一定的具象成分。

正如上文所描述的那样，凡是形式未能完全融合，精神就总会以为各要素是互相分离的存在，而语言也就无法与精神作用的规律保持必要的一致。

精神感受到了缺憾并努力去弥补。它面对的不是数量适中且纯粹的，而是混乱松散的要素，因而无法像使用那些较为合适的、与思维原则相符合的语言形式那样，可以迅速、敏捷地，并乐于将特殊概念轻易地连接成较为普遍的概念。

如果极端地来看问题，就会发现，如果一种语法关系的表达方式仅仅是那种未能完全起到替代作用的类似形式，那么它对精神产生的作用也就会截然不同。这种作用仅在于语法形式的统一性，思维力量造就了语法形式，其强大的作用在语法形式的统一性中留下了痕迹。

如若一种语言不以上述方式构建语法关系，精神就会发现言语连接的普遍模式中所存在的明显缺漏和尚未完善之处。语言恰当地表达这种模式是一切思维活动得以轻松展开的必要条件。这种模式不必达成意识，即使高度开化的民族也缺乏这种意识。由于精神的这种努力始终是无意识的，因而只要为每一具体成分找到这样的表达就已足够，而这样的表达又会促使精神更为准确地去把握另外的成分。

在语言对精神的反作用中，真正的语法形式即使未受到特意的关注，依然会留下形式的印记并造就形式的构建。因为形式的构建表达了纯粹的语法关系，并未包含其他能让知性偏离的具象成分，而知性在这种语法形式中看到原初的词语概念发生了改变，所以它必须自己去把握形式。在那些并非真正的语法形式中，知性便做不到这一点，因为它不能足够明确地在形式中识别关系概念，更不必说那些附加概念会分散其注意力了。这两种情况都发生在一个民族所有阶层的日常言语行为之中。如果语言对精神发挥有益的作用，那么概念就会具有普遍的清晰性和明确性，语言就会具有一种普遍禀赋，更易于把握纯粹的形式。语言的这种禀赋一旦生成，就将不断地发展，这也是精神的一种本质要求。因为一种语言若只能向知性提供不纯粹且有缺陷的语法形式，那么这种消极影响持续越久，语法形式就越难脱离含混不清而走向纯粹。

所以当人们谈到语法不是如此构建的语言对观念发展的适宜性时，有一点始终难以理解：一个根植于此类语言的民族，何以依靠自身的力量发展出高度的科学文化。在这种情况下，精神和语言无法相互滋养。若二者要通过相互作用取得有益的成果，那么语言自身首先必须要发生改变。

根据上述情况可以确立一些标准，将语法形式发达的语言与其他语言区别开来。虽然或许没有任何语言可以自诩完全符合普遍的语言规则，也没有哪一种语言能够让形式贯穿每一个成分，而且即便处于较低发展阶段的语言也会拥有许多接近形式的部分，但是将语言明确分为两类的那种"区别"不完全是相对的，也不仅仅是程度的问题，而是绝对的，因为形式是否取得统治地位始终都显而易见。

毫无疑问，只有语法形式发达的语言才完全适合于观念的发展。至于其他语言能够为观念发展作出多少贡献，还需要通过尝试和经验来证明。但始终明确的是，它们绝不能够像语法形式发达的语言那样以同样的程度和方式对精神发挥作用。

汉语就是一个奇特的例子。它几乎不具备任何通常意义上的语法，几千年来却拥有着辉煌灿烂的文学。众所周知，孔子及其学派的著述均以所谓的"古文体"撰文。时至今日，古文依然是哲学和史学巨著的常用文体。其语法关系独特，仅仅由词序或独立的词来表达，读者常常需要联系上下文来推测某个词应该理解为名词、形容词、动词还是语助词[1]。汉语的官话（Mandarin）和文学虽然都试图让语法更为明确，但即便是这两种文体也没有真正的语法形式。上面提到的孔子的著述也是该民族最著名的典籍，但独立于这两种文体对语言的革新。

艾蒂安·奎特米尔（Etienne Quatremere）[2]以其敏锐的眼光试图证明科普特语（Coptische Sprache）曾是古埃及人的语言，倘若真的如此，那么我们这里就要关注这个民族据说曾经有过的高度的科学文化。正如西尔维斯特·德·萨西（Silvestre de Sacy）[3]所言，科普特语的语法体系完全是综合型的（synthetisch），也就是说，语法的表称分离了出来，置于实义词的前面或后面。西尔维斯特·德·萨西还将科普特语这一特点与汉语作了比较。

汉语和科普特语完全缺少或缺少大部分的语法形式，但是这两个奇特的民族却能以其语言达到相当高的智力水平。我们此前宣称的语法形式的必要性似乎遇到了有力的反证。语言的特性——对此本文进行了讨论，能够发挥积极的影响，然而这两个民族的文学是否恰恰拥有由此造成的优势，则尚未得到阐明。不可否认的是，明确易构的语法形式所具有的丰富多样性可使思维变得敏捷和深刻，这在辩论和演说中体现得最为出色，因而在阿提卡（attisch）[4]的散文中，思维的敏捷和深刻得到了最有力和最充分的发挥。但面对汉语的古文体，就连那些对该民族的文学作出过高度评价的人也承认它的不明确和不连贯。因此，能够更好适

---

1 见阿贝尔·雷慕萨著《汉文启蒙》（*Grammaire Chinoise*），第35、37页。
2 见其著《埃及语言和文学：批判和历史的研究》（*Recherches critiques et historiques sur la langue et la littérature de l'Egypte*）。
3 见米林（Millin）编著《汤姆百科全书》（*Megasin encyclopedique Tom*），第四卷，1808年，第255页。同一文中，作者对（古埃及）象形文字和拼音文字对语言的语法构造所产生的影响也提出了新颖且有见地的想法。
4 阿提卡是希腊半岛的一个地区，雅典所在地，古希腊文化中心。（译者注）

应生活需要的文体应运而生，并努力使语言具有更多的清晰性、明确性和多样性。而这恰好从反面证明了我们对语法形式必要性的论断。古埃及的文学鲜为人知，但这个神奇国度的风俗、法制、建筑和艺术更多地显示出了他们严格意义上的科学文化，而不是精神简单随意的努力所产生的观念。然而，即便这两个民族当真都获得了某种优势，而公正起见也不得不予以承认，那么以上的论断也不足以被推翻。只要环境条件有利，人类精神通过不懈的努力就能借助任何一种工具达到目的，虽然道路较为艰辛和漫长。但它要为此克服困难，而困难也不会因此而减少。我认为我已经证明了，基于思维和言语活动的本质，没有语法形式的语言或语法形式不完善的语言会对智力活动产生干扰，而非促进。事实上，其他力量会削弱或消除语言产生的这种阻碍。但是在科学的考察中，为得到纯粹的结果，我们必须将每一种作用作为一个独立因素剥离出来，并假定其并不受其他因素的干扰。我们在这里讨论语法形式就是如此行事的。

　　无法借助任何可靠的经验以证明美洲语言达到了多高的文化水平。目前掌握的关于原住民的墨西哥语文献[1]来自殖民时期，因而已受到了外来文化的影响。然而非常遗憾的是，在欧洲人们对此一无所知。殖民之前，美洲大陆并无文字记录的手段，所以我们或许可以以此为据来证明，在美洲大陆上没有任何一个民族拥有决定性的思维优势以冲破阻碍发明字母。不过，字母的发明实在极为罕见，大多数字母都是流传下来的，一种字母体系产生于另外一种。

　　在我们知悉的语言中，梵语是最古老且最早拥有真正的语法形式构造的语言。其有机构造具有优越性和完善性，鉴于此，后来的语法形式

---

[1] 参见亚历山大·冯·洪堡（A. v. Humboldts）《关于新西班牙王国的政治文章》（*Essai politique sur le royaume de la Nouvelle Espagne*），第93页；也可参见其著作《美洲山地记和美洲文献录》（*Vues des Cordilleres et monumens des peuples de l'Amerique*），第126页。

只是以此为基础作了些许添补。可与梵语媲美的是闪米特语，但希腊语无疑拥有最为完善的构造。就我们所探讨的问题，这些不同语言相互之间的关系如何？随着从古典语言衍生出了我们这些语言又会出现哪些新的现象？这些都为今后的研究提供了丰富的命题，只是研究还需更为细致，而且困难重重。

译词对照表
德语拼写遵照原文，词汇排列按照其在文中出现的顺序

Ideenentwicklung	观念发展
Verstand	知性
Zweckmässigkeit	实用性
Anlage	禀赋
stoffartig	具象的
materie Erzeugniss	语言产品
Karaibe Sprache	加勒比语
Ablativ	夺格
Gerundium	动名词
Lule	鲁勒语
Construction	结构关系
verba finita	定式动词
Bopp	葆朴
Supinum	动名词
Mbaya	姆巴依语
Präfixum	前置词
Modification	形态变化

Huasteca Sprache	华斯特卡语
Periodenbau	多元组合句
Eurythmie	舞蹈般的和谐
Agglutination	粘着
Wortelemente	词素
Flexion	屈折变化
Optativus	祈使语气
Guaranische Sprache	瓜拉尼语
Gebehrde	手语
Beugungssilben	屈折音节
Beugungslaute	屈折音
Stammwörter	根词
Imperfectum	过去进行时
Augment	动词前缀
Tamanaca Sprache	塔玛那卡语
Abiponen	阿比坡人
Lumsden	鲁姆斯登
Horne Took	霍恩·图克
Mixteca Sprache	密特加语
Analoga von Formen	语法形式的类似方式
Symbol	表达符号
Mandarin	官话
Etienne Quatremere	艾蒂安·奎特米尔
Coptische Sprache	科普特语
Silvestre de Sacy	西尔维斯特·德·萨西
synthetisch	综合型的
attisch	阿提卡的

12．论语言的民族特性（残篇）
1822

我曾在较早的一次科学院讲座中提请听众注意：不同语言间的差异不仅在于其符号的差异，词与词的搭配也构建并确定着概念；就其相互联系和对认识及情感所产生的影响而言，多种语言事实上就是多种世界观。

我在另一次讲座中探讨了一种语言的构造需要达到何种发展阶段，其诗歌创作和科学研究才能赢得清晰和自由，并因此在不考虑各种语言特性的前提下对所有语言提出了一个要求。

目前我希望在上述基础上展开进一步的工作，着手研究语言所能从事的最深刻、最细腻的精神活动，但要考察语言以不同的方式所展示的个性特点。借助不同的方式，每一种语言都能以其内在的力量将所有语言所共有的现象改造成为自己的精神财富。

毋庸赘言，个性即差异的统一。只有一种语言区别于其他语言的差异具有了一致性并成为能够产生反作用而进一步引起这种差异的语言性质时，语言的个性才得以彰显。但一种真正的精神个性只存在于那些已经达到较高发展阶段的语言之中。

探究这种个性，甚至于确定某一语言的个性，是语言研究最为艰巨的任务。无可否认，在某种程度上语言的个性只能意会而无法言传，因此，问题在于是否应该将所有对语言个性的考察排除在科学的语言研究之外。

毫无疑问，剖析不同语言的构造和成分能带来两方面的裨益：一是阐明人类创造语言的方式，二是由此才能够明确判断不同语言和不同民族的起源。

上述第二个方面没有必要在此特意展开讨论。至于第一方面的内容，迄今为止大多只是进行了哲学的探讨。对此我们不能妄加指责，因为即便在将来，除了对史实（historisch）的反思，还是必须进行哲学的研究，而在任何科学的活动中，忽视纯粹的思维都明显会自食其果。但问题是，人们对哲学的研究同时辅以事实，而且是片面事实的支撑，从而导致了大部分普遍语法的研究中，在明显正确的地方掺杂了真伪难辨或完全错误的东西。[1] 当然，历史经验（geschichtlich）的研究也未能做到全面完整，因此只要纯粹的思维尚在发挥作用，经验就无法取而代之。但若综合所有已知史实，即便只是其中的一部分，情况就会迥然不同，因为经验在一定适用范围内就具有了普遍性。

通过对比语言研究必须要从历史经验的角度阐明三点。

1. 每一种语言如何完成出于言语需要而产生的不同任务？

这其中一部分是语法方面的任务，包括：

· 语言的不同言语成分（Redeteil）及其连接方式提供了怎样的语言观？

· 语言运用怎样的手段表达语法概念，如粘附、屈折变化、元音变化等。

· 语言为此确定了哪些语音？只是确定了某些语音，如阿拉伯语中所谓的"从音"（servil），还是确定了全部语音？具体又是哪些？

另一部分是词汇方面的任务，包括：

· 在语音层面上，一些词如何生成于另一些词？

---

[1] 这里我只是想到了那些关于不同言语成分形成顺序的常见看法。有时人们将名词、有时又将动词看作是最早产生的，而认为代词出现得很晚，全然不顾原本名词和动词在语法上根本就没有分类，而动词只是通过代词和语法上尚模棱两可的词的结合才得以产生。

· 在词义层面上，词义根据怎样的思想方式从一些概念中派生出另一些概念？

· 既然每个词都完整地表达了一个相应的概念，或者包含若干相邻的概念，那么词与概念是怎样的关系？

· 语音与其表达的意义之间是否建立起了可识别的关系？

2．我们长时间所追踪考察的那些语言在其内部是如何发生变化的，又产生了怎样的变化？

3．同源语言间远近不同的亲缘关系会在词的构造和言语的连结方面产生怎样的差异？

就上述问题对尚且活跃着的和已经僵死的已知语言进行研究并系统地综合研究结果，这项工作的可能性和重要性毋庸置疑，甚至必须先行于建立真正的语言谱系表（Geschlechtstafel der Sprachen），因为只有通过这项工作才能厘清不同语言在哪些方面和多大范围内具有哪些一致性，以从中推断出其相同的起源。

从历史经验对语言进行研究还有第三种用途，其困难之处上文已有所提及，即个性的研究，通过个性不同的语言对思维和情感发挥着作用。

我不曾认为这些困难会阻碍我进行这一研究。倘若语言研究不想放弃去揭示研究对象间最高级、最重要的关系，那么就无法回避这一问题：语言是否的确显示了某种精神作用的形式？而这种形式是否能够并如何在不同语言中得以识别？然而，若想正确认识这种生动的力量，就不能妄想对精神活动的个性作穷尽的描述。当然，整个轮廓的线条虽然不可能完全真实地加以描绘，但人们可以尽量靠近，尽可能多地关注那些指引方向的节点，以便在一定程度上可以感受和揣摩这一无法详细描述的东西。人们往往难忍欲望，无论如何也要进行一下这种尝试。研究每一种语言的前提是要艰苦地收集无数的具体事实，但只有通过这种更高层次的考察，收集工作才真正具有意义。

不同民族和时代的特性与其语言的特性紧密交融，但若将民族和时代的特性完全或主要归因于语言，却是错误的。相反，语言只是被动地作出反应。有些作家能够以同样的词语和言语连结方式，只是通过不同的用法，借助自身精神的张力，赋予其作品中的语言以全新的特点。即便如此，以下几点依然与事实相符。

1．语言通过其他因素对其发挥作用而获得了某种个性，这种个性从根本上成为语言本身的特性，因为语言会借此产生反作用，并且只能在其特性的范围内才提供使用。

2．民族在不同时代在语言中所造就的，能够对个体发挥作用，这种作用难以抵御，因为处于语言共同影响之下的每个人的个性与其产生了某种协调一致。在这种情况下，语言的反作用会更具决定性。

3．正如上文所言，某一民族的独特性质能赋予语言一种新的特性，而语言原本就具有这种构建能力。

4．一切的因果都是不变的序列，它们互相制约。而我们借助历史经验的辅助工具只能立足于这种序列的中间，而从未能够深入其起始初端；任何一种民族的语言都具有一定的词语、一定的语法形式和搭配方式，都是以一定的形式传承而来，因而会对这个民族发挥作用。但这种作用并非是该民族作用于语言而产生的反作用，而是语言原本就具有的特性。

5．因而，若同时考虑到语言和民族，那么是语言始终将其原初的特性与其从民族那里获得的融为一体。虽然这里不允许，尤其是不能从历史经验的角度确定一个似乎固定的节点，认为一个民族从此刻开始就产生了语言，因为一个民族的产生本身也不过是在固定序列中的一个过渡节点，与语言相似，同样也很难找到其发轫之始。但是，历史学（Geschichtskunde）显然也从未支持这种假设，认为某一民族曾早于其语言产生，或者换句话说，一种语言可以完全为其民族所构造。由此，每一种语言都具有其原初的独特性质和作用方式。但对于那些起源已消弭于时代的混沌之中的语言来说，此种双重特性之间的联系可能显得毫无意义，因为其原初的特性早已无法辨认。但如果有些语言，如拉丁语的各衍生语言（Töchtersprachen），通过变化和混合在形成之初就以它们的完善而为大家所熟知，且其早期的文学对后期也发挥着影响，那么要区分这两种特性的共同之处及其各自的特点就比较容易也比较重要了。

由此，在不混淆不同作用起因的前提下可以辨认语言的独特性质，而这种独特性质的确是语言本身所具有的，而不是他人赋予的。如果忽略了民族特性在语言中留下的印记，就无法认清语言最内在的本质和富有意义的多样性。如果不去尝试解释每一个民族如何并且为什么恰恰掌握了这一种或者那一种语言，那么也同样有可能忽视不同类型的精神创造与每种语言独特性之间细微且深刻的联系。只有将民族特性的所有表达方式结合起来加以考察——包括那些与语言无关的表述方式，不同方向的思维和创造活动所运用的不依赖于主观个性的表述方式，以及语言所拥有和能够采纳的表述方式，才能对多样性和统一性形成进一步的认识，而人类的精神努力作为一个永无止境、不可穷尽的整体亦汇融其中。

希腊人以细腻的语言意识体会到了诗歌类型与语言表达方式之间的密切联系，这并非民族性使然，而是每种类型的诗歌只能借助丰富多样的希腊语的某种特殊方言加以吟诵。这一生动的例子体现了语言特性的强大力量。如果混淆了角色，使用多利斯方言（Dorische Mundart）吟诵史诗，用爱奥尼亚方言（Ionische Mundart）吟诵抒情诗，人们会立刻感觉到不是调换了语音，而是颠倒了精神本质。倘若没有阿提卡方言（attischer Dialekt），那么较为高级的散文也未必能够真正发展起来。正因为如此，阿提卡方言的产生以及其与爱奥尼亚方言间奇妙的亲缘关系成为人类思维发展史上最重要的事件之一。因为阿提卡方言产生之前，或在不使用阿提卡方言的情况下，很难想象会存在真正意义上的散文文体；而人类精神踏入最高贵、最自由的发展道路所需要的那种散文文体，只有在阿提卡方言出现之后才能从其内部产生。但这需要并要求对阿提卡方言进行研究才能加以专门介绍。

上文我试图说明语言具有特性以及具有怎样的特性。语言的特性首先最完整和最纯粹地存在于生动的言语运用之中。但言语运用所体现的语言特性会随着言者和听者的消失而消逝，所以对语言特性的研究不得不局限于它们的书面作品，倘若语言缺乏书面作品，则只能研究语言的构造及其成分所体现的特性。更为狭义地可以将语言特性理解为语言原初所具有的性质，或者是语言在很早就已经具备了的，这种原初的性质对后世言说者而言在一定程度上是陌生的，却对其发挥着决定性的作用。

如果语言早晚与其他语言相互接触——即便该语言已经消亡而只存在于书面作品之中，或者只留下了对其构造的知识，那么语言通过自身的特性所发挥的影响远远超越了其民族的世世代代。语言之间的相互影响是双重的：一种是无意识的影响，表现为语言互相分享自身的本质和特性；另一种则是有意识的影响，随着其深度和清晰度的不断增长语言成为了讲其他语言的民族的研究对象，或与其他语言的联系生动而活跃。仅就希腊语和拉丁语而言，它们原初的构造能够成功地表达任何思想，这种禀赋（Anlage）应归功于古印度语。但此种联系的形成却是基于孕育了最为高贵精神的自然本性所发挥的作用，曾经深夜迷雾漫漫，如果没有欧洲民族进入印度大陆，那么古印度语就会湮没在历史的长河之中。认识古印度语对于欧洲民族的世俗活动并没有特别重要的意义，但对人类思维的拓展和提升却会产生最为持久的影响。通过古印度语，人们突然置身古典时代，但就其表达和特性而言却要远超希腊的古典时期，人们为其精神世界的尊严、对深入思考的坚韧不拔以及对自然本性丰富多样的描述所深深打动。古印度语与我们德语——其形成主要归功于古典语言，以及古典语言之间的联系在历史上已经模糊不清，但是古印度语恰是借此对我们当今的科学进步发挥着巨大的影响,而且我们坚信,随着时间的推移还会产生进一步的影响。倘若人们能够像对希腊语一样熟悉印度文学和语言——这是当今时代对知识的渴求所不可或缺的,那么这两种语言的特性一方面会在我们的语言运用、我们的思维和诗歌创作中留下痕迹,另一方面也可以提供一种有力的辅助手段,去开阔观念的领域并探明人类了解此种观念领域的多种途径。而从这一方面来看,语言的差异也具有了世界史的意义。语言所具有的不同类型的性质特征聚合在一起会赋予思维新的形式,并代代相传;观念的力量和观念的领域共同成长,成为所有不辞辛劳、勇于开拓者的共同财富。这样一条纽带历经数千年,将各民族的思想和绝大部分的情感联系起来,若不为暴力变革所砸断,那么传统就必然不会黯晦消沉,而只会生生不息,这种更新和发展极少受到束缚,一如思想和情感本身。

每一种人类活动都有一个顶峰,一旦真正达到了目标,便无以超越。但我们可以认为并感受到,这种人类活动所植根的观念却能够无限发展,变得更为纯正、更加完美,并与所有其他观念建立更为丰富多样的联系。基督教的传播打破了民族间的隔阂,一种普遍的博爱关系得以形成,可以想见,始于这种背景下的废除奴隶制运动将来能够在全球实现目标。但此后这一活动便无以为继了。追求自由的权利根植于人类的本性,而基于这种认识的对自由的内在推崇却将持续发展、永无止境。

即便在思维的领域,语言也以一定的方式发挥作用,以阻止思维在业已达到的阶段停滞不前。虽然在探索真理和确定规律的活动中人类的精神也在探索某种固定的疆域,但并不是此类活动取决于语言的性质,取决于语言性质的是人类发展其全部内在力量的那种心绪;只要人类不断朝着无限的目标努力,语言也将据其要求而伴其始终,并给予人类以信心和力量。

因此,心性(Gemüth)与语言在交互作用中所产生的进步,既不可以与社会习俗的进步和由此产生的道德文化的完善混为一谈，也不可以等同于科学和艺术的进步，尽管前面的进步与后两个方面关系紧密。语言的影响能带来双重优势，即提高语言能力和造就独特的世界观。持续发展并不断进行分解和综合活动的语言会给纯粹的思想套上枷锁，阻碍其敏捷性和统一性；但人们可以以此学习更完美、更可靠地驾驭思想，将思想铸造成为崭新的、富有激励作用的形式，使语言的羁绊不再显而易见。语言通过一定的表达、但其实是创造，赋予了模糊不定的思维以具体的形态并为其打上了印记，同时精神也在众多语言的作用下以各种崭新的途径深入事物的本质。

处于一系列因果序列中的事物尤其有理由被视为世界历史进程的一部分，倘若其贴近人类的全部本质，就更应如此看待。因此我才在上文中提及，就我们在此描述的语言对心性的制约作用而言，语言的差异具有了世界史的意义。将过去与现在联系起来的不只是传递因果序列的人类的世世代代，而其间语言似乎在持续地进行精神的创造活动；精神保存于文字之中，也同时将各个时代远近相连。

因此必须将语言及其差异视为一种支配人类历史的力量。如果忽视这种力量，或者片面、有限地理解其作用，就难以充分认识人类是如何赢得思想王国的清晰性和明确性，进而使之成为其精神财富——如果允许这么表述的话。思想的王国甚至会失却其最为关键的，因为正是语言直接促进了客观思想的创造与主观力量的升华这二者之间的互动提高。考察各民族科学和艺术的进步所发挥的作用以及不同民族文学之间的相互联系，并不能取代对语言差异的研究，因为这些方面首先不仅只有语言在发挥作用，其次也没有囊括语言所包含的一切。

从这一角度出发能够发现不同语言发挥影响的范围有所不同。有些语言我们必须承认对当今的文化教养（Bildung）作出了重要的贡献，它们从遥远的古典时期前进而来，属于发展序列中的一部分。另一些语言则打造了精神文化的独立领域，和我们今天并没有发生直接的联系。许多语言或是未能达到足以造就精神成果的发展高度，或是又从高处坠落，因此，这些语言的重要性仅在于能够提供另一些语言的谱系史（Stammgeschichte），或者能够为一些民族的不同文化状态提供具体的例证。若从世界史的角度对语言进行考察，可以解释这一问题，即源自自然音和人类需求的语言如何成为人类最崇高、最精妙之物的创造者和维护者？根据语言不同的历史命运以及语言其他方面的联系和亲缘关系，有必要将我们已知的语言区别开来并加以分类，确定其特性，并从其构造中寻找造就这种特性的起因，从而对语言的历史价值作出判断。

为了不至于迷失在含混不清、模棱两可的概念之中，首先有必要在普遍意义上较为准确地判断并通过举例形象地说明，语言特性的差异何在？这种差异又是如何通过借助语言而生成思想的那种力量以及通过思想本身显现出来？语言的哪些禀赋和构造属性造就了语言的特性？其实首先应该根据语言特性所发挥的影响对语言进行史实的研究，因为唯有如此才能清楚，是否能够通过对语言的史实研究来明确地把握语言特性所产生的影响。

在此我有意颠倒了研究的自然顺序，因为我主要想指出对比语言研究对洞察人类的全部精神活动的重要性，目前对这项研究的忽视所导致的认识上的重大缺陷已经显而易见。总是还有太多的人，仅根据一种语言之文学的价值来衡量该语言的研究价值，而对于那些未拥有任何文学形式的语言所进行的研究，则只是用于满足闲来无聊时的科学猎奇；在他们看来，对这些语言进行语音、语词和屈折变化的研究全是小题大做，同时它们也不配拥有哲学的探讨。但事情其实要简单得多。总的来讲，仅凭个人的经验和感觉人们就会相信，语言的特性会对民族的独特性质产生影响，这除了指拥有该语言的民族，也包括仅把其当作外语使用的民族。如果的确如此，那么任何对人类本质所进行的历史经验和哲学方面的考察都离不开对语言全面细致的研究。因为语言以其自身的力量发挥作用，所以就像对待任何一个需要真正探究的对象那样，并不出于其他目的，而是必须为了语言本身而去研究语言。不将语言视为理解的手段，而是一种"自在目的"，是一个民族思维和情感的工具，这种认识是一切真正的语言研究的基础，这种语言研究与任何其他的语言学习——无论多么彻底，都有着本质的区别。因此，这种语言研究与所有其他自然事物的研究相同，必须尽可能地囊括所有类别，因为每个类别都是概念整体的一部分；同时必须极其细致地剖析其组成部分，因为正是这些组成部分周而复始地发挥作用才使得语言的全部影响成为现实。

现在需要回答的问题是：不同语言的特性差异以怎样的方式广泛且深刻地影响着认识和情感？

就其非感性方面的作用而言，语言具有以下三重目的。

1．语言是理解活动的传递手段，需要具有明确性和清晰性。

2．语言是情感的表达手段并引发情感，所以需要具有力量、细腻性和灵活性。

3．语言具有创造功能，同时，通过给予思想以形式而激发起新的思想及其联系，因此需要精神的参与，作为其作用的痕迹，精神在词句中留下了印记。

通过在上述某一方面所发挥作用的强弱，一种语言能够与其他语言区分开来，但事实上，每一种作用方式都与其他两方面紧密相连；如果单独一种作用方式占据支配地位，语言就会走上歧路，所谓的清晰性就会成为无聊的空洞，充满感性的表达变成夸夸其谈和矫情做作的代名词，而理性思考则被混乱无序的苦思冥想所替代。语言完美的独特性质源于这三种作用方式的和谐一致，当然，其中某项可以略占优势。

语言将思想和情感作为表达的对象，但同时也遵循着思维和情感的活动方式，即这种活动的敏捷性和可能具有的均衡性，同时考虑到了不同民族的思想和情感所具有的独特的亲和力。语言在思维形式上的伴随和在思想物质上的表达，这两种作用既相互促进，又相互制约。倘若对内在的观念联系表达太过繁琐，就会阻碍思维的敏捷性；但思维如果过于灵敏活跃，则会剥夺感性表达的力量。

人只能在语言中思维、感知和生活，也必须通过语言的熏陶才能理解那些并非借助语言而产生的艺术。但是人能够感受并明白，语言仅为一种手段，借此人才能力求了解存在于语言之外的不可见的领域。最为普遍的情感和最为深刻的思维抱怨语言的匮乏，因为语言之外的领域是一个遥远的地方，只能通过语言却又无法完全抵达。任何高层次的言说都是语言与思想的博弈，有时更多地让人感受到力量，有时则是某种渴望。

由此，语言之间会产生两种非常奇特的差异。一种出自对语言匮乏的不同程度的感觉以及克服这种匮乏所做的努力；另一种源于不同表达方式所体现的不同观点，因为对象的多面性，加之理解角度的多样性，让表达方式具有了无数的可能性。

一些民族似乎更满足于语言为其刻画的世界图景，只是尝试给予语言以更多的光明、关联和均衡。另一些民族则致力于挖掘思想，对如何适当地表达思想从未满足，因此忽略了形式本身的完善性。这两类民族的语言都分别带有特定的印记，当然，其所包含的各民族之间也存在着细微的差别。那些相对于内容更加注重形式的民族，有的要求表达清楚明确、便于理解，有的则要求表达更符合想象力、也更具感性色彩。

还有一种语言差异基于表达方式，显示了对对象及其概念的不同看法。尽管对象及其概念多种多样，但同一民族对其理解以及词语符号的表达方式却有着共同之处。粗略地勾勒一下可以如此描述：一类语言的词语更为感性直观，另一类更具内在的精神特质，而第三类则更擅长冷静的概念阐述，等等。但语言表达的多样性，尤其是由此显示出来的理解的独特性，却不能进行这种普遍性的描述。没有任何一种上述表达方式是单独存在的，同时，即便这些表达方式都存在于不同民族之中，其具体形式也并不完全相同。我们必须研究不同民族的独特性质和成就，当然还有其语言的组成成分，然后产生感性图像，这样才能尽可能地用言词加以表达。一个民族优先考虑的或者在其语言形成之初所遭遇的事物和感情类型，也会对其语言产生影响。

一方面，就上文论及的差异而言，语言可以与艺术相提并论，因为语言与艺术一样，力求感性地描绘不可见的世界。语言尽管在具体细节和日常运用上似乎难以逾越现实，但能展示事物的全貌，不仅如此，还能揭示其隐藏的联系和亲缘关系。正如艺术家的绘画作品，语言或多或少地忠实于事物的自然本性，时而更多地掩藏、时而更多地展示其艺术性，并优先采用这样或那样的色调来表现对象。

另一方面，语言在某种程度上又与艺术相对立，因为语言仅仅被视为一种表达手段，当语言的作品替代了现实或观念之时——因为这二者往往是互相分离的，这种表达就是毁灭性的。语言作为符号所具有的局限性形成了语言特性方面的差异。一种语言显现出更多的习惯用法和约定俗成的痕迹，拥有更多的任意性；而另一种语言则具备更多的自然本性，主要表现在不同词汇和同一单词的语义溯源上。每一种语言除了用来称谓思维和情感的真实对象，还具有属于连接，也就是属于语法范畴的组成成分。这两部分的关系决定了概念的表达如何体现心性，以紧凑拥挤的还是轻松便捷的方式，以更为流畅的还是生硬断续的联系。语言可能或者无法避免地形成了这样或那样的特性，它根植于语言稳定的原初构造，也是最为细腻的、通过文化教养变得最为完善的精神作用的结果。

语言构造的不同使其对不同精神活动的适宜性也有所不同。但就像已经尝试过的那样，如果由此对语言进行区分，认为某种语言只适合于诗歌，另一种适合于哲学，再一种则宜于直接的实际应用，等等，却是不正确的。如果某种语言似乎尤其适合于去揭示真理的研究，而非诗歌创作，那么这并不在于该语言是否具有某种哲学倾向，而由于其他的一些原因；这也并非在于其优点，而在于其缺陷。即便是哲学的要求，就其囊括事物全部本质的深度而言，这样的语言也难以满足。因为人类最主要的精神力量的表达是互相支持、共同作用的，犹如从同一个凝聚焦点发射出的道道光束。倘若要像对语言一样对智力活动进行划分——如果允许进行这样的比拟，那么就不能根据其广度，而必须根据其深度。不管语言所体现的精神的丰富性、全面性以及揭示一切认识和情感根源的深刻性如何，精神在其所达到的每一个发展阶段都会以类似的方式对语言体现出的每一种精神倾向产生反作用。

以上所述说明，语言特性的差异主要通过精神的基调以及思维和情感的方式得以彰显，而语言特性的差异毫无疑问会对主观态度产生影响。语言的特性尤其能够在诗歌中突显，因为诗歌里题材的性质很少或根本不会束缚精神。此外，一种语言的特性更为自然地体现在一个民族生动的生活中以及受此影响的文学类型中。然而，最为美妙和最富情感的则是在哲学谈论中所体现出来的语言个性，因为语言在此处通过激发最为崇高的主观性而促使了客观真理的发现。情感接纳了思想的平静与温和，而思想也具有了情感的温暖和绚烂。哲学谈论的主题和目的能够把握最为庄严和最为崇高的精神，而这一活动似乎又是一种轻松愉快、由于乐在其中而进行的游戏。如果要想绽放社会交往活动中这一最为灿烂的花朵，那么一个民族的人性必须通过一系列幸运事件得到提升，其语言必须在主客观的密切联系中获得力量，其中客观性虽然略占上风，但并不损害主观性发挥作用。在生动的交互对话中，观念和情感得到真正的交流；这种对话本身似乎就是语言的核心，因为语言的本质只能同时体现在声响和回音、发话和应答之中。语言无论在起源之处还是在变迁之中，从来都不只属于一个人，而总是属于全人类；语言孤独地存在于每个人的精神深处，只在社会交往活动中才得以显现。所以语言对于这种对话类型的适宜性，是检验其价值最好的试金石，只有在此方面脱颖而出的语言才具有最自然的优点和最灵敏丰富的禀赋，适合于无穷多样的运用。

主观性受到语言的支配和限定，并对精神的客体、思想和情感、认识和信念都发挥着影响，这种影响容易衡量，因为激发的力量越强大、越多样，所取得的成就也必然越加巨大。

相反，如果思维一旦具有那种认识真理所必须的敏锐性和清晰性，似乎就无法再借助语言的差异性赢得真正客观的认识了。

译词对照表
德语拼写遵照原文，词汇排列按照其在文中出现的顺序

historisch	史实的
geschichtlich	历史经验的
Redeteil	言语成分
servil	从音
Geschlechtstafel der Sprachen	语言谱系表
Geschichtskunde	历史学
Töchtersprachen	衍生语言
Dorische Mundart	多利斯方言
Ionische Mundart	爱奥尼亚方言
attischer Dialekt	阿提卡方言
Anlage	禀赋
Gemüth	心性
Bildung	文化教养
Stammgeschichte	谱系史

13. 论美洲语言的动词[1]

1822

我有幸在我新近的论文中关注到了语法形式的生成这一问题。

今天我希望，将之前关于语法生成的笼统观点借助一系列语言的某种语法现象加以详细阐释。对此我选择了美洲语言，因为它们最为符合这一研究目的；并将以动词为例，因为这是最为重要的言语成分，也是所有语言的核心。我不是要研究动词的不同组成成分，而只限于探讨动词真正的性质，即通过 sein[2] 的概念将句中的主语和谓语结合在一起，只有这才是动词的本质；其余诸如人称、时态、语式（Modi）、语态（Genera）等，都是由此引发的属性。

需要回答的问题如下。

这里用来对比的语言是通过哪些语法表达方式，来表明主语和谓语究竟是借助了 sein 的概念还是使用了某种其他方式才结合在一起的？

为了判断这些语言在这一方面的语法完善程度，必须明确动词作为真正的言语成分所应具备的目标状态，也就是说，有一类词，鉴于其所

---

[1] 这篇科学院演讲未收录于 Albert Leitzmann 的 *Wilhelm von Humboldts Gesammelte Schriften*。其首次刊出在 Jürgen Traband 1994 年出版的 *Wilhelm von Humboldt: Über die Sprache*，但其宣读时间标注为 1823 年 6 月 3 日。根据 2016 年 Manfred Ringmacher 出版的 *Wilhelm von Humboldt: Einleitende und vergleichende amerikanische Arbeiten*，宣读时间修正为 1822 年 4 月 2 日。（译者注）

[2] 相当于英语的 be。（译者注）

具有的动词功能（Verbalkraft），借助一种明确的形式与其他所有的言语成分区分了开来。同时必须将所有未达到这种目标状态的动词的构建方式，或者动词的其他表达方式，尽可能地分门别类加以归纳总结。

sein 的概念是动词的基础和本质：
- 可以看作独立存在。
- 或者以助动词形式作为动词的一部分。
- 或者只是作为动词形式中的一种观念存在。

这三类最为恰当地体现了用以对比的语言之间的区别。不容忽视的是，几乎没有一种语言不同时存在第一和第三种用法。而对于那些具有系动词（Verbum substantivum）且动词的变位有时需要而有时不需要助动词的语言，这三种情况同时存在。

Ⅰ. sein 概念可视作独立存在

从上述三种类型中，我有必要首先探讨一下第一种现象，在这种情况下存在着那种形成 sein 的真正的根词（Stammwort）。与任何其他根词一样，sein 也必须具备动词的形式才能出现在另外两种类型之中。sein 或是一个助动词，例如在我们德语中 Ich bin gewesen（我曾经是），或以实义形式出现，如简单的 Ich bin（我是）。如果考虑到可能所有语言的系动词虽然都以某种具体形式出现，但其实都源于普遍性的 sein，那么这一点就更加清楚了。

如果 sein 没有自己的根音（Wurzellaut），且独立存在，不具有其他的动词形式，那么只能通过支配动词 sein 的和被动词 sein 所支配的词语的位置，或借助于那些本身并非动词性的、而只是通过 sein 才变成了动词的语言要素来表明 sein。第一种情况下 sein 需要加以补充，另一种情况下它存在于一个缺乏根音的独立词语之中。

1. sein 需要补充

形容词与名词并列,中间遗漏了 sein,对于这里所对比的美洲语言而言这是一种最为常见的造句方式。

墨西哥语:*in Pedro qualli*,彼得(是)好的。
托托内卡语(Totonakisch):*aquit chixco*,我(是)人。
呼阿斯太克语(Huastekisch):*naxe uxum ibaua tzichniel*,这个女人不(是)你的女仆。

在某些语言里并非每个谓语都能以这样的方式与主语相接,而只能与动词的派生名词(Verbalien)乃至分词相连。

主语也可能不是名词,而是独立的或加有词缀的代词。后一种情况的代词表达方式尤为接近动词形式。因为它缺乏时态特征,所以只是通过定语和代词相连来构成。

然而,即便有动词的形式,但依据这里的研究方法,如果它们在语言中并不被视为动词,或仍然明显保留了名词的特征,那么我将认为在这些情况下动词并非以独立的言语成分存在。

因为事实上,在所有这些情况下还不存在动词,而仅仅是一些独立的语言要素。

这些情况的有趣之处在于它们在逐步接近动词,因而可以发现语言寻求实现语法形式的本能的努力轨迹。

加有词缀的代词或只能位于某一固定的词序,或也能处于其他位置,但不在动词旁,或不常见于动词旁,再或成为了动词本身的代词词缀。

玛雅语(Mayisch)或者说是尤卡坦语(Yucatanische Sprache)中有一种独立的代词,可以与每一个名词共同构建句子,即拥有添加动词概念的功能。*Pedro en* 表示"我是彼得"。但如果这种代词不与谓语一起出现，那就失去了这种功能，单独一个 en 无法表示"我是"。

布列塔尼语（Betoische Sprache）中没有单独的这一类代词，因为其所用的代词也可发挥物主代词的作用。尽管如此，还是可以通过位置次序加以区别：带有前缀的是代词，与独立的人称性代词几乎没有区别；而带有后缀的是具有动词功能的物主代词，如 humanirru，表示"人（是）我"；fofeirru，表示"生气（是）我"。以同样的方法，该语言构建了一个系动词 ajoirru。这里词干音节（Stammsilbe）的意义不明，但好像指"一些事物""存在的事物"。非常明确的是在这种词序中重音总是落在代词部分，好像希望表明代词才是重点。

一个代词同时具有名词（体现支配对象）和动词（体现主语）的功能，这种情况在美洲语言中很常见。据此可以将行为解释为行为者的一种支配对象。不过可以更为简单地将这两种情况设想为人称与名词或人称与动词的连接，采用这种语法关系是意义表达的需要，因为这样就可以通过明确的语法区别来表明概念。

这里提到了美洲语言可以省略动词来构建句子，这会带来两方面的作用。

一方面，可以借此将任何一个名词转化为动词，或至少能将其作为动词使用。在存在真正系动词的情况下尽管也需要借助系动词，但正如我们所见，这些语言的名词有时候与动词本身的屈折变化音节连接在一起，这时这种转化的自由度就变得更大了。

这种表达方式的另一个好处是能够清楚地区分动词的两种类型：一类实基于分词（energisches Attributiv），而另一类则仅是谓语及其主语、亦即事物及其所属的性质之间的连接。这种方式甚至要优于使用明确的系动词，因为后者完整的动词形式总让人联想到分词。

这里提及的多种语言都同时使用时态语助词和这种词序，或较为自由或较为拘谨，因而动词的分类并不纯粹。但对于另一些语言而言却并非如此。特别在布列塔尼语和玛雅语中，通过常见的动词变位以及带有代词的动词变位产生了含有和不含有时态的两种变位方式。由于这两种语言中真正的动词变位在时态方面具有现在时的特点，另一种动词变位就形成了一种独立的现在时过去式（Aorist des Praesens），然而即便那些文明开化的语言也无法用这种简便的方式构建这种时态。

2. sein 以独立单词形式出现，但缺乏根音

这里提出的假设初看似乎难以理解，不过很快就会发现，若 sein 要以没有根音的单词形式出现，那么只能通过人称才能做到，因此要借助代词，无论是含有还是不含有时态特性的代词。

事实上，在玛雅语和亚如语（Yarurisch）这两种语言中的确存在这样的现象。

上文我们已经看到玛雅语拥有独立的代词，可以与人称概念结合构成句子的谓语。但玛雅语中还有另一种带有动词概念的独立的代词，这类代词使每一种人称既具有代词的意义，也具有系动词的意义，例如"我"和"我是"、"你"和"你是"等。不过这种方式并不仅仅以现在时出现，而且也保留了时态变化的特征。玛雅语的这种代词之前也提到过。这两种代词在第一与第二人称的单数和复数之间的区别（而第三人称则源自另一种词干）只在于中间插入了一个 t。具体如下：

与谓语结合带有动词概念的代词	具有动词功能的代词
en	*ten*
ech	*tech*
lailo	*lai*
on	*toon*
ex	*teex*
ob	*loob*

这一相似性使人想到 t 可能是真正的词根音，所有一切似乎恰好表明了这个词不是一个代词，而只是一个真正的系动词。不过总有例外。不容否认的事实是，该词可以同时作为代词和系动词并在两种功能之间切换。在"我们的主啊"（Vater-Unser）的译文中，toon 显然只用作代词。如果 t 是根音，那么也可以成为代词的根音。一些语言明显存在这样的现象。例如马普里语（Maipurisch）中第三人称单数的表达可用于任何其他人称，似乎这个语音就表示人称、表示人，而其他人称的代词与之结合则表示"我"—人称，"你"—人称。

在阿希瓜语（Achagua）中所有人称的代词都具有同样的根音，但与马普里语不同，这一根音不只出现在第三人称单数，而是在第三人称单数以及其他人称中都与一种词缀相连。

无论如何，玛雅语的这种代词充分发挥了系动词的功能，这样的代词在所有其他语言中绝无仅有。

同时也很容易理解，对于原始民族而言，他们的思想方式很难将关于对象的概念，尤其是人的概念，与其存在的概念区分开来。上文提及的词序也是如此。对于我们而言省略动词是一种生硬而非语法的现象，而对于那些民族而言却可能由于对对象和存在不加区分而模模糊糊地将其混为一谈了。一些美洲语言的形容词不仅含有意义，而且更多地表达了：是这样的并处于这样的状态。也许产生这种现象的原因也是如此。

亚如语缺乏表示 sein 的根音，这一点就更为明显。每一种人称代词都各成一词，没有一个字母是共有的。即便是具有动词功能的代词，除了细微的差异，也与独立的人称代词一样。时态通过前缀加以表达。*que* 意为"我是"，*ri-que* 意为"我曾是"，等等。*ri* 就是一个语助词，指与对象的距离，与德语中的 *von* 类似；*Ui-ri-di* 解释为"那里曾有水"（es war Wasser da），字面理解为"水远它"（Wasser fern es）。

严格来说，这里解释的两种动词的表达方式与之前所述一致。这里的动词也需要加以补充。但区别在于，此处涉及的代词本身就可以独立表示 sein，似乎一并包含了其含义，而不像上述另一种情况那样需要主谓同时出现才能表现 sein 的概念。除此之外，尤其是玛雅语，只有单独的这样一种代词（有很多种代词亚如语没有）才具有这一特性。无论其形式如何，这些代词与真正的动词都十分接近，如果将 que 和 ten 仅仅视为系动词，那么在对其要素未加分析的情况下也会认为它们是真正的动词，就如梵语的 bhu 和 as，希腊语的 εἰμί，拉丁语的 sum。在分析其他语言用作系动词的词时，以这些语言为例也可以说明没有必要在这些词中刻意寻找一个共同的根音。

II. sein 概念以助动词的形式归并于动词

助动词或只用于表达某一时态，或用来构建整个动词变位。第一种情况起因于只与该时态相关的偶发因素，与构建动词没有普遍的联系。第二种情况很常见，一种系动词一旦存在便能提供便利条件，只要其他动词与其相连就可构成动词变位。迄今为止，通过助动词来进行动词变位也表明了一个民族通过动词所展现的语言意识，即除了表明人称与时态之外，还在寻求一些动词本身所蕴含的功能，以此形成普遍意义上的动词。尽管这样的动词本身只由那些基本要素和根音构成，但这种缺陷一旦被克服，就不会再出现在任一动词中了。

玛雅语的动词变位在这方面提供了一个合适的例子。剖析玛雅语的动词变位会发现一种要素，既不是根音，也不表示人称、时态或语式，若比较它们的变化和区别，就会发现动词表达真正动词功能的那种精巧之处。

玛雅语的动词变位通过粘附代词，亦即在根词上粘附时态与语式特性来构建。这种用来粘附的代词或者是物主代词，或者是那种本身并不具备动词功能的代词，但如果在句中与谓语相连，却能获得动词的功能。

这种差异下文还会明确提到。

此外，所有动词的现在时或过去时都带有后缀 cah；除却将来时，所有的及物动词的其他时态都带有后缀 ah。现在时第一人称单数 canan-in-cah（"我守卫"），过去时第一人称单数就是 canan-in-cah-cuchi，现在完成时第一人称单数则为 in-canan-t-ah。In 是一个物主代词，cuchi 表示过去时，t 在现在完成时中是一个谐音字母。

此处的及物动词较之于通常所指意义偏窄，仅指那些能够支配除其本身之外的另一个单词的动词。所有其他的动词则称为不及物动词，也包括那些本身具有主动含义的动词，只是缺乏明确的对象（如"我爱""我恨"等）或者动词支配的对象已经包含在了动词之中，与希腊语的 οἰκοδομέω、οἰκουρέω 类似。由于这类动词可以支配第二个第四格，实际上动词同时也表达了它所包含的对象的意义。[1]

除了现在时和过去时，不及物动词的其他时态去掉了 ah 和物主代词，与那些和谓语组合成句的代词连接在了一起。

也存在这样的情况，现在时不仅不使用 cah 做后缀，在根词以 ah 为词尾音节的情况下——这对于许多动词而言都很常见，甚至会以 ic 取代 ah。词义也随之改变，用来表示一种普通的、成为特性的行为。由于 ic 也具有动名词的特点，所以这整个变化似乎是将动词转化为了由动词派生来的名词，为了能够引起这种转化，这类动词必须与同时具有系动词功能的代词相连；ten yacunic，"我爱"（ich liebe），其实是"我是爱的"（ich bin liebend）。

而 cah 和 ah 本身是什么意思，我们不得而知。某些动词中 cah 是词干，意为"强烈性"。ah 作为词首音节，表示"男性""一个地方的居民"，是由主动态动词变化而来的名词。这本来似乎指的是"人""男

---

[1] 这方面我经常会注意到，本来和德语一样勇于构建复合词的梵语不会将名词和动词构成一个复合词，在拉丁语中却出现过这种形式，尽管不多：aedifico。

人"，然后才变成了代词，最终成为了词缀。值得注意的是，*ah* 和 *cah* 之间的区别与 *en* 和 *ten* 之间的相同。因而 *c* 可能也是一个根音。*cah* 完全像动词一样能够变位，因为在动词变位时，物主代词就成为词干的前缀。如上述例子所示，在现在时和过去时物主代词位于动词真正的词干之后，但在 *cah* 之前，因而 *canan-in-cah* 与 *in-canan-t-ah* 之间的区别在于，前者的 *cah* 是动词，而 *canan* 只在后一种情况才被视为动词。*canan-in-cah* 正如英语中的 I do guard。

cah 是一个真正的助动词，*ten* 只要出现也就成了助动词，而 *en* 就其本质而言则必须要补充 sein；这对于 *ah* 而言似乎无关紧要，但可能是由于它只用于及物动词的变位，因而本质上已经包含了 sein 的动词功能。*cah* 和 *ah* 的确具有这种语言功能还表现为，当与 sein 概念相连的两个代词中的一个出现时，它们就不会再被使用。

因而这一研究的确切结论如下。

1. 玛雅语的动词变位，除了人称与时态的变位音节，还具有另一种明显带有 sein 概念的要素。

2. 玛雅语的动词除了具有明确的动词性，还致力于表达一种派生成为名词的综合功能（synthetische Kraft），由于其能够在不同的情况下使用不同的、但能达到同一目的的手段，这种综合功能就更加显而易见了。

更加简单的是亚如语凭借助动词来进行所有的动词变位，这也较易观察到。

通过代词与我们上文看到的构成系动词的时态标记相连，在为根词添加了后缀的同时，也形成了屈折变化音节以构成定语性分词（attributive Verba）中唯一的整体变位，只不过需将独立的代词前置。而根词和助动词都无须发生变化。尽管如此，这种连接还比较松散，如果人称和时态可以通过上下文表明，那么助动词也可省略。

通过助动词构成不同的时态，这在美洲语言中也比较常见。

在此我仅举托托内卡语中的一种即便在其他情况下也显得奇特的现象为例。

该语言拥有两种现在完成时，其中一种的标识音节是 nit，而 niy 意为"死亡"，用源自这一动词的意为"死亡"和"灭亡"的词缀来表达过去时也并非不可以，但其他语言一般使用表示否定的语助词来标识过去时。塔马纳契奇语（Tamanakisch）的情况尽管并不完全相同，但否定语助词 puni 与一个意为"有生命的"的词合在一起，就表达了所述对象已经死亡的意思；papa puni（"父亲不"）意为"死去的父亲"。欧马瓜语（Omagua）中同一个词可以分别表示"老的""逝去的"以及"不存在了"。

相反，在马普里语和加勒比语（Caribische Sprache）中，否定语助词 ma 和 spa 同为过去时的标识音节。葆朴猜测，梵语的动词前缀（Augument）[1] 原本是剥离动词（Privativum）a，只是顾及这些语言的类比原则才使用了 o。[2] 但我不想下此论断，因为希腊语的动词前缀 ε 和墨西哥语的动词前缀 o 也可能只是语音延长，以形象地展现时间流逝的长度。无论如何，很有可能要将否定视作一种真正的灭亡，一种曾经的存在和不复存在，而不是对现在时的否定。

III. sein 概念只作为一种观念存在于动词形式中

在这种情况下，动词只由根词、人称的标识音节以及时态和语式的标识音节构成。人称的标识音节原本是代词，而时态和语式的标识音节则为语助词。出于发音的消减这两类音节变成了词缀，在此之前存在以

---

1 印欧语言、美洲语言、梵语等很多语言中的一种动词前缀，用以表达完成时、过去式和过去完成时。（译者注）
2 《东方文学年刊》第 1 期第 26 页。

下三种情况。

1. 这三种标识音节同时从动词中分离出去，又同样松散地连接在一起。

2. 人称的标识音节以及时态和语式的标识音节，两者之一与根词紧密相连而成为动词形式的一部分，另一个则以词组形式与其连接。

3. 两类标识音节与根词同样紧密相连而融为一体，整体上已经接近真正的语法形式，尽管尚未完全符合语法的概念。

第一种情况：

这里我只以欧马瓜语为例，因为除此之外，我认为没有任何其他语言的动词如此明显地缺乏任何真正的语法形式。

独立的代词、动词的根词以及表示时态和语式的小品词都没有任何形式的变化，也没有任何较为紧密的连接，只是排列在一起，甚至连顺序也似乎并不固定；*usu* 表示动词"走"的第一人称单数现在时，*ta usu* 是第二人称单数现在完成时，*avi ene usu* 中 *ene* 是一个代词，*avi* 表示现在完成时。

第二种情况：

1）马普里语、阿比波尼语（Abiponische Sprache）、姆巴亚语（Mbayische Sprache）和莫可比语（Mocobische Sprache）中，只有人称的标识音节与动词的根词连接较为紧密，而时态和语式的标识音节则只是与其松散相连。因此这些语言中仅存在人称的表达方式，但可以借助不同的语助词或由其形成的词缀转而表达时态和语式。这种方式就其本身而言通常表达现在时，然而严格来讲却不能将其称为现在时，因为如果认为在不影响表述清晰性的前提下可以省略这些语助词或词缀，那么也就抹掉了其他时态的特征。我们并不期待在文明开化的语言中会出现类似这种的动词变位形式，然而，梵语和希腊语中却存在类似的现象。梵语中并无具体意义的语助词 *sma*，若置于现在时之后会将时态转化为过去时，而希腊语中则通过 ắv 将直陈式转化为虚拟式。

2）在至今所考察的语言中，人称标识音节构成了动词的变位，而其他标识音节则似乎只是与动词松散相连，关系并不紧密。鲁勒语（die Sprache der Lule）中，尽管称不上完善或纯粹，但存在着相反的情况。这里动词时态和语式的标记是直接的、固定的，有时仅由个别字母构成，粘附于根词，代词与这种连接共同完成了动词变位。但这种代词通常为物主代词，因而名词与动词有时就合为一体，例如 came 的大意是"我吃，作为我的饭"，cumuee 的大意是"我结婚，作为我的女人"，只有在少数情况下，动词—代词这种结构才有别于物主代词。

因此，人称标识在这里是独立的，语言中的其他要素也同样，但时态和语式的标识却是真正的词缀。

姆巴亚语、阿比波尼语、莫可比语和鲁勒语就其词语和某些语法形式而言具有紧密的亲缘关系。因此，鲁勒语动词原本的构造原则与其他三种语言几乎相对立，就尤其让人惊讶了。

第三种情况：

具有这类动词变位的语言接近于那种较为文明开化的语言，其动词的每一种屈折变化都具有独立的固定形式。人称、时态和语式的标识都与动词词干相连，不会因为词缀类型的不同而使这种连接变得时而紧密、时而松散。

所有这里分析的动词变位形式总还是缺乏那种阐发语法精神的形式上的固定性。

这些要素尽管是有一定规律地依序排列在一起，但没有从根本上互相融合，因此不易辨认。

这些要素没有融入动词，在语言中以独立的形式存在，或者不发生任何变化，或者只有轻微的变音现象，代词作为人称标识，语助词则用作其余的词缀。

动词在其复合形式中是可分的，且根据言语上下文的需要，可以将其他的言语成分融入其中。

没有一种美洲语言的动词变位能够摆脱所有这些障碍而形成固定形式。美洲语言很多具有以上三种情况，大部分至少具有第一种和第三种情况。而那些语法形式真正发达的语言，例如梵语、希腊语、拉丁语、德语则没有这样的问题。动词不会从它所支配的对象中吸收任何要素，修饰词干的词缀失去了所有的独立性，即便要区分形式要素也是一件困难的需要哲学思辨的工作，所以常常失败，很少能取得卓有成效的成果。

若要研究这些动词形式的具体情况，就需要涉及无数的细节，因此我只想提一下墨西哥语的奇特性质，亦即动词甚至也能表达它所支配的对象。虽然许多美洲语言都具有这种特性，但在我熟知的所有语言中，墨西哥语突显了动词将所支配的言语成分融入其中这样的一种形式，而且这一特性尤显成熟和完善。被支配的名词置于动词中间，如果未出现名词，则由代词替代，而动词中会预先出现相关提示。若出现分别为第四格和第三格两个支配对象，那么动词中会插入两个与其相应的代词；若没有支配对象，但动词从本质上又习惯于支配一个对象，或人或物，或两者同时，那么就会在动词里插入两个不定代词。所有这一类插入现象具有固定规律，总是在人称标识和动词根词之间。墨西哥语的动词或者可以真正表达整个句子，或者已经具备了完整的框架以表明所有的成分，可以在此基础上进一步发展完善；例如"我给某人某物"可以用一个单词 nitetlamaca 来表达，并确定了谁以及某人某物。但由此也可以得出不变的规律：随着言语意义和上下文的变化，动词形式的一部分总是不固定的，支配的代词有时直接位于根词之前，有时则由一个或数个音节，亦即确定的或不定代词，甚至由名词将其与根词隔离开来。

若回顾一下这里所剖析的动词形式不同的构建方式，便可得出关于这些语言整体机制方面的普遍结论。

其中起统领和支配作用的是代词，人称代词可以与语言中出现的所有对象相结合。

名词与动词本身并没有什么区别，只有通过与其结合的代词才能得以区分。

代词的使用可以分为两个部分，一部分与名词相关，另一部分与动词相关，二者统一于人称关系，对于名词而言是所属关系，对于动词而言则是分词的表达。但这些概念是互相消损而模糊不清，还是互相区分而清晰可辨，主要取决于其语言本身的语法完善性。因而正确区分代词的不同类型对此具有决定性的意义，墨西哥语在这一方面仍然具有巨大的优势。

因而，言语者在某种程度上更趋向于时刻构建动词而非使用既有的动词。由此引发的另一个后果是，几乎所有美洲语言的动词构建只遵循一种适合于所有动词的规律，也就是本质上只存在一种动词的变位形式，此外，除却少数不规则动词，单个动词并不具备个性特征。

希腊语、拉丁语和古印度语的情况则有所不同。许多动词需要单独研究，因为它们存在不同的例外、音变、瑕疵，从根本上具有个性特点。

这些文明开化的语言与那些较为原始的语言之间的差异可能一方面主要受到发展时间的影响，另一方面或多或少地决定于不同方言之间的混合是否成功，但有时候可能也取决于民族原本的禀赋（Anlagen）。

这里我们剖析的那些语言，其民族在言说过程中始终只是将各个言语要素组合在一起而并不形成固定连接，同时根据每一次不同的需求来构建相应的组合，且往往只使用那些符合使用习惯的要素加以连接，即便思想的表达已明确要求区分语言要素，也还是如此。

由此无法形成真正的词类，无法正确而适宜地表达思想——这要求词含有词义内容并具有明确的语法形式，也无法满足听觉的需要。

而具有更高级的精神和感官禀赋的民族会凭借感觉正确地区分词类，

不屑于要素的组合和对其进行无休止的移动变换,他们会在词中寻找其真正的个性,并由此形成固定的连接,他们也不会将太多的要素连接在一起,而只是根据思想的需要而非根据使用或习惯将其合为一体。

译词对照表

德语拼写遵照原文,词汇排列按照其在文中出现的顺序

Modi	语式
Genera	语态
Verbalkraft	动词功能
Verbum substantivum	系动词
Stammwort	根词
Wurzellaut	根音
Totonakisch	托托内卡语
Huastekisch	呼阿斯太克语
Verbalien	动词的派生名词
Mayisch	玛雅语
Yucatanische Sprache	尤卡坦语
Betoische Sprache	布列塔尼语
Stammsilbe	词干音节
energisches Attributiv	分词
Aorist des Praesens	现在时过去式
Yarurisch	亚如语
Maipurisch	马普里语
Achagua	阿希瓜语
synthetische Kraft	综合功能

attributive Verba	定语性分词
Tamanakisch	塔马纳契奇语
Omagua	欧马瓜语
Caribische Sprache	加勒比语
Augument	动词前缀
Privativum	剥离动词
Abiponische Sprache	阿比波尼语
Mbayische Sprache	姆巴亚语
Mocobische Sprache	莫可比语
die Sprache der Lule	鲁勒语
Anlagen	禀赋

14. 何种程度上可根据美洲语言的残余来判断美洲原住民从前的文化状态

1823

1. 美洲是一个与已知世界隔绝的大陆，在新近的欧洲殖民之前，那里的本土族群自由无拘地相互迁移，他们是否曾经对外移民或接受过外来移民，历史上也并无可靠的记载。可能正因为如此，他们几乎在所有的关系中都提供了一种巨大的均衡性，相比其他任何地方的语言，这片土地上的语言更能被视为一个巨大的集合体（Collectivum）。

2. 近50年以来，美洲语言备受关注，被做了全面、彻底和出色的研究，也取得了不少成果。希尔利（Gilij）[1]首先为美洲语言的研究开辟了道路，施勒策（Schlözer）积极热情地参与其中——他不仅参与了希尔利的研究工作，而且参加了其中所有能够推动真正史实研究的工作，因而施勒策的贡献虽然好像知之者甚少，却更加值得一提。在希尔利生活的那个时代，很多传教士都熟悉南美洲语言，但事实上希尔利远没有取得可能获取的成果，而且他的陈述浅显、局限，并存有谬误。他更多地是在追逐南美语言某些引人注目和离奇的特别之处，而不是尝试简单明了地阐述这些语言的构造。更多的贡献则要特别归功于埃尔瓦斯（Hervás）[2]。他

---

[1] Felipe Salvator Gilij（西班牙语名）或 Filippo Salvatore Gilii（意大利语名）（1721—1789 年），意大利天主教耶稣会会士，曾在亚马逊一带对不同的印第安部落进行语言学和人种学研究，因其对不同语言本质的研究著称于南美洲的语言学领域。（译者注）

[2] Lorenzo Hervás y Panduro（1735—1809 年），西班牙天主教耶稣会会士，语言天才，会近40 种语言，极大地影响了语言学的发展，是历史语言学的创立者之一。（译者注）

经过努力搜集了许多材料，因而真的希望他当时能够运用更多的方法并更加仔细地来使用这些材料。直至法特（Vater）[1]，鉴于其明智且不知疲倦的努力，才能够将迄今为止关于美洲语言所有散落的信息收集起来，并按照一定的方法进行整理编排。他独力编写的《米特拉达梯》（*Mithridates*）中与美洲有关的部分，借助当时所有找得到的辅助手段，为所有美洲语言的地理分布和分支关系提供了苛严而全面的证据，对此作出的贡献无庸置疑。他对那些我们比较了解的语言的语法构造所作的陈述，虽然就整部著作而言非常简短，却为进一步的周详研究打下了基础；此外，文中还编排了不同语言中相似的词，虽然同样简短，但富含洞察力。这部关于美洲居民的独特著作对所有相关信息和事实作了简练的概述和周详的非系统性评论。而在一些散落于周刊的论文中，法特主要根据一些手稿信息对不同语言进行了更为细致的解释。舍弟[2]游记中关于美洲语言的章节则包含了丰富的观念、见解巧妙的思考以及新颖重要的事实，但仅局限于几个民族的语言。与之相反，他涉略广泛的著作的每一部分都散见着一些相关材料和评论，而这只有精通宽广的知识领域的每一部分又能对其融会贯通的学者亲临现场才能做得到，对这些细心收集的材料进行新的研究也有望取得丰硕的成果。德国以外的其他欧洲国家中，除了一些《圣经·新约》的翻译在伦敦出版之外，我们不能说对美洲语言的认识在过去几年间有什么重要的发现。特别值得一提的是，近期北美洲的美国却对此热情高涨，这方面的研究既富含洞见，又

---

1 Johann Severin Vater（1771—1826年），德国神学家和语言研究者，普鲁士皇家科学院院士。1812年发表了《米特拉达梯》的第三卷，这是第一本关于印第安语言的著作，其中收集了所有当时在欧洲已知的信息，包含500多种美洲大陆的印第安语言，并对其语系进行了分类，这一分类至今仍有一定的意义。（译者注）
2 即亚历山大·冯·洪堡（Alexander von Humboldt，1769—1859年），著名的德国自然科学家、地理学家，近代气候学、植物地理学、地球物理学的创始人之一。他走遍了西欧、北亚和南北美洲，并著有《1799—1804年新大陆热带区域旅行记》30卷、《宇宙》5卷等。（译者注）

生机勃勃。彼得·杜·蓬索（Peter Du Ponceau）[1]先生和皮克林（Pickering）[2]先生对他们身边大部分还在使用的语言重新展开了研究，并在他们所属的学术协会的支持下取得了巨大的成绩。蓬索与很遗憾已经过世的赫克韦尔德（Heckewelder）[3]的书信往来，也从史实和哲学的普遍角度对美洲语言进行了有趣的探讨。皮克林我们则要感谢他对北美洲很大一部分地区族群分布及其分支所进行的清楚明了的研究。而更为细致的研究则要数莫尔斯（Morse）[4]新近出版的论著。同时，一些早先几乎失传的著述以及手书语法和词典也得以刊印，填补了美洲语言研究中极为重要的空白。美国的这些最新研究成果发表之前，相比南美洲的语言我们对北美洲语言了解甚少。然而，恰恰是北美洲的语言在构造方面体现出了与南美洲语言不可同日而语的奇特之处，对此本论文还将进行详细的探讨。此外，一些北美洲部族显然具有了一定的道德水平，这使得这些尽管原始、在某种程度上甚至野蛮的民族，通过其个性、甚至是精神方面的优势变得优秀，也使其比南美洲那些还在孤独漂泊的原始部落更加具有吸引力。

3．上述研究无一概括了完整的美洲语言学，其中一些没有涵盖这片大陆上的所有地区，其他一些则没有完整说明这片大陆对语言研究重要性的方方面面。因此仍有必要尝试完成这样一部著述。首先要提一下我的收集工作来之不易的各种辅助手段，来自舍弟的美洲之旅、法特的友好分享、与上述美国学者们的联系以及我早前与埃尔瓦斯的私交。除此之外，我个人的勤奋、耐心及坚定的兴趣也十分重要，帮助我把握

---

[1] Peter Stephen Du Ponceau（1760—1844 年），年法裔美国语言学家、哲学家和法学家，致力于美洲本土语言的研究和汉字的研究。（译者注）
[2] John Pickering（1777—1846 年），美国法学家和语言学家。（译者注）
[3] John Gottlieb Ernestus Heckewelder（1743—1823 年），美国传教士。致力于向印第安人传教，并研究印第安人的语言、礼仪和服装，特别是特拉华地区的印第安文化。（译者注）
[4] Jedidiah Morse（1761—1826 年），美国加尔文派牧师和地理学家。（译者注）

北美洲语言的独特性质。因而我相信自己定能胜任此项工作。尽管我从事该项工作已长达数年，但进度缓慢，这是为了避免让研究结果沦为空洞贫乏的资料汇编，因为该工作需要同时考察多种语言，同时持续不断地研究所有真正语言学永恒的基础。如若不以后者作为前提条件，那么就会存在风险，使普遍的语言研究遭受更多的损害而不是获得裨益，因而必须时刻强调普遍的语言研究更多的是要控制规模而不是削弱其彻底性。

4．我所要从事的美洲语言研究要求准确详细地阐明三点，虽然这三点相互联系，但仍然能够也必须把它们分离开来，因为它们与不同知识领域有关。这三点是：

· 这些语言的构造。

· 这些语言的起源和亲缘关系。

· 这些语言与所属民族的内外状况之间的关系、对其的依赖性和影响力。

5．研究美洲语言的语法构造和词汇构造可以完全脱离其所处的地域环境。考察不同的语言，将其视为解决任务的不同方法以及不同的思想与情感，并在这个意义上将它们之间或它们与世界上的其他语言进行对比。这整项工作属于研究技术的范畴，是普通语言学的研究核心；它通过对所有已知语言进行剖析来描述那种具有普遍规律的多样性，并能够为语法原则的哲学探讨提供帮助；这正如人进行言语，能够把握语义最低和最高的程度、最小和最大的范围。所有的语言都与人类的语言能力直接相关，使用语言，其实是在研究语言能力的运作方式和作用范围。对美洲语言这方面的阐释甚少。

6．而针对第二点，亦即语法的起源部分，已经展开的工作则要多得多。如果仅就语言与思维以及言说的人之间的关系进行普遍考察，并纯粹就语言本身而对语言进行考察，那么有必要指明，人类语言的不同形式到底是如何生成的？方言与真正的语言是怎样互相生成、互相转化、亦或消亡，或者方言不是暂时处于被完全遗忘的状态、就是在相应的著述中重新受到关注并重新对其他语言继续发挥作用？语言学对这整个部分还缺少一个站得住脚的理论。人们仍然质疑这里到底是语法构造还是词汇总量更为重要？现在仍缺少能够判断语言之间不同程度亲缘关系的可靠标志。雷慕萨（Rémusat）[1]在其关于鞑靼人不同语言的杰出著作中，认为确定基本原则对判断语言的亲缘关系非常必要，并发表了许多正确且具有真正引领性的相关见解。但他提议的方法可能只适用于证明十分亲近的语言之间的关系，因为这很容易将亲缘关系较远的语言和根本不同源的语言归为一类。[2]正如人们所见，雷慕萨的这种方法无须探究语法的构造，而是要求为这些民族所有社会状况中最常用的概念归纳大量的同音词，并且就此止步不前了。当然，我们无须质疑以这种方法判别具有亲缘关系的语言是否合理，在这种情况下，这种方法肯定是非常实用的。而那些没有亲缘关系的语言，我认为也同样可以通过它们不同的语法构造加以辨别，它们在保留了自己语法的基础上很有可能从另一种语言中吸收了许多词汇，但这也是很容易探明的。然而，研究中最大的困难是那些既不能完全互相区分、也不十分亲近的语言，因为它们那种微弱、独特，确实是历史形成的相似性，很难与所有语言所具有的、仿佛是智力的生理构造方面的普遍相似性区分开来。因此，针对这些语言极有可能需要运用更为准确的人工分析方法，去分析概念和语音的亲缘关系和起源。但是同时甚至在此之前，我们一定要借助历史和游记中的相关事例关注民族的产生与分化。因为语言只是民族精神生活的独特化身，而且正如民族的分支在变化一样，语言也在发生变化。

---

[1] Jean-Pierre Abel-Rémusat（1788—1832 年），法国著名汉学家。原任职医生，后学习并研究古汉语、鞑靼满族语和日语。（译者注）
[2] 见克拉珀罗特（Klaproth）的《亚洲多语》（Asia polyglotta）。

与其他地区相比，美洲的民族分离和融合比较容易与语言的创造联系在一起，因此，研究美洲的部族能够为寻找美洲语言的亲缘关系提供重要的线索。我们从未指望对自然的创造有惊人的发现，但如果自然创造所留下的痕迹不是那么的模糊不清，就已经是一个重要的突破了。尽管埃尔瓦斯、巴顿（Barton）[1]尤其是法特曾非常仔细地对表达同一概念的不同词语进行了汇编，但是这方面的研究，无论就美洲语言之间还是美洲语言与其他语言之间的亲缘关系而言，迄今没有取得重大的成果。因为除了认可了几种、其实只是方言土语之间的亲缘关系，以及发现了楚克奇人（Tschuktschen）使用的语言具有一致性以外，该研究只发现了一些零散的相似之处。现在能否通过一种更为深入的分析方法来获取更多成果，我们除了尝试也别无他法了。

7. 前面提到的两点——对新世界的语言构造和语言起源的研究，因其细致周详而不适合在科学院进行演讲。然而上面提到的第三点，即研究这些语言与其民族文化状态之间的关系，则似乎可以通过几篇相互关联的论文来加以论述。这一研究能够引起更为普遍的兴趣，由于这一研究并不能提供数量众多的事实依据，所以也不用担心讲述范围过于宽泛。对于那些有足够现存资料的美洲语言，我经过多年研究已经熟悉了其中每一种语言的构造，为其编写了语法并对所收集的数量可观的词汇进行了编集，因而我能够按通常的做法，在阐释这些语言构造的独特性质时，先整体呈现，然后再另文逐一撰述。

8. 研究语言和民族构建之间的关系本身就具有重要的意义，并可视为语言研究的最终成果。它致力于进一步探究表达和思想之间最细微、却从未能够被完全理解的相互关系，并终将成为人类历史上最为重要的一项研究。语言显然属于人类历史上主要的创造力量，从人类迄今

---

[1] Benjamin Smith Barton（1766—1815年），美国植物学家、博物学家和医生。除了对植物学和医学作出了巨大贡献，巴顿在语言学和人类学领域也取得了一定的成就。（译者注）

所构建的众多语言中，我们能够将那些发挥了主要作用的区分出来。而其他一些语言的影响限制在了窄小的范围内；另一些则没有在文化或观念领域留下任何痕迹而消失殆尽，或者仍然以同样的方式继续服务于日常需求，并凭借人们对其构造仅剩的知识而服务于科学研究；还有一些语言，即便是原始未开化的，最终将其力量和财富传承给了那些后来的语言。所有这一切将由历史来筛选，并将其与影响人类命运的其他情况互相联系，以这种方式可以将语言视为历史的起因，同时也必然可以将其视为历史的结果。因为语言以特定的方式产生，要么能够解释成为某些明显起因的结果，要么就属于那种无法在世俗之中而只能在此之外的主导观念中寻找起源的现象。就所有这些研究，有必要对语言的每一种关系作出史实方面特别的解释。

9. 要探究语言与思想形成之间的关系，就必须努力在每种语言独特构造所呈现出的无数细微差异之中寻找原因。所有这些细微差异本身看似并不重要，但它们的共同作用却最终导致《埃涅阿斯纪》（*Aeneide*）[1]、《伊利亚特》（*Iliade*）[2] 和《罗摩衍那》（*Ramayana*）[3] 等作品尽管叙述的对象相似，但其章节却给人完全不同的印象。虽然创造语言的民族和创造作品的诗人他们的本性相通，但其间还存在着诗人个体的本性特征，并且整个民族对其语言整体上产生的影响并没有在每部作品中留下最多、最主要和最细致的明显痕迹，所以从语言的这种总体印象到对语言构造枯燥乏味的语文学剖析都无法提供关于语言差异的完整线索。尽管如此，人们越是频繁地尝试在整体印象和细节之间来回索求，就越有可能探究人类思维的主要秘密所在。正如巴克（Baco）将艺术解释为对自然进行补充者一样，语言也是参与了客观思想者。如

---

[1] 拉丁语诗人范吉斯（Vergis；公元前70—19年）在荷马史诗基础上创作的叙事诗。（译者注）
[2] 《荷马史诗》的一部分。（译者注）
[3] 印度民族史诗。（译者注）

果人们不畏艰难、深入探究最纯粹的思维活动,将主观从客观中剥离出去,便能揭示语言巨大的力量。但人们也会担心这种客观真实本身的可靠性,当然也可以消除这种担心,因为个别人的主观性可以通过其民族的主观性、而民族的主观性可以通过该民族历代和同代人的主观性、最终该民族历代和同代人的主观性可以通过整个人类的主观性遭到破坏、减弱而得以丰富。如果不重视所有语言之间这种深刻的内在联系,就无法以任何一种方式去理解语言的作用。

10．虽然在这些最普遍的关系方面,美洲语言不大可能用于较高层次的研究,但我也特别提到过要对其进行研究,因为在考察每一种特定语言时,注意研究抽象的语言概念极为重要。此外,就某一语言作为具体事例讨论语言的普遍性或许也是最好的方法,至少更为直观。同时,我将允许自己偶尔在适当的时侯,偏离美洲语言而去探讨其他语言。我不揣冒昧地希望,能够在美洲语言的研究中拥有这种基于普遍性考量的自由。

11．在思考美洲的历史——亦或那里并没有历史,和美洲的状态时,仅仅看看那些当地部落,就可以称之为对部分人类命运的沉重一瞥。欧洲、亚洲和北非的情况完全不同,只有中非、南非和南太平洋诸岛可以与其相提并论。人类历史持续发展,并在文化教养(Bildung)与重回野蛮的战斗中最终总能获胜,但美洲族群却隔绝于这样一种人类历史,既不能参与任何前进的世界事件,也没有自己构建世界大事。美洲部族没有任何的世界性历史事件为我们所知,没有对至今为止通行的制度产生任何影响,没有任何的文物古迹和精神成果(Geisteswerk)能够继续引领我们的观念。他们的存在对于一切人类最高目标而言都毫无影响地悄然而逝。他们似乎在其强大、繁荣、广阔的王国之中也不曾享受过真正的人类文化教养和真正的人类福祉,因为这二者与严酷的暴政专制——我们将会看到,这种制度甚至在他们的语言中留下了痕迹——

以及统治着美洲部族的残暴的神祇崇拜完全不相协调。现在可以大致确定，只要美洲原住民继续与世隔绝并使用他们的语言独自生活，就无法产生那些重要的促进幸福和文化教养的有力推手。接下来我将有机会谈及在美国举办的一些重要的相关讨论，这是唯一的一个政府，不以一己私利为目的，或不只是片面地就那些仍然独立的邻近原始民族表面上的改变来评估其状态，而是认真地致力于这些民族的进步。倘若大部分当地原住民已经完全融入美国，那么这种融合产生的子孙后代就会与美洲大陆未来的命运紧密结合并积极地发挥作用。

12．然而，美洲早前的文明在该大陆的所有地方都留下了一些痕迹，并且就其风格而言也的确可以认为是曾经存在的文明，因此美洲在这方面绝不可以与前面提到过的非洲部分地区或太平洋诸岛相混淆。鉴于此，"类似痕迹是否也存在于残留的语言之中"这一问题就显得极为重要了。但这不只是要在一定程度上去评价整个美洲大陆文化状况所达到的绝对高度，更主要的是要评判不同民族的相对文化状况。如果某些地区的语言似乎达到了较高的文化程度并留有历史声誉，但除此之外这些地区不存在任何与此相当的文化痕迹，或者丰富的文化中夹杂着比较原始的成分，若出现这种状况，那么一方面能够推论出那里文化的没落或语言的混合，另一方面也能看到当地民族在社会制度、科学和语言方面共同或独自的进步。

13．在转而考察美洲语言之前，细数美洲原住民部落在文物古迹和社会制度中所留下的昔日文明的遗迹颇有裨益。因为只是想要提醒曾经存在过这些文明，所以我这里仅限于列举这些文明并找出详细研究的相关论著。为了描述零星散落于这整片广袤大陆上的文明之光，我将根据我的目的按地理位置对其编整介绍。

14．为了能够同时看清从亚洲向美洲移民的大概路线，我将按照由北到南的顺序逐一列举美洲文明，首先是介绍那些建筑纪念物——至少在墨西哥附近存在一些，它们和地表变化紧密相联；其次是政治制度，如特拉斯卡拉共和国（Republik von Tlascala），在此尤指宗教制度；最后是科学方面的遗迹（墨西哥的黄道带[1]）。

15．语言对文化教养的影响主要依赖于文字。然而美洲并没有留下任何书面文字，仅留下了象形文字（Hieroglyphen）和结绳文字（Quipos，也写作Quipu）。

16．美洲的象形文字处于绘画和文字的哪个中间点上？这方面它们与古埃及象形文字的关系如何？它们能够在何种程度上弥补文字的缺乏？是否有迹象说明它们能比较容易地过渡到文字？文字意在促进思维，其优势在于能够脱离现实的图景进行思维，并通过词语或思想构建图景。绘画是对感官和想象力发挥作用，并不能满足抽象思想的需要。文字是记录下来的语言。因而绘画和文字是对不同的精神力量发挥作用，并且直接表达了不同的对象，而象形文字则介于两者之间。文字不是表达思想就是描述语音。但是思维只有通过记录语音的表音文字（Schrift der Laut）才能真正得以促进，因为只有表音文字才是语言最忠实的写照，且思维需要语言作为纯粹的媒介。而在记录思想的表意文字（Gedankenschrift）中精神忙于双重活动，并因此分散精力、超负工作，难以区分或者根本无法区分近义词之间细微的差别。

17[a]．结绳文字可能只是记忆的辅助工具，是印度教圣徒[2]使用的一种非常完善的符木、十字架念珠、浆果或小球，人们只在政治建制中对此有所发现和提及。假如结绳文字真的可以算作文字，那么也只能是表意文字。这就其本身而言也不是不可能。尽管中国的表意文字也是由象形文发展而来，但是大多数文字符号都以象形文字为基础，这一点却非常难以想象而且也无法让人接受。一定存在过某一个节点，观念可以仅仅

---

1 指中美洲日历，是除玛雅日历之外最著名、研究最为透彻的日历。（译者注）
2 洪堡对此并不确定，所以打了问号。估计指印加人的结绳记事。（译者注）

通过记码和线条计数来表达，同时绘画终究转变成为了文字。中国和日本的结绳文字和秘鲁结绳文字之间是否存在联系？雷慕萨否定了这一点。

17^b．特拉华人（Delawaren）和其他北美洲部落有时使用类似象形文字和结绳文字的符号。

18．美洲可能存在过文字，然后又消失了。但没有依据支撑这一假设，而很多迹象则否定了这一假设。普遍证据表明，在墨西哥和秘鲁这些最重要的文明产生地区肯定不曾存在文字，否则诉讼中的象形文字以及结绳文字就是多余的了。语言本身也提供了相反的证据。文字和语言之间存在着某种内在关联。文字记录了语音，稳定了语言的形式并使之趋于简单，当然这仅仅涉及语音及其变化。因而所有的方言土语其语音都是多种多样、界限不明，发出分音节（Articulation）只有借助文字才能完善。在没有文字的民族方言中还混杂着动物的语音。在一些、但并非所有美洲语言中存在着极其粗糙的语音。在文字产生之前也不可能存在学校。尽管口头语言也会发生语音的变化，但是要产生统一的变化没有文字估计也行不通。文字的使用从根本上引起了人们对其中可以辨识的语言构造的关注，当然还有更多其他的。一种完美的语言构造以及文字的产生都依赖于一种出色的、智力的、通过语言进行思维的民族禀赋（Anlage），但是顺便说一下，这种禀赋也可能是诗性的。语言通过其占主导地位的语法形式体现这种民族禀赋。根据我的研究，语法形式和文字会紧密相连。这可以通过经验来证明。我们通常认为印第安人不曾有过任何象形文字，而希腊人早就有了字母文字。就荷马（Homer）的时代而言，仅通过他的语言并不能很好地赞成或反对这一观点。我们从未确切地了解荷马的语言，却认为希腊语源于带有文字的语言，而从未将其看作一种不带文字的语言。最终沃尔夫（Wolf）认为，在荷马那个时代人们并非不写字，而只是不把诗歌记录下来。罗马语与希腊语的情况相似，德语也有部分类似的情况。那么斯堪的纳维亚语呢？哥特语呢？另一方面，根据希尔维斯特·萨西（Silvestre de Sacy）[1]的说法，以前埃及人没有文字，也没有具备语法形式的语言，而巴斯克人也是如此。那么爱尔兰人和威尔士人呢？就这方面而言，美洲语言完全不属于那种带有文字的语言形式，而是一种用其进行言语的民族很难创造出文字的语言。

19．语言只有在其创造活动（Werke）中才能加以全面的评判。从纯粹的语言要素及其连接法则中不能完全看出它们能够如何使用。词只有在语言使用时才能得到应用并体现出观念的细微差别，而这些差别——如我们的语言与美洲语言之间，至少没有保存在词典之中。语言并不存在于语法和词典中，而是存在于民族的口头言语之中，并跨越民族的所有历史，语言以这种方式将那短瞬的回响体现在其创造活动之中，并通过记忆或文字加以保存。

20．以这种方式保存下来的关于美洲语言的信息如下。

一、那些真正来自民众口头言语的，尽管只是一些简短的惯用语（Redensarten）和格言警句（Sprüche），零散地保存在了语法书和词典中，只是数量很少。传教士从未收集过谚语（Sprüchwörter），他们的语法示例几乎毫无例外是自己编写的，大多是关于基督教的内容。

21．二、所获得的民谣。我只知道一首盖丘亚语（Qquichua）民谣。见《德意志信使》（*Teutscher Merkur*）[2]。

22．三、由历史书写者保存下来的言论，尤其是与北美洲美国相关的民族领袖的言论。这些言论是否存在原稿？莫尔斯的著述提供了一些很好的信息。就这些原始民族的道德状况而言，他们是否尚未向欧洲人学习借鉴过很多？在关注政府体系时顺便对这些民族进行探讨，同时对

---

[1] Antoine-Isaac Silvestre de Sacy（1758—1838年），法国语文学家，现代阿拉伯语文学的创建者，对东方学的发展产生过重要影响。（译者注）
[2] 为1773—1789年间出版于魏玛的文学和书评杂志，1790—1810年改名为《新德意志信使》。关于该秘鲁民谣的文章1809年发表于该杂志。（译者注）

这些濒临消亡的语言进行一般性的考察，如巴斯克语、立陶宛语、阿尔萨斯地区的德语。

23．四、在被西班牙占领之后不久，真正由一些墨西哥人所著的墨西哥语著述。它们还存在，但并不在欧洲。

24．五、传教士用美洲语言写的论著，只是要谨慎使用。《圣经》翻译是其中最为重要的，尤其是《圣经·旧约》。艾略特（Eliot）的《圣经》也许是唯一受到天主教和新教观念影响的译本。

25．正如上文所见，这些按照所保留的民族特性程度而整理出来的辅助材料极其匮乏。我将根据我当前的研究目的找出相关的材料用于研究不同的民族。研究中，尤其通过上述第三点和第五点能够发现，那些言语极少按照我们所理解的方式构建，同时也没有任何的语法形式。

26．因此，除了美洲语言的构造框架和每种语言中数量或多或少的词汇，我们得不到更多的信息。重要的是要研究，在何种程度上能够仅通过一种语言的语法和词典来评判使用该语言民族的文化状态？

27．在这里要区分语言的创造和语言在使用中的丰富发展。虽然二者之间没有界限，但我的理解是，正如我在另一篇论文中所阐述的，每一种语言都有一个时期，在此期间该语言的构造基本上已经完成，此后不再会产生任何重要的变化了。我将这一时期称为语言的创造，而将此后语言的增长称为语言的丰富发展。前者主要涉及语法的基本部分和屈折变化部分，后者几乎仅指词义和句法。因而有理由要去研究，古德语比较强大的屈折变化能力是如何减弱的？且是否与上述内容相矛盾？

28．毋庸置疑，从语言构造中能够推断出民族的精神禀赋（因为在语言的丰富发展时期才能够考虑到文化教养问题）。更多的是可以假设一种公理，认为一种语言原本构造的独特性质只能源于其民族的独特性质，当然也并不总能将民族理解为正在说这种语言的民族。因为即便某一民族获得了外族语言，也会从中创造出自己的语言。但拉丁语的衍生语言和新希腊语并没有明显显示出这一点。所处的环境不同也是起因。这种独特性质能够以非常不同的方式显现，但最为重要的永远是看一个不囿于日常身体需求的民族，在何种程度上乐于自由无拘地倾诉思想和情感。在这里决定一切所有的是不依赖于身体的需求并放弃任何现实的世俗目的。这种禀赋可以表现为深度的宗教思考，或无拘无束、尚且原始的民众歌谣，它孕育着所有的科学、艺术以及一切语言能力。这一切的首要条件是摆脱那些以往的事实，认为这些事实显示了尚未开化的人类本性，但正因为这是人类的本性，所以蕴含了民族的禀赋。语言服务每一种甚至是最低级的需求，但仅仅为了达到其最普遍的和最高级的目标，语言需要形式，如果一个民族没有相应的较高禀赋，也不可能产生语言的形式。

29．毫无疑问，就像从根本上依赖于人一样，语言也依赖于民族。但是这种依赖并不是说语言的本质在某种程度上是无关紧要的，也并不意味着无法从那些不拥有作品的语言中推断出这个民族的状态。语言和民族处于持久的相互作用之中，二者的优势取决于民族力量的活力和语言的永久程度。尽管民族和时代的独特性质与语言的独特性质交杂混合，但是没有理由可以将前者全部或大部分的特点也归于后者，或相反地认为语言只是被动地接受影响。当然，一些作家能够用相同的词汇和相同的语句，只是通过其他用法，借助他们强烈的精神色彩，赋予他们作品中的语言以崭新的特点。下列观点也因此比较符合事实。

1）语言通过其他因素对其发挥作用而获得了某种个性，这种个性从根本上成为语言本身的特性，因为语言会借此产生反作用，并且只能在其特性的范围内才提供使用。

2）民族在不同时代在语言中所造就的，能够对个体发挥作用，这种作用难以抵御，因为处于语言共同影响之下的每个人的个性与其产生了某种协调一致。在这种情况下，语言的反作用会更具决定性。

3) 正如上文所言，某一民族的独特性质能赋予语言一种新的特性，而语言原本就具有这种构建能力。

4) 一切的因果都是不变的序列，它们互相制约。我们借助历史经验的辅助工具只能立足于这种序列之中，而未能深入其起始初端。任何一种民族的语言都具有一定的词语、一定的语法形式和搭配方式，都是以一定的形式传承而来，因而会对这个民族发挥作用。但这种作用并非是该民族作用于语言而产生的反作用，而是语言原本就具有的特性。

5) 因而，若同时考虑语言和民族，那么是语言始终将其原初的特性与其从民族那里获得的融为了一体。虽然这里不允许，尤其是不能从历史经验的角度确定一个似乎固定的节点，认为一个民族从此刻开始产生了语言，因为一个民族的产生本身也不过是在固定序列中的一个过渡节点，与语言相似，同样也很难找到其发轫之始。

30. 鉴于所有上述原因，语言总是能够提供一个可靠的依据，以便从其构造本身推断出民族的禀赋和方向，因为语言的构造源于其民族。我们研究中唯一不确定的可能是，美洲语言中那种固定的、因而我们认为是原初的形式——因为这决定了美洲是否存在过原住民，是否真的不是源于其他大陆？这一点要么无法识别，要么只能通过研究美洲语言和美洲以外的语言之间的亲缘关系才能加以判定。

31. 但是在判断语言创造中的民族禀赋时，要将一种特殊的、个性化的与基于人类本性的禀赋加以区分。因为一般而言，语言是人类智力本能的产物，因而受制于官能、思维能力和情感能力的普遍禀赋。和这些方面协调一致的，就不能被视为特别的精神个性。

32. 没有一种美洲语言拥有这类语法构造，它们的词汇也没有这样的特殊机制，用以表明那种特别指向思维和语言的民族禀赋。不仅所有美洲语言的构造非常相似——虽然这种说法有点夸张，而且这种构造接近于词语的作用，以便在某种程度上达到理解的清晰性和确定性。当然这里也存在差异和细微差别，但这只有通过研究不同语言才能阐明。同时要尝试对所有美洲语言共有的类型进行描述。

33．然而所有美洲语言，尤其是其中的一些，都具有那些与本地民族的现有状态不相符合的特点。这些特点体现在语言构造极大的规律性、对有可能的语法现象表达的完整性、感性和情感概念中细微差别的明确性、同一个词中多个相关概念的简练压缩性，反之我们的语言则充满了特殊情况，同时语法表达也不完整，显得缺乏活力且繁冗复杂。因此对美洲语言存在常常比较夸张的赞美。见 *Chilidugu*[1] 的前言，以及希尔利、杜·蓬索的相关论著。

34．显然，美洲当地居民目前糟糕的民族状态并不能从总体上说明他们从前的真实情况，也无法反映出他们曾经拥有的比较丰富的文化。然而，那些公正地说只是对他们从前状况的猜测也不足以解释他们当时的状态。姑且不论上文提到的特点是否都是优点，但我感到这些特点似乎并非出自优秀的个体智力禀赋，而是根本上源于人类的精神结构，尤其是民族的特性，因为民族更接近人类的本性和语言创造。我们习惯于称这类民族是野蛮的，但是需要考察这些野蛮民族的特性和精神状态，并不能对其轻易贬低。为了确定"野蛮"这个概念，我们有必要回顾欧洲野蛮民族所处的古典时期，并将其与当时的美洲民族进行比较。更接近于自然的那些人的独特之处在于，他们用最为准确的方法确定所有感性的事物，一旦选定一种方法，就用其处理每一项事物，而这样自然会产生严格的类比，但他们无法用知性概观所有的情况，而只能在使用过程中逐渐积累。他们自身并没有意识到知性的普遍逻辑机制在发挥作用，而没有知性所有的言说便不再可能。只要哪里具有生动丰富的思维和言说以及更多真正的、尤其是个性化的精神力量，那里精神就会更多

---

[1] 哈弗施塔特（Bernhard Havestadt, 1714—1781 年）关于美洲语言的著作。哈弗施塔特作为德国耶稣会教士在美洲传教，是美洲原住民语言的研究者。（译者注）

地拒绝一成不变的单调，构建不一致和不寻常。精神的目标不只是促进理解，它还追求其他的目标和激发力量，并使用那种没有规律的表述手段。美洲语言通常是对独立的要素进行前后排列而不加融合，只要出现一部分要素，所有其余的就都能够、几乎也必须跟随着出现。力量、质朴、真挚都是原始人（Naturmensch）固有的特点，为此他们无须具备造就优秀语言的禀赋。

35．也能从其他的一些情况来窥见美洲民族的这一状态，如空洞的音节声响，模糊不清的语法混杂，语法表达的匮乏，万不得已才使用的语法表达（复数、名词和动词的搭配），言语的一部分插入另一个部分，以及将言语用作结构手段等，这些现象在研究美洲语言的论文中没有得到更好的讨论，或者只是在提及语法形式的匮乏时笼统地隐含其中。

36．是否有不同的作用对同一语言发挥影响而在美洲语言中留下了印记，正如在英语和波斯语中一样？可能要通过科拉语（Cora）和塔拉乌马拉语（Tarahumara）进行研究。

37．只有当一种语言起源于一个分布广泛的民族时，才有可能成为一种出色的语言。多种多样、广为分布的人群借助共同的语言汇聚起不同的体验方式（Anschauungsarten）和情感方式，会赋予语言丰富性、多样性以及持续的标准。一些美洲语言不仅过去而且现在也仍然在广泛地使用。这需要对其原因进行研究和推论。这与相关部族占居基多（Quito）有关，我认为也与占居墨西哥相关。瓜拉尼人（Guarani）有一部分被排挤走了。而特拉华人（Delaware）大概是规模比较大的部落。在此要统计一下目前还在讲美洲语言的人数。同时要研究，表达同一个对象是否有多种不同的词？如何区分这些词？

38．不同民族各个组成部分、妇女、几乎所有地方的语言使用情况。

39．不同民族中儿童语言的使用情况。

40．高雅人士的语言表达方式（不包括敬语），我认为主要是米斯特克人的语言（Mixteka's）。

41．基多皇族的语言表达方式。

42．描述语言现象并阐释其原因，然后解释，如何看待这些可能性？祭司的语言是怎样的？

43．从所有这些方面将美洲语言与其他大陆上野蛮族群的语言作简单的比较。

44．在语言丰富发展方面需要研究的是，那些通过使用互相连接的言语而句法能力有所提高的语言，若没有产生文字作品，那么这种能力大多都会稍纵即逝，然而还是能够通过一些词语，尤其是结构性词语、关系代词、语助词等得以辨认。

45．与此不同的是词汇。假如所有印度和希腊作家都消失了，但是还有阿玛拉科沙（Amara Kosha）[1]和一位希腊词典编纂学家，人们还总是能够获得关于那些民族伟大文明的印象。这里有必要尝试从阿玛拉（Amara）和波吕克斯（Pollux）的词典中引述关于哲学的章节，这样编排的词典具有巨大的优势。见 *Chilidugu*。

46．首先当然要考察一种清晰明确的民族观（Volksansicht）以及一种容易通过图像和想象而引发的心性（Gemüth）是如何得到普遍表达的。

47．所以首先需要发问，在这些语言中是否存在正确并逻辑地列举概念的痕迹；这有时体现在对主要概念的辅助限定（Nebenbestimmung）中（如剥离动词）。

48．有时体现在同属一定范畴的词汇中（如表达世界地区、范围界定等）。

49．第二是要判断，这些语言是否含有并且拥有多少数量的词以表

---

[1] 源自梵文，意为"永恒的词典"。（译者注）

达纯粹的关系概念，且这些词不再具有明显的感性意义，或其感性意义在使用中不再发挥作用 [如 entsprechen（"符合"）、übereinstimmen（"相一致"）、erwiedern（"回报"）等]。

50．诗性的禀赋一部分基于表述本身（如巴斯克语的 *oñastuba*），一部分基于修饰词，而最根本的是依赖于那些能够表达自由活跃的想象力的词。

51．根据上文可以揭示两点重要事实，即大多数美洲语言缺少纯粹的 sein 动词[1]，也缺少关系代词。

关于第一点的历史详情杜·蓬索和皮克林都有所记载。sein 动词在一种语言中发挥多少作用，反映了该民族进行思维活动的原初禀赋。这一概念在印度语中通过许多派生词得到了很大的扩展。而 sein 动词这一概念总是与形容词紧密相连。但我也不想断言美洲语言完全缺少 sein 动词。

52．关系结构与敏捷的思维相连，这种结构在希腊语中广泛使用。那么在美洲语言中是如何来取代这种关系结构的呢？

53．为了确定概念的界限，并提升其普遍性用以描述某一类别的对象，同时也使思维更为敏捷，每一个词只有在万不得已时才需要那些辅助限定。但如今在美洲语言中却是非常普遍，某些名词与物主代词并没有什么区别。这一点其实完全属于语言丰富发展的范畴，因为这一现象并不一定源于语言的构造，但语言在使用过程中可以产生这种变化，而不发生这种变化才显示了语言的特性。为此对当地的男孩做过研究。研究显示了墨西哥语中根据不同的对象数字表达也多种多样，并不断用到及物动词的代词宾语（Régime），但这只限于墨西哥语。

54．在介绍了这些主要涉及思维的特点后，要对大量的概念逐一进行分类研究。但这里只强调那些能够进行普遍阐释的概念。

---

1 相当于英语的 be。参见 42 页注。（译者注）

55．是否能够从数量有限的数词中推断出高度的原始性？我认为不能。要考虑到符木上所刻画的龟甲。

56．陆地上和天空中的自然之物的命名。其中含有比喻。日、月、星辰，不同的天体有多少名字？

57．对动物躯体各个部分和有机体的命名。

58．与所有人或许多人有关的政治概念和现实生活。亲缘关系方面的名字。

59．敬意的表达。最为强烈地体现在墨西哥地区。据我所知在北美洲根本没有这样的表达。但在印度语中也存在，出现在古老的诗篇中，在那里显得非常的形而上，是"他做了"（*Existens fecit*）而不是"你做了"（*tu fecisti*）。这一现象是否也出现在女性的表达中？这还需要在其他语言中进行寻找。

60．宗教和道德概念。阐明关于美洲人宗教缺失的不正确观点。除了墨西哥语，其他语言中是否也存在关于神的类似表达（*theo*）[1]？

61[a]．最后还要笼统提一下习惯表达中的比喻。印度语中还有许多名词实际上只是借用了形容词。

61[b]．还需要说明一下词典存在的不足之处，我还得查找这些名字及其派生词的使用方法。

62．在此结束对美洲语言的普遍性研究，将开始单独论述每一种语言。在这些论述中必须专门考察所有在此提到过的关系，并增添一些普遍性研究所无法顾及的东西，同时考虑那些在该语言使用地区与语言无关的文明遗迹。论述的顺序必须按照上面考察的地理顺序，从爱斯基摩和格林兰岛开始，直到火地岛（Feuerlande）。我在这里只提及那些我想得到的需要评述的语言。

1　*theo* 在希腊语中是神的意思。（译者注）

特拉华民族（Delaware-Nationen）：

63．及物动词的变位（Transitionen）高度完善。

墨西哥人（Mexicaner）：

64．语言尽管保留了原始野蛮的特点（代词的固定连接），但又合乎逻辑地丰富发展了（通过普遍性的代词，这种代词在任何其他美洲语言中都无法找到），这似乎体现了一定的文化教养。在高度文明开化的语言中也留有自然粗野的类似痕迹（如希腊语中的 ἄυ，印度语中的 sma）。

科拉民族（Cora Nation）：

65．其语言像是一种混合语言。

加勒比人（Cariben）：

66．语言已消失，其女性语言当时流传最为广泛。

盖丘亚人（Qquichua）：

67．是真正的民族语言吗？见上述第 41 节。

68．语法匮乏值得注意。

69．用铃声音节（Klingelsilben）不可思议地构成概念组。

70．具有固定的词序，像东亚语言一样，例如汉语。

瓜拉尼人（Guarani）：

71．其语法表达几乎比任何其他语言更具不确定性和模糊性。

72．具有所谓的相对人称（pessoa relativa）的特点，除了此处不存在于任何其他语言之中。

73．最后，在逐一论述美洲语言之后，还必须考察这些语言相对于文化的价值，从而通过补充非语言的文化遗迹来进一步阐明那些真正的文明中心点及其所达到的绝对和相对的文明程度。这里可以引证埃及，埃及拥有与众不同的伟大文化，但似乎很少通过语言来呈现。

74．如果在此结束对美洲语言的史实研究，那么关于美洲各民族的发展前景可能还需要做一些说明，即在美洲大陆历史上，欧洲人是对其放任不管，还是根据其他原则，比如像对待印度一样，参与其中。如果是后一种情况，那么美洲文化的独特性质大概也很少能够保留下来了。利己主义总是毁灭性的，在不同程度的文化相互触碰之处，程度低的就会走向消亡。

§.13.14.[1]

在我们转而研究语言之前，有必要对从其他非语言渠道获得的关于美洲以前文明的遗迹和记载进行简要但尽可能全面的概述。我们有必要探寻这些文明的所在地及其传播的中心点，并且尽力确定这些文明的形式，尤其是与语言之间可能的关系以及哪一民族总体而言达到了最高的文明程度。

为了不至于偏离语言研究这一主题太远，我只简短描述那些我必须牢记的对象，并指出对其进行详细描写的论著。

……

就语言而言，要考虑到从两方面进行研究，既要从民族的文化教养来考察语言的完美性，也要从语言的完美性来解释民族的文化教养，因而十分重要的是，一方面要注意不同的文明中心点其相对的古老程度，另一方面也要注意其中遗留的文物古迹的类型，同时确定哪些结论将来可用于与美洲语言的性质进行比较。

尽管穆伊斯卡文明（Muyscas Civilisation）的知名程度有限，但墨西哥、秘鲁与穆伊斯卡的文明与那些尚存的美洲语言紧密相连。然而，俄亥俄（Ohio）附近的文明、圭亚那（Guyana）少得可怜的文明遗迹以及帕诺斯（Panos）民族的文明却并非如此。尽管人们想要认为俄亥俄附近的文明成果出自托尔特克（Toltequisch）和阿兹特克（Aztekisch）

---

1 这部分是对前面第 13、14 节的补充。（译者注）

民族之手，但现有的事实依据却还远不足以证明这一点，遗迹的种类和俄亥俄附近象形文字的完全缺失——而象形文字在阿兹特克民族所有的地方均占据支配地位，这些使得这一观点本身就无法成立。至于那些文明成果是否可以归属于如今那个地区游牧部落的祖先，也极其可疑，同时根据那些已经发现的让人信服的骨骼遗迹其考察者也否定了这一点。所以在这里文明遗迹和语言之间无法再找到相互的关联，因为前者正如舍弟所强调的那样，的确属于一个不知名的民族。[1] 根据塔马纳克人（Tamanaquen）的传说，圭亚那的岩石画源于他们的祖先和他们的先人阿马里瓦卡（Amalivaca）。但阿马里瓦卡的传说流传于居住着不同民族的广阔地区，在一个以拥有多种语言而著称的地区有且仅有一个传说占据主导地位，这种情况成为民族历史上一个引人注目的现象，因而这一说法也难以让人信服。帕诺斯人离群索居，远离周遭部落，其语言也完全不为人所知。[2] 而在墨西哥本土，文化和语言的联系也存在着难解之疑。不同的墨西哥民族之间又似乎存在着文化差异。例如萨波特克人（Zapotequen）就被认为比墨西哥山谷那里的民族拥有更高的文明，[3] 他们的米特拉宫殿（Pallast von Mitla）作为唯一拥有立柱的美洲古迹，根据图纸来看还具有秀丽妩媚的特点。萨波特克人属于墨西哥的原始民族，或者至少比托尔特克人（Toltequen）要古老。萨波特克人的语言至今仍然存在，对此有一本语法书，但据我所知从未传至欧洲。阿兹特克语（Aztequische Sprache）和早前语言的关系，如奥托米语（Otomitisch）和米斯特克语（Mixteka）（这二者明显更粗糙、更不完善），尤其要引起注意。因为科拉民族属于前托尔特克民族[4]，所以就必须相信，属

---

1 Humb. *relat. Hist.* II.373.
2 *l. c.*. 587-590.
3 *l. c.*. 278. 279. 427. 428.
4 Humb *Monument*. 318.

于这同一民族大家庭和同一语言的部落在托尔特克人之前就移居此地。因为如果有两种美洲语言互为方言，或者显示出最紧密的亲缘关系，那么它们就是科拉语和墨西哥语。在墨西哥语中带有 tl 的词，通常在科拉语中不带 l。此外，在新西班牙存在一些部落语言，这些部落并不属于前托尔特克民族，就像尤卡坦半岛（Yucatan）上的玛雅民族一样，因为这里是阿兹特克文化的一个主要所在地。相比奥托米人（Othomi）和米斯特克人的语言，这些语言和前托尔特克民族的语言更为原始，这说明了，阿兹特克人以与当今欧洲移民类似的方式当时与尚未开化的原住民居住在了一起。

文明残留的种类以及从中发现的风格在不同的文明区域明显不同。在俄亥俄附近主要是大规模的并具有规律性的地面作品，但没有象形文字；在托尔特克—阿兹特克地区主要是真正的建筑物，象形文字占支配地位，在秘鲁是结绳文字，在那里以及在蒂亚瓦纳科（Tiahuanaco）的建筑物式样特定并重复出现，毫无疑问这在美洲其余地区至今尚未发现；在圭亚那只有山崖雕像，可能本质上是象形文字。人造山丘和碾磨的碎片分布在这整个地带，但因为山丘的布局不同，且其本质上必定有相似性，所以并没有那么让人惊叹不已。其余的一些不同之处则并没有显示出截然的差异：在俄亥俄附近也有梯级状的金字塔，但数量少且高度较低，仅有 2—3 级阶梯；在墨西哥人们使用结绳文字，在秘鲁则使用象形文字等。然而对我们的研究目标而言特别重要的是，在研究这些普遍的或者某些时期所共有的相似性时，不要忽略不同群体之间特定的个性差异。

这里提到的现象我们也会同样在美洲语言中发现。这些语言的构造和特性显然差异很大，但它们也有某些引人注目的相似之处。我认为现在对这些相似之处关注过多而忽略了语言的个性。根据语法构造大量的美洲语言属于同一类型，例如人为的动词变化其发展的最高程度仅为最北部的语言所独有，墨西哥语中少一些，往南方更是不断减少。

若用比较的眼光纵观这些美洲民族遗留的文物古迹及其政治社会状况的相关描述，很难据此来确定他们真正的精神构建所拥有的不同状况。但这甚至对那些古典时期相对闻名遐迩的民族而言情况也完全相同，比如埃及和中国，但即便对印度文化的不同评判已足以证明这一点。而如果将这些民族的语言本质和构造作为评判的依据，那么不确定性也同样很大，因为有关语言特性能够促进或可以用来证明民族的精神构建，这方面的研究还远不能得出可靠的结论。

尽管如此，尽可能清楚明了地确定这方面的概念还是极为重要的，这有时可以纯粹通过概念的发展来实现，但主要还是必须正确地考察史实。因为如果没有明确的概念，评判就会过高或过低摇摆不定，同时也就很难正确理解不同民族的文化，而没有这样的正确理解就永远不能真正地纵观那匆匆流逝的大千世界中唯一永不消逝的精神力量，这种精神力量的火花在不同的地点和不同的时代得以点燃和传播并闪耀于僵死的作品之中，沉睡数百年，但又可以突然地、经常是在完全不同的地方并通过颇为偶然的情况再次被唤醒。

不管人们如何慷慨地赋予不同的民族以"野蛮的"和"文明的"、"开化的"和"不开化的"这样的名称，这些表达的真正含义却很不明确，并常常被不恰当、不正确地使用，因为民族的个性并不能轻易地普遍为人所知。这些名称对一些民族而言极为不公，对另一些民族则比较符合；前者通常是所谓的原始民族，而后者则是一些具有强大的秩序、却缺乏精神活力的民族。

如果完美和缺陷并存，那要正确权衡这些评判则更为困难。如果就近举例，那么应该认为秘鲁人和墨西哥人二者谁的文明程度更高？秘鲁人为了使宗教和社会习俗更为人性化，并使更多的部族接受他们的法规和秩序，只寻求王国的扩张；而墨西哥人为了向其嗜血的神明献上祭品，每一次王位更替都需要出现战争，他们屠人无数，甚至连人肉也不放弃。

但他们在科学和艺术方面却进步显著，拥有比较完善的观念表达手段；尤其是在末代帝王们随心所欲的暴政之前，他们曾拥有比印加人（Icas）更为活跃的政治生活，而印加人则用绝对的专制主义将一切力量都扼杀在了僵化的单调之中，根据普遍的国家准则使一些民族背井离乡、移居他国，他们甚至扑灭了个体自由最后的火花。显然，我们在这里并不能确定文明的程度，而必须首先明确的是作为评判基础的概念。

毫无疑问，民族力量最生动和最具人性的活力（Regsamkeit）决定了评价各民族不同价值的最高标准。

而活力的丰富性只是表达了其程度的不同。

人性的活力这一概念将文明，即把生命从匮乏、不幸和危害中解放出来，与自由无价的精神追求联系在了一起，同时这一概念还表达了，精神力量的作用并不是片面的，而更多的是能够促使人类的胸怀充满人性。

民族的力量包含了个体的力量和民众的力量。

每一个如此剖析的要素都同时具有依赖性和对抗性；文明是精神活动所要求的不可或缺的条件，但是如果生命的力量在平静和安逸中松懈，或束缚于面对危险而产生的巨大恐惧之中，那么文明就能自行毁灭；某些人需要周遭有一种丰富而强大的生命力量，以便由此提升和带动自身，但是生命力量的整体也能独自带动单个的力量。

这些要素根据其共同作用的不同情况能够提供支持，但又存有危害，对此需要作进一步的说明。

最为重要、但也最为神秘的是个体和民族之间的关系。个性的秘密中隐匿着人类的本质和命运（正如最抽象的哲学总是努力想要认识的），对此世俗的存在无法予以真正的解释。但情感和思考能够极其清晰地表明，人类的个性只是非常有限地存于单个人之中。人不仅以单个的生命存在于世，而且更多地是类似于一个来自一个更大的整体并与之紧密相连的孩子。他的感觉需要回应，他的认知要求通过他人的信服来得到认可，他对其活力的自信需要激励他的例子，他全部的内心存在需要一个相应的外在意识，他的力量越是丰富发展，他就需要在越加广阔的范围内得到赞同。同时他的本质以他的前人为先决条件并由他周遭的一切来决定，由此，他那绝对自由的力量所发挥的作用也会受到影响而变得有所不同。人类这种对他人的依赖性同时具有一种世俗的和一种超越世俗的源泉。世俗的依赖在于人类的繁衍生息和必不可少的社会关系。而超越世俗的依赖则在于，人类在哲学的反思以及热烈的情感和行为中，真正为较高的热望所驱使，但经常只为了较低的目标，在有意无意地追求无限。人会感到，倘若没有这种追求，人类的生命当然也可以在富有秩序的社会轨道中延续，但却不再真正富有人性，因此人本质上所具有的这种追求和渴望不可能是徒劳无功的。由于单个的力量无法满足这种渴望，所以他认识到他的努力只是人类全部追求的一个部分。

另一方面，民族只能存在于不同的个体之中并发挥作用，无论个体之间的共同生活如何紧密，民族只能通过个体来实现。个体如何远离民族，在民族的范围内能够赢得哪些独立性，对此无法泛泛而论，所幸的是，人类追求独立的力量无法用固定的标准来衡量。在所有时代，且不提那些不太著名的例子，都有一些人在艺术、科学和聪明才智上为他们的民族指引了不同的方向，宗教改革者涌现，引起了宗教、制度和社会习俗的突然变革。在美洲则出现了羽蛇神（Quetzalcoatl）[1]、波奇卡（Bochica）、阿马利瓦卡（Amalivaca）和曼科·卡帕克（Manco Capac），下面我们会讨论，这些人是否真的可以被看作是外来者，或者是否是因为他们的突然出现并发挥作用才被后代人这么认为的。相反，明确无误并可以用历史事例证明的是，个别人的力量既能因为太过紧密的集体生活，也能由于缺乏民族的共同作用而被削弱。

---

1 全名为 *Cē Acatl Tōpīltzin Quetzalcōātl*（843—883 或 895 年），是托尔特克人的一位祭师王，采用了羽蛇神的名字。（译者注）

译词对照表

德语拼写遵照原文，词汇排列按照其在文中出现的顺序

Collectivum	集合体
Gilij	希尔利
Schlözár	施勒策
Hervás	埃尔瓦斯
Vater	法特
Mithridates	《米特拉达梯》
Peter Du Ponceau	彼得·杜·蓬索
Pickering	皮克林
Heckewelder	赫克韦尔德
Morse	莫尔斯
Rémusat	雷慕萨
Barton	巴顿
Aeneide	《埃涅阿斯纪》
Iliade	《伊利亚特》
Ramayana	《罗摩衍那》
Bildung	文化教养
Geisteswerk	精神成果
Republik von Tlascala	特拉斯卡拉共和国
Hieroglyphen	象形文字
Quipos	结绳文字
Schrift der Laut	表音文字
Gedankenschrift	表意文字
Articulation	发出分音节
Anlage	禀赋
Homer	荷马

Wolf	沃尔夫
Silvestre de Sacy	希尔维斯特·萨西
Werke	创造活动
Redensarten	惯用语
Sprüche	格言警句
Sprüchwörter	谚语
Eliot	艾略特
Naturmensch	原始人
Anschauungsarten	体验方式
Quito	基多
Amara Kosha	阿玛拉科沙
Pollux	波吕克斯
Volksansicht	民族观
Gemüth	心性
Nebenbestimmung	辅助限定
Régime	及物动词的代词宾语
Feuerlande	火地岛
Transitionen	及物动词的变位
Klingelsilben	铃声音节
Muyscas Civilisation	穆伊斯卡文明
Pallast von Mitla	米特拉宫殿
Yucatan	尤卡坦半岛
Regsamkeit	活力
Quetzalcoatl	羽蛇神
Bochica	波奇卡
Amalivaca	阿马利瓦卡
Manco Capac	曼科·卡帕克

15. 论语言与文字的关系[1]

1823—1824

引言

考察人类精神发展的广度和高度这两个方面，是所有其他研究的旨归和要义。尽管这两个方面存在必然的联系，但并非遵循完全相同的路径，彼此的发展步调也并不总是相一致。因为在有的历史时期，对某一事物的认知达到了非比寻常的高度，而在另一些历史时期，人类的知识虽然鲜能突破已有的界限，却广为传播。人类知识的传播始于亚历山大大帝的东征西讨，孑存于罗马帝国的开疆拓土，却只在近代历史上才得以充分体现。而人类认知的突破对近代历史而言当然并不陌生，但在古典时期（Altertum）却更为令人惊异，那就像冲破漆黑深渊的一丝光亮。这两者既不会互相激发，也不会处处呈现相似的发展程度。思辨、科学和艺术所能企及的高度以及在这些方面人类的作品和活动所能达到的完美程度，较之于那些总是比较偶然的知识传播更依赖于纯粹的思辨性研究，这种研究致力于界定人类思想的界限，而非拘泥于局部的探索。

与此相反，相比与富裕、美德和人类福祉的联系，清晰、明确的观点，纯粹的情感以及与美学意识相关的艺术创作能够在家庭和公共生活，在私人和集体活动，在各行各业，唤起更为强烈的共鸣并对生活中的行为

---

[1] 简便起见，译文省略了原文中大量对引证出处的标注。（译者注）

发挥更为有效的影响。然而，对这两者看法上的这种差异绝不会形成真正的对立，因为我们必须承认，已有的知识的传播能够有助于达到更高的认知程度。

对人类而言精神层面的成长是自然而成的，因为人类本质的特征就在于精神的完善和从感性材料引发抽象概念的能力。尽管如此，这一成长过程本身艰难，且经常受到外界的阻挠，因此成长的道路错综复杂，只能追索其零星的踪迹。

首先，个体精神的努力必须觉醒，然后发展成熟；而这一切所遵循的规则可以称之为精神生理学。对整个民族而言必然也存在类似的规则。如果除却个体的本性及其组成的群落，还考虑到了民族性——民族性所发挥的作用可以由个体共同的生活和共同的起源部分地描绘，却对此不加穷尽，也并不表明其真正的特征，那么就无法轻易解释一些特定的现象，特别是语言现象。民族既是一个生命体，也是个体的组合。两者通过共同的禀赋（Anlage）相连却难以各自辨识；但民族的影响却显而易见，因为在个体的无意识之间民族性便在发挥作用，例如语言的生成。在个体和民族的这一精神突破点，他们的努力会融入其他的一众历史现象，不断加强或不断拓展，遭遇障碍、战胜阻力或屈服于困难，赢得或失去力量，创造和接受自己的命运，并屈从于统领世界万物的主导观念。因此，从那时起，洞察精神的发展过程就成为历史研究的工作。而在此之前，这更多的是属于哲学思辨和精神生物学（Naturkunde）的范畴。

如果不关注精神发展的过程并由此寻求语言研究的根本目的，那么对地球上不同语言的研究便会错失方向。费心辨别最细小的语言要素及其互相之间的区别，对了解整个语言的特性在观念发展中所发挥的作用必不可少，但若不顾及精神发展的过程，那就会变成小题大做、沦为纯粹猎奇的行为。同时，对语言的研究不能与对其文学作品的研究区分开来，因为在语法和词典中只能看到语言僵死的骨架，而在其作品中才能一窥语言鲜活的构造。

然而，语言研究从其特殊的立场出发，追随着民族发展的过程；就这一点而言，文字的出现成为民族发展的重要篇章。文字不仅保障和传播了所取得的进步，也推动了进步本身并提升了可能达到的完美的程度，所以我觉得有必要对其研究之初就强调这两方面的作用。相较于语言，文字似乎更多地对认识本身发挥作用；但是我们会发现，认识也与语言直接相关。认识和语言相互作用，如果一方受到的影响，那么另一方也绝不能被排除在外。

由于文字对于语言具有重要意义，我认为有必要对两者的关系进行单独的研究。首先要研究不同的文字类别及其相关语言，但这些事实依据往往还不足以说明问题，所以同时还需要观念的引导。在这条道路上，不可避免地要触碰到晦暗不明时期的一些历史点滴。因为这无疑是一个奇特而又值得去仔细研究的现象：真正的图画文字（Bilderschrift）仅发源于埃及，完美程度稍次之的则出现在了墨西哥的阿兹特克民族（Aztekische Völker）；图形文字（Figurenschrift）仅限于东亚地区，而一个相似的亚级体系则存在于一种秘鲁的结绳记事（Knotenschnüre）之中；在亚洲其他地区自古以来就存在多种拼音文字（Buchstabenschrift）；欧洲原本并没有任何文字，却很早就接受并令人赞赏地运用了拼音文字，在最大程度上促进了语言的进步和观念的发展。

狭义的文字仅指符号（Zeichen），表示以一定顺序排列的词。只有这样的排列才能加以阅读。相反，文字从广义上而言就是单纯的思想传达，通过语音得以实现。

这两种含义之间存在着一个数量不定的空间，而具体的判定则依据文字在使用过程中更多的是将符号的特性与词的序列、还是仅与所表达的思想相连，也就是意义的解读在何种程度上接近于真实读到的文字。

或许有人对上述文字的概念存有异议，认为文字应该也包含手势，然而人们总是说手势语言，却从不说手势文字。事实上，失却了语音的手势的确是文字的一种类型，只是在这里文字和语言的概念会非常自然地融合在一起。正如经常观察到的那样，每一种表达意义的文字都可以成为一种语言。同时，语言经常并非本能地可以在不使用语音的情况下表达思想。此外，语言的使用也不曾将人与人之间直接又鲜活的手势表达和僵死的文字放在一起。

如果将每一个思想表达称之为语言，而仅仅将词语的表达称之为文字，虽然粗粗一看似乎有一定的道理，却会给当前这方面的研究带来极大的困扰，而且更多地会跟语言的使用产生冲突。因为如果这样，就很有可能将一种文字形式，例如象形文字（Hieroglyphen），依据其在一种并不完善的状况下表达思想或在极其完美的状态下表达词语而同时列为语言和文字。因而，更为正确和准确的方法是将语言仅仅限定为通过语音来表述思想，而将文字理解为任何其他的一种思想表达方式以及语音本身的表达。此外几乎无须进一步说明的是，即便文字表达思想，在某种意义上其基础还总是以一定的顺序排列的一些特定的词语。因为即便是与图形相差无几的文字，也只是表达已由语言所形成的思想的一种方式。而被视为文字符号的手势则与文字相距最远，只能说是一种感叹词。不同文字类型之间的区别只在于它们表达原本思想形式的明确程度，以及在表达过程中对思想还原的忠诚度。

因此，文字原本总是语言的一种表达形式，只是无法经常使用另外一种语言及其词语来解读，同时文字书写时所呈现的明确程度也不尽相同。

文字的作用在于，它可以不受人为控制，将原本只能通过口口相传而获得的思想保存下来，提供给遥远或未来的人们去解读。由此便对语言产生了最为普遍的影响，即通过比较不同时代所说的或在言词中所想的，对语言进行思考和研究。

只要经常使用文字，那么在言语和思维中文字就必然会与语言联系在一起，一部分是出于相近观念的联系原则，一部分是由于它们之间多种多样的因果关系。因而两者的需求、界限、优势和特性相互作用。文字的变化导致了语言的变化；尽管本来是因为这样说，才这样写，但也会产生这种情况，即因为这样写，才这样说。

以文字的普遍作用和观念的关联性为出发点，一定可以推导出文字对语言产生的种种影响，然而只有通过考察不同的文字类型才能对此加以检验。粗粗一看这种影响力似乎非常微弱，因为大多数民族接受文字的时间通常都较晚，而此时其语言构造多已稳固，不再存在发生重大变化的空间。而很多语言在引入文字之前就已经出现了一部分文学；人们甚至可以猜想，所有具有那种禀赋去塑造高级精神的语言都存在这种现象。一种文字，即便是知名的文字，要得到普遍使用，也需要经历漫长的时间；而每一个民族的大部分人都完全或基本不识字。在这些情况的共同作用下语言便摆脱了文字可能对它产生的影响。当然也不存在这样的语言，其构造是如此的稳固，以至于不会再产生各种变化；恰恰是民族中首先使用文字的那小部分人，能够毫无疑问地对剩余的大部分人在语言方面发挥塑造性的影响力。尽管如此，每种语言中仅有少量的并非最为重要的变化，能够明确证实源自文字的某些特性。

相反，文字对语言的另外一种影响尽管更多的只是整体性的，但无可否认作用巨大：即语言从根本上来说拥有一种文字，而且是一种能真正促进观念发展的文字。如果一个民族对语言形式具有某种意识，那么这种意识就会被文字所唤醒、所滋养，而文字被引入之后，通过文字语言便会产生一些改变：即保留了明显的语法和词汇构造，通过细微的变化使之成为一种完全不同的语言。

正如人们已经敏锐地觉察到了，这种方式孕育出了较为高级的散文（Prosa），散文的出现显示了文字进入日常生活的时间节点。

然而也必须考虑到语言对文字的作用；由此要回顾两者之间更为深

刻的联系，并追溯到尚未发明文字的年代。

毋庸置疑，很大程度上，不同语言的优势和不足取决于一个民族具有何种程度的语言禀赋以及对其产生促进或阻挠作用的环境。在另外一次科学院演讲中我已经尝试表明，由此可以推导出某些语言所具有的较为明确和清晰的语法构造。但若认为所有的语言都具有相同的完善过程，而无须考虑民族特性的影响，却是一种错误的想法。这一点即便对于文字而言也绝非无关紧要。倘若文字能够复制言说时词及其顺序的条理性和确定性，那么它就是最接近完美的。如果这样，某种程度上一个民族就具有了较强的文字意识，对它而言，重要的不只是像通常那样去表述思想，而同时也以某种方式发挥形式的作用。一个民族具有了这样一种意识，即便没有那种包裹于幽深晦暗中的文字发明，也会紧紧抓住已经出现的文字，并适当地用于语言，它会规避那些对于观念发展缺乏促进作用的文字类型，不会追踪其足迹，或者将其改造成为一种较为完美的文字形式。精神对于语言和文字的作用相同，会对文字的获得和选择产生影响，较为完善的语言由较为完善的文字所伴随，反之亦然。

类似于世界历史中随处可见的情况：基于内在本质的创造力纯粹而自然的作用会被外在的偶发事件所中断和改变。一种不完善的文字类型会遭遇一种较为完善的语言，而一种较为完善的文字也可能会遭遇一种不太完善的语言；但我对前一种情况持有疑虑，因为一个民族正确有力的语言意识对一种有缺陷的文字或许会产生反感。然而，即便不考虑这种中断，也决不能不注重考察外在事物所纯粹发挥的作用；只有以此为基础，每一次史实的研究才更易取得成功。同时也不能否认文字在长达数个世纪的使用过程中对精神以及由此间接地对语言所产生的影响，因为文字和语言或多或少拥有共性；而且是一种双重共性，一方面文字与最完美的语言概念具有共性，另一方面文字与某种特定的语言相关。因此根据这些不同的情况，文字与语言之间也一定会产生不同的构建关系。

前文提到，一种发明的或引入的文字会对先前没有文字的语言发挥作用。在不排除这一点的情况下我尤其想要在此文中探讨刚才所描述的语言与文字之间的内在联系，而这种联系基于创造语言的精神所具有的禀赋。上文中我只是在整体上描述了这种联系，既没有详细解释，也没有举例说明，因为要做到这两点必须要考察不同的文字形式。我决不希望将前文的论述视为确凿不变的观点，因为这只是通过比较语言、文字和人类精神的纯粹概念而得出的结论，尚未进行更为严格的论证。重要的是要将现有的结论与对史实的检验结合起来，如果它们之间存在差异，那么就需要寻找造成差异的原因。

不论研究的结果如何，关键是要以自古以来就使用不同文字形式的那些最为引人注目的民族为对象，比较他们的语言、文字和教育水平，同时也考察那些缺乏真正文字的民族的语言和精神状况。通过这样的方法，即便还无法探明不同文字类型的发明和传播过程，但至少也能更为清楚地理解语言和文字的本质，因为在这一过程中必须使用共同的标准来衡量不同文字类型的优点与不足，以及它们对思想发展与表达的影响力。

在本文的论述中我将遵循这一途径，依次讨论图画文字、图形文字和拼音文字，以及那些缺乏任何一种文字的情况。但在此之前有必要从总体上论述一下这几种不同的文字类型。

所有的文字如果不是用来真实地描述所指的对象，那就是通过一个或多或少人为的体系来唤起对对象的记忆。这就是图画文字或符号文字（Zeichenschrift）。因而文字的基础或者是所有民族所具有的对图式表达的喜好，而这种表达又逐渐升华成为了艺术；或者是帮助记忆和指导解码的一种努力，与古人常用的记忆术（Mnemonik）和符号法（Zifferkunst）相关，只是这些方法我们新近极少论及，或只是玩笑般地谈到。因此，初期的图画文字和符号文字与绘画和原始的记忆辅助法——例如符木，相一致，往往很难区分。图画文字和符号文字可以表示对象、概念和语音。但若图画文字用来表达声音，那就变成了符号文字。如果图形失真或图像配有牵强附会的意义，以至于眼睛无法辨认所指的对象，而是需要动用记忆和理性来加以寻找，那么图画文字也就接近了符号文字，并能完全转化成为符号文字。

于是，文字不是表达概念就是表达声音，成为一种表意文字（Ideenschrift）或表音文字（Lautschrift）。

通常图画文字和一部分符号文字属于表意文字。当然，所有的表意文字都是一种真正的全民文字（Pasigraphie），可以用各种语言来阅读。对于日常使用这种文字的民族而言，它有时候又类似于一种表音文字，因为表意文字也使用一个特定的单词来表达每一个与此相关的特定概念。这方面图画文字和汉语的图形文字之间存在着一种奇特的差异。图画文字永远也无法纯粹而完全地造就表音文字的感觉，因为即便是借由图像用一种与声音截然不同的方式所引发的最为粗略的感觉，也能让人联想到所指对象本身。然而，汉语的图形文字却存在着这种可能性，即几乎或根本不了解这一文字体系的人，也能机械地学习用某些图形来表示某些词。

表音文字可以是拼音文字或音节文字（Sylbenschrift），虽然二者的区别并不重要。对于当前的研究更有意义的是，或许也存在一种单词文字（Wortschrift），而事实上每一种完美的表意文字原本就一定是一种单词文字，因为表意文字必须准确地、个性化地把握概念，而这只能以词的形式来实现。

在划分文字类型的过程中，我特别注重表明文字与不同精神禀赋的结合方式。象形文字、图形文字和拼音文字这些常见的分类方式并不能涵盖一切，比如无法包含结绳记事，但结绳记事却可以同时作为符号文字和表意文字。据我所知，图形文字这一表述至今未被使用；但在我看来这个称谓却是合适的，因为汉字符号与数学图形的确十分相近，而其他非图像的线条笔画，也几乎找不到另外一个名字来加以表述。把汉字称为概念文字

（Begriffsschrift）或者表意文字也有一定的道理，只要人们认为其符号的基础只能是概念而不是图像。但通常的理解是，这种符号并不表达语音，而只表达概念；那么这样一来，概念文字或者表意文字这个名字就无法将汉字与象形文字区分开来，而这两者至少在某些方面具有相似性。

关于图画文字

在文字出现之前，绘画是表述思想最为简单最为自然的途径，是一种对过去的真实展示。如果将其称之为象形文字，那几乎没有一个原始民族未曾使用过这种文字。只是某些民族其最原始的生活状态没能留下历史遗迹，因而未能表明这种文字的存在。

第二种与语言比较相近的是象征性绘画，它通过部分表现整体，通过图像表示非实体的概念。

如上所述，只有当这种绘画能够明确表达连续的话语时，才能真正成为文字；然而，即便尚未具备这种能力，如果具有了表达思想的意图也就能称之为文字。这种称谓将其区别于艺术；而它所能达到的表达思想的程度决定了文字成熟的程度。

这种史实的并具有象征意义的绘画经常具有歧义。正如狄奥多（Diodor）谈及一尊现在还有类似存在的浅浮雕（Basrelief）时所言，早在古典时期，人们就怀疑，一头在埃及法老奥西曼提斯（Osymandyas）身旁的狮子是为了展现一头真正被驯服的狮子，还是为了比喻法老的勇气？而狮子经常与其他的象征物一同出现在国王画像的身侧。按照狄奥多的说法，在这一图像附近还有另一个关于俘虏的场景：俘虏们被砍下了双手和生殖器，以表现他们的胆怯和男性气概的缺失。在麦迪奈特哈布（Medinet-Abou）[1]

1　位于埃及的卢克索。（译者注）

宫殿柱廊庭院（Peristyl）旁边奇特而又恢弘的历史浅浮雕上，掌管俘虏的战士们在一名胜利者的面前放下了敌人的手和生殖器，以便统计和记录[1]。鸠鲁瓦（Jollois）和德鲁耶（Devillier）两位先生[2]认为这些肢体就是从留在战场上的遗体上砍下来的，用以确定数量并加以记录；这一说法的可信度很高，因为今天非洲的某些地区还在对俘虏以及敌人的遗体进行残肢。如果指责狄奥多和他的消息提供者，认为上述对俘虏的描述草率粗浅，因为如此残肢后的俘虏不会出现在国王跟前，那就离题太远；而如果认为狄奥多声称埃及人残酷对待俘虏，则是错误的。狄奥多说的显然是对残肢的象征性描绘和残肢的含义。他肯定没有见到过麦迪奈特哈布宫殿中那样的图像，但能在脑海中想象出所描述的俘虏肢体的残缺，即便现在不会再有这样的图画了。[3]

---

1 而在《土耳其记事》（*Remarks on Several Parts of Turkey*）第 8 章，汉密尔顿（Hamilton）除了手，也绘有头和脚，在文中（第 145 页）则称之为"成堆的手以及别的肢体"。只要看一眼这两张铜版画就会认同法国学者的描述。然而，最初的描述会不会随着时间的流逝而变得模糊，并使得这样一种错误成为可能呢？汉密尔顿认为残肢是俘虏身上的。另见商博良（Champollion）《象形文字的体系》，第 274-275 页。

2 这两位是曾经参与法国征讨埃及的工程师，参加了考古工作。（译者注）

3 对我而言，并不存在什么理由去质疑狄奥多这一段描述的可信度。他在同一个地方描述了两件雕塑品。其中一件是狮子陪伴着国王，今天我们还能找到相仿的作品。如《埃及描述》第一部分第 148 页和汉密尔顿的《土耳其记事》第一章第 116 页均有所提及。后者指的是卢克索（Louqsor）宫殿的浅浮雕，前者指的是所谓的纪念物（Memnonium；根据法语著作是指奥西曼提斯的坟墓）。但类似的描述常常反复出现。狮子出现的场景始终证明了狄奥多对其中一件雕塑品的描述是正确的。那么，为什么在同一场景下，对另一幅作品的描写是错误的呢？没错，在汉密尔顿描绘的浅浮雕附近出现的俘虏似乎根本没有断肢。但即便没有其他事实来支持这位法国学者的观点，即所谓的纪念物就是奥西曼提斯的坟墓，目前的解释也足以说明问题。汉密尔顿书中描述的是墙壁上的雕塑作品，已经毁坏，而狄奥多所提到的是其中第二和第三幅作品。汉密尔顿认为，狄奥多整合了关于那栋建筑的所有信息并想象出了奥西曼提斯梦幻般的墓碑（第 113 页），这还有待于进一步的佐证。然而，汉密尔顿也为狄奥多细节描写的准确性提供了最有利的证明。他说："狄奥多所描述的任何一种情况，几乎都与卢克索（Luxor）、卡纳克（Carnack）、古诺（Gournou）以及麦迪奈特哈布的这座或那座庙宇，或是群山环绕中法老们的坟墓相关。"这样就与所谓的浅浮雕的错误描写不相一致。最后我要指出的是，按照高（Gau）先生的观点，麦迪奈特哈布的一些建筑物是在古埃及后期建造的。如果这也属于这里讨论的范畴，那么人们尽可以新代旧，进行复制。这种情况就需要小心面对，雕塑品，也包括狄奥多所描述的，看似相同，但并不能将其看作是那个时代的同一件作品。

比较狄奥多书中所写的内容和麦迪奈特哈布宫殿的浅浮雕（狄奥多描述的奥西曼提斯的坟墓）以及那些残忍的非洲习俗可以说明，要在这些雕塑品的原本含义和象征意义之间作出选择是很难把握的一件事情。

埃及人必定早就预见到了这种象征性的描述并不完美，因而在那些希罗多德（Herodot）[1]时代就已认为是古老的纪念碑上，早已结合了图像、象征符号和图画文字，绘有征服者的整体形态和装备，暗示被征服民众性情（Gemüthsart）的生殖器，还有神圣的文字符号。[2]正是如此，我们才能在迄今保存的纪念碑上看到它们。几乎所有的图像都配有图画文字，这些文字因其小巧并通过布局和位置安排，展现了与图像完全不同的风格。而在图像中加入象形文字，无疑风格比较粗糙，则极为少见。在上文提到的纪念碑上，一位英雄人物的上方盘旋着一只雄鹰，其利爪抓有象形文字，而一幅没有被描摹下来的浅浮雕上，象形文字则是从一个被围攻者的嘴里冒了出来。

大多数流传至今的图像都含有表示象征意义的图形，而其中大部分都采用了上述的方式。在节日游行队伍中的象征性事物，如动物面具[3]，却通常已经出现在了描绘的对象身上，所以能够从描绘的对象而非图画本身来寻找象征含义。当然也可以自由想象所有象征物的含义，有些是历史事件，有些只是上文提到的那些单纯的活动，只是使用了少量或个别的象征物，例如盘旋的雄鹰，或各种神祇的形象。

---

1 公元前5世纪的古希腊作家。（译者注）
2 如果与现存的与此构造相仿的纪念碑进行比较，就可以认为这些文字符号是真正的象形文字，而不是所谓的埃及通俗文字（enchorische Schrift）。约尔根·索伊加（Jörgen Zoëga）也这么认为，只是他的论据，即埃及通俗文字从不会被刻在石头上，借由罗塞塔碑文（Inschriften von Rosetta）被否定了。但他为什么不把希罗多德保存的罗妮恩（Lonien）地区的碑文看作是象形文字？这一点不得而知。
3 动物头像通常仅出现在面具上，《埃及描述》一书的某些描写清楚地说明了这一点。墨西哥也有同样的习俗，只是他们将面具用作恫吓敌人的战争工具。与此十分相似的是狄奥多关于欧西里斯（Osiris）的侍从阿努比斯（Anubis）和马塞多（Macedo）以及对国王们头饰的叙述。详见商博良《象形文字的体系》，第293页。

图画文字和图像之间这种根本性区别让我感到非常的诧异。这体现了人类精神通常的发展轨迹，也就是说，一个民族一旦走上了一条道路，便会沿着这条道路不断前进并逐步提升；由此，具有象征性质的极力模仿语言的艺术其发展轨迹就会变得日益清晰和明确。然而我们看到，在某个时间节点埃及人洞悉了他们曾经所走的道路并不合适，无法通往文字，因而他们最终走上了一条崭新的道路。所以象形文字不是一种改良的雕刻艺术，而是一种全新的类型，是通向一种崭新体系的过渡形式。于我而言，这更是明证了，伟大的发明并不仅仅立身于逐步的发展，而且也可能源于瞬间产生的那种富有巨大影响力的全新思想。如果没有对语言的本质进行真正的反思，或者未能突然获得对语言本质的正确感觉，埃及人是不可能将图像转变成为文字的；然而，如果滞留在图像的领域而难脱其囿，那么这种转变就更加困难，因为图像在很多方面都与语言截然相反，通过图像引发想象是对精神的一种束缚。尽管如此，埃及人对这二者的区分彻底而坚决，以至于图像也可以表达象征意义，埃及人按照他们的方式来叙述，正如我们从埃及浅浮雕所真正见到的那样。与希腊古典时期的作品相比，这些浅浮雕的构成完全不同。浅浮雕所蕴含的象征意义并非始终通过那些真实的象征性形象，而是通常只借助常见形象的姿势和行为方式加以体现。比如表达献祭这个概念，一个教士抓着一群人的头发，其中始终相同的人数"三十"已经部分地表达了象征意义。在另一座与其相似、但略有区别的浅浮雕上，威胁性的角色不再是教士，而是一个王侯。作品上有两组人，一组是长着大胡子的陌生人，另外一组是当地人，作品的寓意可能是，统治者立意要同时惩戒内外之敌。另一幅雕塑品上，一个英雄乘着马车追捕两只狮子，其中一只已经被他击杀，另外一只则受了伤。骏马不停地追逐着狮子，这位英雄一转身，将箭矢射向了一大群与埃及人作战的敌人。[1]

---

[1] 书中如此描述：在铜版画上他手执长矛格斗。汉密尔顿（第147页）也只描绘了这一狩猎场景，他几笔带过，甚至没有提及英雄转身的动作。

根据狄奥多的记载，法国的阐释者凭借其敏锐的洞察力，认为这发生在塞索斯特里斯（Sesostris）[1] 在阿拉伯生活的青少年时期，他在那里狩猎，同时征服了当时尚未顺服的本地人。不过，我们难道不能想到，英雄转身这一动作，是以独特的方式把两种完全不同的行为连接在了一起，象征性地表达了塞索斯特里斯同时忙于捕猎和战斗？

埃及人以这种方式同步发展着两种象形文字体系，其中一种——在讲到墨西哥语时也会提到，正如舍弟一针见血地指出[2]，接近于许多原始民族的象形文字，而另一种则接近于高尚的艺术，不仅仅因为具有的确比较高的艺术意识，同时也因为它不必为了表达的清晰性而牺牲艺术之美，因为总还可以用象形文字来解释留存的疑惑。与图画—象形文字体系不同，在文字—象形文字体系中常常通过局部来表达整体，另外还有一些粗略的形式，比如像墨西哥图像上用足迹来表明人物移动的方向。墨西哥人用服饰来区分国王、英雄和教士的等级，因而人物装饰了繁琐的服装和颜色。[3] 而埃及人更为细腻的审美能力使得这些人物与众不同，不仅人物形象具有纯粹性，艺术家也有能力塑造出更加完美的形象。希腊古典时期所塑造的众神形象承接了这一风格。尽管维斯孔蒂（Visconti）没有提及与埃及相似的风俗，但他非常敏锐地注意到了帕特农神庙（Parthenon）带状缘饰（Fries）上的浅浮雕，菲迪亚斯（Phidias）[4] 让众神端坐在站立着的凡夫俗子之后，由此使用艺术手法减弱了众神过于巨大的形象。但在同类的希腊雕塑作品中，这种情况并不常见。如果说一些墨西哥绘画中被征服者的形象也比胜利者渺小，那么这可能只是

---

1 古埃及国王。（译者注）
2 该著作对于研究最初的民族史以及亚洲人和美洲人之间的联系极其重要。简便起见，今后在引用此书时，只标注标题《纪念物》（*Monumens*）。
3 在普丘（Purcha）的《朝圣者》第 IIII 部分的 A-F 可以看到一系列插图，其中一个教士根据其拥有俘虏的数量，佩有不同的武器与饰品。由此可以辨识不同的场景。详见《纪念物》第二章。
4 公元前 480—前 430 年的古希腊雕刻家、画家和建筑师。（译者注）

一种绘画的失误。与之相反的是，除了借助服装上的装饰，重要人物还常常通过鼻子的大小来加以显示。

　　历史性和象征性雕塑品中，埃及艺术并不受到文字的束缚及其粗浅形式的影响，而是保留了自己独特的自由空间，因此埃及的象形文字没有阻碍艺术的发展。埃及人更多的是将较高层次的审美意识从图像转移到了图画文字之中，因而除了少数情况，我们往往能感受到其文字纯粹和明确的线条笔画，那种正确的目力和成熟的手法令人叹为观止。不仅石头上凿刻的象形文字如此，而且大部分纸莎草文卷（Papyrusrolle）上的象形文字也体现了这一点，令人惊异的是，虽然十分微小，在这些文卷上依然能清晰地辨认出各种动物的种类。毋庸置疑，在坚硬的石头上镌刻大量象形文字，这种做法促进了字体轮廓的稳固，并使每个符号的图案清晰而固定[1]，尽管这种材质的硬度也使得所有的埃及浅浮雕几乎都带有阴影裂缝。

　　因此，埃及人在两方面的推动下将图像绘制和图画文字区分了开来，而且据我们所知，只有他们做了这样的区分：一方面是语言的推动，因为图像绘制长久以往无法再满足语言使用的需要，另一方面是艺术的推动，因为艺术需要一片属于自己的天地。我相信并会继续尝试着去证明，假如较之于语言，埃及这个独特的民族拥有更为强大的造型艺术能力和禀赋，那么他们在语言方面就会取得更加巨大的成功。语言和文字一直是共同作用的；正如一种文字蕴含的思想需要通过语言加以表达，为了阐明思想，也需要对语言进行思考。语言和或多或少还与雕塑品混合在一起的图画文字都属于整个民族；相反，将文字与图像区分开来可能只是个别创造者或改良者的杰作，倘若之前尚未存在一个热衷于科学和知识的阶层，那么这种区分必定会造就这样一个阶层。这中区分在所

1　然而，在菲莱岛（Insel Philae）的石榴石上也有雕刻不太清晰的象形文字，约玛德（Jomard）称之为斜体象形文字，这似乎仅仅是私人物品。

有语言和文字的历史中构成了一个极其引人注目的篇章。

绘画性的和书写的图画文字，请允许我使用上文已经清楚解释了的这两个表述，两者在一定程度上具有共同的特征。至少它们大多既能表达对象的本义，也能表达其象征意义。在这种情况下，绘画性的图画文字可以趋近于书写的图画文字。但两者之间又存在着重要的本质性区别，因为无论两者的发展程度如何，只要绘画性图画文字忠实地表达了对象的类型，就永远都无法再具有象征意义。两者的这种区别在于，绘画性文字描述的是对象的样子、事件的发生、行为的过程以及赋予非实体（das Unkörperliche）的实体形象，而书写的文字所描述的则是关于对象的思考。两种方法分别体现了客观性和主观性；但无论哪种方式事物都必须以词语来表达。这就要求对图画进行解析，那么图像表述的就不是一个过程或一种思想，而是言语在表达过程或思想时所需要的每一个词。绘画性的图画文字与表意文字（图画文字或图形文字）相似，而书写的图画文字则与拼音文字相近。阅读拼音文字只能使用相同的词，而阅读表意文字也可以使用不同顺序的不同词语，乃至改变词语的意义。埃及人无疑已经做到了这一点，象形文字具有真正的话语元素，且一看就能证明这一点。从绘画到用图像书写的脚步，其实就是跨越到了一个崭新的领域，这很容易用一个例子直观地解释。例如用绘画的方式描述一名猎人射杀一头狮子，可以用不同的方法在不同程度上来确定并简化这幅图画的内容，并由此表达精确和清晰的意义；然而这始终还是局限在绘画的领域。在这样的模式里，人们不会想到去分解自己的想象，将箭的射击与射击者分离开来；而这种想法只能基于与图像思维完全不同的语言本质，因为语言才会要求这样的分离。埃及人的象形文字已经完全做到了一点；他们的象形文字没有再次转变成为绘画，正如其形式所展现的，而是坚定地遵循了一种体系。这是第二个要点。个别比较原始的民族也产生过由图像转变而来的真正的图画文字，尤其是墨西哥人。墨西哥人的手稿完全以绘画的形式描述一个人被俘获用来展现征服性的行为。因而可以看到两个格斗者，其中一人明显处于下风。但表现同样意义的场景还可以是一位端坐着的国王，一面堆放在箭矢上的盾牌，国王的武器以及用象形文字表述的被占领的城市名称。这不再是一种绘画，无法根据描述的行为来解读，但能够作为一种真正的文字加以阅读："国王占领了这座城市。"而动词则通过一个事物来表明（也有一些语言无法处处区分动词和名词），这种做法与埃及人如出一辙："神灵痛恨无耻的行为"，这里动词"痛恨"通过一条鱼这种比较隐晦的方式来表达。但在这同一幅非常奇特的墨西哥绘画作品中，描述一些船只被焚烧或摧毁则再次完全借助了行为本身。这里"征服"这个概念之所以没有通过行为的描述来表达，也许是因为也没有用拟人化的手法表达被占领的城市。埃及的图画文字根据话语的需求来分解图像，并且一以贯之，从不回复到原来的图像系统之中，因而也剔除了转换成文字符号后图像的多余部分，只保留了概念的区别性特征。词也是如此，所以第三个要点表现了文字和语言的协调一致。

即便这样的文字也永远无法达到真正的完美，但完全不同于观察和解读单纯的绘画作品，文字体系必然将精神升华至另外的境界；如果这样，那么掌握了这种文字体系的民族，相比于那些还完全困囿于绘画式的形象表达方式的民族，至少能够将思想和言语的明确性与准确性提升至一个崭新的高度。具有这样的一种思想体系，其本身就是一种更高精神力量努力的成果。

然而，这样的文字始终拘泥于图像的领域，相比任何一种表意文字，它与语言的距离尚有一步之遥。谈到语言的主观性就容易发现，虽然被视为真正文字的象形文字也具有主观性，但是图像总是表达一种自然个体（Natur-Individuum），而非思想个体（Gedanken-Individuum），相反，语言最高程度地满足于思想个体，因为语言其实要求的是一种语音个体（Laut-Individuum）。在考察语言施加的或所受到的所有影响时，应该看到，虽然按照原本的规则词是一种符号，但在使用时却作为真实的个体替代了对象，因而这些对象在思维中既不是自然形态，也不是由定义所确定的概念，而要根据词的具体使用情况来限定。所有的语言活动在本质上都是一种内在的活动，而图画文字并不太符合语言的需要，因为根据一定的法则任意构造的图形，既不能表示对象本身，也不能表达由对象引发的概念。图画式的文字符号不可能表达概念的近义关系；若要理想化地依据真实世界中它们自然存在的样板将其分类，也会遇到重重阻碍。本义和象征意义这两种分类就已会互相混杂，从而对精神产生干扰，对纯粹自由的思维产生阻碍。

埃及人是否，或以何种方式将非模仿性的符号，也就是纯粹的图形融入象形文字之中？这是最为重要的问题之一。根据若马尔（Jomard）[1]新近介绍的计划，他准备撰写的关于象形文字的著作无疑是这方面最为完整的，至少他开辟了一条无比彻底和谨慎的研究道路，他在对所有象形文字进行分类时，归纳出了两类非模仿性图形。与之相反，索伊加（Zoëga）[2]对汉字的本质定位准确，但否认了象形文字与其具有任何相似之处。尽管他学识渊博，并能有见地学以致用，但他这里提供的证据并没有多少说服力：首先他见过的象形文字并不多，其次他的著作问世之际，那些先由卡德（Cadet），而后通过法语的埃及著作而出版面世的大型纸莎草文卷还躺在底比斯（Theben）的坟墓中。[3]但是必须承认，

---

[1] Edmé François Jomard（1777—1862 年），法国地理学家和埃及学家，曾参与拿破仑征讨埃及，著有《埃及印象》。（译者注）

[2] Jörgen Zoëga（1755—1809 年），丹麦考古学家和钱币学家，埃及学研究的先驱，从事象形文字研究。（译者注）

[3] 在铜版画的简要说明中提到，西莫内尔（Simmonel）是从底比斯将其带来的。但奇怪的是，若马尔在他的描述中却只字未提卡德先生的出版物。两张图片展示的是同一样原作，这就有了对比。卡德著作的最后一页相比大型法语著作具有更多的纵栏（Columnen），这有可能是印刷错误或是计算错误。在卡德的作品和其他文献中，它们的数量都是 515。

象形文字并没有像汉字那样线条丰富，在这方面墨西哥的手书文字与象形文字也有所不同，它们含有类似于中国卦象（Coua）的一种符号。然而，由于图案微小，另外我们对古埃及人的习俗也知之甚少，因而很难确定一个符号是否真的不是模仿性符号。也许象形文字和汉字之间的确存在本质的区别。若马尔先生明确指出，汉字大多借用几何形状[1]，因而按照其几何特征，它们与其他图像相似，也能够表达对象的象征意义。埃及象形文字中这类图形可能主要用于表达某些类别的对象，其中数字就是一个典型的例子。若马尔先生同样敏锐地发现，数字符号中的1和10没有任何自然模仿的迹象，纯粹是线性的；而5是一个几何图形，但数字100若马尔先生将其比成了神灵和教士的一件头饰，数字1000更是被他解释成了水中荡漾的荷叶，因为切开这种植物的果实时，会露出上千颗的种子。究其本质，埃及象形文字的基础始终是符号的独特造型与所指对象的特性之间的相互联系，然后真实地或借助于某种暗示来描绘对象本身。因而索伊加的观点是完全正确的。也许存在个别任意生成的符号。但是我既没有在象形文字、也没有在迄今为止的相关文献中发现任何迹象，表明通过在符号中有意设置的差别，例如汉语中通过笔画的数量，来描述对象。

发现于底比斯的用玄武岩雕刻的朱庇特雕像（Jupiterstatue）残片上出现了非常奇特的纯线状符号，对此大型埃及著作的最新部分进行了描摹，然而无法表明它们也是象形文字。

如果埃及象形文字以稳定不变的方式从其他领域借用符号，并遵循完全不同于语言系统的思维规则，那么最为重要的问题就是，象形文字究竟是根据哪一种体系来表达概念，以便联系各个方面并达到所有文字所追求的最终目标，即快捷、稳定、纯粹地将符号、语音和概念结合在

---

[1] 索伊加在第440页也承认，有很多几何形状出现；但他在第441页马上明确否定了所有以简化的形式（通过所谓的简化图形）表达非真实物体的符号。

一起？如果一种文字能够长盛不衰，那么它对民族精神所产生的影响取决于：符号、语音和概念三者的结合是否没有引发对其中任何一方的疑问？这种结合是否没有太大的困难、不存在可能的误解、没有太多地受到附属概念的干扰？

似乎有必要将大量可能的符号以及它们之间的关系置于一个较为简易的体系之中，然而就事物的本质而言，要建立这样一种体系并不容易，因为这种体系必须要以某些普遍性符号为基础并能涵盖所有，比如要用汉字去涵盖其他的符号。因而在以前的作者谈及最初的象形文字元素（πρωτα στοοιχεῖα）时，指的就只能是那些对象固定的图像了（即所谓的原型本义符号）。克莱门斯·冯·亚历山大（Clemens von Alexandrien）[1]将局部或简易表达对象的符号（比如用一个圈来表示太阳等）称为简化图形（kyriologumena），如果索伊加认为简化图形也是原型本义符号，那么这个类别事实上囊括了除了任意性图形之外的整个象形文字的所有符号，它构建的不是象形文字的一个类别，而是表达了象形文字的含义，因为象征性符号和原型本义符号是相对的两种类型。索伊加认为，一个对象一旦用完整的图形（原型本义的）来表现，就绝对不会只是暗示性的（作为简化图形），反之亦然。这一说明很重要。这至少消除了产生混乱的一个重要根源，也遵循了固定的表达规则。相反，与绘画一样，在文字中也存在着介于转义和本义之间的那种模棱两可，赫拉波罗（Horapollo）[2]通过同时表示埃及女神伊西斯（Isis）和年份的一个女性符号明确指出了这一点。而其他的方式，如用某一类的对象来表示某一类的概念，则几乎不可能，因为可以用各类动物或无生

---

1 又名 Titus Flavius Clemens（约 150—215 年），希腊神学家、宗教作家。（译者注）
2 古希腊研究古埃及文字的学者，大约生活在公元 4 世纪，著有《象形文字》一书，其中解释了大约 189 个象形文字，经未知译者译为希腊语，对后世研究古埃及文字产生了重大影响。但其事迹也只是传说，无确凿证据可考。（译者注）

命对象的符号来表达心性特征（Gemüthsgeschaffenheiten）：像狮子一样勇敢，像鱼一样仇恨，像鸵鸟的羽毛一样公正，像蜜蜂一样顺从，像含有螃蟹的贝壳一样愚钝蠢笨、受人驱使，像蝗虫一样被透露了上帝秘密般的虔诚，或者像古琴一样包容与真诚，等等。

　　因此，象形文字这一体系似乎并不具备普遍规则并可以借助这些规则加以学习。类似于语言本身，对于象形文字也必须单独记忆每个符号；在这一过程中，符号及其意义之间以及符号之间是否存在像语言那样的类比原则，却非常值得怀疑。因而，尽管并没有过明确的提及，但可能曾经存在过象形文字的词典。索伊加提到，克莱门斯·冯·亚历山大书中虽然只是泛泛而谈，但称早期的象形文字专家（Hierogrammateus）必定知晓赫尔墨斯（Hermes）关于象形文字的书籍。[1] 由于这些书籍没有流传下来，因而我们只能比较以前作者提及的象形文字及其含义了。但这样的象形文字数量相对较小。其中大部分收录在以赫拉波罗的名义流传下来的论著中。除了一些对其可信度的严重质疑[2]，这一论著不适合目前研究的原因在于，作者似乎尤其注重解释那些意义矫揉造作、牵强附会的符号，或是涉及动物世界中特殊的、真实或虚幻的现象。作者的解释不是简单通俗，而大多是艰涩罕见，本应实用的词典却似乎成了对疑难词的解释。此外，书中很多地方对象形文字的理解是广义的，因而其中很多符号仅仅是一种象征性的图像，尚未成为真正的文字。作者

---

1 索伊加与法布里休斯（Fabricius）不同，他在 ἱερογλυφικὰ 之前保留了连接语助词，并且将早期的象形文字专家所知道的部分书籍，当然不是全部，称为象形文字书籍，对此我深表认同；如果这样，这些书极有可能就是关于象形文字及其含义的。但书中涉及象形文字专家的部分还需要一些改进。因为据此很显然是在谈论书籍，并且不是通过一个形容词（τὰ ἀερογλυφικὰ）就是通过 περὶ 来表达内容，此后突然出现了一个第四格的名词，之前却没有介词（χωρογραφίαν），同时又有一个第二格（τῆς τοῦ Νείλου 等）来联系名词。克莱门斯也很艰难地写下了 Ζωγραφίαν τῆς διαγραφῆς。要降低难度，只需要读作 τῆς Ζωγραφίας 就可以了，它受之前的 περὶ 支配。索伊加和法布里休斯将象形文字专家留下的书划分为十个部分的做法，显然是非常轻率的。

2 索伊加（第 102 章，第 459 页）对这种可信度的评价较为公正合理。

从未意识到要表达语言的概念，因此，要在书中找寻词汇和语法体系的痕迹只会徒劳无功。

解读象形文字本身将会使当前的研究更加富有成效。因而我首先会参考这方面所进行过的尝试。当然，不能认为迄今所取得的成果完全确凿无疑；但若马尔先生、杨（Young）[1]先生和商博良（Champollion）[2]先生为年轻人所开辟的研究道路，是一条仔细挑选的全面的道路，因而有希望能够由此逐渐实现目标；同时他们也对所提出观点的可靠程度做了具体的说明。因此，即便还有个别内容无法确定，但总体而言，他们的成果已经为象形文字提供了大量的信息。在某些方面，这些新的解读信息证实了赫拉波罗的观点。如果商博良先生能够公布他关于非语音象形文字的发现，就还能获得更多的实例。在迄今已知的信息中，我仅仅发现儿子、文字和数字1、5、10的符号是相一致的。表示儿子的符号是一只半狐半鸭的动物形象，旁边有一个圆圈（赫拉波罗除了这一动物之外没有提到这个圈），它频繁出现在刻有名字的铭牌之间，因而无需通过解码这些名字来验证就可以推断出它的含义。在书中一处，赫拉波罗在叙述了些挑选出来的被驯化了的动物之后，提到了犬首人（Cynocephalus）[3]，但在另一处，提到了一种书写的工具，杨先生也在研究罗塞塔石碑的文字时对其作过说明。若马尔先生根据其含义令人信服地确定了数字符号，同时也证实了赫拉波罗书中的信息。剩下为数

---

1 Thomas Young（1773—1829年），英国物理学家，学术涉猎广泛，解读了罗塞塔石碑中的86行字，破译9名王室成员的姓名，根据碑文中鸟和动物的朝向，提出了象形文字的阅读方法。（译者注）

2 Jean-François Champollion（1790—1832年），法国历史学家、语言学家、埃及学家，曾研究罗塞塔石碑，成功地译解出了古埃及象形文字的结构，编制了埃及文字符号与希腊字母对照表，在法国开设了埃及学。因过世较早，论著由兄长[（Jacques-Joseph Champollion（1778—1867年），法国考古学家、图书管理员）]代其编辑出版。（译者注）

3 古典时期在文学和艺术作品中经常出现的犬首怪兽，生活在处于文明世界边缘的怪异的幻想民族之中。（译者注）

不多的那些例子，赫拉波罗以及最新的研究人员都进行了同样的解读，涉及完全不同的符号，由于只是为相同的概念匹配了不同的符号而已，所以并没能引起人们的注意。杨先生将祭坛看作地基坚固稳定的石块用以表现"稳固"这个概念[1]，如果这个说法是正确的，那么赫拉波罗先生用一根鹌鹑骨来表示这一概念则证实了上文对他的解读所作出的评价，因为鹌鹑骨据他的说法不容易受损。赫拉波罗用一整棵棕榈树和它的一个枝条来分别表示年和月，因为据说棕榈树每个月会掉落一根枝条，而杨先生却认为枝条代表年份，虽然他并未明确指出就是棕榈树枝条。文字体系的解读方法必然与语言类似，无非也是关注词汇的符号构建和语法的联系。杨先生提供了许多有关象形符号的信息，而商博良先生则相信即将掌握一种真正的象形文字语法。

考察上述这些文献中出现的概念名称，可以发现下列共性：

1.符号几乎毫无例外地只使用特定的而不是普遍类别的事物来表示。

赫拉波罗没有，据我所知其他任何一个以前的作者也没有将动物、鸟类、树木等用作形文字，而只使用狮子、苍鹰、棕榈树等。只有鱼普遍出现在上文提及的普鲁塔克（Plutarch）[2]和赫拉波罗的论著中。此外，好像几乎不可能在微小的图像中辨识出不同的图形。但文献中却特别提到了，用反刍的鹦嘴鱼来表示贪吃，用鳄鱼来代表一个海中救生员。这一情况也体现了若马尔先生的细致周到，能够在细小的象形文字中识别出每一个图形。普遍性的概念也需要有符号来表达；然而，普遍性的图像无法绘制，同时也很难告诉读者如何不去理会图像的特定性，所以这只能用比喻的方法来表达。

有一个现象值得注意，按照商博良先生的说法，元音 a 可以由五种

---

[1] 虽然杨先生的解释富有内涵，而且通常真实可靠，但非常遗憾的是，他没有尝试通过对石碑更为准确的描述和提供更详细的证据来确证自己的观点。而诺马尔先生在这方面则堪称典范。
[2] 生卒年份约为 46—125 年，著有《希腊罗马名人传》。（译者注）

不同的鸟来表示，根据他展示的铜版画甚至可以是七种不同的鸟。如果的确如此，那么就不能像他一样尝试通过"家禽"，halēt，这个词来推断[1]，而是应该假设，所有用鸟类表示的词，无论使用本义还是比喻意义，都是以 a 或是以吐气字母起首的。

2. 真实的对象似乎并不经常用以表示本体，即原型本义，而是更多的是用来喻指。

在赫拉波罗的著述中，表达原型本义的例子的确很少：比如水中的两只脚暗示洗衣工（Tuchwalker），星星暗示夜晚，嘴巴和舌头表示口味，耳朵意指听觉——只不过这是一只公牛的耳朵。依照上面最后两个类比，我们可能会期待用一只眼睛来代表整张脸，然而脸却是用一只秃鹰来表示的，而眼睛是与舌头在一起则表示语言。克莱门斯·冯·亚历山大认为用贵金属制成的眼睛和耳朵象征着神的天眼与天听，供奉于寺庙。

然而出于本能，即便是真正的象形文字词典也几乎无需提及原型本义符号，因为它们是不言自明的。相反，如果用别的毫不相干的事物来表示一些身体部位，则需要进一步的说明，比如用蛇来表示嘴巴，用手指来表示喉咙，用狗来表示脾脏，用一条张开人嘴的鳄鱼来表示一个吃着食物的人，用一个吞噬时间的人来表示天文学家，用黄蜂和蚊子的起源物来代表它们，用朱鹭（Ibis）来表示心脏。不同的是，心脏可以和香炉连在一起表示妒忌，由于埃及土地炙热肥沃，心脏也可以与人的咽喉一起表示一个热爱真理的善良人的嘴巴。杨先生也提到了用众多动物图像表示同一类型的符号；但他也承认，这些符号的原型本义并不确定，同时与索伊加之前的说法相似，也认为这类符号的用法罕见。但显然这里并非要否认现存石碑上也有表示原型本义的象形文字。罗塞塔石

---

[1] 此外，吐气字母起首不会影响这一推断，因为迄今为止一直对它忽略不计。

碑就是这样的一个例子。[1] 这种现象一方面可能是因为语言趋于图像，或者是由于使用象形文字带来了富于图像表现的风格；但另一方面，还有两个最为重要的原因。其中一个原因是，如前文所述，埃及象形文字的体系与原始民族的绘画完全不同，后者往往表现为肉眼能够直接辨认的对象。索伊加在书中一个非常引人注目的地方明确指出，从整个古典时期的相关论述中都可以得出这一结论，所以这种区别不仅仅基于前文提到的关于象形文字符号的几个例子。同时，由于缺少简单图像象形文字的观感也完全不同，对此我打算就文字本身进行阐述之后，再进一步详细展开。象形文字证明了，它所传递的信息并不仅仅在于其在言语中被赋予的含义，同时也在于每个符号本身，即作为象形文字所具有的意义——有时像语言那样时不时地通过合适的构词，有时则通过另一种深层次的神秘方式。这两个方面指明了研究象形文字的一个完美方向，对此我们必须严格遵循，只有这样才可以了解埃及精神的独特性以及发展水平，避免对这个伟大的民族产生明显不公正的评价。目前我只想论述这么一些，以免错误地仅仅将象形文字视为一种文字和一种话语的体现形式。

3．赫拉波罗介绍过一种符号。人们无法理解这种符号究竟是通过何种方式，或至少是肉眼可以辨别的方式来表现的。

公牛和母牛的牛角分别代表了作品与惩罚，或许对此还能进行区分；但如何把一只失明的甲壳虫看作一个中暑而亡的人？把一条站岗的蛇看作是一个守护着的国王？将一头健康的公牛理解为节制与力量的

---

[1] 商博良先生认为，说到埃及的纪念碑，罗塞塔石碑是人们称为 στήλη 的唯一的一种形式。他否认了方尖碑这种叫法。索伊加沿用了这个概念，并把它拓展到了方尖碑，但仅指小型的方尖碑。勒特罗纳（Letronne）先生认同这种观点，与商博良不同的是，他认为，菲莱（Philae）的小型方尖碑可能就是基座碑文上提到的 στήλη。至今为止，没有一位前辈作者在提及方尖碑时使用 στήλη 这个符号，或仅仅把这个词理解成纪念碑或柱子。经过多方比较，与索伊加所认为的相比，我认为 ὀβελὸς、ςβελίσκος 和 στήλη 之间至少存在比较确定的差异。

结合体？又如何理解上文提到的天文学家正在吞噬的时间这种象形文字？用末端来表示埃及文字，而话语来表现早已逝去的东西？然而需要注意的是，在最初的几个例子中，动物的状态是借助位置或符号并按照习惯来确定的，在其他的例子中，那些自己本身无法表达的却又通过象形文字来暗示，比如将舌头置于手的上方用来代表话语，而作为第二层次的图像，则表示逝去的事物；如果赫拉波罗的说法是正确的——也许他这里并没有受到其他观点的误导，那么排除那些象征性的、肉眼无法直接观察理解的文字，也只能采取这样的或类似的方式了。

赫拉波罗的确介绍了一个具有双重喻义的例子。按照他的说法，棕榈树是太阳的象征，又暗示着洪水，因为阳光本就会渗透和淹没一切。

无论选择哪一种方法，这类符号始终能够证明象形文字与事物图像之间相去甚远，必须区分那些本身无法图式表现的情况并提升喻指的程度而对其进行人为的解读。

4. 一个符号有多种含义，一个概念也可以有多种符号来表示。

前者主要指某些非常神圣的符号，例如甲壳虫、鹰、鸢、鳄鱼；后者指一些可以从各种不同角度加以评判的普遍概念，例如神灵、世界、太阳和时间。一种动物的特性，例如鹰的快捷，可应用于很多种符合这一概念的对象，比如风，神灵，鹰上下飞驰时最快达到的高度和深度，以及优秀与胜利。同样，可以用甲壳虫来象征男性的力量，用鸢来表示女性的孕育力量（Empfänglichkeit）。另一些情况是，同一种动物的不同特性被借用到不同的概念中去，例如鳄鱼的掠夺性、暴怒和强大的繁殖力用来喻指相同的人类特性。就如语言中存在多义词现象，这也会引发理解困难；这里将文字与语言作比可以提醒我们，这种多义现象主要出现在非常古老的语言中。[1]

---

[1] 对科普特语（Koptisch）而言这种多义现象也并不陌生。然而，只有找到更多、更古老的文献，才能对其多义现象的程度做出评判。

与语言中的词一样，象形文字可以用不同的符号表示同一个概念，但根据符号性质的差异，概念及其用法可能会有细微的变化。使用不同的图像如太阳、月亮、星星、尾巴盘于腹部的蛇或者神圣故事里的一条鳄鱼来表现时间，也一定会产生不同的附加意义，尽管这些附加意义对相关言语的表达可能是无关紧要的。有时似乎可以用一条咬着自己尾巴的蛇来表现世界，鳞片表示星空万里，动物的体重表示土地，光滑表示水域，蛇类蜕皮意指每年植物的发芽开花，用蜿蜒缠绕的形象来表现世界永久的循环往复，就如万物永恒的消长变化；但有时甲壳虫的图像可以让人想到世间生产的力量（zeugende Kräfte），而甲壳虫和鸢的图像结合在一起，又让人联想到生产和孕育的力量（empfangende Kräfte）。太阳同时具有甲壳虫和鸢这两个符号所代表的含义，这很容易理解；但它也以处在鳄鱼身上小船里的男人这种形式出现，以便通过可轻易分割的、水状的、有疗效的空气来意指太阳的运转，就如用鳄鱼来意指尼罗河水[1]；另外太阳也可以看作是一棵椰枣树，因为它们具有相仿的年岁含义；最后，不考虑所有的比喻意义，而只是作为表意的图形（原形本义），也可以用一个简单圆圈来表示。不同于以前的作者，新近的解读者认为可以用别的符号来表示神灵，也就是一种战斧以及人站着或坐着的形象。而前辈作者则认为是一只鹰以及棍子上的一颗星星和一只眼睛。但这些符号表达了不同的特性，赫拉波罗认为星星代表驾驭天体，杨先生认为，没有双手的站立人像代表法官[2]。

　　这些例子中，语音又如何表现呢？一个词用多种符号来表示，不会

---

[1] 索伊加指出，优希比乌（Eusebius）也提到了这个象形文字，对于其中所涉及的鳄鱼，他给出的原因不太可信，他人为太阳制造了时间，而鳄鱼就是时间的象征。同样，《埃及描述》一书解释说，一个锯齿形的象形文字仅仅表示有疗效的尼罗河水，而不代表遭埃及人厌恶的海水。而艾里昂（Aelian）认为鳄鱼代表水，但这似乎也只表示有疗效的河水而已。
[2] 如果缺少双手证明是法官，为何那里的女神符号也没有双手？难道要毫无例外地把双手缺失与审判这两个概念联系在一起？

造成阅读和理解的问题。那么是用一个还是多个词来表示一个多义的象形文字呢？

在我看来，如果认为语言并非依据象形文字而构成，同时也不颠倒语言与文字的自然生成过程，那么就无法否认只能用多个词来表示一个多义的象形文字。象形文字的确是一种独立产生的用来书写的语言，所以它必定会对言语产生巨大的影响，词在发音不变的情况下很容易根据符号接受别的含义。但这仅仅涉及概念中的细微差别。在象形文字之前已经存在的语言，在象形文字出现之后依然是受教育阶层和普通民众之间联系的纽带，总体而言它保持不变。更为大胆的假设是能够用词语来读取象形文字的意义，而符号，不是其含义，可以转换成语音来表达。这种有声的象形文字只有知情者才能理解；但在公共集会时还可以向大众朗诵这些文字。然而，即便是知情者也会产生困惑；因为人们只能借助语言思维，所以这些转化为语音的书写符号必须再次转变为真实的语言。这些符号根据自己完全不同的规则而构成，不能直接地而只能通过独立于文字的语言与概念建立联系。符号被赋予了语音，但语音不会改变其本质。虽然汉语中也存在多义字，但它们与象形文字不同。因为汉字的多义性来自词，并随着词转移到了字形，不考虑与意义之间松散的联系，字形本身并不具备含义和内容。而象形文字根据其固有的特性却可以表达多种含义，因此也将此转嫁给多个词。如果一个词具有多种含义，那么它可能，也必须具有多个符号。毋庸置疑，多义的象形文字证明了，并非每个符号只能对应一个词，读者必须根据意义在多个词之间作出选择。

5. 一个通过简单或组合形成的象形文字，其表达的意义往往要借助附属概念才能具体确定，因而有必要提出这样一个问题：是否这种符号也同样对应语言的一个词？

前辈作者已经注意到了，象形文字不仅表示词，也可以指整个惯用语。赫拉波罗提到过许多意义明确的符号，他第二本书中的例子多属于

113

这一类别。不可否认，阅读赫拉波罗的著述就好像在阅读关于未开化民族的语言的词典。在这些书中也会发现，意义要根据特殊情况来界定，因而要理解符号所表达的纯粹而简单的含义非常费力。赫拉波罗记录了二十多个符号描述处于各种不同状态的人物，其中有寡妇、孕妇、哺乳的妇女、曾经当过母亲的女性等；但根本找不到一个简单的符号来表示人和女性。与古埃及语言相似，科普特语（koptisch）[1]原本的状况也无从辨识，因为我们不再拥有体现科普特语本源精神的文字，由此，同时也由于与希腊词的混合，科普特语的整体特征就更加模糊不清了。

可以想见，某些上文提及的符号能够很好地用来表达一个据此修改后的词，并能用于一种构建丰富的语言。比如用一头缚住右膝的公牛来表示力量和节制相结合，用蝙蝠来表示弱小但妄为的人，用鹿和蜷蛇来表示迅疾而草率的行为者，等等。

如果想要用话语表达看法，例如，一个占卜之后痊愈的人（象形文字用衔着月桂枝的野鸽子来表示），一个本质并不好斗却变得好斗的人（象形文字中体现为一只温顺的鸽子高高翘起尾巴），一个向奴隶主寻求庇护未果的奴隶（象形文字用一只麻雀和一只猫头鹰来表示），一个把遗产留给可恨的儿子的人（象形文字用一只猴子与它身后的幼崽来表示），一个出于贫困而遗弃自己孩子的人（象形文字用正要下蛋的老鹰来表示），一个从海里救起多人的人（在象形文字中是一只八爪鱼），还有其他很多，那么并非仅仅用一个词就能够理所当然地总结每一种看法。这些看法更多的是像图像那样只传递了思想，解读时每个人都可以用词语自由地进行表达。

是否每个象形文字都对应一个特定的词，这种文字能够阅读还是只能通过解码才能理解？针对这一重要问题我并不想给出明确的答案。因

---

[1] 科普特语是埃及语最年轻的形式，使用于3—17世纪，属于最早死亡的语言。科普特语对破解埃及象形文字而言是不可或缺的。（译者注）

为我们无法普遍评判不同语言构成复合词语的能力；对于不熟悉古印度语的人来说，可能根本无法理解其中某些非常常见的组合形式。甚至是整个词组都永远由这种图像来表示。说到底，以赫拉波罗之名撰文的作者追求富有意义的思想和绝妙的动物故事，但很难辨别他在文中是否混淆了象形文字和文字符号（两个概念有着本质差别），或者相比常见的文字使用，更多地将图像的意义个性化了。

  这些看法所能确实证明的，同时也适用于别的一些较为简单的文字符号——虽然并不总是显而易见，是图像表达时所呈现的精神方式。每一个在一定程度上熟悉语言的人若能注意到，不同的语言如何通过词来确定一部分概念，或者如何通过构词的方法来表达几乎无限的思想，那么就会发现，相比语言用词来表达意义，许多象形符号划分意义的方法完全不同。显然，我们这里提及的象形符号已经非常清楚地说明了这一点，但另一些较为简单的符号也同样体现出了这种意义切分方法方面的差异。下面我将会说明，象形文字的整体本质也证实了，我们无法在象形文字中寻找表达词、甚至是表达概念的符号，更不能用绘画表达逝去的事物，因此不应该从所要表达的事物，而是要从图像所传递的具有象征意义的精神氛围出发去解读思想，并最终找到相应的词语。尽管并非总是如此，但这一方法显然也体现了象形文字体系的一种本质和典型的特征，并与上文述及的少数原型本义符号的解读方法相一致。整个自然界都可以被赋予象征意义而成为一种伟大的象形文字，每一个对象都要求精神去探寻一种象征意义。因此，精神首先想到的就是图像；如果能用一个概念概括图像中所发现的，那就自然与非象征性思维所采用的语言表达有所不同。对于某些符号而言，这一现象显而易见。大象可以暗示一个人，不但强壮，而且可以觉察对其有益的一切。就大象的本性而言已经表明了聪明和强壮；但对聪明的界定却很特殊，包含了一种寻找性的、能远远地预感到的意思，可以用嗅觉来比喻，如赫拉波罗所言，这只有看到了既是武器又是嗅觉工具的大象鼻子才会意识到的。对于这个象形文字可能会引发异议，因为埃及古代一般从不提及大象，所以这可能只是外国作者添加的内容。[1] 朱鹭是另外一个例子，但太富喻意，以至于应该将其归入古埃及鼎盛时期才具有的现象。

这种鸟拥有白色和黑色的羽毛，可以喻指月亮，因为月亮同时具有光影两面，还能喻指赫尔墨斯，亦即语言，因为语言藏于思想又流露于舌尖。[2] 因而这个符号表达了半明半隐的含义，如果不借助于象征意义，就很难理解这一点。用这种方法还能进一步理解同一个符号如何表达多种意义。象形文字不仅是一种符号，而且也是真正的视觉词。正如语言将一个词与一个邻近概念挂靠在一起，象形文字则依据一个新发现的特征来表达一个其他的概念。甚至那些最有名的、最具普遍意义的象形文字，也可以由此获得一些与其基本概念毫不相干的意义。比如秃鹰，其基本喻意是大自然孕育的力量和母性的力量，同时也鉴于其敏锐的视觉象征了"看见"，根据由此赋予它的预见能力，面对两阵对战时能洞察一方弱点而获利，因而也代表了限制和约束。因此，图像始终是第一位的，而概念只是第二位的。根据符号构建而成的概念自然也可以用一些词来表达，甚至可以用一个词，不是从语言中挑选一个最贴近的词，就

---

[1] 赫拉波罗也将大象作为象形文字提到过。这里不能忘记的是，自托勒密（Ptolemaeer）时代以来，大象对埃及人而言就不再陌生了，人们只需回想一下，据皮里纽斯（Plinius）和艾里昂的说法，大象成了比赞廷的亚里斯多芬（Aristophanes von Byzanz）的竞争对手，同时爱上了亚历山大的花环编结者。但象形文字在接下来的时间里也在丰富和变化，索伊加在庞脾力（Pamphilisch）的方尖碑上发现了 194 个、在巴布林的方尖碑上找到了 241 个之前没有出现过的象形符号。阿米尔奴斯·马瑟琳（Ammianus Marcellinus）明确表示，同时我们也能看到，世界上其他地区的动物也被用作了象形符号。迄今为止，尽管未能在埃及的雕塑品上发现大象，但最近我们从米诺托里（Minutoli）伯爵先生的旅行中了解到，在菲莱岛上的伊西斯神庙（Isistempel）里就真的遇到了这样一个符号。同时在那里还第一次见到了一个骆驼的符号。赫拉波罗将其称为象形文字。菲莱岛上伊西斯神庙里的雕塑品似乎可以追溯到托勒密时期。有人对埃及的大象和施莱格（Schlegel）关于大象的论文进行了比较，这是一篇标题非常普通并打着消遣叙事幌子的文章，但包含有一些重要的研究和启迪。

[2] 但朱鹭与月亮也有其他的一些联系。详见艾里昂。

是构建一个复合词。因而可以猜测符号常常比词更为简明扼要，而符号的变化与增加也可能要求语言产生新的复合词。在这一方面语言即便到了发展的后期也最容易产生变化；拉丁语和法语中复合词数量的减少是一种确实存在的极端现象，但德语的例子却说明，通过模仿其他思想方法有所不同的语言会增加复合词的数量，这一点与埃及人的情况相似。

6．研究使用象形文字表达概念的规则，可以说是一种徒劳无功的尝试。像索伊加那样对不同的喻指表达进行分类并用实例加以证明，这种做法根本无法推行。值得注意的是，总体而言，前人所建立的概念与符号之间的联系，除了那些显而易见的，其中大部分都出乎意料、矫揉造作。当然，这一结果大多是那些写作者造成的，较之于对符号本身的说明，他们在这方面提供的证据的确更令人疑窦丛生。尤其是赫拉波罗所解释的原因，大部分都十分幼稚、轻率，甚至可笑，以至于禁不住使人怀疑，不是真相未知，就是后来的解释将错误强加于此。而教士阶层本身集大众化与神秘化于一身，因而产生这种牵强附会也未尝不可能。但有时某些解释会出其不意。比如那些独特的符号解释总是超越了动物的特性，超出了我们的认知习惯，或呈现出神话色彩。

文字记载显示，与我们相比，前人对动物的生活习性观察入微，也十分重视。出于礼拜的需要，埃及人更是如此。因此，也自然会出现大量错误的观察，同时混杂着许多真正虚构的情况。我们经常会归咎于写作者，其实他们只是忠实地记录了所听到的内容而已。人们又怎能寄望于他们，或是他们的那些本身知之不多的消息提供者？象形文字的本质主要基于对实体和非实体之间相似性的探求，因而必然会受到具有主观性的民族观感的巨大影响。这种影响反过来也会有助于该民族对象形文字的理解；但象形文字却不可能像汉语的图形文字那样为其他民族所用；由于象形文字语言的象征意义必然包含了整个民族的精神，因而这种象征意义成为该民族区别于其他民族的特征。

对于近似的或是有特定关系的概念，似乎应该用类似的、只是表现形式不同的象形文字来表示，就如汉语一样，当然，汉字这方面拥有别的更好的手段来达到目的，所以这种现象自然比较少见，但还是有一些，如表达"左"和"右"两个概念时所使用的汉字。我在赫拉波罗的著述中很少发现这类符号。例如用棕榈树表示年份，用棕榈树的一根枝条表示月份，用朝左或朝右的公牛分别表示一名先产下了女儿或儿子的母亲，以同样的方式，用向左或向右转的鬣狗来表示战胜敌人或遭遇失败的人，用一整条蛇来表示被视为统治整个世界的君主，而用半条蛇来表示仅仅掌控一部分疆土的君主。

但最为奇特的一个例子是埃及人表示那些雌雄共体的神灵的方式。埃及人用甲壳虫和秃鹰来表示，成为具有双重性别的赫菲斯托斯（Hephaestos）和雅典娜（Athene）的先驱。[1]

在讲述了基本概念之后，最为重要的是要研究象形文字可以在何种程度上运用词汇系统以构成像语言那样的派生与复合现象。

这并非不可能，关键在于找出实例。前人几乎没有提供多少这类例子。赫拉波罗自然经常提到否定性概念，有时也同时提及对立的含义。但我们从未发现同一个图像加上表示否定的附加成分这种形式，相反，表示否定概念的符号是一个与肯定概念不同的图像。之后的研究者在象形文字中似乎也从未碰到过纯粹的、普遍性的否定概念。杨先生提到过一个象形文字，根据图像内容和所具有的概念表示一个与介词连用的动词："搭起""使站起来""设立""建造"（set up, prepare）；表达的方式是一把具有手柄的梯子（也可以作为头饰出现），随后是两条腿上方伸展的手臂。这个组合在罗塞塔碑文上也出现过；杨先生使用的方法是，将那些通常只出现在希腊碑文中的象形符号解码后再用于帮助解读其他的象形符号，这可能

---

[1] 希腊名字可能会让人对此处的说法生疑，但不会就此减弱埃及式的思想方法。

是迄今为止唯一可用的方法,但要采用这种方法来寻求当前所需要的确切答案,却并不可靠。另外也必须提一下,与罗塞塔碑文相比,词典中的符号并不完整:第 164 个符号全部位于第 13 行,但在第 14 行,只出现了一把餐叉,而不是带手柄的梯子。杨先生并没有注意到这一差别,只是提到了"一把餐叉或者是一架梯子",而这个符号完全不可能是梯子。[1] 而词表中第 165 个符号是一架梯子,这在罗塞塔碑文中却从未出现过。

象形文字可以通过组合简单的概念来构建复合符号,上文关于赫菲斯托斯和雅典娜的例子就说明了这一点,但除此之外,至少在前人那里,我并不知道还有其他的例子。赫拉波罗介绍的很多复合符号中,两个符号尽管在概念上与所显示的两个对象相符,比如用一只鸨($ὠτὶς$)和一匹马表示一个被强者追捕的人,但是除了符号的复合,其中每一个符号却并不一定是表达简单概念的象形文字。但他经常用复合符号表示简单的概念,或者复合的含义用简单符号来表示。比如用天空和溢水的土地表示尼罗河上涨,香炉上方的心脏表示埃及,流血眼睛上方的舌头表示语言,一条蝰蛇表示追逐母亲的孩子们。

赫拉波罗和其他前辈作者丝毫没有提及那些表示语法关系的符号或者语法词,如介词、连词等;前文提及的塞易斯碑文(Saitische Inschrift)在古典时期就已极具盛名,碑文中的名词(Hauptbegriff)虽然根据一定的顺序排列,但每个符号各自独立,之间完全没有语法标记和连接。我们不禁要问,是否真的应该将这一碑文中排在一起的符号看作一句格言或特定的词列。或许该碑文是象形文字的一种类型,用来向神灵象征性地表示一种真理或信条,就像克莱门斯·冯·亚历山大所说的 $τέσσαρα\ γράμματα$。我下文还会提及,我们必须仔细地将其与真正的文字区分开来。在不同的时期,或是对于不同的对象,语法符号的使用

---

[1] 第六行还有一个非常相似的符号:一把餐叉和两条腿上方的一个手臂,只是手臂上方还有两根相对的短棍。但杨先生对此并没有提及。

有多有少，由此可以造成象形文字风格的差异。众所周知，汉语的著述就是这样，如果作者和读者都能想象互不相连的概念之间的联系，那么语法就可以在一定程度上缺失。

商博良先生和杨先生认为已经发现了象形文字中很多个语法符号。基于目前对象形文字的解读情况，想要在现有发现的基础上直接得出其他的结论显得操之过急，但若是驳斥这些发现——即便只是一些成功的猜想，从而干扰后续的研究，那就更加不合理了。某些象形文字在少数几行字内能够频繁出现，似乎的确支持了我所相信的关于存在语法符号的观点。即便对于并不熟识象形文字的人，其中水平向上或向下划尖角的线条最易引人注意。杨先生和商博良先生将其解释为构成第二格的介词，却并没有给出确实的证据，并认为这与科普特语中的 *nte* 或 *n* 同义，因而据商博良的说法它也表示字母 *n*。根据图像中与水相似的表达方式，人们判断，象形文字中这个符号最初用来指水，但商博良先生却完全否认了这一说法。这个符号在罗塞塔碑文的 14 行象形文字中出现了 60 次以上，与不同的符号相连，当然也可能具有不同的含义[1]。然而，这也证实了它并非名词这一猜测，因为一个名词不可能如此反复出现，所以这一符号只是用来表达一种语法关系而已。在其他象形文字碑文中也经常出现这个符号；相反，我根据仔细的检查确认，在上文提及的纸莎草文卷共 515 个竖栏内这个符号却从未出现。这一异乎寻常的现象其原因可能在于，文卷中本应出现这个符号的地方使用了其他具有相同含义的符号。[2] 那些经常提到的法国和英国的学者他们以后的研究或许有望为此带来启示，尤其是若马尔先生即将问世的关于所有已知象形文字的列

---

[1] 比如杨先生提到的作为名词词尾。
[2] 一条简单的水平线在这一文书中频繁出现，有一瞬间我都相信了，这就是简化了的带菱角的线条，因为纸莎草文书中的符号极其粗略。除了断角线，文书中的这一直线也出现在罗塞塔石碑上，毫无疑问，两者不能混为一谈。

表，从中定能研究得出这类或那类纪念碑所具有的特点。

阴性的表达似乎基于多重类比，这很可能是确凿无疑的看法。它通常位于主语符号的后面；科普特语中只有冠词才有性别标识，杨先生据此类比推论，却认为也在冠词前发现了性别标志。阳性没有任何标志。在科普特语中，太阳和月亮（后者称为 pioh）是阳性的，而表示月神的象形文字也不带有阴性标志。其他研究已表明，月亮女神这一神话概念也变成了阳性。

杨先生发现，通过对对象两次或三次的重复，或用两条或三条细线可以表达双数和复数。商博良先生认为，不是添加数字，而是根据要求来重复对象也可以表达数量的概念。这就解释了科普特语所没有的双数现象。即便像杨先生所声称的那样，可以通过符号的位置来避免歧义，但用"三"来表达不定复数却是一种奇怪的方法；而在其他的语言中我也从未见过复数的特性在词源上与"三"相关。恰恰相反，几乎所有语言中"三"这个数字作为一种最高级形式都表示"很多"。毋庸置疑，杨先生的说法有一定的依据，因为罗塞塔石碑上没有一行象形文字不出现两三条细线，或者重复的符号，而在人型的纸莎草文卷里也不乏其例。但数字"三"几乎不可能要如此频繁地使用。如果用这种方式可以轻易地表达"双"这个概念，那么即便语言中缺乏此类表达，也可以想见文字中会出现"双数"；那么在科普特语中，它会不会是随着时间的推移而遗失了呢，就像希腊诗文的情况一样？

很多地方都表明基数词通过在序数词上方添加符号来与之区分。罗塞塔石碑的最后一行象形文字中先后排列着表示数字 1、2、3 的符号，而在对应的希腊文中，石碑破裂之前的最后几个词是：$τῶν\ τε\ πρώτων\ καὶ\ δευτέρ$ ……[1] 需要研究的是，这类符号是否从不单独出现，就像罗塞

---

1 艾克布拉德（Åkerblad）在对碑文进行解读后进行了补充，……$ων\ καὶ\ τρίτων$，并且解释说，这与象形文字文本是一致的。

塔碑文那样。然而这并不能推翻杨先生的观点。杨先生用来比较的科普特语的 *mah* 仅仅是一个形容词，修饰与序数词相连的名词，出于变格需要，单数使用 *meh*，复数使用 *mah*。塞易斯方言中数字词缀也是 *meh*。

杨先生其他的语法解释，我觉得不太确定，比如名词词尾，科普特语的前缀 *met*，最高级，通过复写表示动词等。[1]

名词、形容词和动词并不需要特殊的表现形式，可以通过意义和位置加以辨别。在许多语言里它们在语法上互相混合，且很少有语言对此具备真正的概念构建规则。很多语言还使用副词。不管完美程度如何，根据象形文字的特性形容词无需特别的表达形式，常常包含于所要修饰的名词符号之中。赫拉波罗列举了很多这样的例子，相反，普遍性的形容词(Eigenschaftsbegriff)，比如杨先生提到的"好"，他却几乎没有提到。赫拉波罗也以同样的方式提到了，名词包含了主动态、被动态和中动词。那么象形文字是否也具有区分动词的语态和时态类型的符号？这一问题非常重要，但根据目前对象形文字所掌握的知识还无法加以回答。杨先生猜想，一条匍匐着的带角的蛇表示代词，如果这种猜测可以成立，那么就已离解开动词之谜不远了。这个符号也经常出现在纸莎草文卷中。

杨先生提出了表示介词和连词的象形文字，认为头形图像相当于科普特语的介词 *edschō*，字面意思是"朝着头的方向，靠近头部"。这一想法虽然出色，但象形文字与其他符号一同出现时，这种简单明确的关系就又变得模糊不清了。

我用了大量的篇幅来说明上述这些现象，尽管还不能具体确定，但我深信象形文字的确是有语法的。

较之于我们的拼音文字，象形文字可能没有那么频繁和富有规律地

---

[1] 特尔肯(Tölken)教授让我注意到，这里杨先生称为祭坛的是装有俄西里斯(Osiris)尸体的圆柱。因此可以解释杨先生所说的，为什么这个拥有神圣含义的柱子以釉土制成的各种象形文字出现。

使用语法，这一点并不只是推测，而且也有实例为证。比如说，一位法老被冠以"神灵的爱人"这样的别号，表示"爱人"和"神灵"的符号（我认为这一解读是目前所有发现的象形文字中最为确定的）之间没有任何用以连接的介词或词格符号。[1]

迄今为止，我用与语言研究相似的方式研究了象形文字的构建类型，首先考察了原本的概念表达形式，继而是词汇的类比，最后是语法的联系。期间一直围绕着这个问题：象形文字在何种程度上可以作为真正的文字来阅读，即每一个符号对应一个特定的语音？

目前主要有两个问题让人犹疑不决：一方面，象形文字具有两种意义，即本义和象征意义，某些象形文字除此之外还有其他的意义；另一方面，象形符号具有一个词所无法涵盖的不同概念。

上文已经对第二点进行了辩驳，而第一个问题的主要根源是，表示原型本义的象形文字虽然很少引起困惑，但使用太少，因此，如果一个象形文字能够对应多个词，使用时就要处处揣摩其意，就好比在语言中需要辨别一个词的本义与象征意义。

毋庸置疑，一个象形文字可能比语言的某一个词具有更多的寓意，而有些象形文字也一定如此。

近期发现的语音象形文字并不表示概念，而仅仅表示语音，对此似乎尚有争议。如果能够根据一个从上下文中剥离出来的象形文字来分辨其起始字母，那么必然只存在一个与这一象形文字紧密相连的词。这里将对这一类象形文字作进一步的研究。

---

[1] 用来表示"爱人"、或更多的是表达"爱"这一概念的是一条链条，这是一种自然的比喻，赫拉波罗则认为是一条绳索（παγις），也很相似。杨先生认为还有四边形和圆的横切面也属于这类符号。商博良也有这种看法，但在他书中的第 22 号没有出现这些符号，可能是铜版雕刻师的失误所造成的。因为第 22 号象形茧（Cartouche）是从罗塞塔碑文上摘录下来的，而那块碑文上始终有这种符号（出现了三次）。

关于商博良对语音象形文字的研究

自发现罗塞塔石碑之后，杨先生首先提出了从象形文字解读出拼音文字的观点，认为这类似于大家所熟知的汉字构建方式，然而解析了 Ptolemaeus（托勒密）和 Berenice（贝勒奈西）这两个名字。他非常出色地解释了 Ptolemaeus 这个名字的大部分字母以及 Berenice 的一部分字母，这一过程中，他始终认为一个符号可以表示由两个辅音构成的音节或是以元音起首的音节，不过在接下来的象形文字解读中或许又不得不放弃这一观点。在解析这两个名字的过程中，他被迫接受了一些多余和无用的符号，因为研究经验表明，只会缺少字母，但从未有多余的字母。所以他对 Arsinoe（阿尔西诺伊）这个名字的分析并不成功，其象形文字词典中的解读是错误的，出于求实的精神，他在旁边标注了一个问号来表明他的不确定性。[1]

商博良先生将语音象形文字体系分解为达希尔（Dacier）[2]先生提出的小型文字系统，除了只在发音中添加并不用来书写的元音或本身与前置辅音相连的元音，每个符号只由一个辅音构成，他以这种方式解析出了数量可观的用象形文字书写的名字。由此所取得的成果是在大量的埃及纪念碑上发现了从托勒密直到安东尼（Antonine）时代的希腊人和罗马人名字。[3]

一个如此重要的学术观点需要坚实的基础；将象形文字用作语音来表达那些对埃及人没有实际意义的外国人名，其实是一个与埃及人的字

---

1 如果杨先生严格依照第 58 号碑文的原文，那么阴性符号的缺失应该会提示他，这个名字不可能是阿尔西诺伊。按照商博良先生的字母表，这个词是 Autocrator，但符号的设置并没有规律。
2 Bon-Joseph Dacier（1742—1833 年），曾与商博良通信交流象形文字的解读。（译者注）
3 联系希腊碑文以及对建筑物和雕塑品风格的评判，可以通过这些名字对埃及纪念碑产生的年代作出重要的推论。勒特罗纳（Letronne）先生在其《埃及历史研究》一书中，总结了这些推论并对此进行了富有洞见的评判。特别是在这本内涵丰富的著作导论，第 12-40 页、第 459 页和其他的一些章节。

母表密切相关的问题，所以我认为有必要严格核查商博良先生的观点。我不仅详细研究了他所列举的例子，之后还查看了大型法语著作和早期的方尖碑图案所提供的许多其他的名字象形文字，希望由此来检验商博良先生提出的新体系。通过这一方法我确信必须接受商博良先生所提出的语音象形文字，同时发现那些至今被认为非常古老的纪念碑上刻的却是后期才出现的名字。然而相比商博良先生所建立的体系本身，我认为需要对体系赖以存在的基础展开更为仔细的考察，对于他的某些观点，我依然存有疑虑。因而我认为有必要对此进行仔细而全面的讨论，以便能够公正地面对对商博良先生的字母表所提出的质疑和支持。

商博良先生假设，为了把外来的名字（因为名字最为简单，所以这里继续讨论）转写成为象形文字，名字的每一个字母埃及人采用以该字母为起首音或由该字母的语音组成的事物。但这一点缺乏史实证据，因为前人并未提及这类语音象形文字，提到的只是另外一种形式，对此在后文会有所讨论。[1]

将表意符号用作表音符号，这并非仅仅是事物的本性使然。商博良先生通过诸多例子指出，用字母表示的科普特语词，词首音与所指事物的象形符号发音相同。他本应指出象形文字的这种表达方式所带来的困惑，因为这样必然会根据不同的用法使一个象形文字对应不同的词。对于象形符号而言，象征意义和本义经常互为一体；一个符号所对应的

---

[1] 粗略一看真的会相信，赫拉波罗的书中就提到了一个书写的名字，甚至包裹在一个圆圈中，就像我们在纪念碑上发现的那些名字一样。在谈到了用一条嘴里含着尾巴的蛇来寓意一个非常邪恶的国王之后，他写道："他们将国王的名字写到了圆圈中央（τὸ δὲ ὄνομα τοῦ βασιλέως ἐν μέσῳ τῷ εἰλίγματι γράφουσιν）。"但是从下一章节的对照中可以发现，埃及人说的是"不是写上'国王'这个名字，而是'守卫者'（ἀντὶ δὲ τοῦ ὀνόματος τοῦ βασιλέως φύλακα ζωγραφοῦσι）"，因而在这里说的不是具体的名字，而是与"守卫"相对的"国王"这个词。这里无须重点区分"书写（γράφουσι）"和"绘制（ζωγραφοῦσι）"这两个词。该文作者在这里很频繁地用"书写（γράφειν）"来表示象形文字的绘制，尽管除此之外，他也习惯用"书写（γράφειν）"与所需表达的概念、用"绘制（ζωγραφεῖν）"与象形文字搭配，例如"他们书写知识，绘制蚂蚁……（γνῶσιν δὲ γράφοτες, μύρμηκα ζωγραφοῦσιν...）"。

多个概念，它们之间并不一定互相关联，而是每一个概念独自与符号发生联系。对于出现在文字之前的言语来说，同一个符号所包含的不同意义也具有不同的发音。这一点前文在讨论象形文字的整个思想表达方式时已有所提及，并也举例说明了。一个象形文字可以对应于多个词；如果脱离了上下文，那么其真正的意义就会变得不模糊不清。即便不想认同这一观点，但至少也无法证实与其相反的观点。商博良先生时而选用本义，如提到手（t, tot）的时候，时而选用象征意义，如提到雀鹰（a, ahi, 生命）的时候，时而又选用了种属的意义，如提到鸟雀（a, halēt）的时候。我在上文已经提到，最后一种方式完全不宜采用，并从象形文字的类比表达这一角度进行了论证。如果整个语音象形文字体系的确以此为基础，那么就极其容易产生这样的一种摇摆不定。幸运的是，一定的符号表示一定的字母这样一个体系为自身而建，并依赖于完全不同的证据；只有澄清了选择这些符号的原因所在，才能理解刚才提到的那种假设。从整体上看这似乎也是正确的。产生象形文字的多义性只有两种可能：或者是埃及人按照一种我们未知的规则，从一个象形符号的多种含义中挑选出一个用于发音，正如中国人[1]基于相似的目的也有一套自己的方法，或者是书写名字的整个方式并不完善，对于那些对内容毫不知情的读者而言，有时可能对一个符号到底如何发挥作用并不明了。这种表达方式还具有其他的多种缺陷，这也进一步说明了上述第二种可能性更加大一些。同时也可以由此得出，一个符号的语音作用与科普特语词的某种一致性并不能用来佐证并正确推断出的该符号的含义，这一点尤其要注意，而商博良的著述却太过推崇这一方式了。尽管科普特语整

---

[1] 杨先生和商博良先生引用了汉语的例子，但没有对汉语的方法进行足够深入的考察。商博良在1823年《季度报道》第28卷第191、195页上，虽然指出了汉语和埃及语在使用表意符号来表音方面的许多区别，同时也注意到，汉语中一个符号只对应一个语音，相反一个语音却可以对应许多符号——当然这种说法未必正确。但他没有说明，象形文字与其有多大的区别。

体上是古埃及语，却远没有意味着每一个词都来自埃及语（尽管我们对此并不了解）。

这一解读方式尚不能很好地解释元音的表达。一方面表示元音的符号很少，另一方面这种符号又可同时对应多个语音。由于元音经常完全被省略，因而辅音被认为具有音节功能。

每个字母对应，或者说能够至少对应一个以上的符号。在商博良的字母表中，一个字母甚至最多能够对应十五个符号，而且这样的字母不止一个。他在字母表中毫无顾忌地加载了太多的符号，因为他将不同的方向或最小的形式变化都区分为不同的符号，比如字母 r 和字母 l 所对应的符号互相之间部分重复，又如 γ 和 δ 所对应的一些符号同时也出现在了 k 和 t 之中。剔除这些情况的话，最终能保留 40 到 50 个符号。然而，他的字母表并没有穷尽所有的情况，甚至也根本无法确定符号的范围。其他以及今后开展的研究特别需要注意的是，这种方式并非基于字母表本身的理念，也就是以尽可能少量的符号来表示所有必要的语音，而只是认为有必要用象形符号来表示没有具体含义的语音。这一目的也可以通过这样的方式来实现，即每一个符号所对应的词只与明确界定的语音相关，而汉语就是这样。但同一个名字通常对应的是同一个符号，这显然只是习惯使然。只需去查看一下商博良先生的三张铜版画，就可以相信这一点：第一张铜版画上只有希腊名字，使用的大多是相同的符号，在第二、主要是第三张铜版画上出现了皇帝的名字，这时才出现了引人注目的新符号。空间和对称性也会对象形符号的选择，甚至更多的是对其排列产生影响，这在考察纪念碑上的象形文字时必须要时刻注意。尽管那些习惯于环绕在名字四周的椭圆大小各异，但有时候是根据象形文字的整体安排而决定的；大小相同的椭圆大多成对出现，它们有时也经常反复出现。因而较长的名字和较短的名字所占据的空间相同。似乎可以确定的是，有时候是先画上椭圆，然后再添加名字，而勒特罗纳（Letronne）[1]先生也恰好持这样的观点，他认为空白的象形茧（*cartouches*）[2]只出现在未完工的纪念碑上。在巴布林方尖碑上有两个、在亚历山大方尖碑（*Aiguille de Cléopatre*）上有一个空白的椭圆，当时人们不管这些椭圆而继续雕刻了剩余的象形文字，是想要之后再填入名字。这种情况下，无论这个名字是什么，都只能填入这些规定的空间了。

按照商博良的字母表来读名字，偶尔会发现符号的位置发生了很大的改变。比如书写 aoto 时，通常 a，意为"雀鹰"，会位于 o 和 to 之间，所以不得不把这个词读成 oato。可能出于对称的需要，两根表示 η 的羽毛有时会被另一个字母分离开来。下面我会提到一些例子，先从一个方向读，然后必须从相反的方向来读另外一些符号。不过象形文字的常用阅读方式是从上往下，然后从左往右或者从右往左。因而，前面提到的那种情况就其阅读方式而言似乎就已经令人生疑了。

我必须借这个机会指出，商博良先生在他的铜版画上大多只选择了那些有规则的碑文，悄悄地补充了几个据说有缺漏的地方，极少提及那些从根本上偏离了习惯写法的符号。[3]这里他显然是有意避免了不规则的碑文以免读者产生疑惑，在他看来，这些不规则的碑文对整个体系而言并不产生什么影响。在很多情况下我赞同商博良先生的观点。因无法要求每一个读者对内容都详加审阅，我将尽可能弥补缺漏之处，这样做，并非为了给商博良先生纠错，而只是希望能够公正地罗列出能支持或反

---

[1] Jean Antoine Letronne（1787—1848 年），法国考古学家。（译者注）
[2] 在埃及的象形文字中，象形茧是在一个椭圆形或长方形中圈围一组的象形文字，尾端有水平线，这是一种表明法老名字和称呼的典型方式。（译者注）
[3] 遗憾的是，商博良先生的插图远没有以仿真的方式忠实地再现原作。这一方面可能要归咎于铜版画本身的粗糙，但另一方面也有其他原因。商博良先生对好几个他觉得可能有缺陷的碑文作了补充。有时这些补充划有虚线标记；但有时，无论是在铜版画上还是在文章中，亦或是在铜版画的介绍中，都没有对这些补充或改动做任何的提示。大型法语著作的第三卷第 52 张铜版画似乎的确可以证明，碑文有时是有错误的。Ptolemaeus 这个名字在这里出现八次，全部与罗塞塔碑文上的字母一样，没有任何变化。在第九次出现时，却用 t 替代了 m，这可

能是出于埃及雕刻者或后来的制图人的疏忽。因而可能存在遗漏，如商博良先生对第46页第26个符号所指出的，但只是顺带提到，而且只有少数几处。因而补充这些显而易见的遗漏似乎并无不当之处。然而在介绍一个存在众多疑问的体系时，要尽可能地避免任何一点随意性，应该指出每一处补充并说明理由。下面的例子可以用来引证上述看法，商博良先生在这里引用了原始碑文：

1. 对照罗塞塔石碑第一块第22号，文中第6页和第46页的第14行在链条前面缺少两个表意符号。

2. 对照《埃及描述》的第一张石碑图第41号，文中第20页展示的第43张插图中的第8号插入了原文中没有的 t 和 m，原文中出现在 r 之前的明显是 s，此处变成了一根羽毛，即 a 或者 e；而原文中位于 n 和 r 之间很薄的弦月变成了表示 t 的扇形。这些变化根据《埃及描述》中的碑文而来，但符号本身没有变化，商博良先生在其解读中作了相应的改动。

3. 对照《埃及描述》的第一张石碑图第42号，文中第21页展示的第28张插图中的第15号，在两个 s 之间有一个用来表示 r 的嘴巴图案。在原文中，这却是一个非常清楚的眼睛（按照商博良的字母表是一个 a）。对这一碑文我下面还会作详细的阐述。这里我只说明以下几点。原文是 $\varkappa\eta\sigma\alpha\varsigma$，而商博良先生自称从中辨析出了 Caesar 一词。但这里恰恰出现了这样一种情况，出于其他一些可靠的原因，这个词不可能出现。如果确定这个名字中包含了 Caesar 一词，那么 $\varkappa\eta\sigma\alpha\varsigma$ 就可以代表 $\varkappa\eta\sigma\varrho\alpha\varsigma$，那就是 $\varkappa\alpha\iota\sigma\alpha\varrho\sigma\varsigma$，只要我们认为这是一种省略。商博良先生从《埃及描述》的第28张插图的第9号中引用了 $\varkappa\eta\sigma\varrho\alpha\tau$（根据他的说法就是独裁君主凯撒），但在第12号的一块单独的铭牌上却写着 $\varkappa\eta\sigma\alpha\tau$，这里或许也可以解释为，省略了一个 ϱ。但缺少了这些必要的说明作为前提条件，就大大降低了分析的可靠性。

4. 对照《埃及描述》的第二块石碑图第61号，文中第26页第20张插图的第8号对浅浮雕的描述中，在一块关于凯撒的铭牌上，第一个 σ（商博良先生用 $\varkappa\eta\sigma\varrho\varsigma$，原文是 $\varkappa\eta\varrho\varsigma$）以及在代表王座的朱鹭下面两个表示阴性符号中的一个都是补充上去的，因为在铜版画里找不到这些符号。后一处的补充画有虚线，因而必然是作者的用意，在前一处也画上虚线。只是文中应该对这些更止作出说明。

5. 对照《埃及描述》的第三块石碑图第72号，文中第30页展示的第27张插图中的第12号，这里的第六个符号有一个明显把手图案表示 k，而原文中却没有。我发现，这个没有把手的器皿（⌒）在碑文上经常出现，而那些完全相同的器皿却带有一个明显的把手。商博良先生对此保持了沉默，在他的字母表中也没有记录这种差异，但似乎认为这两种符号是相同的。大多数情况下，商博良先生引用的原文与建筑物里的碑文内容无异；所以若在同一座建筑物里看到完全相同的碑文，并不能认为这就是他引用的原文。基于这一点，我指出以下这些偏差：

(1) 与《埃及描述》的第80块石碑图第9号图形一样，文中第3张插图中的第72号商博良先生描绘的第十二个符号其形状完全不同，碑文中呈现出一个明显的拱形，而在商博良笔下变成了一个 r。在同一张插图的第7号，除却铭牌的水平位置和一个字母，与第9号完全一致，说明他的确做了改动。

(2) 文中第3张插图的第78号是关于丹达拉（Denderah）的独角莲（Typhonium）。带有 Antoninus 名字的铭牌与《埃及描述》中第33块碑文图的第6号相一致；而与它相连的符号却与同一碑文图上的第5号有极大的偏差，涉及前三个符号与最后一个符号的位置，以至于让我几乎相信两块铭牌好像并不同出一处（尽管两块铭牌的图画都有关独角莲）。最后我要说明的是，商博良先生的一部分插图我没有与原始碑文作比较，因为许多插图并非出自法语著作，而另外一些则在浏览过程中被忽略了。

对他观点的那些论据。为了公平起见，必须注意：其一，商博良先生写给达希尔先生的书信只呈现了其学术体系的一部分及其当时的进展情况；其二，传单式的写作方式迫使他限制了那些用来列举的碑文数量；其三，他生活的地方存在大量的各类象形文字纪念碑。因此，他可以藉由一个总体印象来支持他的很多观点，但无法用简短的、只呈现其一部分理论体系的文字来向读者介绍这一总体印象。在他看来由此造成的偏差可能是无关紧要的。但读者的了解仅限于这一文章和数量有限的纪念碑，从他们的角度就会有理由十分重视这些细微的偏差。

勒特罗纳先生非常正确地指出，只有借助希腊人才有望了解古埃及；而对象形文字和相应的希腊碑文进行比较，原本也是语音象形文字体系的基础。将罗塞塔石碑与相应的希腊碑文做比较，发现四次提到了 Ptolemaeus 这个名字（其中两次没有加上表意符号）；菲莱方尖碑的希腊语基座碑文中提到了一次 Ptolemaeus、两次 Cleopatren（克里奥佩特拉），但方尖碑的象形文字中也用同样的符号出现了 Ptolemaeus 这个名字，而第二个名字与 Cleopatren 部分相同，只是在末端标注有表示阴性的象形符号。[1] 因而通过希腊碑文可以确定，第一个名字一定是 Ptolemaeus，第二个名字很可能是 Cleopatra，但似乎也就如此而已。这些符号是否合而为一、不可分割，还是各自独立？它们又各有什么作用？这些问题都不得而知。如果我们假设这些符号是字母，而在象形文字碑文中出现的这两个名字有很多字母，且可能 Cleopatra 这个名字的符号数量与希腊碑文中 Cleopatra 的字母数量相同，这也说明了这些名字中的符号是字母，那么就会发现，这两个名字共有的字母 p、o、l 通过有规律的顺序以相同的符号形式出现（正如阅读字母和象形文字所要求的那样），Cleopatra 中的 e 与 Ptolemaeus 的 η 或 $\alpha\iota$ 产生类比关系，但 t 却对应于另外一个符号；然后，还有一些字母

---

[1] 我没有机会亲眼目睹菲莱方尖碑的碑文，所以只能通过商博良先生的复制图加以了解。

只出现在其中一个名字中，而不出现在另一个名字中；最后，Cleopatra 这个名字中字母 a 再次出现的位置，也出现了同样的符号。坦率地说，我认为这种情况并非巧合，而是两个名字中的符号发挥了字母的功能，同时也是对女性名字的正确解读，在我看来，这提供了明确而全面的证据，从本质上说明了这一假设在任何情况下都是适用的。

我认为，只发挥语音作用的象形文字以及由此来表示名字这一事实，会产生广泛的争议，因为尽管存在这种可能性，但这些名字可能还有别的寓意。

如果认同这种假设，那么由此就发现了 11 个字母。

在结束这个话题之前，准确起见，我还要补充一点。菲莱方尖碑上的象形文字碑文与其基座上的希腊碑文[1]是否相关，以至于如上文所示，可以用希腊文字来解释象形文字？对此虽然无法完全肯定，但是可能性极高。[2] 可以达成共识的是，两者并不互为译文。希腊碑文中包含了教士向国王托勒密·尤尔格提斯二世（Ptolemaeus Euergetes II）提出的请求，希望停止对他们的任意压制，并能允许他们为此而树立一块纪念石碑。问题是，方尖碑本身是否就是这块石碑呢？勒特罗纳先生认为这并非不可能。而商博良先生却反对这一观点，我认为他提出的两个根据举足轻重：方尖碑从未被称为石碑[3]，同时这座方尖碑还有一座置于旁边的附属碑，只是还掩埋在废墟之下。他甚至彻底否认了方尖碑与基座碑文之间的联系，却称这座方尖碑是由一位托勒密所建立。他在《百科考察》一篇论文中表述了这一观点，但在写给达希尔先生的信中，他

---

[1] 商博良先生说："方尖碑与基座相连（*l'obélisque était lié, dit-on, à un socle*）。"据此并不明确，带有希腊碑文的基座是否就是方尖碑的基座。勒特罗纳先生很确定地说："他清除了方尖碑以及支撑它的基座（*il fit déblayer l'obélisque ainsi que le socle, qui le supportait*）。"无论如何人们发现方尖碑再也不在基座上了。

[2] 勒特罗纳先生甚至称之为"确定"。

[3] 关于 στήλη 这个概念我在脚注 29 已作了详细的解释，因而见那里所说。

似乎又收回了这种想法。尽管他对自己的说法似乎没有把握,但在解析 Cleopatra 这个名字时,他还是提到了这两处碑文之间可能存在的联系。不过,只是顺便提了一下。因为他的主要论据依然基于他的字母表,认为可以据此解读碑文。考虑到象形文字中的确存在如罗塞塔碑文那样拼写的 Ptolemaeus,而希腊碑文中也提到了一个 Ptolemaeus,那么两处碑文之间就非常可能存在联系。因而方尖碑无须成为有基座的石碑。方尖碑上通常原本并没有象形文字(就如许多矗立在罗马的方尖碑),可能是后来才加上了碑文。尽管基座的碑文中出现了两位 Cleopatra,分别是母亲和女儿,也是尤尔格提斯二世的两位妻子,但我在这里没有提到它,因为要解读这一名字的象形文字也需要以方尖碑和基座共属一体为前提。

从已知语言的碑文所提供的证据中并没有更多的发现。要确定商博良字母表中其他符号是否可靠,就要将很多已经解析的符号与未知的新符号放在一起,并用已知的符号来辨识新符号,或者更为确切地说,使用解读名字的那个方法来解析符号,并由此增加符号解析的数量,同样的方法也可以解析新符号,这样已经解析的符号就会不断增加,直到穷尽碑文的数量和类型。

若加以严格的评判,这样的方法自然会招致强烈的反对。

第一,名字的解读方法可能并不正确。比如解读出 Alexander(亚历山大)的碑文上,发现了那已知的十一个符号中的 $\alpha\lambda.\sigma\varepsilon.\tau\varrho.$,其中带点号的代表了三个未知的新符号。商博良先生作了这样的补充:$..\varkappa..\upsilon..\varsigma$。但我们无法确定,是否填充了其他的语音就可以表示完全不一样的名字。[1]

---

1 商博良用 ε 书写了 αλκσευτρς 这个名字的第五个符号之后说道:这是用世俗体文字(demotische Schrift)一个字母一个字母地按照罗塞塔碑文和国王陈列室的纸莎草文卷书写的(*qui est écrit ainsi, lettre pour lettre en écriture démotique dans l'inscription de Rosette et dans le papyrus du cabinet du roi*)。我无法评价这份纸莎草文卷;但在罗塞塔碑文(第二行)清晰地写着,而商博良先生自己也读成了 αλκσαντρς,这里第五个符号是 α,他在第 14、15 页上也是这么写的。这样一来,要么它与世俗体一致的论据不复存在,要么就是这个名字拥有四个、而不是三个新的符号。因为这里第五个符号是用一根单独的羽毛表示的,在 Cleopatra 这个名字中是 ε,而这里应该是 α。

第二，最重要的一点是：如果用这种方式从一个符号推导出另一个符号，那么各个符号的确定性程度就有所相同，但商博良先生对此并未加以区分，甚至从未提及这种差异。因而人们可能，也必定会产生怀疑，因为随着不确定性的提高，即便出发点真实、正确，也可能会得出完全错误的或至少是完全不可靠的推断。

第三，由于引证的需要，同样的碑文反复出现，但这并不能证明解读的正确。只有当碑文重现时符号有所不同，而根据之前的解读规则依然能够得出相同的名字，那么符号才真正得以证实。

如果不考虑上述这些异议，我认为这种方法总体上并非一无是处，只要运用的时候仔细谨慎并关注各个符号不同的作用程度即可；而更多的是需要承认这种解析符号的方法具有敏锐性。这种方法是人为的，可能也是危险的；但我想问，是否还有其他不那么人为的方法能使沉默的象形文字开口说话？

将那些混杂于最初发现的十一个符号之中的新符号视为字母，我无法再称之为一种纯粹的猜想，因为那些被解读为字母的符号，它们组成的名字铭牌与罗塞塔石碑和非莱方尖碑上的名字铭牌的排列顺序完全相同。此外，那十一个符号一会儿出现在新符号的前面，一会儿在后，一会儿又夹在其间，因而认为它们作为互相关联的整体而发挥作用这种想法并不成立。尽管如此，这一研究还是大有裨益；只是要问，究竟可以解读哪些字母？

然而，不同符号的确定性程度有所不同，我并不认为商博良先生制定的字母表中，所有的字母解读都是确凿无疑的。

上文提到的十一个符号其可靠性程度最高。

紧跟其后的是在 Ptolemaeus 和 Cleopatra 这两个名字中发现的新符号，它们出现的地方是几个归属那十一个的符号原本所处的位置。但这些新符号的确定性不如那十一个，因为它们可能只是笔误，或者只是那些符号的其他写法，因而与原来发现的符号相差无几。我所能找到的有四个这样的符号。[1] 通过比较，有十五个符号与希腊碑文有关联，占商博良字母表的三分之一。其余的符号其可靠性则只能通过出现的频率以及组合的种类来加以检验——在不同的组合中是否始终能够按照既往的规则来进行解读。如果忽略对可靠性程度的区分，我认为其中大部分的符号并没有比那十五个更加的不确定。

第一，这些被分类的符号本身互相混合，它们更多的是相互支持，而不是由一个比较确定的符号来支撑别的不太确定的符号。

第二，（除了 l 和 r 的混淆，以及不注意一些重音和轻音的区别，）每个辅音符号都只有一个功能，并由此决定了其读法。

第三，名字不会一直以同样的符号出现，而经常产生一些变化，但不同符号的作用是相同的。商博良先生提到的一系列词，如 Autocrator（独裁者）、Caesar（凯撒）、Tiberius（提比略斯）[2] 和 Domitianus（多米提安努斯）[3]，尤其体现了这点。

第四，最初的十一个符号出现在了商博良先生引证的所有碑文之中，有些名字，包括被解读为后期罗马皇帝的，完全或几乎完全由相同的符号组成，似乎含有相同的字母，例如多次出现的 Autocrator，Tiberius[4]（103）和 Domitianus[5]（104）；但 Caesar 不是这样，总是带有这个或那个之后才发现的符号。

据此我相信，上面描述的商博良先生的方法的确是站得住脚的，只是在应用时要注意，对于那些与罗塞塔石碑和菲莱方尖碑碑文无关的符号，还远不能认为它们都是不可靠的，其中的有些甚至可以通过

---

1 其中一个符号也可表意，可以和表意符号一样位于 geliebt（被爱）这一符号之前。值得查看的还有，这里没有用 t，而是把符号颠倒过来（即 k 没有把手），还有一个新的符号替代了 m。这些符号也表示 Ptolemaeus 吗？与 Ptolemaeus 相近的名字是在第 30 张插图的第 3 号。
2 古罗马统治者。（译者注）
3 古罗马皇帝。（译者注）
4 出自菲莱的西庙。大型法文著作中我没有找到这个碑文。
5 也出自菲莱。这个碑文我也没有找到。

之后发现的符号得到新的验证。假设所有这些符号共同组成了分音节（articulirte Laute）的序列，可以读出所知的名字，那么整个理论大厦其各个部分就互相支撑，而不会成为空中楼阁而飘摇不定。不过这种说法针对的仅是整个体系；对个别符号还需要另作推敲[1]。

商博良先生的语音象形文字体系与另一种更为详尽的文字体系相关，即表意性的僧侣体文字（hieratische Schrift）和世俗体文字（demotische Schrift）；在他眼中，这两种不同的文字其中一种只是缩写形式而已，因而他的出发点是，表示同一个字母的两个不同的象形符号，在僧侣体中只对应一个，并且是同样的字母。但这一点我无法理解，因为这需要进一步了解他的整个体系，而他的引述又不甚明了，只有对这套体系十分熟悉的人，才能轻易地从缩写形式中发现象形文字。

即便确定了碑文中的一组字母，那么还需要考虑，这些字母是否表示商博良所认为的名字，或者说，在很多元音缺失和元音符号多义的情况下，名字的读法是否可靠，或者这只是一种不确定的猜测而已。如果认为这些字母是可靠的，那么那几个希腊语名字就确凿无疑了；Cleopatra 这个名字所有的元音和辅音都可以得到确定；但罗马名字的情况就不一样了。这种差异商博良先生认为是有理由的，因为埃及人对希腊语名字更为熟悉。

很多国王都用了 Ptolemaeus 这个名字，因而这个名字频繁出现，除了上文提到的少量例子[2]，它主要使用了与罗塞塔石碑相同的符号，有时也采用缩写，或出现错误：*Ptole, Ptolcäs, Ptoles, Poläs*。[3]

除了商博良先生所提到的 Cleopatra 之外，我还发现过一次，写为

---

1 我逐个查阅了商博良先生的所有字母，对一些少见的符号进行了说明，并且根据我的了解补充了一些商博良先生没有引证的例子，当然只选择了那些完全可读的碑文。
2 见第 134 页脚注 1。
3 这里我无需提醒，硬币上的名字也远不是始终完整的。

Claoptra（有一处商博良先生读为 Cleopatra，但如果不从相反方向来念，会变成 κλεοαπτρα）。Berenice 这个名字只有商博良先生发现的两个例子，来自相同的碑文，只是顺序相反而已。关于 Alexander 则根本没有相关发现。Arsinoe 迄今没有发现相应的象形文字。

商博良先生解读的罗马名字和称谓有：Autocrator（独裁者）（αοτοκρτρ，αοτκρτρ，αοτακρτρ，αοτοκλτλ，αοτοκρτλ，αοτοκρτορ，αοτκρτλ，αοτκρστορ，ατ），Caesar（凯撒）（κησρς，κησλς，κησρ，κεσρς，κσρς，κης，κσρ），Tiberius（提比里乌斯）（τβρς，τβλς，τβρες），Domitianus（多米提安）（τομτηυς，τομητυς，τμητιηυς，τμητευς），Vespasianus（维斯帕西安）（οσπσηυς），Trajanus（图拉真）（τρηυς），Nerva（涅尔瓦）（υροα，υλοα，υρο），Claudius（克劳狄乌斯）（κλοτης，κροτης，κρτιης），Hadrianus（哈德良）（ατρηυς），Sabina（萨比娜）（σαβηυα），Antonius（安托尼乌斯）（αυτουηυς，ατουηυς），Germanicus（日耳曼尼）（κρμυηκς，κρμηυκς，κλμυηκς），Dacicus（鞑茨）（τηκκς），Sebastos（瑟巴斯托斯）（σβστς），Sebaste（瑟巴斯特）（σβστη）。[1]（108）

如上文所示，如果这些名字具有规律且书写正确，那么由此只能辨认出一些辅音；一部分元音缺失，另一部分元音则互相替代。不过一部分名字却因此大为变样。与这些名字相连的是 Caesr、Autocrator 这样的称谓和 Germanicus、Dacicus 这样的别称，但不只是前后相连，而且还在同一块象形茧上，因而这进一步说明了上述读法是正确的。另外一个证据是，有时一个元音具有不同的书写形式，而某一种写法比较接近真实的语音；例如 τμητιηυς 比 τομτηυς 更贴近 Domitianus。需要注意的是，象形文字碑文的读法总是以希腊语的发音为基础，因而罗马名字可能遭遇双重曲解，Trajanus 中语音 j 就是一个典型的例子。Domitianus、

---

[1] 我在括号中给出的都是商博良先生对这些名字的读法。

Vespasianus 和 Trajanus 中，*ianus* 的书写方式完全相同，这有力佐证了商博良先生的读法。所有这些名字都规律性地以 ηνς 结尾。[1]

在 Caesar、Autocrator、Tiberiua、Germanicus 等一些名字中，*l* 替代 *r* 的情况并不少见，这是一种混淆，但就像在很多语言中那样，这种混淆也发生在科普特语的一种方言中，习惯上被称为为巴什穆氏语（Baschmurisch），商博良先生认为它是中埃及（Mittel-Aegypten）的一种古老的国家语言。[2]

如果一个名字里含有两个 *r*，其中一个保留，而另外一个却变成了 *l*，那么总是非常引人注目的。

人们也已发现，γ 和 κ、δ 和 τ 可以表示同一个语音。相反，我认为 β 与 π 并不会产生混淆。

在解读皇帝的名字时，商博良先生依据的是碑文和硬币上象形文字的一致性，这很有道理。

不过上文我也提出，即便全盘接受商博良先生的观点，还远不能同样清晰明确地解读所有的名字。我将在这里列举一些碰到的困难，之所以这么做，因为有些情况涉及非常重要的事实。

Alexander 这个名字有四处实例，但只有一处的辅音是完整并确凿的：αλκσευτρς；其中第五个符号可能是 α 或 ε。第二个例子 αλκσυρες（此处倒数第二个符号是一个颤元音）缺少了 τ。商博良先生确定这一碑文源自卡奈克神庙（底比斯），属于亚历山大大帝。但法语著作中只是说："根据传说，这在卡奈克神庙再建"（*Légendes que l'on croit avoir été recucillies à Karnak*）；这里指的是否就是亚历山大大帝，虽有可能，

---

[1] Domitianus 和 Trajanus 的例子较多，而 Vespasianus 的例子出现在庞腓力的方尖碑上。
[2] 商博良先生可能在某个公开场合已经详细表述过这个观点。

但至少并不确定。表示 *Ptolemaeus Alexander*[1]（111）的两处碑文是 αρχσυτρς。这里有诸多迹象发人深思。这里的起首元音并非表示 a 的雄鹰，而是一个介于 α 和 e 之间的符号；用 r 替代了 l，这种现象也从未出现过；而其中的一块碑文，如前文所述，商博良先生不露痕迹地对此做了大量的补充[2]，这一点也说明了，另一块碑文显然也存在变化了的字母。

Caesarion 是 Cleapatra 的儿子，据说出现在丹德拉一处碑文上，显示为 Ptolemaeus Neo-Caesar（即凯撒里昂）。为了获取这一国王名字的埃及象形文字写法，需要先讲一个其他的例子。商博良先生有一次没有提到，他的铜版画上有一处是 r，原本却应该是 a，因而也不像他讲的那样是 υηο κησρς，而是 υηο κησας；因而在铜版画上只出现过一次的 η，也一定出现过两次，分别在 υ 和 κ 后面。这或许无关紧要，因为商博良先生认为这种情况也曾发生过[3]，在其他的例子中，Caesar 这个名字没有出现任何元音。尤为重要的是，为了能够清晰地读出 υηο，η 必须与 υ 一起发音。但如果完全合并 η 与 υ，事实上就读成了 υoη，只有将石碑上的象形文字按照相反的方来读取，才会是 υηo。如果不强硬使用通常的规则，这个碑文就读成了 υoκησας，那么现在的问题是，是否可以将其视作 *νέου Καίσαρος*？商博良先生从大型法语著作的同一块铜版画上引用了 Cleopatra 这个名字，认为是 Caesarion 的母亲，依据是 Ptolemaeus 和 Caesar 的两处碑文，他称之为"两个相连的图像框（*deux eartouches accolés*）"。不过恰恰是这一情况非常值得怀疑。法

---

[1] 第 40 号有一个商博良先生没有解释的符号，但很难和名字发生联系，直接位于表示"有别名（zubenannt）"的表意符号之前。
[2] 商博良先生写的是 αρχσυτρς，而原文是 σρχσυ（四分之一的月亮）ρς。
[3] 他的第 3 张插图的第 71 号引自《埃及描述》。这种情况只有在 Sebastos 这个名字拥有一个元音的条件下才会发生。但严格来说，这并没有必要。对此以及一旁的象形茧，商博良先生在插图中所作的补充似乎是正确的。

语著作中的铜版画没有出现建筑物以显示碑文所处的位置，碑文也许是任意排列的。甚至不明确那两块碑文是否来自同一个庙宇，而只是解释说，所有碑文"在丹德拉的庙宇中绘制（dessinées dans les temples de Denderah）"。如果商博良先生的观点是基于其他的事实，那么最好能够加以说明。[1]Caesarion 是否曾使用过 νέος Καῖσαρ 或 Ptolemaeus Caesar 这样的名字？据我所知，前辈作者从没有证明这个或那个名字是正确的。狄奥·卡西乌斯（Dio Cassius）[2]明确指出，这是 Ptolemaeus，别名 Caesarion，而不是 Caesar。因而可以猜想，August 根据 Caesar 的遗嘱私自添加了其所谓父亲的名号。对于前一处名字商博良先生可能会解释说，Cleopatra 称自己为 νέα Ἶσις，Ptolemaeus Auletes 自称为 νέος Διόνυσος，埃及硬币上的 Nero 叫作 νέος Αγαθοδαίμων（NEO.ATAΘ.ΔAEM.）。但要出现这些情况，前提只能是假设凯撒死后在埃及仍被奉若神灵。这一点绝非无关紧要，因为如果商博良先生解读为 Caesar 的符号，根据上下文和依据历史事实根本无法或者不能轻易作出这样的解读，那么这就对商博良先生的体系提供了反面证据。

由于商博良先生在碑文上补充了一个符号，使得唯一可以解读为 Augustus 的碑文也变得不确定了，但如果没有这个符号，Caesar 这个词就会以一种不常见的缩写形式出现：κησς。

按照象形文字惯常的书写方向，雄鹰（a）的头望向左边，就必须向右阅读碑文，根据垂直还是水平方向阅读前两行符号，丹德拉的左蒂雅库斯（Zodiacus）上的碑文为 οκατρτρ 或 οακτρτρ。商博良先生的做法是读成 αοτκρτρ，如果垂直读也可以，则为 ατοκρτρ，这样就需要按照鹰头

---

1 杨先生在解读 Cleopatra 儿子的名字时就更加没有这么幸运了。对于他认为的 Cleopatriden，他几乎无法提供任何明显的理由。
2 古罗马政治家与历史学家。（译者注）

方向，将这些字母反向排列。[1]

这些说明可能略显肤浅，上面提到的碑文也依然可能是指 Autocrator。然而让人遗憾的是，这一碑文为什么不能像别的地方那样能够得到清晰而明确的读解，因为这决定了对一个重要纪念碑的时间界定。但我决不是要否认商博良先生所作解释的重要性。他的注解完全颠覆了那种古老的对动物的解读方式。

在巴布林的方尖碑上，商博良先生发现了 Hadrianus Caesar 和 Sabina Sebaste 这两个名字；与此相吻合，索伊加也认为巴布林方尖碑比较新，尽管他根据当时盛行的看法，还是把这座方尖碑放到了萨姆提丘斯（Psammetichus）[2] 时代。但若比较一下他关于该方尖碑上的雕塑风格以及他确定为哈德良（Hadrian）时代的一块大理石板的描述，那么会令人惊讶地发现，他本人也未意识到这两者的一致性。即便在象形文字中，$\sigma\varepsilon\beta\alpha\sigma\tau\eta$ 一词也明显使用了 η 这个阴性词尾，而这进一步佐证了商博良先生的解读。顺便提一下，阅读这两个名字并非毫无困难，因为每个名字中都会出现一个全新的字母。由于新字母仅出现在这样一个例子中，商博良先生并没有一并将其收入字母表，这样的处理方式是非常正确的。Hadrian 的书写方式与 Trajan 基本一致，只是在前面多了一个新的符号。[3] 名字之后是三个字母 $\varkappa\sigma\varrho$，但其中第二个字母是上文提到过的我觉得有问题的 s。或许，Hardrian 与希腊硬币上的写法一样，应该忽略送气音，写成一个明确的 a。Sabine，$\sigma\alpha\beta\eta\nu\alpha$ 这个符号中，v 是一

---

1 商博良记录的是同样的符号，但严格按照正确的顺序。即便在剩下的碑文中，也可以看到这个词的正确顺序。如上文所示，$oato$ 可能表示 $aoto$，但这对辅音没有影响。商博良先生文中的第 2 张插图的第 46 号引用了《埃及描述》，这也证明了他在一般情况下都严格遵守了符号的顺序。这里有两个 a，其中一个人们很容易放在 $\varkappa\varrho$ 和 τ 之间。但是他严格遵循符号的方向，将其念作 $aota\varkappa\varrho\tau\varrho$。

2 古埃及法老。（译者注）

3 在第 50 页商博良先生提到，需要一个新的例子才能决定这个字母到底是 ha 还是 a。商博良以非常巧妙的方式将其与 K 连在一起，以便在他的铜版画中用象形符号写上他自己的名字。

个新符号，或者完全就没有这个字母。表示女神的象形文字上方有一幅头饰画，与所谓的红白双冠（Pschent）[1]极为相似，只是略显简单。如果此处是一个 v，那么这个符号必定会将该字母前置。商博良先生说："象形茧中有完整的女法老名字 $\Sigma\alpha\beta\eta\nu$（ce cartouche contient en toutes lettres le nom de l'Impératrice $\Sigma\alpha\beta\eta\nu$）"，但没有提到缺少的或者是新出现的字母 v。在 $\sigma\varepsilon\beta\alpha\sigma\tau\eta$ 中第一个符号是一只鸟，这应该是 s，因为据我所知，没有比贝勒奈西的两处碑文 $\beta\varrho\upsilon\eta\varkappa\varsigma$ 更有说服力的了。但商博良先生的字母表中许多鸟类都表示元音，这个符号也同样可以表示元音。

商博良先生在两段碑文中读到了 Autocrator（$\alpha o\tau\varkappa\varrho\tau\varrho$）、Caesar（$\varkappa\eta\varsigma$）、Nerva（$\varrho\lambda\alpha$）、Trajanus（$\tau\varrho\eta\nu\varsigma$）、Germanicus（$\varkappa\varrho\mu\nu\eta\varkappa\varsigma$）、Dacicus（$\tau\eta\varkappa\varkappa\varsigma$），而对 Nerva 之后有两个符号未作解读，它们似乎不具有表意功能，根据字母表是 oi；同样，Germanicus 和 Dacicus 之间也有一个未解的 n。

当然，商博良先生只向读者介绍了一部分碑文。我尽我所能查阅了商博良先生忽略的碑文，不是为了拾遗补缺，这项工作我将理所当然地留给目光更为敏锐、更富经验的解析者，而是为了探查商博良先生无法解读或出于其他原因而没有提及的碑文究竟属于哪种类型。在我看来，必须了解所有的语音象形文字，才能对其作出完整评判。找到用象形符号书写的名字比较容易，因为这些名字几乎总是被包含在一个椭圆形的铭牌之中，当然也不能完全排除例外的情况。索伊加[2]就是据此找到了

---

1 关于这个头饰参见商博良著作第 26 页。作为一个表意符号，它非常频繁地出现在罗塞塔碑文中，因而提高了杨先生认为它就是语助词这一观点的可能性。非常奇怪的是，一种折线（在名字铭牌中商博良先生认为是 n）经常出现，即便在连续的非语音象形文字中也一样。罗塞塔碑文上出现了超过 60 次。相反，在《埃及描述》中提到的冗长的纸莎草文卷里以及与其相似的两卷由米奴特里（Minutoli）伯爵收藏、现在展现在我面前的纸莎草文献中，却一次都没有出现。对此我在上文已经详加讨论（见第 120 页脚注 2），同时也提到了纸莎草文卷中频繁出现、同时也出现在罗塞塔碑石上的折线旁边的水平线。

2 他称之为"在竖立的图形旁平放着的蛋形或椭圆形（schemata ovata sive elliptica planae basi insidentia）"。

可能的名字，最近杨先生也开始对此有所关注。我觉得需要注意的是，法语著作经常提到的宏大的纸莎草文卷中，这样的椭圆形却从未出现过。[1] 难道是因为完全没有出现过名字吗？

这些名字铭牌中也有别名，不仅是语音象形符号，常常也有表意符号。我们不应忘记语音符号最初也出自表意符号。我认为，假设商博良先生的字母表——尽管可能还远远称不上完整[2]，已经包含了很大一部分语音符号，那么可以从他的体系出发推测，在铭牌中很少出现的或不出现的就只能是表意符号，而其他少量的、有时用于表音的符号其实也是表意符号。

这些铭牌可能只包含了当地人的名字。埃及人的整个文字都是表意的，名字在他们的语言中都有易于辨识的含义，那他们怎么会想到只根据读音用字母来书写名字呢？赫拉波罗告诉我们，鹰因为叫作 Baiäth，所以它的灵魂位于心脏（ψυχὴν ἐγκαρδίαν），这个例子说明了，象形文字的名字可以不考虑所指对象而表示另外的事物。但如果一个名字，这也可以是一个本地名字，缺乏实际含义或者含义不易辨识，那么有时候就需要根据音节或字母来表示其发音；对我而言，这就意味着从本地名字的表意性到了外来名字的表音性之间的过渡。

商博良先生声称，远早于希腊和罗马的统治时代，语音象形文字作

---

1 第75张插图第129号虽然有一个四边形，其中一个角有一个比较小的椭圆包含了象形文字。但并不能将这些四边形与那些椭圆形混为一谈。它们是和椭圆形同时存在的；如第74张插图第1号，以及略有差别的第59张插图第5号。杨先生认为，这样一个四边形中的苍鹰代表了河路神的乳母巴图（die Horus-Amme Bato），但这纯粹是他的猜测。

2 商博良先生认为，他的字母表中只缺少少量字母。如果审阅一下那些他未加解释的名字，会发现很多符号与他的字母表相关，因而也不得不将其看作语音符号；例如在庞腓力的方尖碑上有一条蛇，可能表示 t，另外在别处还有一个小圆圈（O）和一条划线，商博良先生认为这条划线构成了音节 to 的上半部分。但我没能成功地对我在不同的地方所找到的后面这两个符号做出统一的解释。圆圈出现在不同的地方，它的含义令我生疑。正如 to 的构成，划线是一个清楚的 t，但在第1部分第22张插图第6号、第23张插图第19号、第27张插图第17号上却似乎是一个 k，第80张插图第8号、第5部分第49张插图第19号上有一个符号，它似乎也只能是 k，这或许就是商博良先生在第14号上的 k，只是符号的方向不同罢了。在对第5部分第49张插图的第10号和第20号做比较之后，会发现一个表示 r 的新符号。

为纯表意文字的辅助形式（écriture auxiliaire）就已经存在，成为了表意象形文字的一个必要的组成部分，并在冈比西斯（Cambyses）[1]前后的时代就被用来书写外来名字了。鉴于象形文字字母表并不完善，在我看来他上述观点的理由很不充分。尽管如此，他认为他也解读了表意象形文字，所以我们如果否认从中可能获得的经验教训就会显得操之过急。

请允许我这样说，商博良先生并没有解读希腊时期的碑文，因为除了 Ptolemaeer，其他名字是否属于世界征服者亚历山大大帝那个时代，并不确定；通过查阅其他许多的名字铭牌，我认为至少早期的名字无法使用商博良字母表进行读解。如果的确如此，那么必定有另外一种体系在书写中占据了支配地位。如果将商博良先生未曾解释的名字碑文与他的字母表作一粗略的比较，就会产生这样的印象：其中一部分碑文很少或者根本没有出现字母表中的字母，另外一部分虽然含有一些的字母表字母，但与陌生的符号混合在一起，而还有一部分即便对于具有解读天赋的人来说，或许也只能读出其中很少几个符号。[2]对于第一种情况，我可以毫不讳言地称其为表意符号。对此我想引用拉特兰（Lateranensisch）和弗拉米尼奥（Flaminisch）的方尖碑上的文字为例。[3]

---

1 古巴比伦时期的王朝，在公元前 6 世纪的波斯。（译者注）
2 我把庞腓力方尖碑朝南的一面算作这种情况，可以清晰辨认出 τμητιης（Domitianus），但其他部分就不甚清楚了。文末刻的是阴性符号，通过与 Sabina 的类比可以发现，似乎和文末表示女神的表意符号没有关系。商博良先生在第 29 页提到了东面和南面的碑文，但似乎觉得它们是一样的。他第 3 张插图第 69 号与碑文一致，只是对第四个符号做了一个微小但正确的改动。另外还可以查看《埃及描述》第一部分第 22 张插图的第 6 号；可以清楚地看到 Caesar 前面还有另外一个名字。第 27 张插图第 8 号的 19 到 22，第 36 张插图第 8 号，第 80 张插图第 10 号，第 3 部分第 69 张插图第 14、37、54 号；在这上面都出现了一个介于 e 和 n 之间的陌生符号组成起首音节，而且这种组合还经常出现。第 69 张插图第 38 号；倒数第二个符号也出现在卡姆盆思（Campensis）方尖碑上，前面分别是 p、s、m，后面有一个 k。第 5 部分第 26 张插图第 3 号来自赫里奥波里斯（Heliopolis）的方尖碑，有些字母几乎无法辨认。第 49 张插图第 8 号有一个很清楚的 Autocrator。第 11 号很难发现字母的顺序，除此之外只有一个符号（一条蛇，参见第 142 页脚注 1）是新的。
3 这也包括杨先生最常提到的碑文名字，恰如人们的看法，其解释建立在非常薄弱的基础之上。

如果在这些表意性碑文中还有能找到一些语音性文字的话，正如大型法语著作的第 3 部分第 38 张插图所示，那么就好像在图像中看见真实的文字一样，其区别一目了然。

我特别注意这样的碑文，它们全部由商博良字母表中的符号组成，却无法解读出具体的名字。但我只发现了很少几个[1]，因而无需怀疑商博良先生是否只是挑选了可解读的符号加以说明。我无法解读这些名字，但并不意味着这些根据语音构建的名字不能被破解。由于常常需要补充元音，而现有的元音符号又有多种解释，同时生硬和柔和的字母发音以及 r 和 l 也可能混淆，有时甚至无法确定的阅读方向（尤其在碑文中不出现动物图案时），所以解读不只是简单的阅读；此外，由于担心解读需要纯粹的奇思妙想，因而甚至不敢再去大胆猜测。

大型法语著作的第五部分所展示的碑文中出现了罗马皇帝 Claudius 的名字，商博良先生只是提到了其中有三个字母未收录于字母表，但没有对此做进一步的探讨。

本文中我尝试着对商博良先生的整个体系进行了考察，现在还必须提出一个非常有利于该体系的依据：他发现后期才刻有的那些名字的纪念碑，它们的风格以及其他的一些特征也显示出了它们起源较晚。勒特罗纳先生在这方面所举的例子来自庞菲里乌斯和巴布林的方尖碑上。索伊加则将萨卢斯蒂亚诺（Sallustisch）的方尖碑归入了安东尼之后的时代，并认为其雕塑品为罗马风格，但是该方尖碑并没有出现任何罗马皇帝的名字，其原因可能在于，上面的象形文字有意识地但并不成功地模

---

[1] 《埃及描写》第 1 部分第 36 张插图第 3 号：我认为有齿纹的钥匙是一个表意符号。第 4 部分第 33 张插图第 4 号：开头很清楚是 Autocrator，末尾垂直的 s 被一个水平的 n 牵引着。这一形式我无法解读，但在第 4 部分第 34 张插图第 1 号中又出现了这一符号，但没有 n。两块碑文都来自丹德拉，第一块由独角莲组成，第二块由南部庙宇。由于两个起始字母和四个结尾字母相同，第 5 部分第 30 张插图第 4 号和第 3 部分第 52 张插图可以作一比较。第 4 部分第 34 张插图第 1 号上商博良先生的第 11 个 k 是竖直的，动物形象似乎不是狮子，而是一个狮身人面像（Sphinx），顺便提一下，都是熟悉的符号。

仿了早期作品，特别是弗拉米尼奥方尖碑尤其如此。据我的推断，弗拉米尼奥和拉特兰以及许多其他的方尖碑并没有雕刻后期的碑文，在古老的底比斯建筑物中也同样只有少量后期的碑文，因为有多少、有哪些碑文恰好被游客抄写下来而为我们所知晓，只是巧合而已。

质疑一个已经建立的体系，回旋于正反论据之间，要比提出一个明确的评价简单得多。但具体的工作却非常辛苦，完成这样的工作也并非易事。因而，在此我毫不犹豫地想要总结一下我的看法。

我认为商博良先生对罗塞塔石碑和菲莱方尖碑上两个名字的解读一定要与之后的其他解读进行区分。在解释这两个名字的过程中，商博良先生提供了令人信服的证据来说明埃及人使用语音象形文字的方法。他的这一解读不可动摇，即便之后以此为基础的对其他名字的解读可以认为只是一些假设而不予关注。

在解释其他名字，尤其是罗马名字和称谓时，人们尽管敏锐而富有艺术性地运用了商博良先生对这两个名字的解读方法，并且也部分地以已经破解的符号为基础。但严格来说，所有的解读应该组成一个整体而互为支撑，同时为了不成为空中楼阁，需要说明大量的碑文都遵守了所列出的规则，并与自身以及相关背景协调一致。从这个角度而言，我认为商博良先生的解读可信度很高，足以赢得所有语言和历史研究者的感激和青睐，使其不辞辛劳地在商博良先生开拓的道路上继续前进。不过我认为最应当关注的是，在后续的研究中，借助现有的或全新的材料，是否还能满足所要求的条件？为了进行这种检验，需要经常尝试把一个建筑物上的所有名字铭牌，或者至少是同一建筑物上的一部分的名字铭牌进行比对。目前，多数情况下只是以个别的铭牌作为研究对象，缺乏对其相互之间位置的了解，因而很难判断，根据商博良的读法，相邻的碑文之间是否也会出现不相关的名字和称谓？尤其令人期待的是，除了上述成就，这个体系在相应的希腊碑文方面也能获得新的印证。

我的研究结论如何，需由他人来判断。我希望，我的工作能够有助于这一研究脱离那些对于科学研究有害无益的观点，它们无法完全确证已有的观点，却增加了毫无根据的质疑。

译词对照表

德语拼写遵照原文，词汇排列按照其在文中出现的顺序

Altertum	古典时期
Anlage	禀赋
Naturkunde	生物学
Bilderschrift	图画文字
Aztekische Völker	阿兹特克民族
Figurenschrift	图形文字
Knotenschnüre	结绳记事
Buchstabenschrift	拼音文字
Zeichen	符号
Hieroglyphen	象形文字
Prosa	散文
Zeichenschrift	符号文字
Mnemonik	记忆术
Zifferkunst	符号法
Ideenschrift	表意文字
Lautschrift	表音文字
Pasigraphie	全民文字
Sylbenschrift	音节文字
Wortschrift	单词文字

Begriffsschrift	概念文字
Diodor	狄奥多
Basrelief	浅浮雕
Osymandyas	奥西曼提斯
Medinet-Abou	麦迪奈特哈布
Peristyl	柱廊庭院
Hamilton	汉密尔顿
Champollion	商博良
Jollois	鸠鲁瓦
Devillier	德鲁耶
Louqsor	卢克索
Memnonium	纪念物
Herodot	希罗多德
Gemüthsart	性情
enchorische Schrift	通俗文字
Inschriften von Rosetta	罗塞塔碑文
Lonien	罗妮恩
Osiris	欧西里斯
Anubis	阿努比斯
Macedo	马塞多
Sesostris	塞索斯特里斯
Visconti	维斯孔蒂
Parthenon	帕特农神庙
Fries	带状缘饰
Phidias	菲迪亚斯
Purcha	普丘

Insel Philae	菲莱岛
Papyrusrolle	纸莎草文卷
das Unkörperliche	非实体
Natur-Individuum	自然个体
Gedanken-Individuum	思想个体
Laut-Individuum	语音个体
Jomard	若马尔
Zoëga	索伊加
Cadet	卡德
Theben	底比斯
Coua	中国卦象
Jupiterstatue	朱庇特雕像
Clemens von Alexandrien	克莱门斯·冯·亚历山大
Kyriologumena	简化图形
Horapollo	赫拉波罗
Gemüthsgeschaffenheiten	心性特征
Hierogrammateus	象形文字专家
Cynocephalus	犬首人
Plutarch	普鲁塔克
Tuchwalker	洗衣工
Ibis	朱鹭
Letronne	勒特罗纳
Empfänglichkeit	孕育力量
zeugende Kräfte	生产的力量
empfangende Kräfte	孕育的力量
Koptisch	科普特语

Ptolemaeer	托勒密
Hephaestos	赫菲斯托斯
Athene	雅典娜
Saitische Inschrift	塞易斯碑文
Hauptbegriff	名词
Eigenschaftsbegriff	形容词
Cartouche	象形茧
Antonine	安东尼
Denderah	丹达拉
Typhonium	独角莲
articulirte Laute	分音节
hieratische Schrift	僧侣体文字
demotische Schrift	世俗体文字
Baschmurisch	巴什穆氏语
Mittel-Aegypten	中埃及
Dio Cassius	狄奥·卡西乌斯
Zodiacus	左蒂雅库斯
Psammetichus	萨姆提丘斯
Pschent	红白双冠
die Horus-Amme Bato	河路神的乳母巴图
Lateranensisch	拉特兰
Flaminisch	弗拉米尼奥
Sallustisch	萨卢斯蒂亚诺

16. 论拼音文字及其与语言构造的关系

1824 年 5 月 20 日科学院演讲

每当我思考拼音文字与语言的关系时，总会觉得拼音文字也许与语言的优点紧密相关。字母的采用、加工，甚至是字母的种类，也许还有字母的发明，似乎都取决于语言的完善程度，而更为本原的，则取决于每个民族的语言禀赋（Sprachanlagen）。

美洲语言是我多年来坚持探索的对象，同时，我也研究古印度语及其亲属语言，考察汉语的构造，这些研究都从史实方面证明了上述观点。将美洲诸语言称为原始的语言虽然极为不公，但它们的构造确实与那些结构完善的语言有所不同，就目前所知，它们也从未拥有过拼音文字。闪米特诸语言和印度语与拼音文字关系密切、水乳交融，没有任何迹象表明它们曾经使用过另外一种文字。而中国人之所以坚持排斥他们早已熟知的欧洲人的各种字母体系，我认为远非只因他们对传统的依恋或对外来事物的厌恶，更主要的是由于中国人的语言禀赋和汉语的构造还根本未能唤醒他们对拼音文字的内在需求。否则，凭借他们自己卓越的发明才能，同时借助他们的文字符号，中国人一定能构建出真正意义上完整且纯粹的字母体系，而非目前这样，仅仅将语音符号作为辅助手段加以使用。

只有说到埃及，上述观点才似乎有所出入。因为从今天的科普特语无疑可以看出，古埃及语的构造无法证明埃及人具备出色的语言禀赋。

但事实上，埃及不仅拥有过拼音文字，而且有可靠的证据表明，埃及甚至是拼音文字的发源地。但即便一个民族发明了拼音文字，他们处理这种文字的方式也会受到其所具禀赋的影响，也就是要与一个民族把握思想并通过语言来束缚和构建思想的能力相符合。埃及人能够使图画文字（Bilderschrift）和拼音文字（Buchstabenschrift）相互转化，而这种奇妙的方式恰恰最能说明问题。

拼音文字和语言禀赋之间的联系最为紧密，两者处于一种普遍的关联之中。我将尽可能从概念上，并在本文简短篇幅所允许的范围内，同时也依据史实对此进行论证。我之所以进行这一研究基于两个缘由：第一，若不同时研究语言与拼音文字的关系，就难以从整体上把握语言的本质；第二，关于埃及文字的最新研究成果将有助于当前对发明文字和获取文字方面所进行的探讨。

关于文字的使用对于生活和知识传播的意义，在此我暂且不论，因为这涉及到的是文字的外在目的。文字在这方面的重要性不言自明，很少有人会低估拼音文字相较于其他文字类型所具有的优势。我在此仅探讨拼音文字对语言及其运作的影响。如果这种影响的确重要，如果语言与使用某种字母系统这二者之间具有紧密而稳固的联系，那么是渴望获得拼音文字，还是对其兴致寡然，其中缘由也就不难理解了。

通常认为语言本身的差异并不重要，因为无论如何发音和组织言语，所表达的思想都是一样的。同样，只要文字符号并未带来太多的不便，或者使用这种文字的民族早已习惯于克服此类不便，那么使用哪种文字也会被认为是无伤大雅的。何况在一个民族内部，经常使用文字的人只占极少的部分，更不必说那些能够谨慎对待文字的人了。此外，每一种语言不只是在很长时间内都没有文字，而是大多数情况下都以无文字的状态存在。

正如听得到的词似乎是思想的化身，文字则是声音的化身。文字最为普遍的作用是能够固定语言，并由此对语言进行一种完全不同的反思，好似词随着声音的逐渐消逝在记忆中找到了安身之处。同时在某种程度上，文字表达和文字类型的作用一定会与语言对精神的影响产生交集。因此，文字的特性会对精神活动产生怎样的激励作用，这绝非无关紧要。将思维之物和直观之物视为符号和所指（Bezeichnetes），使两者交替出现，并在不同的情况下互相比照，便是精神活动的规律。精神活动能够就一个观念或直观形象而引发其他相关的观念或直观形象，因而，最初以声音表达的思想能够转换为视觉的对象，并根据转换方式的不同为精神指明不同的方向。如果精神活动的总体作用不受干扰，那么显然语言中的思维以及言语和文字的构建就必定会相互协调一致，就如同由一个模子浇铸而成。

文字始终只是一个民族少数成员所拥有的财富，通常在语言构造已经稳定且不再发生重大变化之后才产生，然而这并不意味着文字对语言的影响无关紧要。共同的言语将整个民族包裹于其中（当然根据生活方式的不同程度也会有所不同），而个人言语受到的影响会间接波及全体。其实文字的使用恰恰开启了对语言较为精细的加工和提炼，这种加工提炼极为重要，无论就其本身还是对于民族的构建和语言的特性所发挥的影响，远远区别于较为粗糙和原始的语言构造。

在人与外部对象之间，语言起到中介的作用，并将思想的世界通过声音予以展现，这便是语言的特性。因此，每一种语言的所有特性从根本上讲都与语言的两大要素有关，一是观念性（Idealität），二是语音系统（Tonsystem）。如果第一种要素缺乏完整性、清晰性、明确性和纯粹性，第二种缺乏完善性，这便成为一种语言的缺陷，反之则是语言之优势。

上述观点我在之前的两次科学院演讲中均已阐述和论证。我想要指出的是：

- 一种语言的词汇即便互不关联也依然能够构建一个思想的世界，它完全脱离了符号的任意性，具有自身的本质和独立性。

・这样的词汇系统并不仅仅属于某一个民族，而是通过传承——历史或语言研究皆无法完整地追寻此传承之路，历经千百年而最终成为整个人类的成果。因而每个词皆有双重性，即源于人类精神本质的生理性和源于其形成方式的历史性。

・此外，那些构建得比较完善的语言，其特点由语言构造的性质所决定，这一点表明，精神活动不仅与内容，而且更多的是与思想的形式相关。

我相信这里也可以沿着上述道路进行探索。显然，拼音文字无法提升语言的观念性，因为它无法背离语言的形式来对精神产生促进作用；但决定语言本质的语音系统却只能通过拼音文字才能取得稳固性和完整性。

每种图画文字都能唤起人们对现实对象的直观印象，并由此干扰而非促进语言功能的发挥，这一点显而易见。语言也要求直观形象，只是将其附着于了借助声音所展示的连续的词语之中。关于对象的想象必须从属于词的这种表现形式，以便成为无尽锁链的一环，使思维可以借助语言通往所有的方向。倘若将图画变为文字符号，那么文字就会不自觉地排斥原本应该表达的东西，也就是词。如此一来，语言的本质，即主观性的统治地位便会遭到削弱；而语言的观念性会由于现象世界占据上风而受损；对象会以其所具有的属性，而非依据与语言的个体精神相一致的词所选择和综合起来的那些属性，对精神发挥作用；本应仅为符号之符号的文字，却同时成了对象的符号，它将对象的直观展示输入思维，从而削弱了词仅仅作为符号所发挥的作用。语言并不能借助图像而变得生动，因为这一类的生动性并不符合语言的本质；本想借由图画文字同时激发两种不同的心灵活动，结果却适得其反，反而分散了文字的作用力。

表达概念的图形文字（Figurenschrift）却似乎能够从本质上提升语言的观念性。其任意选择的符号如同字母符号一样，不会分散精神的作用；其结构的内在规律性能够使思维回归本原。

然而，即便其一切成分都按照最严格的规律组合在一起，图形文字也恰恰与那种理想的,也就是能将外部世界转化为观念的语言本质相矛盾。因为对语言来说,不只有感性现象是具象的(stoffartig),而且还有那些不明确的思维——只要思维还没有与语音牢固并纯粹地结合在一起;因为这些情况缺失了体现语言本质特征的形式。词的个性不仅体现在词的逻辑意义上,而且还依附于声音,因为声音可以在心灵中直接唤醒词所特有的作用。若文字符号只探求概念而忽略语音,那么词的作用将难以完整地发挥。显然,由此类文字构成的系统只能再现外部和内部世界的抽象概念;语言虽然将这个世界转化为了思想符号,却应放弃世界本身的绚丽多彩、生动积极和无穷变化。

所谓的概念文字(Begriffsschrift)其实从未出现过,或者说,不可能出现纯粹由概念构成的文字,因为这样的文字将由虚构臆造、非语音性的词来对概念发挥主要的影响。语言早于文字而存在,因此语言自然要为每个词寻求固定的符号,即便这些符号完整地隶属于一个概念体系,能够不依赖于语音而发挥功能,但语言还是赋予了这些符号词的意义。因而每种所谓的概念文字同时也是表音文字(Lautschrift);而它是否附带着并在何种程度上可被视为真正的概念文字,则取决于使用者在多大程度上能够了解和注意这种符号与概念体系之间的隶属关系,亦即其构建的逻辑性;如果只是机械地认识这种文字中跟词对应的符号,那么会认为它只不过是一种表音文字。即便此类文字被另一种语言使用,情况也依然如此。因为在其他语言中,纵使文字还的确保留着这种文字的样子,但使用时同样也必须使每个符号起到一个或多个词的作用。只有当文字符号在两种语言中都代表了一定的词,而它们在一种语言中的写法可以为不懂该语言的人通过翻译加以解读,且无须考虑源语言的个性特征,那么这两种语言的符号才具有相同的意义。因此不同民族使用同一种概念文字时,所传递的主要是内容,形式却早已发生了本质性的变化。概念文字的优点显然是促进持不同语言的民族相互之间的理解，但这无法掩盖概念文字其他方面的不足。

若作为表音文字，概念文字并不完美，它虽然赋予了词以语音，却未能表达词素（Wortelemente）的语音，因而使语言失却了由此所能赢得的优势，这一点下文将会提到；但概念文字也从不是纯粹的表音文字。人们能依据概念来探求文字符号的意义和联系，就好像能够绕过语音直接构建思想，因此概念文字能够成为独立的语言，但却削弱了真正的民族语言所具有的那种自然、充实以及纯正的感觉。概念文字一方面试图摆脱语言，或至少是某一种语言；另一方面又拒绝使用声音这种语言最为自然的表达方式，而是选择了通过视觉产生的远非合适的直观形式。因此它与人类本能的语言意识背道而驰。概念文字越是成功地发挥作用，就越会破坏语言指称的个性，而这种个性虽然只存在于每种语言的语音之中，但与语音相关，因为分音节（articulirte Töne）之间每一种明确的结合无疑都会引发对语音独特的印象。

没有语言就不可能有思维，文字试图摆脱某一种语言的努力都会对精神产生负面影响，并使之贫乏。只有当一种概念文字的系统未能一以贯之，并且在使用中接受了语音，那么才不会造成上文所描述的负面影响。

拼音文字则没有此类缺点。拼音文字是简单的、不受任何附加概念侵扰的符号之符号；它处处伴随着语言，并未突出自己或排挤语言，除了引发声音并无他物，并以此保持了通过声音印象来激发思想的自然秩序；拼音文字并不通过文字本身，而是以这种特定的形式来记录思想。

拼音文字与语言的特殊本质紧密相连，同时摒弃了图画和概念表达使人眼花缭乱的所谓"优点"，而这恰恰加强了语言的作用。拼音文字不仅不会阻碍，而且会通过冷静地使用本身不具意义的音符序列而增强语言纯粹的思维本质；它将言说中连接在一起的语音拆解为基本成分，形象地展示这些基本成分之间的相互联系及其组构成词的方式，从而提炼和升华了语言的感性表达，并通过固化的视觉形象反作用于听觉言语。

若想评判拼音文字对语言的内在影响，就必须遵守语音的拆解，并将其视为拼音文字的本质。

言语是殚精竭虑后在言说者精神中构成的一个互相关联的整体，其包含的具体成分只有通过语符切分（Reflexion）才能明了。对未开化民族的语言所进行的考察尤其显示了这一点。人们必须对语言成分不断地分割，并总在怀疑那些看似简单的成分是否依然为某种组合。当然，在一定程度上高度发达的语言也是如此，只是方式不同而已；在发达的语言中只需借助词源便可了解词的起源；而对于那些尚不成熟的语言，则需要借助语法和句法才能认识言语的连接。将可分的成分合并在一起是未经训练的思维和言说所惯有的特性；从儿童和原始人的口中很难听到词，听到的只是一些惯用语；构造不甚完美的语言很容易不通过语法形式而将各种成分连接在一起。逻辑的分割能够解析思想，但只能分割到简单词这一步，而对简单词的进一步拆解，则是拼音文字的任务。因此，若一种语言使用的并非拼音文字，那么就无法完成语言的拆解任务，会使语言发展停滞而不再进一步走向完善。

当然，即便不使用拼音文字，也依然可能发现语音元素。中国人拥有一种方法，即通过清晰准确地指出首尾分音节以及词重音的数目与差异，来分析连接在一起的语音。但无论对日常的语言还是对文字——汉字应该是一种符号文字（Zeichenschrift），因为众所周知中国人的汉字中同时也混合了表音符号——中国人从未意识到这种分析的必要性，因此这样的分析并不普遍。此外，汉字中一个具体的音（辅音和元音）并非通过特定的符号独立表示，而是仅从连在一起的语音的首尾部分来听取和辨认，因而对语音要素的描述无法像拼音文字那样纯粹和明晰；即便此类语音分析并不缺少完整性和正确性，但也难以借助完满的语言分解对精神留下印记。语言真正的优势完全在于其内在的作用，而这取决于语言的每个部分能否充分且纯粹地发挥作用；这种充分性或纯粹性即便存在最为微弱的、在外在作用中毫不起眼的缺陷，也会引起严重的后果。相反，字母的读写时刻要求确定可同时为听觉和视觉所感知的语音元素，使人习惯于对其进行轻易的分解与合成，从而能够正确和全面地认识语言要素的可分性，而且这种认识会普遍存在于整个民族之中。

这一纠正过了的观点首先体现在了发音方面，也就是说，通过辨认和练习互相区分的语音元素可以使发音变得稳定和清晰。由于每一个语音都被赋予了相应的符号，听觉和发音器官（Sprachorgane）便习惯于始终以这样的方式去接受和制造语音；同时，这样的语音符号去掉了不明确的发音而可以更为严格且精确地得以限定，与之相反，在尚未开化的言说中，一个语音往往被嵌入了另一个语音。这种比较纯粹的发音以及听觉和言语器官所被赋予的精细训练，其本身及其所发挥的作用都对语言的内在本质举足轻重；而语音元素的区分则会对语言的本质产生更为深刻的影响。

换言之，拼音文字通过区分和标识分音节，从而激发了心灵对此的意识。在这一点上，使用字母的文字比任何一种其他文字做得更为明了，也更加直观，因而有充分的理由认为，字母系统能够使一个民族对语言的本质产生全新的认识。语言的本质即为发出分节音，缺之语言便失去了意义，但切分的原则不只限于语音，而是适用于整个语言领域；因此，对语音进行具体和形象的切分尤其与原初正确的语言意识及其逐步发展相关联。如果一个民族具有强烈和生动的语言意识，那么这个民族将会感悟到发明字母的迫切性；若一个民族采用源自其他民族的字母系统，那么该民族的语言发展也会得到促进和加速。

尽管分音节产生于肌体的本能，但本质上完全取决于心灵内在的语言禀赋，言语器官仅仅是根据语言禀赋的需求才具备了相应的能力。因而仅凭分节音的物理属性对其进行定义，而不考虑其产生的目的或意义，在我看来是不可接受的。分节音是互相区分的单独的语音，并非那些大多在数情感冲动之下所发出的混杂交合的声音或叫喊声。其区别性特征不在于高低起伏的音乐性，因为它能发出音阶上的所有高低音；同样也不在于语音的长短或软硬、清亮或低沉，因为这种差异一方面可能是所有分节音的属性，另一方面可能属于分节音的类别特性，如 *a* 与 *e*、*p* 与 *k* 的差异等，对此我还无法使用普遍的感性概念进行概括。因而我们只能这么说，这些音虽然无法用上述特征加以标识，但还是具有特定的差异，或者它们之间的差异来自言语器官的某种共同的作用，亦或可以尝试另外的类似描述，但却无法提供一个真正的定义。若想对分音节的本质给予独立而详尽的描述，就必须把握分音节能够直接产生意义这样一种特性，有时候一个概念的意义可以通过一个分音节构成，有时候却需要一定数量的某一类相同或不同的分音节固定或任意地相连而成。当然，这一切不外乎表明分节音是语音，反之亦然。

语言存在于心灵之中，即使言语器官阻碍，外部知觉缺乏，语言依然能够生成。我们可以从聋哑人的语言学习看出这一点。聋哑人之所以能够借助他人的帮助和引导来弥补缺陷并克服障碍，是因为他们心灵的内在渴望要求用词来表达思想。人类心灵的内在努力旨在生成可理解的语音；基于这种努力以及语音感觉（指语音的乐感和分音节）、听觉和发音器官的个性特征，每种语言都会产生独特的语音系统。而由此形成的语音系统符合个体原本所具备的一切语言禀赋，同时会对语言构造的所有成分产生多样且难以细究的影响，因此也体现出了语言的本质特征。源自心灵的独特的语言禀赋将自身发出的声音作为某种异己之声来感知，并通过这种方式来增强自身的特性。

虽然任何真正的人类活动都需要语言，甚至可以说语言是一切人类活动的基础，但一个民族的语言与其思想和情感体系的联系疏密有所不同。这种联系并非像人们有时所认为的那样，仅仅取决于民族的精神特质，一定程度上的思维倾向，以及对于科学和艺术的偏爱，更不必说会与民族的文化有关——"文化"一词意义模糊，使用时需十分谨慎。一个民族可以在所有这些方面都表现优秀，但其语言却并非与之旗鼓相当。

原因在于：即使将科学和艺术与所有协调物质生活的各个领域完全分离开来，对精神而言依然有多条道路可以通行，而并非每一条道路都需要语言发挥同样强烈和生动的作用。有的道路可以依照认知对象加以确定，比如造型艺术和数学；而有的则取决于精神努力的方式，也就是说，精神是更多地追求感性直观，还是沉浸于抽象思考，亦或是另外一种方式而无须借助语言全部的力量和精妙的作用。

同时，如上文所言，语言也具有双重性，而心性（Gemüth）在这两个方面并不总能协调一致。语言构成概念，并使思想作为一种主宰生活的力量，这一切皆通过语音来完成。为语言所激发的精神活动，尤其能触及思想并将其引向另外一条更为直接的道路，或者以更具感性的方式，或者以更为纯粹、更加不依赖于偶然发声的方式，努力去把握思想；如此一来词便成为了一种辅助手段。但为语音所包裹的思想能够对心性发挥主要作用，因为恰恰是形成了词的语音起着激励作用，这样语言就成为了主导因素，思想也似乎只能从语言中萌生，并与之交织盘绕。

因此，若想将语言跟民族个性进行比较，那么首先自然必须关注这些民族的精神倾向，但此后则要特别留意上文提到的那些区别，如对语音的偏爱，对语音是否与思想保持充分和谐的那种甄别能力，以及通过语音的调节将千百种形式赋予思想的那份机敏，正因为形式为思想中大量的感性材料所激发，所以反过来精神无法从上而下通过分割思想而构成形式。不难看出，对于一切精神活动而言，上述倾向最能指向成功的彼岸；因为人只有通过语言才谓之人，而语言之所以为语言，只因为它仅仅在词之中探求适合于思想的和谐之声。这一点暂且不论，我们现在只考虑这样一个事实：相比上述途径，语言至少无法通过任何其他方式变得更加完善。分音节是语音进行思想构建的性质"，其所强调和展示的，正是精神活动渴求并力图把握的；拼音文字记录分节音并使之成为了普遍的习惯，同时促使了思想最内在的萌发和生成，并在此过程中持续不断地作用于心灵，因此，拼音文字与每个民族特有的语言禀赋密切相关。无论是发明而成还是拿来使用，只有基于心灵深处的需求，拼音文字才会充分发挥其独特的作用。

拼音文字与语言最内在的本质直接相关，因而必然对语言的所有成分产生影响，同时也能满足语言各个方面的要求。我于此仅提出两点，我认为这两点尤其可以表明拼音文字与语言本质之间的联系：一是在语言节奏方面的优势，二是语法形式的构成。

这里没有必要对语言节奏多加解释。语音的纯粹性和完整性，各语音之间的可区别性，其独特差异的可辨察性，这些都不可或缺。只有在此基础上，语音才能按照其相互关系的规则组合排列。任何民族在使用文字之前都曾有过某种带节奏的诗歌，有些民族甚至拥有规律地表现音节韵律的（sylbenmessend）诗歌，而少数一些民族尤其幸运，他们在表现节奏方面特别出色。无疑这种出色的能力是字母出现之后才获得的，但此前他们却已从本质上显示出了对单个语音所具有的那种感觉，缺少的只不过是表达这种感觉的符号；正如其他的人类努力，精神观念实际上早已存在，而其感性表达则往往要借助偶发之力才会产生。在评价拼音文字对语言的影响时尤其要注意两个方面：一是分离出分节音，二是其外在符号的表达。我们在上文谈及汉语时已经有所说明，而这种看法在一定条件下同样适用于真正的拼音文字：并非只要使用语音标记就会对语言产生决定性的影响，只有在真正把握一个民族及其语言精神的基础上去理解拼音文字才能确保产生这种影响。相反，在尚未拥有字母符号的地方，如果一个民族基于其突出的语言禀赋而逐步形成了对分节音的那种内在感知能力（如同字母系统的精神映射），那么这个民族在拼音文字产生之前就已经可以部分地受益于它的优点了。

一些从远古流传至今的音节韵律，如源自印度斯洛卡式的六音步

（Hexameter）和十六音步诗行，单凭其节律（Sylbenfall）就依然能使我们的听觉感受到一种无法比拟的魔力。因而相较于残留的诗歌本身，这种音节韵律似乎能够更加强烈而明确地证明一个民族拥有深刻精妙的语言意识。尽管诗歌与语言的关系密切，但显然有多种精神禀赋共同作用于诗歌；不过音节长短的和谐交织足以证明其对语言真正特性的感知以及听觉和心性的生动灵敏，为分节音的相互关系所触发，人们便可在成串的音符中区分单个的音节，同时明晰并正确地认识语音的价值。

然而这一切有时候也取决于跟语言并不直接相关的乐感。声音很幸运具有这样的特性，可以通过音乐和语言两种途径达到理想的境地，并使二者相互结合。在有词语相伴的歌唱中，这两种最为重要的形式得到了统一，所以在整个艺术领域中，歌唱无疑促成了最为完整、最为崇高的感觉。音节韵律越是生动地体现了其创作者的音乐禀赋，那么也就越加能够证明这些创作者强大的语言意识，因为除了赋予音乐迷人的力量，他们也给与了分节音，也就是语言足够的重视。古典时期的音节韵律区别于现代的最普遍的特点是，它们即便在音乐表达中也始终将声音视为真正的语音，而不去重视其乐声效果，如相连语音的重复性、语音完全或不完全的相同性（押韵和准押韵）；同时极少违背音节的本质，不是通过拉长或缩短音节迫使其服从节奏的需要，而是让音节发挥自身最自然的作用，使之能够清晰且真实地发出和谐之音。

语法形式的本质在于屈折形变，而屈折形变必然会区分和关注不同的分节音。如果一种语言只将有意义的语音相互连接，或者还没有意识到语法标识要与词紧密地融合在一起，那么它就只是在处理语音整体，而没有区分各种分音节，因为这只有通过不同词的屈折变化才能得以激发。因而，正如生动细腻的语言意识造就了稳固的语法形式，语法形式也推动了用字母来标记语音，如此一来，发明或者更有效地使用可视符号就变得较为容易了。如果一种语法尚未完善的语言有一个字母系统相伴，就有可能通过添加或改变字母的方式构成屈折变化，这样就可以确保原有的屈折形式，并使尚处于半黏着状态的屈折形式完全走向独立。

唯有拼音文字才能完全认识并普遍反映语言的可切分性，并由此对语言产生更为显著的影响，尽管这并没有明显地体现在拼音文字的具体属性上。如果不能区分、确定和标识具体的分节音，那就无法辨识言语的基本成分，切分的概念也必定不能完全在语言中得到贯彻实现。将一个对象所具有的概念贯彻到底，从根本上来讲具有极其重要的意义，更不必说我们面对的是语言这样一种完全理想化的对象，本能、感觉和知性时而同时、时而先后起着作用：本能在行动，感觉在预断，知性在理解，而反过来知性的理解又对感觉、感觉又对本能发挥着修正作用。如果这些作用存在缺陷，其后果就远不止局部的不完善；对那些既无拼音文字也不对此存在明显需求的语言来说，这方面的缺陷不仅会导致其无法正确完整地认识分音节，而且还会对语言整个构造方式和语言使用产生不良的影响。可切分性正是语言的本质；语言中的所有都是整体和部分的关系，语言持续活动的作用取决于其分解和组合的过程是否便利、准确和协调。因此切分这个概念既是语言的逻辑功能，同时也是思维本身的逻辑功能。一个民族若具有敏锐的语言意识，那么就能体悟到语言真正的精神特性和语音特性；受此激励，该民族会深入研究语言的元素和基本的语音，对其进行区分和标识，换言之，该民族会发明拼音文字，或者迫切地去使用一种业已存在的拼音文字。

因而，语言正确的智性认识，语音生动和精细的加工处理，以及拼音文字，这三方面相互依存且相互促进，统一在一起才能使语言具有完善的思想和结构特性。其中任意一方有所不足，都会在语言的构造或使用中显示出来；只要事物的自然作用没有因为某些特殊情况发生偏离，这三方面就有可能统一，并且有望发展起稳固的语法形式和节律艺术。

这里所做的限定意味着不必急于通过民族史（也只有通过民族史）

去证明或草率地去推翻那些理论上所得出的结论。也就是说,仅从概念所得的推论,只要尚且正确和全面,并非毫无用处。它们更多的是要尽可能服务于对事实的考察,并帮助确定所要考察的要点。上文已经论述了语言构造和拼音文字之间的联系,下面要详细讨论拼音文字的传播,而这无法脱离不同语言的发展历史,并需要涉及以下几个问题:

· 是语言的特性及其所反映出的一个民族的语言禀赋,还是其他的一些情况,从根本上影响着一种字母系统的发明或获取方式?

· 字母系统的产生方式到底在多大程度上决定或改变了自身的属性?

· 对字母系统的普遍使用会在语言中留下了何种痕迹?

关于语言及其使用的文字手段之间的关系,上文尝试从观念的角度进行了论述,这里我并不想从史实的角度对此做进一步的探讨。但为了从整体上用事实来解释推论所得的拼音文字和语言之间的关系,请允许我借助对美洲语言的一些考察来结束这一研究。

尽管偶尔有人声称或推测在美洲存在拼音文字,但事实上在美洲任何地方都没有发现过拼音文字的痕迹。墨西哥的象形文字中有一种有点类似于中国的卦象符号(Coua),但迄今尚未完全得到解读,且根据少数残存的文字材料也几乎无法加以解读;但如果这些文字中真的存在某种语音符号,那么我们所了解的这个国家及其历史也就会透露出些许端倪。也许有人会提出异议,认为古典时期(Alterthum)的文献也完全没有提到过象形文字中的字母符号。但这一情况完全不同。关于埃及拥有拼音文字只有到了前不久,当古埃及的世俗体文字(demotische Schrift)也被解释为概念符号的时候,人们才有所怀疑;但除此之外,却有大量的证据表明或可以推测,埃及存在过拼音文字。只不过争论的是不同的埃及文字类型中哪一种曾是字母,或者人们更多的只是在上述世俗体文字中寻找拼音文字。

美洲曾经存在过早期文化,只是超越了我们所了解的最古老的历史并湮没其中。从美洲北部的大型湖泊到最南面的秘鲁边界,都分布着一系列历史遗迹,如建筑物,对土地的开垦等,这些都证明了美洲古老文化的存在。出于其他的研究目的我曾汇编过这些历史遗迹,材料一方面源于舍弟的美洲之旅,他对这些历史遗迹的分布边界、美洲文明的中心及其变化区域进行了详细的描述,并对美洲文明变迁的原因也给出了巧妙的证明;而另外一些来源资料则主要是早期美洲征服者的相关著作。

所以在研究美洲语言时我也始终关注,它们的语言构造中是否留有某种痕迹,可以表明曾经使用过一种已经消弭了的字母。然而我没有类似的发现;基于上述有关语言和文字相互联系的普遍认识,我们有理由认为,美洲语言的有机体既不会导致字母的发明,在面对某个字母系统时也不会去积极使用。而美洲当地人采纳传自欧洲的文字并不能说明任何问题。那些不幸的民族受到极其残酷的镇压,他们当中最发达的部落大都遭到灭顶之灾,所以很难想象还能存在任何自由的民族活动,至少不会再有任何民族的精神活动了。但一些墨西哥人的确接受了新的文字记录方法,并留下了一些本地语言的作品。

使用拼音文字的所有优势,正如上文所述,主要与表达形式有关,并通过表达形式对概念的发展和观念的活动发挥影响。这正是拼音文字的功用所在,也是引发对拼音文字需求的根本原因。尽管远不像有时所认为的那样,但美洲诸语言的确具有引人注目的相似性,它们的构造不仅难以很好地促进思想形式的发展,甚至常常完全忽视了思想形式本身;美洲各部族被征服时,即使在其最发达和最丰富的领域,也没能达到由思想主导一切人类活动的那种发展阶段。

在此我只想顺便再提一下,美洲语言极少具有有时甚至完全缺失真正的语法形式。如果没有记错的话,这些语言具有严格和单一的类推规则,极少会偏离或被打乱;由同一概念产生的次要限定形式积聚成堆,即便在毫无必要的情况下依然如此;倾向于使用特殊的而非具有一定普遍意义的表达方式。假如长期使用一种拼音文字，我觉得不仅能够改动或彻底改变这些现象，而且会使民族精神更具活力，从而意识到必须摆脱这些无用的枷锁，从普遍意义上去把握概念，更加积极且适当地去运用思想和语言中的切分原则，并且感到有必要通过视觉符号来保存那些小心翼翼留存于记忆中的语言；如果这样，那么语符切分便能在语言中占据统领地位，而且思想能够具有更为稳固但也更丰富多变、更自由灵活的表达形式。美洲居民既然不曾拥有过拼音文字（后来才采用了一种外来的拼音文字），那么美洲各民族就只能尝试自己去发明，但这绝非易事，因而这种长期缺乏拼音文字的状况想必会对语言构造产生重大的影响。当然，这一影响还会受制于别的因素：一些美洲民族曾经的确拥有文字，但并非拼音文字，那么这种文字也会对他们的语言和思想体系发挥重要的作用。

对此我只能一笔带过，因为若要真正在这方面立论建说，就必须将美洲语言与世界上其他地区同样没有文字符号的语言进行比较，另外也要比较与拼音文字格格不入的汉语。这一切不宜在此讨论。

相反，这里所作的探讨清楚地表明，长期缺乏文字会使语言构造在各方面都变得单调，而人们却错误地将其视为优点。尤其对语言尚未产生充分的认识而无法发现及评判其内在原因之时，或因缺乏足够的研究精神而难以探求语言史实之时，偏离规则的现象终究难以被记忆所保留。若记忆占据优势，便会促使心灵也习惯于以尽可能相同的方式生成思想；而详细的语言考察最终会发现，文字本身能引发字母的不同排列、缩简和变化。

不容混淆的是，文字也会使形式变得更为稳固，因此从另一个角度看，也就会使形式更加趋于同一。文字的这种作用仅在于阻止语言分裂成为多种多样的方言，至于大多数美洲语言所具有的表达差异，如男性和女性、儿童和成人、高贵者和低贱者表达方式的不同，在长久的文字使用过程中却难以得到保留。而恰恰是美洲各民族，他们仅通过世代相传在同一个部落和同一个社会阶层中令人赞叹地保持着相同的语言形式,这一点我们通过比较欧洲殖民之初传教士的著述与今天的言说方式就可以看到。这种言说方式尤见于北美洲的部落之中,因为在美国(很遗憾现在只有在那里)人们正以令人赞赏的方式致力于拯救原住民及其语言。然而,更值得注意的是对不同时代的同一方言进行比较。因而,文字所带来的形式稳固性更称得上是对语言的一种概括行为,它会逐步影响并引发去构建一种单独的方言,不过这完全不同于我们上文提到的那种方式,即在大量类似的、但从概念和语音上看并非总是完全相同的形式中贯彻同一个规则。

此处论及的一切也适用于这样一种情况:在一种形式中堆积过多的限定。若进一步寻根溯源,可以发现这里述及的现象完全取决于精神的灵敏性,以及精神的这一特性对语言发挥作用的强度和独特性,而在这方面,文字既可以证明精神的作用,又是精神发挥作用的原动力。如若精神缺乏这种灵敏性,语言的构造便显得不太完善;如若占据优势,语言构造就能发生有益的改造,或者从一开始就十分完善。但无论是哪种状态,文字都始终与之相关,换句话说,人们要么需要文字,要么对其无感。

在分析美洲语言独特性的成因时,也不应忘记上文提及的这些语言所具有的同质性以及美洲与其他大陆的隔绝。即便差异很大的语言曾经毗邻紧靠,就如今天的新西班牙,我也从未在其构造中发现任何明显的痕迹,表明一种语言曾经对另一种发生过激发或塑造作用。但正是通过很大甚至互相对立的差异之间的互相碰撞,各种语言才获得了力量、丰富的手段和形态,因为以这种方式,某种语言所体现的人类存在形式能够去丰富其他的语言。而这才是语言真正的收获,正如在自然界那样,这种收获来源于丰富的创造力,源于直观、想象力和感觉,然而知性(Verstand)却无法探明其究竟。只有直观、想象力和感觉才能为语言提供材料并使之丰富;知性的努力则会借助清晰明确的思维进一步让材料发挥作用,但由此也可能造成语言的枯燥和贫乏。若不同的民族特性主动积极地互相作用，文字就会更容易传播，甚至更容易产生；不过文字一旦产生和形成，就会像其发挥了极大作用的逻辑思维一样，给语言的生动性和语言对精神的作用带来不利的影响。

　　拼音文字尚未进入美洲族群之时，他们使用的文字与拼音文字相距甚远，无疑特别缺乏精神的滋养，甚至才露出智性的端倪。在这方面墨西哥人就是一个典型的例子。他们像埃及人那样拥有象形文字 - 图画和象形文字，却未能像埃及民族那样通过迈出重要的两步来展现其深刻的精神世界；将文字从图画中分离出来，将图画视为意义的象征，这两步源自埃及民族的精神个性，并赋予了所有的埃及文字持久的形式；我认为，并不能将其视为图画文字逐步发展的结果，而是可以比作突然被点燃的精神火花，在一个民族或个人身上迸射出了光亮。墨西哥人的象形文字也很难被称为一种艺术形式。于已知的美洲民族中，在个性和精神方面我认为墨西哥人最为出色。墨西哥人确有令人胆战心惊且难以置信的野蛮之处，比如活人献祭的残忍习俗。但秘鲁人根据其君主的随心所欲所采取的冷血政策也毫不逊色，借着监护这样聪明的借口发动血腥的战争，使整个民族流离失所，以便尽可能地逼迫民众接受僧侣式的单生活。尽管墨西哥的历史会流露出原始的激情，却具有一种更为生动、更富个性的活力，配以一定的文化，则会抵达更高级的精神层次。从墨西哥人的定居情况，他们与毗邻民族间的一系列战斗，以及其王国的成功扩张，都会使人联想到罗马的历史。关于他们的语言在诗歌艺术和演说口才方面的使用情况，我们无法予以准确的评判，因为议事会和家庭生活中的言语，作家很难足够忠实地加以记录。但可以想见，特别是政治性的言语，他们的表达既不缺乏敏锐和激情，也不缺少情感上引人入胜的魅力。北美野蛮部落酋长们的演说至今依然如此，其真实性无可辩驳，同时可以看出，他们的这种优点绝非源于与欧洲人的接触和交往。所有使人感动的，都能用语言表达出来，因此我们有必要从根本上把两个方面区分开来：一是情感方式和生活品质所具有的力量和特性，二是智力倾向和对观念的偏爱。这两个方面都可以反映在表达上，但只有第二个方面才能对语言的形式和构造发挥持续有力的影响。

假如墨西哥王国和秘鲁王国几百年以来没有被外族征服，那么这些民族也不会自发地去使用拼音文字。这两个民族曾经拥有过图画文字和结绳记事的方式，但出于某种未知的原因，墨西哥人的图画文字和秘鲁人的结绳记事方法仅用于国家和民族事务，即只满足于记录思想的外在目的，而对于一种更加完善的表达手段的内在需求，这样一种意识却难以觉醒。

除了秘鲁和墨西哥，结绳记事也流行于美洲的其他地区。关于结绳记事和据此猜测的美洲居民与中国人之间的联系，以及埃及与象形文字的联系，我将会在其他地方综合介绍我发现的相关研究。相关研究诚然尚有不足，但并非像罗伯逊或另一些近代作者所报道的那么糟糕，它们足以比较清晰准确地解释结绳记事这类符号所具有的概念和意义。结绳的数量和颜色，也许还有结绳的方式，决定着这种符号的意义，但意义并非固定不变，而是根据对象的不同发生变化；只有搞清楚消息的发出者以及消息所涉及的对象，才可以辨明符号。不同的管理部门还设置了各类官员来保管这些结绳。解读结绳是一种人为现象，需要相关的专业人员。如此来看，结绳与符木基本上属于同一类型，只不过已经高度完善而成为了人为手段；结绳记事最初是一种记忆法，用于记忆，但后来人们了解了符号与所指之间的关系，便开始用于传递信息。但结绳记事在多大程度上已经从特定情况下的主观约定而升级成了真正的思想符号，对此还不甚明了。不过结绳记事显然兼备这两种角色：比如法官使用结绳方法表示量刑的方式和数量，用绳的颜色代表罪行，用结代表惩罚的类型。但这些结绳是否能够表达更为普遍的思想，却并不清楚，而且也非常值得怀疑，因为即便使用彩色的绳子打结，恐怕也难以提供足够多样的符号。

相反，这种结绳艺术或许也包含了一些见于古典时期的特殊记忆方法。这类方法在秘鲁人那里似乎相当普通。据说为了记住西班牙人告知的祈祷文，孩子们会把带色彩的石子排列起来，而这就类似于结绳记事的方法了，只不过换了一种对象而已。在这种情况下，结绳在广义上当然也可以被称为一种文字，但与真正的文字概念相距甚远；因为要理解远距离传递的信息必须对外部情况有所了解；而这些外部情况的历史流传则主要依靠记忆，符号只有辅助之用；在这种情况下，需要依靠的是代代相传的口头解释，而符号还无法独立全面地保存思想（解码思想，这应该是文字的任务）。

然而在这方面我们还无法予以定论。我在波图林博物馆（Boturinische Sammlung）看到了18世纪（但只是墨西哥人的）结绳，才研究了它们可能具有的特性，并以此来说明美洲民族如何懂得使用两种不同类型的符号。其实所有的文字，不管是怎么样的，最终都可以归结为这两类：一类是不言自明的图画，另一类是为记忆任意构建的思想连接，这样符号便借由第三者（对标记的编码）与所指相联系。这两种符号相互交织，具有象征意义的图画文字放弃了直接的可理解性，而那些主体上为任意性的符号以及那些正朝着任意性方向发展的符号，某种程度上原本就是图画。尽管如此，对这两类符号进行区分对语言而言极为重要，这一点我们从墨西哥语和秘鲁语就可以看出来。

墨西哥象形文字已经达到了一定的完善程度，显然可以独立记录思想，且至今依然能被理解，它们有时也与纯粹的图画差异显著。比如，墨西哥人大多通过两个武士交战的画面来表达"征服"这一概念，尽管如此，画面上还能发现端坐着的国王和他的名字符号，作为战利品的武器，以及被征服城市的象征，这些合在一起就表达了"国王征服了那座城市"。这种表达方式比著名的塞易斯铭文（Saitische Inschrift）要明确得多，而古典时期的文献习惯于将这一铭文作为唯一的例证来说明其同时包含了意义和符号。从上述所言也可以看出，墨西哥象形文字并不缺乏书写名字的手段，由此可以朝着汉字那样的表音符号方向发展。但这种象形文字系统是否能够成为真正的文字却依然令人怀疑。

真正的文字是用一定的顺序表示一定的词，即便没有字母，这一点也能经由概念符号或图像来实现。相反，如果从最为广泛的意义上将任何借语音传递思想的方式皆称为文字，也就是说，传递思想时书写者用词语思维，而阅读者则又将语音解读为词语——尽管不是同一个词语，而是一种翻译（一种定义，否则图画和文字之间不再有任何界限），那么在这两个端点之间有一个十分广阔的区域以表现不同文字的完善程度。不同的完善程度取决于，使用时符号的性能更多还是更少地与一定的词亦或只是思想相连，符号的解读更接近于实际的阅读还是与之相去甚远。在这一区域内，墨西哥象形文字虽然尚未成为真正意义上的文字，但显然达到了一定的发展阶段，只是现在已无法加以界定。例如，那些著名的和经常被引用的诗歌能否用象形文字书写？这已无从知晓，因为诗歌通过形式与一定的词以一定的顺序建立联系，而这种联系一经建立便难以改变。若无法借助象形文字来书写诗歌，那么秘鲁人在这方面的处境就更为有利。因为一种文字或一种类似于文字的书写手段，如果不是用来表达对象本身，而是主要作为内在的记忆工具，那么即便效用不高，却也能够被其他民族所接纳，或者跨越漫长的岁月为后世所使用，并与语言精确地配合。当然，不能忘记的是，一个在这样一种意义上使用这样一种文字的民族，其实并未真正拥有文字，更多的只是在没有文字的情况下找到了比较完善的人为手段来进行记忆。然而有无文字恰恰是一个最重要的临界点，因为在使用文字的情况下记忆在精神活动中不再扮演主要角色。

无论这两种文字系统各自的优缺点如何，都能满足使用它们的民族的需求；它们曾经为这两个民族所使用，每一种，但尤其是秘鲁文字，甚至可以被用于国家宪法和国家管理事务。我们因此难以料想，这两个民族中哪一个会自发地去使用拼音文字，但无论如何，这种可能性依然存在。以埃及为例，可以看到语音象形文字与字母之间密切相关，因而从缠绳打结的图形表达中也有望产生一种类似于汉字形状的、但只是表音的符号，然而这需要一种类似于埃及人的精神禀赋——埃及人很早就显露出了这种精神禀赋，正如最古老的传说所描述的那样；如果一个民族没有展现出那种精神禀赋就达到了一定的文化高度，并建立了丰富且稳固的社会模式，正如墨西哥人和秘鲁人那样，那么这对一个民族未来的发展非常不利。如果能够自由选择，而不是以征服逼迫的方式，那么在这两个王国人们也许会像今天的中国一样拒绝接受拼音文字。

在论及语法形式时我已指出，语法形式能够被作用相似的成分所代替。文字同样如此。如果缺乏一种真正的、仅适用于语言的文字，那么其他的替代手段也能表达一切，并一定程度上还能满足内在的目的和需要。只是那种真正的、适宜的文字所具有的独特作用，如同真正的语法形式所具有的作用那样，却永远无法被替代，也无任何东西能够来替代，因为它取决于对语言的内在理解和处理、对思想的塑造以及思维和情感能力的个性。

这种替代手段（这一表达现在能够被理解）一旦生根发芽，一个民族本能向上的意识一旦无法阻止其发展，替代手段就会使这种意识变得更加迟钝，从而导致或引导语言和思想体系为符合其需要而误入歧途，于是替代手段就无法再被排斥，或者排斥的效果也会比预期要微弱得多、缓慢得多。如果要让一个民族带着欣喜和渴望去接受和掌握拼音文字，那么一定要发生在一个民族的早期，即民族的青年时期，或者至少在一个民族还未踏上人为的艰辛之路去构建并习惯使用其他文字类型之时。若想仅出于内在需求而不借由其他文字去发明拼音文字，就更应该如此。至于这种情况能否真的发生，还是仅存极小的可能性，在此暂且不论，我会另行撰文讨论。

译词对照表

德语拼写遵照原文,词汇排列按照其在文中出现的顺序

Sprachanlage	语言禀赋
Bilderschrift	图画文字
Buchstabenschrift	拼音文字
Bezeichnetes	所指
Idealität	观念性
Tonsystem	语音系统
Figurenschrift	图形文字
stoffartig	具象的
Begriffsschrift	概念文字
Lautschrift	表音文字
Wortelemente	词素
articulirte Töne	分音节
Reflexion	语符切分
Zeichenschrift	符号文字
Sprachorgane	发音器官
Gemüth	心性
Sylbenmessend	音节韵律的
Hexameter	六音步
Sylbenfall	节律
Coua	卦象符号
Alterthum	古典时期
demotische Schrift	世俗体文字
Verstand	知性
Boturinische Sammlung	波图林博物馆
Saitische Inschrift	塞易斯铭文

17ª. 论《摩诃婆罗多》[1]中以《薄伽梵歌》[2]著称的片段 I[3]

1825年6月30日科学院演讲

---

1 《摩诃婆罗多》是古印度两大著名梵文史诗之一（另一部是《罗摩衍那》）。《摩诃婆罗多》现存文稿是在一部史诗的基础上编订而成的，其中不仅有长篇英雄史诗，还穿插了大量传说故事以及宗教哲学及法典性质的著述，因此篇幅很长。《摩诃婆罗多》有"二十万行长诗"之称，在《格萨尔王》被发现之前是世界上最长的史诗。（译者注）

2 《薄伽梵歌》是印度教的重要经典、古印度瑜伽典籍，亦为古印度的哲学教训诗，收载在印度两大史诗之一《摩诃婆罗多》中（Bhisma-Parva章23—40节）。它是唯一一本记录神而不是神的代言人或者先知言论的经典，共有700节诗句，成书于公元前5世纪到公元前2世纪。（译者注）

3 本文目的在于，用尽可能简短的方式，对上述诗作尤其是其中言及的哲学体系予以忠实而全面的阐释，使得不了解印度的读者也能对之有所理解。因此我很少将《薄伽梵歌》的教义与其他已知的印度教理进行对比。一部拥有如此丰富的哲学思想的作品，理应作为一个完整的整体单独加以研究。此外，我认为若想弄清印度神话及哲学中余留的各种不明之处，除了先把每部作品作为其主要来源单独进行总结摘录并完整论述，再与其他作品比较之外几无他法。对所有印度文学的代表作《吠陀经》（*Vêdâs*）、《摩奴法典》（*Das Gesetzbuch des Manus*）、两部大英雄史诗、18部《往世书》（*Purânâs*）以及最优秀的哲学经典进行准确且完整的研究，以忠实并全面地展现其神话和哲学内涵的意义和目的，是清晰地比较所有印度哲学与神话体系、进一步研究其他著述及文献遗迹的基础。无论这方面已经做了多少工作，尤其是科尔布鲁克（Colebrooke）从《吠陀经》以及关于不同哲学体系的最重要著作中所做的优秀节录其价值多么不可估量，显然这一必不可少的准备工作还极其不全面；因而在介绍印度哲学及神话时，人们不得不依赖来源不同的资料并将其联系在一起，却没有明确了解每一部完整的作品，也没有充分认识每部作品的特性。当然，必须坦率地承认，至少在大多数情况下，都必须把现有的摘选及译文与原文进行比较，但迄今为止，要做到这一点或者不可能，或者非常困难。在今后很长时间内，对于不同著述的普遍阐述还不得不以翻译、研究，尤其是出版为先导。
为正确表达印度名字和词重音，我在此提醒：我把长音 *a*、*i*、*u* 用重音符号标明，而 *e* 和 *u* 并未标注，因为它们在梵文中从无短音。

主克里希那（Krischnas）[1]是毗湿奴（Vischnus）[2]本真的化身。在创作了《摩诃婆罗多》（Mahâ-Bhârata）之后，他作为马车夫陪伴阿周那（Ardschunas）[3]来对战他的近亲持国王（Dhritarâschtra）的儿子们。阿周那其实为神因陀罗（Indras）[4]所育，是般度（Pându）[5]最优秀的第三子。当阿周那在敌军的队伍中看到自己的族人、宗教导师以及朋友们时，便变得犹豫不决：失去这些人，自己的生活将毫无价值，那么应该战胜他们，还是被他们所战胜？他迟疑着退却了，放下了弓箭，向主克里希那寻求建议。主出于哲学的思考鼓励他战斗。面对着双方的军队，他们开始了一场对话。这首十八章回的颂歌（约700节）展现了一个完整的哲学体系。

我们最初对印度不同哲学体系确切而详尽的了解要感谢科尔布鲁克（Colebrooke）[6]在英国亚洲学会专题报告中的最新论文，但他并未提及《摩诃婆罗多》中的这一片段，也许是因为他的目的仅在于对真正的哲学典籍——但根据印度风俗也是用诗行撰写而成，以及对其注解进行节录。克里希那的教义虽然大体上似乎与科尔布鲁克所描述的帕坦伽利

---

1 克里希那是至尊人格首神，梵文的意思是"色"，汉语又译做"黑天"或"奎师那"，因为黑色能吸收光谱中的七种颜色，代表了他具有一切的吸引力。他是印度教崇拜的大神之一，是毗湿奴的第八个化身。（译者注）
2 印度教保护之神毗湿奴，在吠陀时代原是吠陀太阳神之一，印度教时代升格为维持宇宙秩序的主神，成为印度三大神之一。（译者注）
3 阿周那是印度叙事诗《摩诃婆罗多》中的主人公，般度族五兄弟之一，因陀罗与贡蒂王后之子。阿周那是一个技术高超、具有责任感和同情心的典范，也是追求真知的人，是印度神话和神学的中心人物。（译者注）
4 帝释天（梵文 Śakro devānām indrah），全名释提桓因陀罗，简称因陀罗，意译为能天帝。本为印度教神明，司职雷电与战斗，后进入佛教为护法神。（译者注）
5 《摩诃婆罗多》中讲道，古代印度有一个国王，他有两个儿子，一个叫持国，一个叫般度。持国天生眼盲，故般度继承了王国。般度有五个儿子，他们被称为般度族；持国有一百个儿子，他们被称为俱卢族。参见：R·普拉萨德．薄伽梵歌：注释本[M]．王志成，灵海，译．成都：四川人民出版社，2015：7-8．（译者注）
6 亨利·托马斯·科尔布鲁克（Herry Thomas Colebrooke，1765—1837年），欧洲历史上第一个梵文大师级学者。（译者注）

（Patandschali）¹的体系相一致，但它形成了一种完全独特的方式，据我判断，完全具有一种诡辩性和神秘主义（Mysticismus）的特色。因这一教义作为一部独立的诗作分别穿插在印度两大最古老的英雄史诗之中，因而特别值得关注。

在此我想尝试对克里希那的教义进行简短的总结，不受原文结构顺序的束缚，也不去探讨这一教义与著名的希腊哲学体系有哪些可比之处。

这一诗作所传递的学说围绕两大教理展开：精神纯一且永恒，它在本质上与假合而无常的肉体相分离；追求圆满的人对于每个行动都不应执着于结果，对于结果应保持圆满清净之心。

这是克里希那用以说服他的英雄友人去战斗的两个最为朴实的相关点。若死亡击中了原本就无常的肉体，且行动摆脱了欲望和目的，只是自然的产物或责任所需，那么死亡与行动便失去了重要性，在某种程度上变得无关紧要了。通过明确分离精神与肉体，再三提醒行动的无私性，纯粹的智性（Intellectualität）便成为整个学说的基础。之后的章节更加清楚地表明，自我知识（Erkenntniss）是人类一切追求的顶峰。

灵魂所居的肉体短暂无常，恰如构成它的流动不息的元素（II.14.18）。灵魂永恒不灭、永久常住（II.24.25.），它与新的肉体结合，如同人换上新的衣裳（II.22.），就如肉体经历童年、青年和老年（II.13.）。这种不朽是真正的永恒，无始无终。因为存在（Seyn）与非存在（Nichtseyn）之间无法互相转化是印度哲学的一条主要教理。²因其实并非一种引发

---

1 大约在公元前300年，印度大圣哲帕坦伽利创作了《瑜伽经》，印度瑜伽在其基础上才真正成形，瑜伽行法正式定为八支体系。帕坦伽利赋予了瑜伽所有的理论和知识，形成了完整的理论体系和实践系统。由于帕坦伽利开创了一个整体的瑜伽体系，所以被尊为瑜伽之祖。（译者注）

2 您越是知晓，您便会说，这个世界并非第一个艺术家，在虚无中、从虚无中创造。噢，我也早已不再是无。怎么会这样的呢？所有的一切皆为唯一，毫无相似（*Et plures non scientes dicunt, quod mundus cum artifice primum non-est fuit et deinde e τῷ non-est ens (existens) factus est. O purum desiderans, ex hoc non-est ens quomodo possit fieri? hoc omne primum ens unicum, sine simili, fuit*）。参见：科迪尔·杜伯龙《邬布涅伽教义》Brahmen 16，第52页。

的因素，在每一个因之中同时有果相伴相随。

不真之物（非存在、身体、创造物）是暂时存在。真实之物（存在、阿特曼[1]是永恒存在。

知晓真理者的确看清了这两者的本质。[2]

(II.16.)

在此克里希那作为主，将自己与人类平等看待。
这些国王，以及你或我，过去无时不存在，
未来也不会不存在。

(II.12.)

与这一看法相关的是，死亡不可避免的必然性与重生同样不可避免的必然性相对应，且生死不二。所以在这一点上，无论人们认为是灵魂不灭还是永恒轮回，都无关紧要。

阿周那啊，如果你认为身体会持续不断地出生和死亡，
那么，你就不该如此悲伤。
因为，生者肯定会死，而死者也肯定会生。
因此，你不该为不可避免的死亡而悲伤。
一切众生在生前和死后都不显现（或我们的肉眼都不可见），
而只是在生死之间才显现。你又何必为此而悲伤？
有些人把灵看作是奇迹，有些人把灵说成是奇迹，有些人把灵听作是奇迹。

---

[1] 阿特曼（Atman）也被称为"吉瓦"（jiva），它是所有个人私我的终极源泉。我们也使用不同的英语词来交替表达阿特曼各个不同的方面，例如自我（Self）、灵（Spirit）、精神（spirit）、灵魂（soul）、个体灵魂（individual soul）等。自我或阿特曼永恒、不灭、不变、纯粹、独一，是全知者，是基础，自我照耀，是所有原因的原因，它遍及一切，不染不易，无法言说。除了阿特曼，一切事物都被认为是易变的和不真的次级实在，即非存在。参见：R·普拉萨德. 薄伽梵歌：注释本[M]. 王志成，灵海，译. 成都：四川人民出版社，2015：33. （译者注）

[2] 文中所引《薄伽梵歌》的经文翻译均摘自：R·普拉萨德. 薄伽梵歌：注释本[M]. 王志成，灵海，译. 成都：四川人民出版社，2015. （译者注）

但即便听说过灵之后，也很少有人知晓灵是什么。

阿周那啊，寓居在众生身体中的灵永恒不灭。

因此，你不应为任何人而悲伤。

(II.26.30.)

精神不可见、不可思、无处不及（II.25.），肉体的本质与之相反。关于精神的纯一性和完整性，我们在讲到神的本质时还会再次提及。因为支配一切的精神是一，且是同一（VIII.20.21.27.）。

行动迫使精神服从于实际环境，束缚精神并使之放弃纯净的思考。所以自古以来世上有两种体系：行动（业）之路和自我知识之路（III.3.）。很难从行动的目的中观法，因为既要重视行动，也要重视不行动（IV.17.）。人们会忽而偏爱一个，忽而偏爱另一个。（XVIII.2.3）但事实上，行动优于不行动（III.8.V.2.）重要的只是从业网中解脱自己（II.39.）。但要做到这一点，就要放下对成功的执着，只为行动而行动。之后把这两种体系结合起来，通过摆脱行动的束缚而行动，行而无行，似乎弃绝了行动（IV.20.XVIII.17.）。这是必要的，因为事实上，行动远不及自我知识（II.49.）。

也许有人会徒劳地试着完全放弃行动。无人能够片刻不行动，行动并不依赖于人的意愿，而是源于本性及其特性（III.5）。智者让本性主宰行动，看到行动的自然本质而不将其分离（IV.21.XIV.19.XIII.19.III.28.V.8-10.）。关于行动的不可避免性这一看法基于这一体系中对行动的理解，认为行动是所有以及每一个身体行为，实际上就是物质的每一个变化。我们之后会看到，这又与智者达致无上清净、冥想（Vertiefung）神性以及化凡为圣并最终获得圆满有关。行动的另一个必要性源于所处的阶层赋予的不同职责，即使带来罪孽，也必须忠于职责（XVIII.47.48.）。最终这一学说要归结于一种必然的宿命论。因为与神同样永恒的自然必须永不停息地转动其变化之轮，准确地讲，每一个个体存在所含有的神性由此成为了唯一的真正行动者。所以克里希那有理由对阿周那说：

因此，你要站立起来，获得荣耀。你要战胜敌人，享受富饶的王国。

我已经毁灭所有这些战士。阿周那啊，你只是一件工具。

去杀死所有这些伟大的战士，他们已经全部被我杀死。

不要怕！你肯定会在战斗中战胜敌人，战斗吧！

(XI.33.34.)

只有世间迷惑之人认为自己是行动之因，谦虚的智者绝不会认为自己是行动者（XVIII.16.XIV.19.XIII.29.）。

弃绝行动的果报也被表达为放下对行动的执着而抵达神性（XII.6.III.30.XVIII.57.）。放弃了行动的果报也就摆脱了行动的束缚(IV.41.)，能做到这一点，便不会沾染罪孽，就像水中漂浮的莲叶(V.10.)不会被打湿一样。

诗人几乎在每一章都会多次提及弃绝行动果报的必要性以及对结果要保持冷静、甚至无所谓的态度，同时反复强调并坚决要求行动，显然极富哲理地将行动视为一种接近崇高的心境，并同时引发了一种强烈的诗学效果。

以下诗行用最简洁的语言讲述了弃绝的功效：

你只有履行自己的职责的权利，但绝不能控制和要求任何结果。

享受行动的结果不应成为你的动机，但你绝不应该不行动。

阿周那啊,心系于主尽其所能履行你的职责,放弃对行动结果的执着，

冷静对待成功和失败。心意平静，就被称为业瑜伽（因为平静将导致与主合一）。

(II.47.48.)

通过这种方式，在精神上行与无行合二为一。

于行动中看见不行动，在不行动中看见行动，

这样的人就是智者，就是瑜伽士，他无所不为。

(IV.18.)

冷静可以用一个适当的词语来描述：解脱于成功与不成功的双重性。这一源于喜欢和厌恶的双重性迷惑众生，使之不知所措（VII.27.）。智者从中解脱，没有什么词句能足够充分地表达出他的冷静。不仅酷暑与严寒、愉悦与痛苦、成功与失败、幸运与不幸、胜利与败北、名誉与耻辱对他来说同一不二，而且他也平等对待敌与友、善与恶，对土地、石块和金子都同等尊重（II.38.VI.7-9.XII.17-19.）。比喻贫乏的这一诗篇却在这里运用了很多比喻，来描述智者舍离世间流转的万物，这样他便截然不同于众生。

> 当一个人能够从感官对象那里彻底撤回感官，就像乌龟为了免于灾祸而把肢体缩回壳内一样，这样的人就被认为是智力稳固者。
>
> (II.58.)
>
> 正如河水流进完满的大海不会产生任何动静一样，
> 当所有欲望消散在心意中而不会产生任何精神困扰时，人就达致平静。
> 渴望物质对象的人，永远不会平静。
>
> (II.70.)
>
> 当众生处于黑夜时，自我控制的瑜伽士保持着清醒，
> 而当众生醒着时，瑜伽士却认为是黑夜。
>
> (II.69.)

完全分离精神与肉体以及弃绝行动，前者是积极地把一切纯粹精神性的合而为一，后者是消极地清除行动带给人的干扰，这两者引领我们认识和观照神性，以此达致无上的圆满。所以必须正确理解克里希那提出的"神性"这一概念。他的教义不仅是哲学性的，究其竟也是宗教性的。

在此我想尝试用原文的诗行来阐明主要教理。在诗行的选择上我煞费苦心，非常希望那些较为关注这一内容的读者能不厌其烦而加以阅读；对于不懂梵文的读者还有一个极好的机会，可以阅读奥古斯特·威廉·冯·施莱格（A. W. von Schlegel）附在他一并出版的《薄伽梵歌》之后的拉丁语

译文。这一译文精彩绝伦，既忠于原文，又巧妙地表达了诗作的哲学内涵，而且符合真正的拉丁语风格。若仅用来更好地理解原文，而不为那些研究哲学和古典文化的学者真正勉力一读，那真是无尽的遗憾了。

我自己试着按照韵律翻译了各节诗行，也必须请求读者对此宽容地评价，由于我们早已无法充分认识印度诗行构造的特点及其精妙之处，而只了解其音节群落和主要章节，因此并不能真正有效地模仿其诗体风格。就翻译的诗行本身，我并未选择那些最为优美的、被喜闻乐见的词句，当然，这方面每个人的判断也不尽相同，而是按照本论文的目的，选择了最能体现哲学体系特点的诗行。基于同样的原因，我尝试尽可能准确地逐词翻译；若一个符合韵律但稍嫌完美的翻译不能更直观地呈现原文的概念，那我也许会完全不再考虑韵律。当然，用我们的语言按照韵律也可以做到忠实地翻译。通过节奏，译者置身于一种与原文类似的气氛中，音节数量和音节长度的约束不容许拖沓乏味的译文，同时轻松地省却了选词造句时本来极易产生的踌躇不决。在诗行中作为称呼出现的名字，如婆罗多（Bhârata）、帕尔特（Pârtha）、贡蒂之子（Kâuntêya），都是阿周那从其祖先那里继承的梵文的外号。

为了理解下面的诗行，我必须说明，诗行中大多引述的是克里希那的说辞，他在言及自身时指的是无上神性，或者更符合这一学说的纯粹性，指的是绝对的神性。克里希那化身为人（IX.11.），作为老国王雅度（Yadu）的后代，陪伴着阿周那。当阿周那认识到克里希那是主的时候，因与其过于亲近而请求宽恕（XI.41.42.）。根据印度神话，克里希那[1]是毗湿奴[2]十次化身于世（Irdischwerdung），或降临世间（Awatârâs）的第八个化身。我们的这篇诗歌完全不属于神话性的诗作，因而没有

---

1 关于他的更多描述参见吉格诺（Guigniaut）的《古代宗教》（Réligions de l'antiquité），IV，第 13 页，第 61-66 节；I，第 210、211 页。
2 吉格诺《古代宗教》，I，第 181-193 页。

关于主以不同的动物或人形化身现相的描写,但克里希那提到了,他从远古时代以来就不断现身于世(IV.6-8.)。通过克里希那神性的流露(Emanation),神性永驻,或者更多的是克里希那居于永恒常驻的神性之中;然而据我所见,在这一意义上,他只在诗中唯一一处提到他自己与主,就如两个不同的存在。他说:

> 我要托庇于那个最初的原人,这最初的显现源自他。
>
> (XV.4.b.)

主是永恒的、不可见、不可分,所以纯粹,且不同于一切无常的、可见的、分化为个体的生命(XII.3.VII.24.25)。

> 还有一个永恒的超越存在(普鲁沙或灵),
> 它高于可变的原质,即使所有被造之物都毁灭了,它也不会毁灭。
> 它也被称为至上居所。
> 那些抵达至上居所的人,将不会再生。
>
> (VIII.20.21.)

> 你要知道,遍及整个宇宙的灵(阿特曼)的确是不可毁灭的。
> 无人能够毁灭不可毁灭的灵。
>
> (II.17.)

主了达万法、遍及一切、不增不减、无穷无尽,是万物的主宰、至高无上。他是一,必须寓于一体而被顶礼膜拜(VII.26.III.15.22.XI.19.20.IX.11.17.18.VII.7.VI.31.)。阿周那说到主:

> 宇宙之主啊!宇宙形象啊,但我看不到您的开始、中间和结束。
>
> (XI.16.)

> 您是这个有生命和无生命的世界的父亲,您是值得崇拜的至尊古鲁[1]

---

[1] 古鲁(Guru),即导师、老师。Gu,黑暗;ru,光明。而古鲁就是通过知识之光照亮因无明而来的黑暗。参见:R・普拉萨德. 薄伽梵歌:注释本[M]. 王志成,灵海,译. 成都:四川人民出版社,2015:100. (译者注)

三界中根本无人可以与您相比,更无人能够比您更伟大,无与伦比的荣耀者啊。

(XI.4.3)

主的居所超越所有造物,且在其之外。
那是我的至上居所,日、月、火都光照不到。
一旦抵达那里,人们就获得永久解脱,不再返回这个世俗世界。

(XV.6.)

主是创世主,一切皆由他而生,他是万物的永恒之源

(IX.4.10.13;VII.6.7.10.)

阿周那啊,我是一切众生的起源。
如果没有我,一切有生命或无生命之物,都不可能存在。

(X.39.)

崇拜至上存在,相信一切众生皆源自于它,它遍及所有这一切,通过履行自己的自然职责来献祭它,人就会获得圆满。

(XVIII.46.)

正如主创造一切,他就是一切,且含摄一切。这是这一教义的一个主要教理,以极其丰富多样的方式得以阐明。一方面这一教理似乎与含摄一切的神性的无限性概念相关;另一方面也与印度哲学中特有的思想方法有关,亦即一物源于另一物。正如上文所见,存在与非存在无法相互转化,而是两根无尽绵延的线条,所以万物不可能从无而生;每个果都必然寓于其因之中,并与之永恒同在(科尔布鲁克,《皇家亚洲学会公报》第一卷第一部分,第38页)。所以,如若主是一切万物的创造者,那么万物在被其创造之前就必然已在其之中。本诗虽未提及这一结论,但因为已经清楚且明确地提出了基本教理(II.16.),此结论也就显露无疑了。

一切生灵同源,是一体且同一。人可以在其自身,也就是其精神自

我（geistiges Selbst；在梵文中，"精神"与"自我性"的概念连接成同一个词）中洞见一切其他造物以及寓于其中的主。但当神性以不同方式分居于个体中时，它同时也是不可见、永恒且不分割的一体，其不分的本质是一切存在真正的源泉。

赋予万物独特优势的是主，他是日月的光辉，是火焰的光芒，是生灵的生命，是强者的力量，是明智者的知性，是明辨者的认知力，是圣者的神圣力（VII.8-11.X.38.）。在所有可以想见的他与世界的关系中，作为父亲、母亲、保护者、庇护所等等，他是教义、是净化、是神圣的著述、是神秘的静默（IX.16-18.X.38.）、是流转不息的时间（X.33.）。在第十章中，克里希那历数整个万物（19-42.），从水之游鱼到天之诸神，高山、大海、风儿、四季和时代、统帅、智者、圣人、诗人、世代英雄人物；在每一类中，他称自己为其中的佼佼者：般度之子中的阿周那、圣人中的拿拉达（Nârada）、隐居者中的毗耶娑（Vyâsa）、诗人中的乌商那（Usana）等。连语法形式和字母也未被遗忘：他是复合词中的连接独立概念的并列词，字母中的 *a*——如果这不只是暗示对文字发明的崇敬之情，那么大概也是基于神秘主义的思想。但我着重强调这一点，是因为，如果这一节（X.33.）不是后人插入的话，那么就证明了这首诗创作之时，字母表就已经存在了。因为无论哪个时代，要在语符切分（Reflexion）之前明确地分离出一个元音，都离不开对该元音的称谓。然而，最后克里希那说，他所历数的一切都只是举例，因为他以其超然的力量所展现的生命，其量无可穷尽。伟大的、杰出的以及优秀的存在都是他光辉的一部分，他将其部分的本质赋予整个世界（X.40-42.）。由此也更为清楚地表明，他是在何种意义上称自己与自然万物合二为一。

这里引述的诗行所分别表明的，在另一处（VII.19.）被简短地浓缩为：华苏兑瓦（Vâsudêva；就是克里希那，华苏兑瓦之子）是宇宙万物。以此，主必然容纳互相对立的特性，其矛盾只能化解于主那宇宙般

的本质。在同一节,克里希那说他自己:

> 我是强者的力量,全无贪欲和执着。我是人的性欲或爱欲,
> 不仅喜悦感官,而且顺应正法(出于婚后生殖的神圣目的)。

(VII.11.)

主把不驯的自然力之狂暴与自己内心之清净相结合;而清净居于对精神的全然掌控,高于一切有限的存在。这便激发了无穷的想象,能够产生了一种强烈的诗学效果。

这也与赋予主的形态相符。这是主所具有的精神概念的一种感官表达,而这种精神概念能够含摄所有生命,遍及一切,但同时作为统一体也是真正的单子(Monas)。我们不可将想象的主的形态与人的形态混为一谈,这只出现在其他民族的神话之中,而印度神话却是以另一种意义来描绘他们的神明。在这一哲学的而非神话的体系中,整个肉体世界成为无尽之身,同时并非逐渐、单独地通过作用发展形成,而是孕于其同时含摄过去、现在和未来的原始之力之中。

阿周那请求克里希那(第十一章)展示他所描绘的自身(克里希那的本性,因为诗中至此并未言及身体形态)。克里希那准许了他的请求。因人眼无法洞见,克里希那借给他一只天眼,并给他显现了他光明所成、含摄一切、无边无际、初始本原、且迄今从未示人的形态。阿周那见克里希那屹立在天际,无始、无间、无终,有许多头、眼、胳膊,成千上万具不同色彩和轮廓的神性之身合而为一,他以其光辉照亮宇宙,将坐于莲花台上的所有梵天(Brahmâ)众神、一切智者以及所有造物均集于一身。

> 如果有数以千计的太阳同时在天空中照耀,
> 其光辉也比不上那个尊贵存在的光辉。
> 在天神之主克里希那的超然身体中,阿周那看见了整个宇宙,
> 它划分为千态万象,又共处为一。

(XI.12.13.)

克里希那也向他宣称：

还请看整个创造物——有生命的和无生命的以及无论你想看的什么事物，一切都在我的身体中。

(XI.7.)

而得此法之人，便达致无上圆满。
谁能看见各种不同的存在物都根植于一，
并由此扩展开来，谁就达致至上存在。

(XIII.30.)

认识的初级阶段是只见单一的个体，脱离其本原，似乎个体本身就是整体；认识的中级阶段是只见独立的个体，而无法将其普遍升华（XVIII.20-22.）。

但值得注意的是，克里希那强调（XI.47.），他以他自身之力，也就是神通之力[1]给阿周那展示了他的无上报身，对此后面的诗节将会讲到。由于此力，主和人才能放下一切并专注于一点，如此这般地冥想其内心，以便修缮其本质，创造奇迹。也许可以以此得出结论，诗人其实只是把克里希那这一现象作为一种表象，因为他浸润着唯灵论的学说并不需要这种具有多重肢体、光芒万丈等的设想。此外，据我们所见，他通常只把神性描述成为不可见、不可分。

但主不仅含摄一切存在，他也是非存在。

我不朽，也死亡。阿周那啊，我既是永恒的绝对者，也是暂存的事物。

(IX.19.)

以完全相似的方式《摩奴法典》（*Das Gesetzbuch des Manus*，I.11）

---

[1] 此力被描绘为一种真正的魔力（*mâya*）。在雕塑品中，这个梵天玛雅（*Brahma-mâyâ*）合双重性质为一，这不仅从其男女合一的外形中可以看出，而且它的一只从嘴后拉上去的脚一方面暗示于其上方冥想着的梵天，另一方面其舞姿也暗示着创造中翩翩起舞的玛雅（吉格诺《古代宗教》，IV，第2章，图2）。

也把永恒的、不可见的万源之本——造就了世事万物，也包括梵天本身，同时称为存在和非存在。对此，人们经常将存在理解为主的本质，非存在为我们感官对这种存在的不可感知性，但我并不这样认为。若全面设想一下此处占主导地位的思想方式，那么在这一说法中，似乎主全一性的最后壁垒被破除了；若主的存在还有非存在与之对立，那主含摄一切的本质就无法包容所有，也不是无限无尽的了。在更高层次、更加纯粹的哲学意义上，如果神性含摄了一切存在的缘由，那么也必然含摄了一切非存在的缘由。但存在可分化于万物个体之中，同时作为一种普遍性的存在又将万物合一于自身，这是其他存在所无法比拟的，所以在另一处说道：

无始的至上存在，可以说是既非永恒，也非短暂。

(XIII.12.)

这说到底与上一诗行无甚差别，只是从另一个角度表述思想。

从另一种意义上说，如果非存在表示存在的对立面，那么就可以把非存在看作是真实的存在和纯粹的客观实体（Wesenheit）。在后文中（XVII.28），道德与真理被对立起来。

万物寓于主之中。

(VII.12.)

阿周那啊，这个至上居所，遍及整个宇宙，所有万物都存在于其中。忠实不二地虔信我，就可以获得它。

(VIII.22.)

阿周那说：
确实，克里希那啊，世界乐意并高兴赞美您。

(XI.36.)

但主并不在众生之内。

(VII.12.IX.4.)

然而上句只是说，主不依赖于众生，他虽以他无尽的本性含摄众生，本身却不为众生有限的本性所束缚。因为在其他的、对其不加束缚的关系方面，主寓于众生之内，可以出入他们的肉体，并居于每个人的心中（XV.7-11.XIII.15.17.）。但众生之中的这种存在并不像主含摄众生所具有的存在那样，可以认为是绝对且真实的，而只是一种受到限制的、某种程度上的似乎寓居（XIII.16.）。同时，这一学说还谨慎地否认，永恒的造物主之中的无常存在不会使造物主丢失本性。紧随着此句"众生在主之中"说到，主与之对立；对于这一点，同时也是对于本性与非本性，就像对于主本质上的无上神通力（Wunderkraft）一样，要引起注意；根据其他段落的内容推论，神通力就是主精神的定力，通过它主维系一切众生，又不受这种维系后果的约束（IX.4.5.）。通过下面的比喻，这一矛盾被诗意地化解了：

要知道，一切众生都在我之中，
就好像强劲的风（或星体）遍行一切地方，却永远停留在空中。
(IX.6.)

把众生与主联结在一起的是精神本性。它寓于万物之中。主其实就是赋予万物以灵性的精神（X.20.）。所以每一个生命都可以从自身观照其余的众生，并通过精神这种至上的存在洞见众生。

阿周那啊，懂得了超然知识，你就再不会如此受骗。用这知识之慧眼，你会看到，一切都在你自己的自我中，因而在我中，即在至上的自我中。
(IV.35.)

与至上存在合一的瑜伽士，用平等的眼光看待一切，
他看见无所不在的至上存在（或自我）寓于众生中，
又看见众生寓于至上存在中。
在一切地方（和一切事物中）都看见我，
把一切事物都看作是我的不可缺少的部分，

这样的人不会与我分离，我也不会与他分离。

非二元论者崇拜寓于一切之中的我，无论他们怎样生活，他们都生活在我之中。

阿周那啊，那些把众生都看作他自己，把他人的苦乐感受为他自己的苦乐的人，堪称完美的瑜伽士。

(VI.29-32.)

主的神通力也是一种魔法般的、会引发表象的神通力。以此表明，这唯一的真正的存在是常住和永恒的，而其他流于变化的只是神性所制造的假象。因为很难了知主不为寓于其中的无常所束缚，且他真正的、不可见的存在不会与那种表象的存在相混淆，所以这一神通力会蒙蔽众生（VII.25）。另一段讲道，造物主居于心中，他用魔力迷惑困于转动着的无常车轮之中的众生。抵达神性，便能战胜了这一魔法（VII.14.15. XVIII.61.）。

此人不仅了知这一学说中所讲的主所具有的双重属性，
而且不会被它们之间的关系所欺骗。
心意、智力、私我、以太（空）、气、火、水和土，
是我的物质属性（原质）的八个类别。
阿周那啊，物质属性或原质是我的低级属性。
我的另一个高级属性是灵或意识，借由它，整个宇宙得以维系。
要知道，一切生物都进化自这两种能量。

(VII.4-6.a.)

为解释此处诗行我必须说明，这里被看作主的低级属性的三种精神能力，在印度哲学中一定程度上可以与感官相提并论。

心意（Gemüth）[1]（*manas*，根据词源分析为拉丁语的 *mens*）是一

---

1 Gemüth 通常翻译为"心性"。此处与现有的诗行汉语译文一致。（译者注）

种在灵魂中与身体感知以及行为相当的力量。印度人认为，除五种感觉器官之外，还有五种行为器官，并将心意作为第十一个器官，与这十个归为一类。

私我（Selbstgefühl；*ahankâra*，字面意思是"我"的构建）把外部和内部的印象用于个性塑造，并把自我意识和自私自利也包含其中。

智力（*buddhi*）作决定。

位于这三者之上的是纯粹的，与真正的神性本质近似的灵 [普鲁沙[1]，*purusha*；阿特曼，*âtman*，呼吸（atmen）一词源于此。参见科尔布鲁克，《皇家亚洲学会公报》第一卷第一部分（第 30、31 页）；以及波恩奥夫（Burnouf）在《亚洲杂志》（VI.99-101.）的《帕德玛往世书》（*Padmapurana*）节录）]。在本诗中并未明确阐明这一体系，但从第十三章开头以及许多其他地方可以看出，这也属于诗人要表达的学说思想。

由此可以看出，人的本性只是对神性的模仿和个体化。当神性创造或毁灭肉体时，便随之进入或离开肉体，使用这种联结灵魂与外部世界的工具。

众生身体中永恒的个体灵魂（吉瓦），的确是我的组成部分，
它居于原质或身体中，激活六个感官，包括第六感官即心意。
当主（或个体灵魂）离开一个粗身并获得一个新的粗身时，
也带走了那个粗身的精身和因果身，就像风吹走了花朵的花香一样。

---

[1] 7.04 和 7.05 这两个诗节描述了两种属性。7.04 描述的八种物质属性是低级能量或物质能量，也就是通常所谓的原质（Prakriti），它在意识的帮助下创造了物质世界；7.05 提到的高级属性，也被称为高级能量或灵性能量（Purusha，普鲁沙，即原人），它源于意识，即至上之灵（Supreme Spirit）。在原质的帮助下，普鲁沙创造并维系整个宇宙。灵是稳定不变的，而产生于灵的物质属性是变动不居的。普鲁沙观察、见证、享受和监督物质属性。至上之灵是宇宙创造的直接原因。物质属性和灵（普鲁沙）不是两种独立的实体，而是至上之灵的两个方面。至上之灵、灵（普鲁沙）和物质属性既相同也不同，正如太阳、阳光和光热既相同也不同一样。参见：R·普拉萨德. 薄伽梵歌：注释本[M]. 王志成，灵海，译. 成都：四川人民出版社，2015：146-147.（译者注）

生命体用眼、耳、鼻、舌、身和意这六种感官去享受各种感官对象。

(XV.7-9.)

也就是说，主通过创造肉身以及形成人的活动习惯将自己与生死有度的肉身相联结。若世界之轮运转不停，主甚至不得不行动。但与无常之物的联结不会染污他，行动不能束缚他，他只让本性常驻。此处又用了上文同样的教义来说明神性。上文已再三提醒人们，必须要行动，执着于结果会束缚精神的自由，扰乱精神的清净，但圆满的清净心亦能把真正的行化为无行（IX.8.9.）。

阿周那啊，在天堂、尘世和地狱这三界之中，
没有什么是我应该做的事，也没有什么是我应该得到而没有得到的，
然而，我仍然会采取行动。
阿周那啊，如果我不全力以赴地采取行动，人们就会照此模样仿效我。
如果我不采取行动，三界就会毁灭，我就会成为混乱和毁灭的原因。

(III.22-24.)

依据人的天资或能力，我把人的职业分为四类[1]。
尽管我是这一分工体系的创造者，但是人们应该知道，
我什么也没有（直接）做，我是永恒者。
我不受行动或业的束缚，因为我对行动结果全无欲望。
完全了解我（并实践这一真理）的人，因此也不受业的束缚。

(IV.13.14.)

阿周那啊，在我的监督下，神圣的动能（摩耶）
——在原质的帮助下——创造出一切有生命和无生命的对象。
因此，创造物持续出现。

(IX.10.)

---

1 这四种职业即为印度的四种姓：婆罗门、刹帝利、吠舍和首陀罗。参见：R·普拉萨德. 薄伽梵歌：注释本[M]. 王志成，灵海，译. 成都：四川人民出版社，2015：91. （译者注）

阿周那啊，永恒的超灵没有起始，也不受原质三德的影响，

因而即使作为生命体寓居在身体中，他也并不行动，且不受业的污染。

正如遍及一切的空因其精妙而不被污染，寓居在所有身体中的灵也不被污染。

(XIII.31.32.)

在无常之中，不仅已生之物必会毁灭，毁灭之物也必会再生。对此我们上文已有所了解。人世的千万年只是梵天日夜一瞬，宇宙在期间往复轮回，是主创造之，又毁灭之。

创造持续的时间为43.2亿年，毁灭持续的时间也是43.2亿年，

知道这一时间的人，便知晓创造和毁灭的周期。

在创造期间，万物从梵天之精身（或原质）中显现；

在毁灭期间，它们又融入梵天之精身中。

在创造周期到来时，同样的物群反复开始存在；

而在毁灭周期到来时它们又不可避免地归于寂灭。

(VIII.17-19.)

阿周那啊，在创造周期结束时，一切众生都融入我的原质中。

在下一次创造周期开始时，我会再一次创造出它们。

在我的原质的帮助下，我一次又一次地创造出这整个的多样性存在。

这些存在要受到原质的形态之制约。

(IX.7.8.)

我是整个宇宙的来源或起源，也是整个宇宙的毁灭者。

阿周那啊，除了我，即至上存在，再没有其他（或更高的）存在。

宇宙中的一切都与我相连，正如不同的珠子串联在一根线上一样。

(VII.6.b.7.)

如果说神话为达到其终极目的并未使用诗学的哲学表达，那么最后的这个比喻似乎是由哲学借自神话。因为在雕塑作品中（吉格诺《古代

宗教》，IV，第1页，第2节，插图2），一系列创造之物也表现为珠串。以这种方式在诗学创作中解读象形文字，或是在象形文字中借用诗学创作都很新颖。对此必须要把神性在尘世的反复显现联系起来，神性也同样在周而复始地创造自身。事实上，思想以及一切精神性的都不能通过静止不动，而是只能通过自为行动，也就是不断获得新生而继续存在。

主克里希那说：

你和我都已出生了很多次。

阿周那啊，我记得所有一切，但你什么都不记得。

尽管我是永恒的，不变的，是众生之主（自在天），

但我可以通过控制物质原质，运用我自身神圣的潜能即瑜伽摩耶，显现自身。

阿周那啊，每当正法衰微、非法盛行之时，我就显现自己。

我不时显现自己，是为了保护善良，消灭邪恶，建立世界秩序（正法）。

阿周那啊，那些真正理解我超然的外貌以及创造、维系和毁灭之行动的人，

将臻达我的至上居所，在离开此世身体后不再出生。

(IV.5-9.)

生命的产生亦按以下方式加以描述。诗人没有使用对肉体的一般表达，而用了另一个词（kshêtra），这个词可以译为"凡尘之身"或"小宇宙"，也就是我们一般所讲的材料、物质。就其组成成分诗人列举了五大基本元素、五种感官对象、十一个感觉器官、自尊、理智、欢乐与痛苦、欲望与憎恨、多样性、思维力、稳固力，非常引人注目的是，还有不可见（XIII.1-7.）。诗人将这种无常的原质（allgemeiner Stoff）与灵（Stoffkundigen）相对立。灵，克里希那称其与己合二为一。灵与原质结合，孕生万物。

阿周那啊，无论是有生命之物还是无生命之物，

你要知道，它们都产生于灵与原质的结合。

（XIII.26.）

阿周那啊，正如一个太阳照亮整个世界，

灵也把生命给予整个创造物。

（XIII.33.）

如果完全忽略仅在第十三章所展现的这种思想方式，那么本诗在体系上并无重大漏洞。但我承认，我并不完全理解这种思想方式。特别让我疑惑的是所列举的那些组成成分。其中的大部分虽然属于印度哲学体系中的25种一般原质（科尔布鲁克，《皇家亚洲学会公报》第一卷第一部分，第30、31页），但还有其他诸如心意中的欲望及憎恨之类的原质本属其他体系，还有一些似乎不属于世间物质。我大概会把"不可见"当作是灵。在《摩奴法典》（XII.12-15.）中有一段同样晦涩不明的文字，这一表述则含有一种另外的、相对次要的意义。

主只注重信念（Gesinnung）。他接受一切恭敬的供奉之物：一瓢清水、一朵鲜花、一片叶子。他以平等心对待一切。不论是梵天还是奴仆，向他寻求庇护之人都可走上无上之路。但他珍视友善对待万物、具有道德、心意平静的虔诚之人（IX.26.32.33.XII.13-20.）。

主是一切真正自我知识的根本对象，是认知之极处。诗人通过阐发这一点，并再次简短概括主的特性，主真正的本质便呼之欲出了：他含摄一切无常之物，永恒的他又不受其束缚，由此主以他的本性解决了这一矛盾（XIII.12-17.）。

这一学说并非以说教的方式阐释，而是穿插在一个对话之中。这个对话是关于如何获得合乎道德的宗教指导以达致无上圆满；除此之外，还赋予了一定的诗学创作；因而，我觉得有加倍的必要性，尽可能使用一种简洁的方式来介绍这一学说。所以在上文中，我只谨慎地整合了那些明确讲述无上神性，或者更确切地说，讲述神性的绝对概念的诗段。

大多数情况下，当克里希那谈及自身，也就是一种自性（persönliches Wesen）时，我更多的是用"主"这一简洁的表述。我舍弃了让介绍显得模糊不清和造成困惑的部分，对此现在将予以讨论。

这里要阐明的最重要的概念是"梵"（Brahma）或"神的本体"（die göttliche Substanz）。为避免误会，我必须首先说明，以短音 a 结尾的是原形为 Brahman 的中性表达，与词尾和词性均有所不同的以长音 a 结尾的阳性表达 Brahmâ，即"主""梵天"，相区别。

选择这一中性表达并非毫无意义。因为即便在本诗中，克里希那和主，以及梵和神性这两者不相合之处，似乎也就是普遍的神的本体与神的自性之间的区别。诗中也讲到了完满的梵（VII.29.），这一表达大多数情况下还有一个修饰语：无上（VIII.3.XIII.12.），也就赋予了这一概念以范围和程度。

从多个诗段中可以清楚地看到，梵和主是同一个概念。它遍及一切（III.15.）；上文将神性描写为认知的目标，其中也仅仅用了"无上梵"这一表达而别无其他（XIII.11-17.）；最终的圆满是化身为梵，亦即抵达神性（II.72.）。

克里希那与之等同（X.12.），是无上梵本身。

但这句话不能反过来说，这会有所区别。梵根本就是主的原始之力，似乎永恒不动；主，也就是此处的克里希那有其人格。所以梵并不等同于克里希那。

当一个人离开肉身时，把心意集中于神，冥想我，
发出神圣的单音"唵"[1]（Om，它是灵的宇宙音能），他就会臻达至上居所。

(VIII.13.)

---

[1] 这个词我之后马上会讲到。

在另一处诗行中，甚至不无明确地给出了追求圆满之路上梵和克里希那之间的等级区别。在完整描写了虔诚的智者之后写道，那些有此愿望之人：

从而适合于达致与至上存在合一。
专注于至上存在，心意平静，既不忧伤，也不渴望。
平等看待一切众生，这样的人达到对我的最高的虔信之爱。
由于这种虔信之爱，他真正理解我在本质上是什么以及我是谁，
由此他直接与我合一。

（XVIII.53.b.55.）

在人已经获得神性之后，达致克里希那被描述为了终极和无上。

作为创作和孕育生命的神性，这两种本质在以下诗节中被更加明确地区分开来：

阿周那啊，我的原质[1]是创造的子宫，
我在其中放置了意识的种子，一切众生由此而得以出生。
阿周那啊，在所有不同的子宫中，无论孕育出什么样的形体，
原质都是给予他们身体的宇宙之母，而灵或意识则是给予他们生命的宇宙之父。

（XIV.3.4.）

此处完全符合东方关于神力分离的概念，源于它又归于它。这个只在本诗这唯一的一处找到的说法似乎不同于诗歌所构建的思想体系。

根据上述诗行可以想见，在各种孕育力量之上有一个普遍性的本初孕育力，而在其他地方似乎也有类似的情形。比如也提到了一种绝对的行为（karma）和一种简单的行为（akshara），以及那个超越精神、

---

[1] 原质，是神的动能（摩耶）的产物，是整个宇宙的来源。一旦灵的种子被播下，原质就创造出众生。参见：R·普拉萨德. 薄伽梵歌：注释本[M]. 王志成，灵海，译. 成都：四川人民出版社，2015：270. （译者注）

超越造物、超越诸天、超越献祭（*adhyâtman, adhibhûta, adhidêiva, adhiyajna*）的本性。据此，似乎在印度哲学中，觉察本性各个分散的力量或特性时会把握其概念的纯粹性并抵达无限的普遍性；在构建概念时不会踟蹰不前而无法抵达精神层面，而是将这些分散的力量归原为真正的原质。由此可以得出两点：一方面，这个基本物质或原质是各个分散力量的本源；另一方面，它所具有的纯粹性和永恒性完全或部分地属于神性本质。

绝对行为（VIII.3.）在单独定义中被称为促使造物产生的"释放"（Entlassen）或"创造"（Schaffen）。梵文用一个动词（*srij*）来表达这两个概念，并忠实地表达了哲学的教义：果中有因，为得果须舍果。这一行为的概念因此被认为是最原初的行为，亦即创世。它包括各种行为，更有加倍的理由认为包含了献祭（III.14.），因为这种行为本身源于作为万法本源的神性本质（III.15.）。在这样的关系中，若把绝对行为与神性和超精神（das Übergeistige）直接联系起来，并说当人们为了摆脱生老病死向克里希那寻求庇护时，他们领悟了神性和梵以及全部的行为，就不足为奇了（VII.29.）。

克里希那（VIII.3.）用一个字面意思是"自我存在"（das eigene Seyn）的词来解释超精神（*adhyâtman*），这个词通常指一个生命无可分割的本性、性格和个性（V.14.XVIII.60.）。这一概念在此处具有绝对普遍性，与含摄一切存在之因且是原初本性的神性本质相符。但这一概念不可以与无上精神相混淆，对此本诗（XIII.31.）中有另一个表达（*paramâtman*）。

克里希那将那超越造物的（VIII.4.）称为分化的存在（das getheilte Seyn）。无常生命的特性基于其分离的个性，也就是独立性和个体性。所谓独立性，也就是之前提到的超精神概念，而个体性就是这里讲的分化的存在。但必须存在这样一种普遍原质，能够分化为个体。因为这样的一个学说中，万千生命虽然各个分离，但终为一体。

单一和不可见与分化的存在相对立，并与神性和克里希那同一，因为这两者本身均为单一（VIII.3.XI.37.）。但单一似乎是无上且最为普遍的神性原质。因为它是神性本身的起源；根据经常提及的因果关系的概念，神性根源可以在梵文中用一个词（*samudbhawan* 至上存在或神）完整而准确地加以表达，而且与之同为一体（III.15.）。

这也就产生了一个问题，谁是最虔诚之人？是礼拜克里希那的人，还是将其作为单一来膜拜的人？答案是，这两种方式都可以达致圆满，但后者更难。因为有形之人很难想象不可见之灵（XII.1-6.）。也许是为了更为独特地表达神性的单一性，通过交融组合 *a*、*u* 和一个鼻音，神性就有了神圣而神秘的名字"唵"（Om），其中，*a* 和 *u* 融合为一个鼻音 *o*。

关于献祭，克里希那以一种模糊而神秘的方式（VIII.2.4.）提到了其在人类肉身中的自己，而这一表述并没有在其他诗行中得到进一步的说明（VII.30.）。或许这一尘世之身本身就被视为一种献祭，因为克里希那被视为无上且含摄一切。

根据印度人的哲学体系，诸天（*dêwa*）只是更高级的生命，是第一也是最高（XVII.4.），但他们是化生，且与真实的神性本质，也就是万物之源不可比拟（科尔布鲁克，《皇家亚洲学会公报》第一卷第一部分，第33页）。他们与人类一样受本性特征的约束（XVIII.40.），与其他众生一起蕴含于克里希那之中（X.14.15.）。那些献祭诸天的人，不像无上之主的敬奉者那样纯净，他们执着于行动的成功（IV.12.）。但这些人在死后不会趋向无上神性，而是只会走向诸天（VII.23.）。

梵天也蕴含在克里希那之中，克里希那讲他自己：

因为我是不朽之灵（梵天）的来源，我是永恒的宇宙秩序（法）的来源，
我是绝对极乐的来源。

（XIV.27.）

阿周那说他：

主啊！在您的身体中我看见所有的天神，

看见梵天端坐在莲花上，看见众多的生物、圣人和天人。

(XI.15.)

克里希那比梵天更伟大（XI.37.）。我在下文会说明，此处引用的前后两段诗行在语法上不甚明了，只能通过上下文来确定这里所主指的是梵天还是神性本质。

超越诸天的主要被称为精神（*purusha*）。因为与这一表述相关的概念在本诗某些章节中起着重要作用，因此我们有必要对此加以简要说明。

这个词准确的本义是"男性"，也就是"男人"或"人"。但这个词的其他用法表明，它原本只用来表述人与更高级的生命和一切精神相关的一面。[1] 因为人们也会用这个词来直接表达"造物主"。在上面翻译的两段诗行中（VIII.22.XV.4.），讲到精神创造宇宙、含摄万物，以及克里希那与之看齐的地方，都出现了这个词。阿周那也这样称呼克里希那（X.12.XI.18.38.）。以这个意义出现的"普鲁沙"，也就是精神，通常带有修饰语：无上的（VIII.22.）、永恒神圣的（X.12.）、原初的（XI.38.）、原始的（XV.4.），但还有绝对的（XI.18.）。由此已经可以看出，这个词并不仅仅是神性的别名。若更为仔细地研究其用法，便可发现这个词的范围更广，表明了神性中的某种特征，或者更多的是某种作用。也就是说，它是作用之理，但它始终在精神方面据主导地位、统领一切、寓于本性之中，也与无常的生命相连，以此孕育并创造世间万物。在印度哲学中，即便讲到神性也不容忽略，神性源于主与造物在精神方面的合而为一，人可以在自身洞见主以及万物。据我从这个词的用法中所见，它关于神性的用法是源于这一观念，也就是为了缔造万物，神性充盈

---

1 吉格诺（《古代宗教》（I，第 618 页）用 *l'homme-dieu* 来解释这一梵文词，以另外一种方式在"普鲁沙"这一概念中寻找人类与神性的关系。但我并不赞成这一观点。

于本性之中。因而一般来讲，这个词是指由本性而生的精神。克里希那自称为（VII.8.）万物类别中最为崇高的和最为高贵的，他说他是所有男性中的普鲁沙之力，梵文中只是将 *pâurushan* 一词变成了中性词尾，并对词干元音进行了屈折变化。《摩奴法典》中有一个值得注意的地方（XII.118-125.）讲道，梵能在自身洞见整个宇宙。并以一种轻松的方式（附带说明一下，本诗完全没有使用这种方式）介绍了诸神与本性分布于人体的各个部分。之后说到：但无上的精神凌驾其上，其细微犹比原子，本诗紧接着的下一节也用了同样的表达，而有些人则将其称作永恒之神性（梵）。不过对其创造力的描写则与刚才所叙述的方式完全一致。

它以五重分散开来的原质遍及一切存在，

如火轮[1]般，不停地推动它们出生、成长、灭亡。[2]

（《摩奴法典》XII.124.）

我想从本诗中引用两段尤其可作为论证的诗行，虽然当中会有一些概念要到下文才能够完全解释。在其中的一段中，神性以诗人的名字命名。在一个走向科学繁荣的民族最初兴盛的时期，诗歌创作不像是一种人类技艺，而更像是真正的创造。一种丰富多样、人物众多、色彩斑斓、由神性魔力引发的、如奇迹般显现于年轻稚嫩的心性之前的创造，确实也可以与充满想象的诗作相比拟。

阿周那啊，一个人经由瑜伽实践的修炼，用稳定的心意沉思我，就可以臻达我。

临死之时要用坚定的心意和虔诚冥想至上存在,他是全能者,最长者,

---

1 字面写法为 *chakra*，也被称为"圆盘"或"轮"，从它的上面和两边能喷出火焰。这是在绘画和雕塑中毗湿奴和克里希那的一个常有特征。此外，chakra 其实就是"轮"的意思。有时毗湿奴会携带着这样一个没有火的轮。这一特征见吉格诺《古代宗教》（IV，第 4 页，18 号；III，图 18，第 11 页，48 号；IX，图 48，第 13 页，66 号；XII, 图 66）。原本配有火焰的 *chakra* 似乎总是被描绘为一个没有轮辐的圆盘。

2 译者译。

统治者；他比最小还小，比最大还大；

是一切的维系者，不可思议者，像太阳一样的自明者和超越者。

要用瑜伽修习的力量将呼吸（生命力／普拉那）集中在双眉之间，

这样的人将臻达我，即至上存在。

(VIII.8-10.)

要知道，原质和灵性存在（原人）这两者都没有开始。

心意和物质的所有显现和三种倾向（三德）都产生于原质。

原质据说是进行感知和行动的身体和器官的原因。

个体灵魂中的灵（或意识）据说是经验欢乐和痛苦的原因。

通过与原质的连接，灵性存在（通过成为个体灵魂）享受原质三德。

（因为无知）执着于原质三德是生命体善生和恶生的原因。

居于身体中的同一个灵，是见证者、指导者、支持者、享受者，

他是伟大的主，也是至上自我。

知晓灵（原人）、原质及其三德的人，

不管他怎样生活，都不会再生。

(XIII.19-23.)

正如我们之前所见，遍及宇宙的灵按照不同的限定，具有不同的等级。克里希那区分了三重等级：可分的、与万物相一致的，不可分的、居于顶峰的，以及第三个无上的、被称为"至上之灵"或"原灵"(Urgeist)的等级。至上之灵遍及三界，维系并统治三界。克里希那补充说，因为原灵超越可分的、优于不可分的境界，因此在世上和文献中被称为"至上存在"（XV.16-18.）。可以看出，这里又将普遍性的概念实体化了。这一分散于造物中且具有这种分散能力的精神本质，与第二种与之对立的、更高级的本性相比照；为使概念圆满，这两者必须又综合成为一种更高级的、能将对立的特性集于一体的境界。摩奴（I.19.）将构成宇宙的细小微粒分为七种无比强大的精神，也就是普鲁沙（根据原文注释，

指五大元素、自尊及灵魂），并补充说，无常源于永恒。也就是说，普鲁沙一词在这里表达了"原始力"的一般意义，但其中还是包含了上文作为其标准的创造和超越无常本性的概念意义。

如上文所见，根据克里希那的教义，本性与神性一样永恒（XIII.19.）。本性有三种特性，即三德（*guna*），与伴其左右的精神相连。这种联结是指三德纠缠于凡尘俗世，阻止人专心观想神性，并由此阻碍人达致最终目标：无上清净。在这个意义上，三德也可以与那最高贵的，比如自我知识相连。本性特征，或者绝对地讲，三德，甚至可以根据程度有所不同，因为每一与之联结者的高贵程度不尽相同。

第一种最为高贵的是"善良之德"（*Sattwa*），字面意思是存在之性质。但是这里的意思是指远离缺陷和非存在、完全真实的存在，也就是追求真理的自我知识，追求道德的行为。这个词原本只是动词 sein 的分词所构成的抽象词，被用来表达这两种概念。为了尽可能保留这些含义之间的关系，我将这种本性特征翻译成了"本质性"（Wesenheit）。

第二种特性是"激情之德"（*Rajas*）。这个词其实表示"灰尘"，意思源于词根 *ranj*，指"胶着""抓着"，通过一个比较相近的比喻还表示"染色"。以此派生出的名词是 *râga*，同时有"颜色"和"欲望"的意思。所有这些比喻性的和概念性的用法其表达的意义都紧密相关。

这一名字所表示的第二种本性特征，应该涉及了概念的很多方面：细碎飞舞着的尘埃所爆发的烈性，色彩变幻的闪烁和灼热，灰尘归于大地而易沾易染的特性。根据对这些概念的不同解释，这一特性就会具有高贵程度有所不同的变体。行动力量、激情之火、决断之敏捷性当属其中；国王和英雄们有此特征，但总有一些趋向现实和尘世的混杂其间，使之区别于本质性所具有的那种宁静而纯粹的伟大。为之着迷的人会热爱一切伟大、强劲和光辉之物，但他们也追求表象，被花花世界所拘，甚至于被称为不洁（XVIII.27.），由此也表明了世俗的心性所无法逃避的亵渎。

尽管狂暴的烈性是这一特性的主要特征，但必须将其设想为一个较低等的、无法达致本性之伟大和纯净且会导致亵渎的层次级别。我试着用"尘世性"（Irdischheit）一词来总结这一概念根源中的不同分支。这一表达同时包含了对多样性的追求和对个体的执着。但我觉得，这个表达与梵文比起来太过抽象，甚至范围太广，与这一概念分支的具体用法相距甚远。

第三种，也是最低等的本性特征是"愚昧之德"（*Tamas*，与"黄昏"一词同源），意思是"黑暗""幽暗"，对此无须解释。

本性中受无常束缚的这三种程度之间的区别，已在上文提及自我知识的等级时得到了最为哲学性的说明（XVIII.20-22.）。具善良之德的人于万物中见到同一，于分化中见到不分的存在；具激情之德的人在其中只见到形形色色的个体；具愚昧之德的人未达其究竟，以一种局限的、误判事物本质的方式执着于个体，并将其视为全部。也就是说，只能被第一种人所认识的真实的、不分的存在会被第二种人忽略，被第三种人错看。

关于三德，克里希那为阿周那作出了以下的概括说明：
阿周那啊，善良、激情（或活动）和愚昧（或惰性），
这原质的三德（或绳索）将永恒的灵魂束缚在身体上。
在三德中，善良之德是纯粹的，因此明亮而有益。
善良之德由于执着于快乐和知识而束缚住生命体，无罪的阿周那啊。
阿周那啊，要知道，激情之德强烈渴望感官感受，它是物质欲望和执着的来源。激情之德由于执着于行动结果而束缚住生命体。
阿周那啊，要知道，愚昧之德蒙骗生命体，它产生于惰性。
愚昧之德以其粗心、懒惰和过度睡眠而束缚住生命体。

（XIV.5-8.）

之后在十七和十八诗章中，克里希那根据天赋异禀的人所具有的不同特性指定了大量对象：行动、献祭、天赋、信仰、理智等，而人们很

容易想象其适用范围。一切出于纯净的目的，以自制和冷静为达致无上目标所为，属于善良之德；以错误的动机，为短暂的享受，满足眼前的欲望，以放纵的方式追求个别、有限的目标，属于激情之德；囿于错误、颠倒和迟钝的执着而无法自拔，属于愚昧之德。

不可否认，这一划分具有正确的、哲学的本性观。它首先将纯粹和真实的与不完善的、只具表象的加以区分，然后将不完善归因于一切无常的两种界限，即缺少力量和缺少内心的安宁。而纯粹之物本身可以理解为只是有限的真实，因而也是一种本性的局限。

据科尔布鲁克（《皇家亚洲学会公报》第一卷第一部分，第 40 页）对一部哲学作品评论的一段引述可以认为，这三种本性特征根据其程度不同，应该分别属于诸天、人类和动物。因此，所有人都毫无例外地归于激情之德。[1] 但这绝非本诗的观点。从最后两个诗节中可以明显看出，人具有不同的本性特征。但无法确定三德是否决定了印度的社会阶层划分。虽然诗中讲到，按照源于其本性的特征，即三德（guna），把人划分为不同类别（XVIII.41.IV.13.），具善良之德的人可能是婆罗门（Brahmanen），具激情之德的人是刹帝利（Krieger）。因为有四个种姓类别，所以另两个必须合并在一起。"德"这一表达在此应该具有一个较为普遍的意义。

行动源于三德，尽管人们认为自己是行动的始发者，但其实是三德在起作用（III.27-29.）。

它同样在主之中。三德的存在源于主，上文提及的主的神通力（摩耶）就由三德构成。人类不知主比他们要崇高，且永恒不灭，由此为摩耶之力所迷惑（VII.12-14.）。但三德只在主之中，因为本性在主之中，而三德又直接归属于本性（XIII.21.）。三德像本性和主的行为一样，

---

[1] 根据《吠陀经》教义，毗湿奴居善良之德，梵天居激情之德，楼陀罗（Rudras）居愚昧之德（吉格诺《古代宗教》，I.，第 239 页，注释 270）。类似的一段出现在科尔布鲁克（《皇家亚洲学会公报》第一卷第一部分，第 30 页）文中，然而其中对三德的划分似乎有所不同。

也不会束缚主的自在。所以主同时远离三德，又享受三德（XIII.14.）。

战胜三德能达致不朽（XIV.20.）。虽然无论天上地下、诸天和凡人中，没有一个生命不具三德，但人们也要尽力从中解脱（II.45.）。当一个人完全不执着于尘世的结果，能控制其自身的三德，只作为旁观者而不是参与者，并由此全神贯注于对神性的思考并为之服务，便可看作是从三德中解脱而出（XIV.22-26.）。

克里希那通过对话所展现的教义——我在这里尝试着对其理论教条进行了介绍，属于印度哲学体系。总体来讲，这一体系就是智慧瑜伽（Sânkhya）学说，也就是说，在探讨事物的本性时，通过列数其原理来追求算数的完整性和准确性。这一学说有不同的分支，但所有的分支都有共同的原则，就是必须要阻止未来的不幸，而获得对纯净无染的真理那种清晰的自我知识则为其方法途径。其中有一个教义只注重理智（raisonnirender Verstand），否认主是永恒的存在，认为造物主是无常的，并源于本性。这一学说的另一个教义是业瑜伽（Yôga）教义，它不仅将独立永恒的主置于万法之巅，而且运用真正能够达致永恒极乐的方法对主的本质进行极为深刻和抽象的观察（科尔布鲁克，《皇家亚洲学会公报》第一卷第一部分，第20、24-26、37、38页）。

克里希那非常明确地区分了这两种教义，他第二个诗章中就对阿周那说：他通过智慧瑜伽（Sânkhya）已经为阿周那所论证的，现在阿周那可借助对业瑜伽的思想感知来聆听（II.39.）。在接下来的全部讲述中，他显然都是在讲业瑜伽。他的教义也就是业瑜伽教义。[1] 对此他曾经予以启示，远古时期业瑜伽便在智者间代代相传，但随着时间的流逝失传了，所以他将其重新传授给阿周那（IV.1-3.）。然而这是一种隐秘学说，只可传授给

---

[1] 我高兴地看到，波恩奥夫（Burnouf）先生关于《薄伽梵歌》与理性之本哲学关系的看法与我相同。从他在《亚洲杂志》（*Journ. Asiat.* VII.199.）所撰写的关于《薄伽梵往世书》（*Bhagavata Purana*）的第二篇文章中可以看出这一点，他的这些文章很有意思。在此我必须指出，在这些文章发表之前，我的论文就已完稿，并作过相关报告。许多在注释中所引用的段落也是如此。这两种各自独立形成的观点具有一致性，也就更为有力地证明了这一看法的正确性。

相配之人（XVIII.67-69.）。从科尔布鲁克简短的提示中无法确定，本诗是否以及在何种程度上与上文提及的帕坦伽利的作品相一致。但若把两者进行仔细比较会显得十分奇怪；如果不是担心英国学者科尔布鲁克已无意再对此表态，我也不会撰写现在这篇论文了。业瑜伽这一概念是该哲学的一个区别性特征，按照我们的概念，它属于哲学的实践部分。所以我现在要转而讲述这个概念的发展，这与关于无上圆满及其企及方法的教义是联系在一起的，并以这一实践部分结束对克里希那教义的全部介绍。

业瑜伽是一个名词，词根为 *yuj*，表示"合并""捆绑"，相当于拉丁语的 *jungere*，表达一个对象与另一个相连。这个词丰富多样的派生意义均源于此。在哲学意义上，业瑜伽是追寻神性的坚定之心，不执着于其他一切事物甚至内心的思想，尽可能地减缓每个动作以及身体行为，仅仅专注于神性的本质并努力与之契合。我用"冥想"一词来表达这一概念，在之前翻译过的一些段落中我也是这么用的（VIII.8-10.）。把一种语言对特有观点的表达翻译成为另一种语言的某个词，总会存在缺陷，但内观（Insichgekehrtheit）却是这一概念最明显的特征，因为它也是投身于业瑜伽的瑜伽士（*Yogî*）所具有的特征。"冥想"也表达了一种神秘的瑜伽士特有的心境；若纯粹使用这个词，便会极其自然地指万物的最终起因。用于神性方面，这个概念指"虔信"（II.61.VI.47.IX.14.）；仅献身于一物，其意义便转为"供奉""奉献"；就这两个意义而言这个概念与拉丁语的"虔敬"（*devotio*）相应，并与其现代语言中的派生词的词义相同。通过这种转变，"连接"这一原始意义已几乎消失殆尽，甚至于这个词的整个意义好像也显得过于狭窄了。因为科尔布鲁克（《皇家亚洲学会公报》第一卷第一部分，第36页）讲帕坦伽利的瑜伽教义时，似乎（因为他强调了"冥想的特殊对象"，*meditation on special topics*）瑜伽士除了专心冥想神性，也可以冥想其他事物。在后文我们将会看，将瑜伽描述为行动力和神性特征本身时，其中并未用到"虔敬"一词。这个词在表示"努力""活动"时，也就具有了"规定""专注""训练"之义；这些多种多样的含义可以与许多其他的词结合，以此更加进一步地表明目的或应当使用的方法。

冥想的主要要求是克制所有的欲望，舍离所有感官支配力，也就是外界对感官的刺激。只有当精神占主导地位时，冥想才具有力量。

追求圆满的瑜伽士能看见生命体作为意识（他）[1]居于他们内心深处，但无知者心地不纯，即便他们努力，也不能觉知它。

(XV.11.)

以这种方式，就与前文讲到的通过对结果保持清净之心来弃绝行动保持了一致；甚至于，正如上文所见（II.47.48.第195页），"冷静"和"冥想"可以用作近义词。若以这种方式清除欲望的每一次萌动，甚至是最轻微的悸动，并使心灵全然平和无欲（VI.9.），深思和不执的观想便占据了上风。精神无须受到任何外界的干扰，只凝聚于心，沉浸于神性的思想，并始终不渝地坚持于本初真理。然而如我们在其他情况下所见，这一学说再次将它的教义推向了极端，它甚至也要求抑制内心的思想，取消一切内部与外界的变化，因为它们会干扰圆满的清净和永恒不变的不朽存在。这一点通过扼杀和消灭尘世精神得以表达。人们倾向于通过抑制对尘世之物的思想而达到无思无想。在《摩奴法典》（XII.122.）中讲到无上精神时说，只有以沉睡的思考才能达致这一境地。但注释者只解释说要封闭外部的感官。然而我怀疑，这种把异乎寻常且偏激夸张的看法说成十分普通的概念的解释方式，是否符合本学说的真实义理。

以下为本诗讲冥想的主要段落：

放在（由自我之墙）遮蔽住（欲望之）风之处的（心意）灯火，不会飘忽不定。

---

[1] 即无上统治者。

这可以用来比喻与自我意识合一的瑜伽士的被控制的心意始终稳定平静。

由瑜伽修习所训练的心意一旦变得稳定平静,

人就会用净化的智力观照(无处不在及无所不在的)自我,并由此满足于自我。

超越感官的无限至福,只有通过智力才能获得。

意识到绝对实在之后,就绝不会再与它分离。

自我觉悟之后,就再也没有优于此的东西需要获得。

安住在自我觉悟中,即使遭遇最大的灾难,人也不会动摇。

断绝与痛苦的联结,就是所谓瑜伽。要决心坚定、毫不分心地修习瑜伽。

彻底弃绝一切欲望,智力全面控制感官,利用训练有素和净化的智力,使心意充分融入自我且心无旁骛,心意会逐渐获得平静。

(在冥想期间)无论躁动不安的心意在哪里游荡,

你都应该把它摄回,使之处于自我意识的控制之下。

心意平静,欲望平息,罪恶消除,自我觉悟的瑜伽士获得至上的极乐。

(VI.19-27.)

在其他诗段中(V.27.28.VI.10-15.VIII.10-14.),这些戒律添加了神秘且似乎迷信的,但却基于此教义基本观点的一些成分。冥想者应在无人的清净之处设一个不高不低的座位,并铺上动物皮和祭祀草(根据威尔森 kusa, poa cynosuroides),颈与颈背不动,身体保持平衡,把气息集中于头部,均匀地用鼻孔呼吸,目光不动不移,双眼看向双眉中间和鼻尖,并说出上文提到的神性的神秘之名"唵"。

毋庸置疑,如今印度的瑜伽术就是出自这一教义和学派。在威尔金斯关于本诗的译文之前印有瓦根·哈斯廷斯(Warren Hastings)总督写于1784年的信,其中(第8、9页)关于这方面的描写值得一读。他看到一位灵修者并产生了这样的印象:通过这样的修习熟练地分离灵魂与感官活动，从一个无染的源头生成内在感觉全新的方向和联系（*new tracks and combinations of sentiment*），以及以我们最简单的知觉引发深刻的真理教义，这一切并非不可能。即使这样夸张的描述可能真实不假，但除了反映出狂热的神秘主义也别无其他，这种神秘主义在不同的地区、不同的学说和宗教中均有出现，只是披上了不同的外衣而已。

就本诗而言，它至少并不偏爱这种平静闲散生活中的持续修习。如上文所见，本诗坚决要求行动，而且在战斗和厮杀的纷乱中要求最为活跃积极的行动；认为以不行动来阻止尘世之力对行动和转变的追求，只是一种妄想；每个人应按照对其身份的规定来行动，但无须考虑结果，保持超然之心。

作为思考和真理探究之法，克里希那的教义其原则显然是：纯粹的真理，亦即对事物本质的悟解或预感（*tattwa*），无法以推理和理智而获得；人们必须酝酿心性，尤其是要净化染污的狭隘之心，让自我知识做主，然后激发内心的真理之感，聚集精神，使"我"与万物一体。通过肯定精神的同一性，以及个性（*prithaktwa*）是人根本的局限，这一教义非常明确地区分了永恒与无常。

甚至可以将真理视为原本就在人心中，只是渐渐被遗忘了。对话的最后克里希那问阿周那，他是否获得了真理的认知，至少阿周那说：

因为您的恩典，我的虚妄已被摧毁，我已获得自我知识。

关于身体与灵之间的困惑也已消除，毫无怀疑。我将遵循您的教导。

(XVIII.73.)

因为这一教义讲的是通过内观而顿悟，所以尤其要求精神的稳固不变，成功与否必定取决于刻苦而持久的向道之心。以此，性情的修养便成为寻找真理的一种方法，心性的所有力量应聚集于这一点。因而此种方式的意义只能是纯一，因为那些不懂此法者以理智探索，依据喜好和目的行动，他们的妄想杂念太多（II.41-44.）。所以这一学说最为反对怀疑，并将其视为罪业。

无知者、无信仰者和怀疑者（或无神论者），他们走向毁灭（或轮回）。对于怀疑者来说，既无此世，也无彼世，更无幸福。

具有自我知识的人，通过业瑜伽弃绝行动的果实，行动不会束缚他，阿周那啊，他们（关于身体与灵的关系问题）的迷惑，已被自我知识彻底摧毁。

(IV.40.41.)

从上段诗行中的对立可以看出，"精神"为何意。它不是怀疑者尤为擅长的思考能力，而是认知的源泉。

走向冥想的一个必要阶段是自我知识。为进入冥想，人必须要提升至三德中最高的善良之德（XVIII.33-35.），而自我知识可以引导至善良之德。

当自我知识的光亮照耀身体的所有感官时，应该知道是善良占据了主导。

(XIV.11.)

自我知识就像是联结所有不同探索的经纬，是对永恒与无常的区分、对物质与原质的洞见、对达致最终圆满的悟解（XIII.27.2.XVIII.50.）。因它同时作用于精神和个性，它便涵盖了智者和圣者的所有美德（XIII.7-11.）。它被推介和称颂为燃尽束缚人之业网的烈火、照亮无上之路的太阳、智者见于自身的净化。克里希那说，拥有自我知识之人，便拥有了真正的自我（IV.33-38.V.16.17.VII.15-20.）。

自我知识的基础是摆脱一切感官活动，就像由此流出的明朗清净充满盈溢，人与精神合一（II.65.）。

直接的自我知识和冥想时所具有的那种心性必然离不开信仰（VI.47.XII.2.）。信仰也会拯救那些被欲望所迷惑，偏离对无上之路的不断追寻而误入歧途之人（VI.37-45.）。信仰是自我知识的前提和出发点，亦即内心的真理之感所表达的就是之后自我知识的全然流露（IV.39.）。因为信仰源于人的禀性，根据原质三德，它便有三种。每个人的信仰都与其禀性直接相关。因为信仰是禀性的体现，一个信徒信仰什么，他便是什么（XVII.2.3.）。

但信仰、自我知识、冥想以及其他每种灵修的最高目标是从尘世生死轮回的束缚中获得解脱（208页，IV.9.，216页，XIII.23.）。人可以通过重生转生为一个更高贵、更幸福的生命（VI.41.42.），在此期间他可以享受天堂般的快乐（IX.20.21.），但最终目标是完全永脱轮回，摆脱再生的束缚（II.51.）。一个哲学体系，若把所有行为、所有感官活动、甚至最无法避免的身体行动都看作是对精神的干扰、束缚和染污，那么尘世的生活就只会是不安和无趣（IX.33.）。世界被视为一个永远缓慢前行的机器，它牵引着置身其中的每一个人（XVIII.61.）。清净便是无上的幸福（II.66.）。但因为在无常之中，生死相随无可避免（193页，II.2.7.），所以要达致圆满清净唯有追求永恒不变的神性（VI.15. 202页，XIII.30.，210页，XVIII.55.）要做到这一点，便要通过冥想促使精神与肉体的分离，并使所有纯粹的精神进行相似的活动。由此，这一学说中的所有部分都极其准确有力地联系在了一起。

本诗几乎在每一方面都多次预言了虔诚者和笃信者将会达致这一终极目标，圣者、苦行先知（Muni）便是如此（XIV.1.）。这一终极目标被称为至上（III.19.）和解脱（III.31.IV.15.），无上（VI.45.）、永恒（XVIII.56.）、无回（V.17.）之路，圆满（XII.10.）——虽然在另一处（XVIII.50.）将圆满与达致神性区分开来并认为后者具有更高的层次，此外还有无上清净（IV.39.），达致主和克里希那、达致神性和梵（IV.9.24.），与神性合一（VI.28.），达致主的存在（IV.10.），趋向神性（涅槃 nirwâna 中的 wâ，吹向 II.72.），能够证入神性（XIV.26.），化凡为圣（V.24.）。

那些仅仅奉献于至上存在、不为较低级的存在服务、且其思想只关注至上存在的人会达致神性，因为一个人奉献于谁，他死后就抵达谁（210页，VIII.13.IX.25.XVI.19.）。尤其是临终之时心中所想最具决定性（VIII.5.6.）。那些走上正路之人亦摆脱了年代的颠覆，在下一轮造物之时便不会再生，在世界毁灭之时亦不会死亡（XIV.2.）。

梵天的世界是重生的界限。

在梵界之下的所有世界，众生都遭受轮回的痛苦。

但是，阿周那啊，达到我之后，人就不再出生。

（VIII.16.）

但此处和上文提到的一样，不能确定中性的 Brahma(梵) 指的是神性本质，还是主本身（Brahmâ）。据上下文的关系，我认为是后者。

虽然梵文词具有很大的语法确定性，但在许多格中，阳性和中性词的变格（VIII.17.XI.37.XIV.27.）都是一样的，因而梵文具有这样的特点，即无法从语法上区分每一处的词性。也就是有这样的情况：阳性和中性，或像现在发现的那样，甚至所有三种性都有相同的原形，而这个原形又是复合词的成分（II.72.III.15.IV.24.25.VIII.16.XIII.4.XVIII.53.54.《摩奴法典》I.97.）；还有在语音缩合时，以一个词尾的长元音或短元音与相邻的词首元音结合产生一个相同的元音（IV.24.《摩奴法典》I.11.）。在本文所引述的所有诗行中，我认为只有四处（VIII.16.17.XI.37.XIV.27.），在讲 Brahmâ 的居所、时间、世界等时，指的是主，而在其他所有地方，也就是讲转化、化凡为圣的时候，指的是神性本质，就是中性的 Brahma。施莱格尔的极为准确的译本除一处之外（XIV.27.），都与此一致。该译本用 numen 或另一个名词来表达这一中性词，而主则用他的名字来表达。

但是想要达致无上，也就是这里被形象地描述为梵天世界的清净居所，此前必须历经多次重生，净化其本性（VI.45.VII.19.）。那死亡之后的命运根据三德而不尽相同。愚昧之德占据主导的人堕入深渊，重生为心灵阴暗的生物；激情之德占据主导的人居中，重生为执着尘世行动的人；那些具有善良之德的人则升华进入能了知无上的完美世界（XIV.14.15.18.）。这一命运似乎与那些未完全达致圆满的虔信者的命运一样，他们在再次重生之前，需要在天界度过无数年（VI.41.42.）。因陀罗（Indra）的世界（与梵的世界对立）中那也许同样与此相关的对天堂之乐的享受也只是一种转瞬即逝的善报；因为当尘世所得的福德由此而耗尽，享受福德之人必须返回凡人的世界（IX.20-22.）。而这被看作那些人的命运，他们只会狭隘地拘泥于神圣典籍及其记载的仪轨(Cärimonien)。

通常情况下本诗虽然竭力反对吠陀教义和科学性神学，但也没有完全摒弃它们，只是说它们仅仅描述却不究竟，未证得真正的感官清净，无法达致无上目标（II.41-53.）。

因为冥想的最终目标是将人性本质转化为神性本质，所以它就不仅仅是智慧的，同时必须具有真正的行动力，也就是能够引发一些超自然现象，能够改变存在的形式和界限。这也可以理解为一种心性的聚焦，主要是基于一种坚定不移的意志；为此可以通过战胜欲望、抑制感官活动、不落外界印象并停止所有身体行为的方法来做准备。

在帕坦伽利的业瑜伽教义中，使用一个独立的章节来讲述这种行动力，*wibhûti*，字面意思是"变为他物"，也就是转化。他将这一行动力以各种各样的神力展示出来：他心通、大力神通、神足通、天眼通等。所以在印度，人们认为瑜伽士和巫师是具有同样意义的概念（科尔布鲁克，《皇家亚洲学会公报》第一卷第一部分，第36页）。

在这一方面本诗也较为纯净，丝毫没有提及这种迷信的小把戏；那种梵文表达完全不是凡夫俗子的用语，甚至也不会强调使用瑜伽行动力这一表述，而仅仅在提到化凡为圣时才会想到，因为在斩断怀疑、用自己的心性战胜感官直觉时，需要广泛使用这一概念。在这一关系中，为战胜自我所做的冥想被认为是点燃自我知识之火（IV.27.）。这是一个非常重要的比喻，符合冥想收摄整个人的特性。

正如前文所见，神性也被赋予了那种神通力（wibhûti），因它无法将神性转化为更加高级的层次，所以关注的是对立面，亦即反抗自然本性将永恒转化为无常。这一神通力有能力造物（X.6.7.）、现形（XI.47.），万物既在它之中，又不在它之中（IX.5.）。这一切通过结合神性与本性而得以实现，以此又回到了"联结"（Verknüpfung）这一原始概念。

在交谈的过程中克里希那也提到了其他的达致极乐的方法，尤其是献祭和忏悔（Büssung）。关于献祭和敬神他列举了多种方式，但他更偏爱献祭自我知识（IV.25-33.）。克里希那说，读到他与阿周那的神圣对话的人能用这种献祭供奉他（XVIII.70.）。因为正如我们所见，自我知识必须使心性做好冥想的准备。

冥想优于忏悔（VI.46.）。克里希那坚决反对折磨。根据至今在印度还存在的风俗，忏悔者出于虚假的神圣、愚蠢的妄想或其他的原因承受着这种折磨的伤害。那些愚昧之德占主导的人才会去践行它（XVII.5.6.19.）。

瑜伽教义的基础是战胜欲望，赞成行动的无私，处处要求远离感官刺激，以自我知识为主导，心性指向神性，因而它本身就是一种道德教义。但本诗的某些地方在介绍学说时也穿插了行为的纯净和道德。冥想者不厌恶任何人，是众生的朋友并为其谋求福祉（XII.4.13.）。能够悟解无处不在的神性之人不会伤害他自己（XIII.28.）。恶人不能达致主（VII.15.）；那些正确行动的人，即便没有达致圆满清净，也不会走向迷途（VI.40.）。值得注意的是这条戒律：每个人都应该做他与生俱来的、符合身份的工作，即便它是有缺陷的。紧接着就是这句名言：

因为一切行动都带有缺陷，就像火也会被烟雾掩盖一样。

(XVIII.48.b.)

尤其是根据这一学说特有的行动概念，这一诗行也表达了一个深刻的普遍真理，但就整个诗段而言，必须同时想到，印度那种尤以社会等级分类为基础的观念中，许多在普遍道德意义上并非如此的行为也被认为是罪孽。比如禁止杀害动物，甚至禁止伤害任何有知觉的生命，所以即便是献祭本身，因为这与杀生相关，也被认为不是完全纯净的（科尔布鲁克，《皇家亚洲学会公报》第一卷第一部分，第28页）。

每个人就其身份而特有的品性与生俱来，似乎无法更改，这是一种不以个人意志为转移的命中注定，尤其体现在具有神性命运和魔性命运的人的身上。前者被赋予一切美德，后者则被归咎一切恶习；后者死后，克里希那总是不断地将其扔回魔胎孕育，使之最终堕落深渊(XVII.5.6.)。使道德的自由与互为决定的本性特征和行动保持一致，准确地说，在所有的哲学体系中，这都是一个无解的命题。自由只能被感受和要求，无法通过经验加以证实，它只是自然进程达至顶峰的首要原因，不能在其中间阶段加以探寻。我们也应该以这种方式看待本诗中互相矛盾的地方。道德的自由就其本身而言完全可以得到拯救。无论善行或是恶行，神性不是人类行为之因，它们源于每个人的性格。欲望和愚痴蒙蔽了自我知识，所以人会犯下罪过。但这样的敌人能够也必须被战胜，自我知识要占据主导（III.37-43.V.14.15.）。相反，上文的描述认为人一方面是本来就在行动的神性的工具，另一方面则为本性所牵引，所以那里是在整体上讲本性之链，而这里讲的是不同的行为，以及行动者在行动时的态度。瑜伽教义就其本质而言，甚至比其他任何哲学都更基于道德自由的必要性，因为意志用以改变本质的坚固力和持久性是瑜伽教义的最终目标，而这只能源于相左于一切无常活动的绝对自由。

克里希那建议，只崇敬他一人，放下其他一切被认为是神圣的法则（XVIII.66.）。所以他称颂他的教义是唯一真实的、唯一能达致圆满的教义。但他也并未完全摒弃献祭其他的和更低等级的神明。这样做的人本来也同时在献祭他，只不过使用的方式不正确。他是一切献祭的主人和享受者，人们只是不明真相（IX.23.24.）。对于不同的哲学体系他也并非总是严厉禁止，而是允许它们同时并存（V.2.），但不会通过选择或传授这些体系去阻碍向一个目标精进的冥想者，因为作为其教义的最终目标，神性可以从各个方面，以各种方法达成。这样全诗便散发着一种柔和而慈悲的宽容精神。

译词对照表

德语拼写遵照原文，词汇排列按照其在文中出现的顺序

Krischnas	克里希那
Vischnus	毗湿奴
Mahâ-Bhârata	《摩诃婆罗多》
Ardschunas	阿周那
Dhritarâschtra	持国王
Indras	因陀罗
Pându	般度
Colebrooke	科尔布鲁克
Patandschali	帕坦伽利
Mysticismus	神秘主义
Intellectualität	智性
Erkenntniss	自我知识
Seyn	存在
Nichtseyn	非存在
Vertiefung	冥想
A. W. von Schlegel	奥古斯特·威廉·冯·施莱格

Bhârata	婆罗多
Pârtha	帕尔特
Kâuntêya	贡蒂之子
Yadu	雅度
Irdischwerdung	化身于世
Emanation	流露
geistiges Selbst	精神自我
Nârada	拿拉达
Vyâsa	毗耶娑
Usana	乌商那
Reflexion	语符切分
Vâsudêva	华苏兑瓦
Brahmâ	梵天
Wesenheit	实体
Wunderkraft	神通力
allgemeiner Stoff	原质
Stoffkundigen	灵
Gesinnung	信念
persönliches Wesen	自性
die göttliche Substanz	神的本体
Entlassen	释放
Schaffen	创造
das Übergeistige	超精神
das eigene Seyn	自我存在
das getheilte Seyn	分化的存在
Urgeist	原灵

Wesenheit	本质性
Irdischheit	尘世性
raisonnirender Verstand	理智
Insichgekehrtheit	内观
Muni	苦行先知
Indra	因陀罗
Cärimonien	仪轨
Verknüpfung	联结
Büssung	忏悔

17[b]. 论《摩诃婆罗多》中以《薄伽梵歌》著称的片段 II

1826年6月15日科学院演讲

本报告以尽可能简短的节录所描述的学说体系，其编排并不具有严格的系统性。这是一名智者对他丰富的自我知识和感受充满热忱的叙述，而不是一名受过学术训练的哲学家根据一定的方法介绍他的研究材料，并用一根红线富有艺术地将其思想贯穿起来，直至学说得以完整地表达。这一学说更多的是像自然界的有机体那样逐步展开。在每一个章节中，在大多数情况下甚至会有许多次，某个句子会与结论直接相关，使人能够立刻通观全文。不管所讲义理是否在前文已完全明了，诗人在每个主要段落中都会阐述全部要义，这时几乎总是将已经明了的与还难以理解的内容放在了一起。但对于难以理解的内容他迟早还会再次提到。这样，全诗并非一点一点地由各个部分组合而成，而是如同一幅绘画，可以立刻通观全貌，但好像被迷雾环绕；渐渐增强的光明驱散迷雾，直至每个形象最终都清晰可见。在这种情况下，重复不可避免，但每个多次提及的内容有时候是给予较为详细的阐释，有时候则是从一种新的角度或者以一种新的联系加以展现。这完全是一首劝诫诗，敦促信念、信仰和行动，在这样一首诗中，这种再三提醒的重复也就不显得那么的异乎寻常了。虽然上下文关系松散，然而所有的一切，借助老师的心境和学生那里所引发的印象，却以一种自然不做作的方式达到最终的目标。

这样一种编排必然会将这一学说的不同部分分散于诗作的许多段

落；前文的节录[1]已证明了这一点，因为大部分用作例证的诗句都分散在相距甚远的章节之中。这在一定程度上使得这样的节录十分费力；但若是采取章节顺序这样一种更为便捷的方式，就无法真正展现该学说的概要了。其中最突出的例证是，最后一个诗章一开始就对弃绝行动及其结果的裨益发问，就好似这完全是一个崭新的问题，而这个问题在最前面的几个诗章中就已经讨论过了。但在此处考虑到了三德，并更加明确地区分了行动时出现的不同情况。

至少我觉得，诗歌章节的划分一定不是后人所为，而是作者本人的意愿。他总是只围绕某些特定的、容量不大的一部分内容，并以这种方式把各个诗章串联起来。所以每一诗章本身又自成一体；大多数情况下都是以学生的发问，或是宣布老师将要讲解的要点为开端，而且几乎毫无例外地以一个劝诫或预言，或者以用其他方式对教义的一句总结结尾。

若要在全文找出涵盖主要观点的较大的段落，我认为应该是第十一章结尾。虽然至此提及的许多观点要在之后的章节中才得到更加明确的阐释，比如关于精神（purusha）这一概念，甚至于一个讲本性无始的重要句子要到较后面（XIII.19.）才出现。但除此之外，前面的十章已完全涵盖了整个教义：克里希那现出报身，以一种非凡的、引发想象的画面结束其理念的宣讲；如果说第十一章最后的诗行之后连接着第十八章（从63节开始）的结论，我并不认为是这首诗的缺陷，虽然一些诸如"三德"之类的教义只是简略提到，并不全面。相反，很难否认在第十八诗章之后还应当有一些其他章节，因为在前面各章中不乏一些人们希望更详细讨论的教义、概念和表述。在此我只想到了仅将神性描述为孕育的本质（XIV.3.），以及关于灵和献祭所述的内容（VIII.3.4.）。

本诗这两部分的编排也有所不同。前面的十一章，在上文描述过的

---

1 指《论〈摩诃婆罗多〉中以〈薄伽梵歌〉著称的片段I》。（译者注）

这一诗学宣讲的整体性质所允许的范围内，尽可能遵循着这样一种过程，即从一种假设的前提推进至结论。在这一过程中，第六章结尾无疑又构成了一个观点，因为至此主要在普遍意义上讲述了精神的本性，解释了行动以及与之相关的信念的本性，但从第七章开始，主要讨论了神性的概念和本质。不过根据上文所述几乎也无须再对此加以说明：该诗从一开始（II.17.）就提到了神性，且从第七章开始便再三提醒行动时应具有信念。这样，思想的展开便合乎自然而不做作了。

在后七章中，诗人更多地是为每一章选择了一个几乎仅在此章中讨论的观点；第十三章讨论的是原质与灵的教义；第十四章讲原质三德；第十五章讲精神，即普鲁沙；第十六章是关于确定具善良之德和愚昧之德之人命运的教义。最后一点和原质的概念在之前的章节中从未提及，否则这后七章便会被称为补充章节了。

在一般性的评述之后，我也许应该按照章节顺序简要地介绍一下这十八章每章所讲的主要内容。

第一章，仅从历史的角度，描述了这一对话是怎么形成的。

第二章，也许是所有章节中最华美和最突出的，为整个学说打下了基础：精神的永恒性，存在与非存在相互转化的不可能性，以此引出的对死亡的不在意以及对所有行动结果的不在意，单纯的理性知识与虔敬的冥想之间的对立，抽象的内观应致力于虔敬的冥想。所有这些理由都与再三鼓励阿周那投入战斗紧密相连。

第三章，阿周那明白，这一敦促与仅仅赞美宁静的冥想并不相符。他启请明确的能达致目标的真理，而这标志性地体现了整个学说的特点。

你这明显矛盾的话语扰乱了我的心意。

请您明确告诉我，通过哪条道路我可以达致至上者。

(III.2.)

克里希那解决了这一表面上的矛盾，把仅经过科学训练之人的自我知识之路和虔敬的冥想者的行动之路这两大学说相对照，显示出将行动与弃绝一切行动结果相结合的必要性。

第四章，克里希那讲述他从前是如何启示业瑜伽教义的，并指出他的行动的必要性。从这里开始他多次转而讲解行动的本性，并总结得出，自我知识具有更高的层次，人必须投身于此以摆脱行为的束缚并断除疑惑。

第五章，再三提醒行动优于不行动。智慧瑜伽与业瑜伽（Sânkhya, Yoga）这两种教义其实是同一；没有冥想便不容易弃绝行动，真正的弃绝不是不行动，而只是不执着于行动的结果。

第六章，继续解释第五章的教理，用更多的笔墨描述了冥想者。

在这全部六个诗章中，主被视为根本的源泉和终极的目标。而第七章开始，详细地集中介绍神性本质，包括较低级的、八重分化的、较高级的属性。在第七章最后的诗行中，如前文所见，提到了一些真正的普遍概念：神性（Brahma）、行动，还有那个超越精神、诸天以及献祭的存在。

第八章，在其开端，克里希那应阿周那的启请，用简短的定义解释了这些概念。有之前已经提到过的个体灵魂以及精神"普鲁沙"。此外，本章的其他部分论述了重生和摆脱轮回，以及梵天的世界、日与夜。

第九章，以之前介绍的思想为基础，主要对神性本质与众生之间的关系作了更为详尽的阐释，并描述了在世界纪元的过程中，万物是如何归于主，又再度被主所释放。

第十章，列举什么是神性本质，从普遍性和具体性而言神性本质具有什么。

第十一章，阿周那希望看到克里希那为他用多种概念描述的报身。克里希那满足了他的请求。接下来描述他的形态。克里希那敦促阿周那开始战斗。

第十二章，较为详尽地探讨了如何敬奉主，如何获得主的爱。诗人由此同时再次回到了个体灵魂的概念。

第十三章，解释一些概念：原质、灵、自我知识、自我知识的对象、本性以及绝对精神普鲁沙。

第十四章，区分神性（*brahma*）与孕育和自为的主。在之前的章节中，虽然是附带的，但已多次提及三德，在一概念在此章中得以完整地解释，指出了三德与自我知识的关系、受其束缚之人的命运以及摆脱它们的方法。

第十五章，以印度神话中常见的关于神圣无花果树的比喻开始。虽然在此并未明确说明，但据印度人的观念，它是生命之树，象征无处不在的生殖力。在本章的诗行中讲到，其枝条受三德滋养，萌发于感官对象，根植于尘世，并受到行动的束缚。它的叶子是吠陀颂诗（*chhandâs*），也就是以《吠陀经》的经文，甚至是以《吠陀经》经题本身命名的诗行；这应该可以表明，它不仅仅是一棵物质生命之树，而且还是一棵精神生命之树，更是一棵宗教生命之树。它的枝和根同时向上下伸展，以暗示此树的特性，也就是为生出新树，树枝垂落泥土，树根从中发芽，这也许是在表明再生以及永恒的概念。[1] 知晓此神圣之树的人便是通晓吠陀者。但无论它的根伸展至何处，人们都应用清净之心作为武器将其斩断，然后追寻不回之路。此处诗行并不认为《吠陀经》属于无上的自我知识。本章的其他部分讲述了主在万物之中，创造着、激发着而发挥作用，这

---

1 在克罗伊策（Creuzer）的《象征学》（Symbolik I. 642-644.）以及吉格诺的文章中，用极为新颖的补充说明对其进行了丰富和发展。I.150., 注释 178。对《薄伽梵歌》的描写显得很特别，最初把树描绘为树根向上，树枝向下（1.a. 节），此后又说（2.a. 节）枝条向上和向下，树根向下扩展，虽然这一切都与树的原本的特性非常吻合。在科迪尔·杜伯龙出版的《邬布涅伽教义》（*Oupnek'hat*）中也讲到了这棵树。对它的描述和《薄伽梵歌》一样，也从其向上的根和向下的枝写起，只是把根看作梵，这与克里希那的描述不符。克里希那将树枝想象为一种持久的运转，整棵树被称为世界。《邬布涅伽研究》也总是只讲"一个"根。（《邬布涅伽研究》37., Brahmen 154.）关于无花果树的自然特性以及希腊和罗马作家对它的介绍可参见 G·H·诺登（Nochden）的《无花果树或印度专门报道》（*account of the Banyan tree or ficus Indica*），在《皇家亚洲学会公报》第一卷，第一部分，119-132 页。尤其在 121 至 128 页描述了由树枝生成树根的特性。

又与上文讨论过的三种精神，也就是普鲁沙的教义联系了起来，从而证实了上文对这一表达所给与的解释。

第十六章，全部在讨论与生俱来的神性命运和魔性命运。欲望或特定的感官欲望、愤怒和贪婪被称为三道地狱之门，地狱也就是前面几章已附带提到的那罗伽（Nâraka），是具魔性品质的人最终抵达的深渊。本章以劝诫遵循正面的经典戒律而结束。

第十七章，主要把三德的教义用于人与神性以及对其敬奉相关的信念和行为，如信仰（此章以此为主要内容）、献祭、忏悔、捐赠。最后解释了神性的三个单音节名称：唵、塔、萨（om、tat、sat）。"唵"，前文已经讲过；"塔"，字面意思是"这个"，在此表示蕴含万法真相的万法本身（tattwa）；"萨"，字面意思是"存在的"，指真实的存在。

最后一章，也就是第十八章，再次回到了行动的概念，并对这一概念及其组成因素进行了更为详尽的探讨。除此之外，行动还被用于一些其他概念，如自我知识、理智、坚定、快乐、三德教义，并讨论了四种社会阶层及其义务和职业，以及遵循各自界限的必要性。随后是结尾，称颂所述教义是深密教义，并说明了整个对话的来源。

当然，那些经常审视某个民族古代作品的人一定会发问：上文描述的整首诗歌是否属于一个诗人，一个时期，甚至一个体系？还有，若是情况确实如此，那么该诗是否通过整体构思撰写而成，还是由原本各种独立的教导通过诗人本人或是后来组合而成？

在如今还在批评印度文学的情况下，我认为要明确地回答这些问题为时尚早。现有的作品太少，还无法得出较为普遍的认识。所以我在前文中只是努力汇集了本诗所有可能给予问题答案的情节，现在再作一些补充说明。

上文描述的诗歌在方法上并未按照某一个进程编排，而是把对各个要点的探讨以一种常常极为松散的方式排列在了一起，这样就会有利于其他诗人在各自的时代插入一些别的段落。本诗的韵律结构也是如此。虽然远非全部，但大多数诗节都围绕一个完整的教理，不同的教理通常只是通过相距甚远的中介概念相互联结。一个突出的例子是第十七章（从第23节开始）插入的对于神性本质三个名称的解释。同一个观念也经常重复出现，只是表述有所不同。鉴于该诗的这一特点，若诗中全部的内容均为原来的诗人所撰写，那么就确实值得赞叹了。

关于前文所指出的前十一章与最后七章的不同，我觉得还应加入一点：相比前面章节，后者含有教义性的、偏向于科学性的哲学探讨以及更为艺术性的理论。这一看法主要基于第十三章，第十八章开端，以及关于精神，即普鲁沙三重性的教义。不过对于该诗作这两部分的整体区别而言，这并不十分重要。因为除了少数上文所指出的特殊情况，所有在最后七章出现的概念在前十一章均已有所提及，同时并未发现这些概念在后面章节中的讲述方式与前文有甚不同。

若不同的诗章确实并非出自同一个作者，那么上文阐述这一学说时便有可能把互不相干的想法放在了一起。然而，我并不相信这一指责是有道理的。因为在我看来，整首诗中并未出现真正相互矛盾的地方。

然而，将梵仅仅看作孕生的神性以及认为魔性命运与生俱来，这似乎又有点异乎寻常，因为无法看出，整首诗的基本观念——只要坚定地趋向神性，任何情况下均可达致圆满，是否也适用于魔性本性，还是说这里只是提出了相反的观点。但这里也有可能只是讲到了自然链中必然存在的宿命论，也就是说更多的是一个事实，所以是一种存在于万物本性中一定条件下的不可能性，而非绝对的不可能性。但关于梵，由于主在此地被认为就是克里希那，自为性和孕育性之间的区别并没有与个体的主和神性物质之间的区别完全不相称，亦无碍于克里希那和梵合一，因为在一个本质中可以推想出两种不同的能力。

在语言上诗歌的不同部分是否存在差别，也许需要这方面的行家来判断。在我看来并没有什么差异。但仅仅以此还很难确定本诗的整体性。因为很明显印度诗歌艺术所运用的哲学语言不仅在该诗撰写之前已经完全形成，而且人们还可以清楚地看到已经存在一些习惯性的、韵律鲜明的概念组合，它们如固定的词汇搭配一般，可以直接使用。在整首诗中，一些诗行的片段（VIII.21.b. 和 XV.6.b.）、半节诗行（VI.8.b. 和 XIV.24.a.VI.31.b. 以及 XIII.23.b.）、甚至全部诗行——尽管极少出现（只有 III.23.b. 和 IV.11.b.III.35.a. 以及 XVIII.47.a.），以这种方式再次出现。此外，在《摩奴法典》和该诗之间，即便并非每个词都相一致，也能找到大段的相同诗节（《薄伽梵歌》VIII.9.《摩奴法典》XII.122.）。因此，不违反旧作的风格，后人插入一些段落和补充应该不难。因为流传着的这种哲学箴言（*Sûtra*）数量极大，而《嘉言集》（*Hitôpadêsa*）就是证明，其韵律部分应该完全就是这样组合而成的。

即便无法具体指出插入的段落和补充，也极有可能猜测出来；但若想确定，却也许永远不可能。当然也有可能是如上文所说的那样，现今的诗章分别由原本的诗人所撰写，后来作为独立的教导被组合起来而排列在了一处。这样就可以解释，为何所有章节合在一起并没有一种自成一体的完整性，而更多的是让人产生这样的想法，这首诗也许还可以继续写下去。若在构思之初就已经具有整体观念的话，那么各个教理之间的联系也就会更加紧密。

若从诗学的角度来考察克里希那与阿周那的对话，那么我想说，这一对话比任何我们所了解的其他民族的此类作品都更加符合哲学诗作之真实和根本的含义。但它完全不同于那些所谓的哲学诗，更不必说那些说教诗，因为相比真正的自然诗，这些诗作中已然存在了一种刻意的艺术形式。

诗学与哲学生长于同一片土地，源于人类最崇高和最深刻的心灵，真正的哲学诗和假冒其名的诗作之间的区别在于，它们是否显示了诗学与哲学之间有机的结合，还是两个不同的来源被机械地组合在了一起。

要求人全部完整的本性，每次都能使人暂时的本性沉浸在对永恒的预感之中，这是诗学创作的特权。只有达到了这一目标，才可以被称为诗学创作。所以在诗歌的领域中有各种对象和类型，并不排除极为朴素忧伤的、略带愉悦的或刻意乖张的情感宣泄。因为情感在其表达的过程中有时候就类似于永恒，尤其是当人所具有的艺术感受力为第一个音符所触发时，情感就会升华。艺术只受到其本身形式所带来的局限。其真正的秘密在于创造性的想象力，一切艺术都存在并形成于这种想象力之中，它以其魔力用一种与上文所介绍的教义极为相符的方式从本质上去摧毁、从形式上去保留暂时的本性，它活跃于感官的世界，使所有感官的触动化解于纯理想的体验，正如弃绝教义和冥想教义将最为活跃的行动化解为不行动一样。克里希那讲到万物时，说它们像突如其来的奇迹一样，相互遇见，互不相识（193页，II.29.），这其实完全适用于每一次真正的诗学创作。它就在那里，它从何而来，人们不得而知。所以它需要一个来自其他领域的认证，召唤一种更高级别的力量是每位诗人的自然需求，就像我们在此讨论的这首诗的作者一样，诗人的创作并没有让我们感觉到这种认证力量好像已经蕴含其中。

所以，如果要将诗歌以一种合适的方式与哲学观念相结合，那么这些哲学观念就必须具有这样的特点，亦即没有这样一种无形的内在热忱之力，它们也就无从产生。诗学创作的光辉和庄严必须从精神的深处引发真理；哲学的教义也无须披上诗学的外衣借以装饰自己，而是由内心的渴望以自然的节律流泻而出，它在诗学创作中，就像在其自然而固有的形式中一样得以绽放。而要做到这一点，哲学的观念必须回归至这样一种境地，亦即智性思考不再从原因推导结果，真理的火花通过精神的净化和追求，通过远离一切辩证的外表，从纯粹的自我意识的升华中萌发。只有诗人感觉到了内心的力量，在诗歌激昂的想象力中领悟真理的本质，才会产生真正的哲学诗。

把拥有众多形象、色彩以及多样化的诗学创作与最朴实、最抽象的观念相结合似乎很奇怪，但也没有什么不对。诗学创作、科学、哲学、行动学就其本身而言在本质上并不彼此隔绝；它们是一体的，在人类的成长过程中成为一体，或者通过真正的诗学心境使之恢复为一体。相比后来的科学探讨，历史在原先的史诗中显得更为纯粹和饱满，因为在史诗中，看似由偶然的推动力和自然的反应链所引发的事件，却显示并发展了其他领域的观念，事件的进程铺展得更为简洁和形象，并能够更为清晰地将各种线索最终连接起来。当精神开始不同的追寻，诗学创作才被分离出来；即便以后将不同的精神追求有意识地重新结合起来是可能的、甚至是永远必要的，即便一直存在必须恢复原本的一体性这种感觉并勉力追求，但还是难以成功，所以诗学创作和哲学后来就呈现出了不同的形态。

克里希那的教义全部围绕着无常与永恒之间的联系展开。两者的区分作为永恒的、颠扑不破的、自然而成的真理成为整个教义的基础。殊途同归，真正的哲学诗总是需要这样一个立足点；也许将真理视为萌发于永恒的火光，或者通过认识理性的自相矛盾来论述无常的界限，显得过于狭隘。因为对精神囿于无常并迷于其中的绝望也是一种诗学观念。如果哲学的诗作要名副其实，就必须通过渴望或真正勇敢的自觉来摆脱单纯的自然链，通过本能和成果来摆脱行动的理由，脱离简单罗列的因与果，并摆脱仅仅传授而得的真理的全部限制。

举例说明：具有非常丰富诗学天赋的卢克莱修（Lucretius）经受不住这一检验。在我看来，在最初的规划上其诗作的理念就是错误的。将哲学视为准则，以自然原因解释一切，否认超越自然的欲求和可能，此外还通过冗长的、几乎小题大做的探讨罗列细微的自然观察，并试着以敏锐的、常常钻牛角尖的、间或完全轻率的方式解释它们，这样的哲学必定无法生存于诗学的土壤之中。诗学创作无法与之产生内在的联系，就像卢克莱修（I.932-949.）所直言不讳的那样，诗学创作只是其用来装饰的讨喜的外衣。因而在他的诗作中会出现大量仔细阐释的图景，如"雅典的灾祸"这样离题甚远的描写，而我们的这首古代诗歌却从不远离主题，且总是保持纯正的哲学性。这首诗虽然有些枯燥，被卢克莱修称为"悲伤的思想"（ratio tristior），但显然更具有诗歌性。卢克莱修几个出色的诗段也表明了这里所表述的观点。在他以接近于上文描述的方式展现他的学说时，就像讲到死亡的必要性和普遍性、恐惧死亡的虚幻性、放纵欲念那无比痛苦的贪婪性、意识到罪业的那种力量、一切无常之物的短暂性，他显然是把自己放在了一个更高的位置在论述。（可与第三本书的后半部分比较，此外还有 V.92-97.374-376.，以及其他更多段落。）原子论和印度学说通常属于完全对立的领域，但它们也有一些、并必定会有一些共同点，比如猜想存在与非存在相互转化的不可能性（卢克莱修，I.151-159），在此我只是附带提一下。

以恩培多克勒（Empedokle）的诗作和少数片段来结尾，还有巴门尼德（Parmenide）的诗作，它们的风格已全然不同，尽管是用艺术的意识创作出来的。普鲁塔克（Plutarch）的名言（《聆听诗歌》，c.2.）——为避免平淡乏味，他们将诗歌作为辅助工具，仅借用了大量音节以及庄严性，这也许只是后人的批评观点，并未真正认识到早期诗学创作的本质。

在哲学开始走上科学之路时，它自然就与诗学分离开来了；若它仍然保留着诗学的外衣，就像在印度出现的这种情况，那显然是一个失误。因为科学性的哲学需要辩证法，不仅是为了找到真理本身，而且也是为了为此铺平道路，并使智性和理性得以理论化而远离不适用的领域。但辩证法与诗学的本质相悖，为达其圆满，辩证法要求一种最为优美和精致的散文。但是不能说，哲学仅在早期与诗学有密切联系。初期的人类智慧还几乎未受经验左右、迷惑和离散，更可以被称作神性智慧，如果没有得到自愿的迎合，它拒绝用证明和反驳来开辟道路，它绝非孩童的喃喃低语。

在其他时代，尤其是我们的时代，是否还有真正的哲学诗——我只将促进哲学、而不只是伴随哲学的诗学创作称为哲学诗，对此我不敢断言。如果一个诗人其精神禀赋明显倾向于将诗学与哲学的分离视为不完整，那么他在诗学创作中总是具有最为奔放的思想，也不怕让思想深入其内心的最深处；若有人认为，他未达致诗学创作的最高峰，那也并不妨碍说，他还有更高的追求，想要把的确互不相容之物结合在一起，正是在这个意义上他创作了我们所了解的哲学诗。虽然这些哲学诗并不都是同样成功的，但至少显示一点：即便根据普遍的评判，诗人也似乎处于一个很高的艺术水平。但在这种情况下需要所要表现的对象本身发挥作用，因为思想显然无法彻底地表现对象，而要适当地与直观形象相结合只能通过诗的创造力才能实现。

若将克里希那与阿周那的对话与最古老的希腊哲学诗进行对比，那么相比后者这一对话显然属于一个更为久远的发展时期。在此我并不想确定《薄伽梵歌》真正的创作年代。但按照人类精神的本性，在追求诗学与哲学结合的道路上印度的诗学创作比希腊的早了许多。它还保持着自然诗那全部的无拘，而希腊的诗学创作却已经具有了明显的艺术意识。仅仅熟悉后者的人就已经能够从上文关于印度诗作的讲述中找到许多例证，而那些能够从头至尾阅读印度诗作原文的人，无须实证仅凭感觉就会认同上述观点。在印度诗学创作中，内容与形式不可分割地融合在了一起，而且也没有任何迹象表明，诗人仅把形式视为形式。从这方面来看克里希那的对话似乎处于它所属时期的尾声，至少接近尾声，而不是开端。波恩奥夫（Burnouf）先生也是如此评判的，他曾对印度文学作出过许多新颖的解释，当然还有很多其他的贡献。克里希那的教义虽然就其整个学说体系而言与前人相一致，但他非常正确地将其视为一种对前人的更正(《亚洲杂志》VI.6.7.)。与《吠陀经》《往世书》甚至《摩奴法典》相反,克里希那的对话尤其具有更为纯粹的哲学性,且更多地摆脱了神话的混杂,而且据我判断,《邬布涅伽教义》(Oupnek'hat)不可与《薄伽梵歌》中庄严、敏锐、短小精悍的宣讲形式相比拟。相比希腊的诗作,至少是巴门尼德时期的诗作,这一印度作品中哲学语言已经发展得较为完整,而《薄伽梵歌》要晚于许多其他哲学诗。因为克里希那在阐释原质与灵的教义时(XIII.4.)强调,这一教义每个人为各种虔信,以不同的方式,尤其是用探究根本并已发展形成的吠陀箴言来颂唱。因而相比《荷马史诗》,该诗属于另外一个级别,因为《荷马史诗》所展现的远古时期吟唱者的述说无法与引领真正哲学诗的作品相提并论。这表明,在印度、希腊和小亚细亚,精神发展的进程不尽相同;因为印度的诗学创作似乎更久地停留在了这样一个时期,亦即诗学创作还未转变为具有形式意识的艺术。因此在克里希那的对话中,从未将诗人和哲学家分离;需要对哲学表述定义时,克里希那使用了诗人的语言(XVIII.2.)。

无论哪个时代,相比希腊,印度的哲学更深地根植于诗学。即便在史诗中也充盈着一种哲学性的宗教思想。这一点主要可以从婆罗门的政治地位来解释。就像在国家中一样,在史诗中他们也必须居于首位,且他们和国王以及英雄的关系根本无法与卡尔克斯(Kalchas)和阿伽门农(Agamemnon)之间的关系相比拟。国王们也接受了他们的生活方式。曾经有过婆罗门圣者和和国王圣者。但这一现象以及政治等级的深层原因必须从这个民族的特性和精神倾向中加以探寻。对此切不可草率定论,因为印度文学的范围如此之广,以至于它同时把最庄严和最亲切的、最隆重和最轻松的、最虔诚和最神圣的、以及最为活跃的感性生活纳入其中。但在这些我们现在提到的最古老的诗歌中,无论是完全叙述性的还是描写性的,根据那种自由无拘的感觉,存在一种摆脱尘世纷扰的倾向，它趋向于虔敬的孤寂、抽象的思考以及严格的自我否定。[1]对此语言也提供了多处线索，这里我只想提到对不同类型和不同层次的智者和圣人的各种表述。不过这些明显是民众的口头语言，而不像人们所认为的真正的哲学表达那样，是某一学派的术语。

据我所知，是沃尔夫（Wolf）首先提出了这一说法并得到了强力的反响：散文的产生标志了书写艺术的繁荣时代，或者至少是作家使用散文进行创作的时代。但由此并不能得出普遍性结论，认为只要诗歌的外衣还普遍适用，就不可能使用散文进行创作，因为其他的异常原因也可以阻碍散文的产生；而且我感到更加不正确的是据此推论，认为音节群能帮助记忆，所以所有民族的文学都发端于诗学创作。各民族在其文学形成之初并没有强烈的文学意识。也许在早期，诗学创作和记忆训练常常相伴左右，这甚至可能与对已经出现的文字的某种蔑视相关。印度人习惯于将某种宗教或道德的真理通过诗行进行表述；很常见的还有，就像在《薄伽梵歌》（VII.4.），更多的在《嘉言集》中那样，对诗中不同的内容要点用数字加以标记，并以这种方式构成格言，就像上文所提到的吠陀箴言一样；而这种习惯似乎就是用来记忆箴言的。人们也必须将婆罗门所有早期的课程以及后来的大部分课程设想为是口授的。但为何最早的智慧和传说都是以诗学创作体现，却有着其他更深层次的原因。

简单来讲，当让人幸福和惊叹的思想鼓舞着稚嫩单纯的心性时，便产生了诗学创作。所有能够使精神奋发出活力并不为物欲所困的，在任何时代都或多或少具有诗学的色彩。但智性的体验和认识会丢失这种鼓舞之力，就像所学的逐渐变得比所悟的要多得多。我们无法再去感受，

---

[1] 我忍不住在此处添加一段波恩奥夫先生所写的文字，在表达和思想上都很确切中肯。"这一印度的民族精神，是那么的惯于冥想和无忧无虑，似乎早就摆脱了妄念和对物质生活的兴趣（*Ce genie de l'Inde, si meditatif et si insouciant, que la speculation paroit avoir de bonne heure eloigne du positif et detache des interets materiels de la vie*）。"（《亚洲杂志》，VI.106.）

一项简单的真理、一个数学定律、甚至一个忽然领悟的数字关系会对那些远古时代产生怎样的影响，但事实上，我们明显感受到了人类思维从其发轫以来的发展历史。不可否认，更多地被形形色色的现实对象所包围、更深地淹没在尘世喧嚣之中的我们，只有努力地通过形成概念才能达致单纯的思想和纯净的观想，而这些在以前的时代似乎更多的只是一种纯粹的自发显现。因而对数学图形，比如球体的认识，开创了发明史上的新纪元；而数字关系不仅成为深入考察的对象，而且激发出了对其的迷恋、热忱以及一定程度上的崇拜。相反，也许人们会提出，人类的精神就其本身并按其本性，相比尘世活动及与之相关的需求和爱好，更多地体现在思想和与之类似的情感之中。然而，要做到这一点就必须摆脱对本性的那种令人沮丧的抗争，而这是由工作和忧虑所造成的；即便人原本被赋予了同样的才能，但若观察各民族的起源，他们的精神禀赋却必定大不相同。所以为获得智性力量，人类不仅需要时间，而且也需要摆脱各种印象的干扰。自我知识真正从成长走向成熟，不是一种量变，而是一种质变。

若自我知识催请教导，教师自然就成为歌者。因为他有内心的热忱，且若他在宣讲时不跳出一般的话语方式，那他便也无法抓住听众的心性。吟诵的喜悦及其引发的有规律的音节节奏进一步加深了教导的印象。

满足日常生活需要与表达内心思想和情感所使用的语言自然有所不同，因为言语者在两种情况下的心境截然不同。他内心的思想越清晰明净，精神就越是需要言语的形式与内容协调一致。这是散文的起源，因为人们不能将所有不用诗节表现的都称为散文。这两个领域在仔细关注讲述的形式时才互相区分开来。唯一正确的观点是，认为散文源于诗歌，而诗歌无论如何是以艺术方式表现语言的开端。因为节奏本是散文的生命，同时散文也没有摆脱音节，更多的是对严格束缚的诗歌音节进行了扩展。它与诗歌的根本区别只在于，散文通过其形式解释自身，思想服务于形式，仅处于次要地位；而诗歌吟诵也不缺乏形式，但形式服务于思想的表达，且似乎是自然而生。

希腊的散文，若认为甚至可以从历史上找到其诗学的起源，也许并不是什么误解。希罗多德（Herodot）的历史叙述接近于六音步诗行，这也许不仅仅是因为与方言具有相似性，也可能是诗风发生了向散文的轻微转变，或者更多的是鉴于相同的精神倾向和方言的原因同时产生了散文。以这种方式，希腊戏剧的三音步无疑与阿提卡的(attisch)散文相关联。

从对言语形式进行艺术加工开始，是否就形成了一种名副其实的散文，或者诗歌与一种几乎无异于日常言说的讲述形式一起被继续用于后来的科学表达，这取决于其他一些情况，如民族的精神禀赋，甚至还有其外部的关系。一旦诗歌不再是自然激情的自发奔涌，艺术被有意识地看作艺术，精神力量开始各自发挥作用，那么诗歌和散文就会清楚和完全地得到区分。没有任何一个民族像希腊人一样将这二者进行了如此完美的区分；只要仔细关注一下就会发现，希腊诗歌与散文的表达和措辞完全属于两个不同的领域。阿提卡散文被普遍认为达到了最高的水准。但为达至巅峰，有三种情况一起发挥了强有力的作用：民众前及法庭中的演说，雅典人完全辩证的、甚至是诡辩的精神倾向，培养哲学家的学院中生动的对话。此外，还有阿提卡方言的特点以及整个希腊语的丰富和优美，并因上述三种情况而变得更为完善和高雅。拉丁语散文只接受过公开雄辩的影响，但方式并不多样；而其他所有的一切都只是对已然消亡的希腊散文的模仿。但这种模仿非常完美，虽然拉丁语散文最初抗拒诗学的火热而显得冷静，但之后却又达到了一种独有的与诗歌不同的热情，就像那种所有时代都可以从柏拉图那里感受到的并加以颂扬的热情。据我所知，印度散文是否也有这样一种特点至今并不为人知晓。但是，只要印度文学的宝藏尚未得到全面的挖掘，我们就只能评价已知的作品而不能妄加驳斥和断言。

译词对照表

德语拼写遵照原文，词汇排列按照其在文中出现的顺序

Lucretius	卢克莱修
Empedokle	恩培多克勒
Parmenide	巴门尼德
Plutarch	普鲁塔克
Burnouf	波恩奥夫
Kalchas	卡尔克斯
Agamemnon	阿伽门农
Wolf	沃尔夫
Herodot	希罗多德
attisch	阿提卡的

18．语言普遍类型的基本特征

关于详尽研究美洲语言的导论

1824—1826

1．将某一大洲的语言作为研究对象看似不同寻常，但只要稍作考虑就会发现，这一研究合乎情理，因为从地理位置来看美洲大陆与世隔绝，其语言也独具特色。欧洲、亚洲和非洲汇聚了不同的语言，但至少语言学（Sprachkunde）还没有理由将其联系起来进行研究，因为这些语言仅因处于同一大洲并基于或多或少的偶发因素才有了相互之间的联系。而且同一大洲的不同语族（Sprachstamm）不管在构造，还是在发展程度上都呈现显著的差异。相反，如果不考虑最近的欧洲移民——它带给美洲的只有对其内部民族特性的毁灭性影响，美洲根本没有遭受过其他语言的影响，或者说这种影响并没有留下值得一提的历史痕迹。因此，无论美洲各民族及其语言的起源如何，他们的命运历经数百年只经由自身以及彼此间的接触而形成。在这个辽阔的大洲上，从最北到最南端分布着不计其数的部族、部落和家庭，根据我们对美洲历史的了解，直至遭受欧洲奴役之前，他们并未受到任何外来影响，而是独自积聚力量并各显特点。因此，即便早先曾遭受过外部影响，也会在此后的数百年间因拘囿于本土交际而被打磨殆尽。

2．美洲各语言间明显的相似性也说明了这一点。在美洲各民族的形成过程中，其语言之间无疑曾经存在显著的、无以混淆的差异；但拼音文字的缺失以及由此引发的真正的文学的缺失，毫无例外地使所有美洲语言都处于一个比较低级的发展阶段。认为所有美洲语言的构造千篇一律，或者与其他所有的语言都截然不同，这些间或出现的错误观点虽然随着研究的深入已经消失殆尽，不过所有的美洲语言的确呈现出了极大的相似倾向，而且北美洲和南美洲之间甚至不存在泾渭分明的语言界限。

3. 因此我们有理由认为，普通语言学（die allgemeine Sprachkunde）有必要考察不同美洲语言之间的关系，研究和描述其构造，并将其与其他各洲语言的构造进行对比。本文的目的就是要竭尽所能并尽量全面地展开这一研究，尤其要尽可能深入地洞察这些语言的本质。为了实现这一目标，我不仅学习这些语言多年，更是对其进行了研究，同时很久以前就开始收集资料，尤其是手稿。当然，这类收集永无止境。然而，目前可供支配的辅助材料和可以视为美洲语言的来源资料，再加上其他多本著作所展示的相关前期工作，已经提供了丰富的材料以对美洲语言进行全面的研究并作出可靠的评判。

4. 我曾一度徘徊于这双重计划：究竟是先出版具体的语法书和词典，还是先介绍从不同语言的研究中得出的普遍结论。后者的缺点是，读者无法全面地检验这些普遍论断的正确性，因为他们必须先要获得研究美洲语言所需的辅助材料，但这方面的材料稀少，即便存在也大多难以理解。而前一种做法则旷日持久，出版这样的语法书和词典困难重重，所需的漫长时间让我知难而退了。

5. 所以我将首先对美洲语言的构造进行普遍描述，从评判语言的各种可能的角度，尝试对美洲语言的共同特点及其差异作全面的阐述。采用这样的方式，对各美洲语言构造核心部分的描写就会与美洲语言的普遍性交织在一起；同时，只有那些相对不太重要的，以及显示语言真正个性的某些语音名称，才会忽略不提。但另一方面，在此过程中对同一种语言的描述就会七零八落，无法全面地展示该语言的构造。当然这种方法也有优点，因为每一种语言的特点呈现在了语言普遍特性的图景之中，可以与其他语言的特点进行对比并加以评价。如若习惯了研究多种语言的构造，就会高度评价这一优点。因为有时我们不辞辛劳地研究某种语言的构造，却仍无法决断，这种语言在整个语言学领域中究竟处于何种位置？如何对其特点权衡利弊来确定该语言的价值？这属于最令人郁闷的体验了，但也并不少见。不过在此研究过程中所错失的概貌，从某种程度上可以通过汇总目录加以弥补。

6. 不过在对美洲语言进行了普遍描述之后，仍然可以编写关于美洲语言的语法书和词典；这样的顺序会缩短编写时间，因为编写时可以简要参考普遍描述中已经介绍过的不同语言。我会注意将众多美洲语言融入普遍描述之中，这样就不会产生太大的漏洞，尽管对不同美洲语言的具体研究并非我的任务。因为这样的研究就其本质而言需要时间，必须有多名研究者以同样的目的、从同样的视角共同去完成。如果普通语言学有朝一日成为非这一行的学者都可涉足的研究领域，那么就应该按照相同的原则为所有已知的语言编写语法和词典，而且作为进一步研究的常规材料，必须随着语言学的不断发展对这些语法和词典进行修订和补充。

7. 某一地区的语言主要可以通过两种方式进行描述，其目的和形式都有所不同：一种是描述语言本身，将其看作普遍人类语言中的一种特用语（Idiom），就好比生物分类中某一"属"下面的"种"；另一种是联系这些语言所在的地点和所属的民族，描述其地理环境和历史演变。这与研究自然造物，如植物或矿石种类，并无二致。我们描述个体的特征，确定并命名之，再将其归入某一体系，但并不在意它们所处的具体环境；或者我们也可以对某个地区的整个植被或是整个矿层进行描述。这两种情况，一种是真的用来描述语言和自然对象的，而另一种并不是，只是据其来描述这个地区。整个普通语言学必须依据这双重方向进行研究，然而迄今为止主要还是后者，即地理历史研究方向占据了主导地位。不过这两种考量也无法彻底分离，因为即便是新的语言类型，对语言的研究和检验也必须考虑对其产生影响的所有状况，也就是要考虑其所处的地域和历史特征；而根据一个地区的所有语言对该地区进行描述，也是以了解这些语言的特点为前提条件的。不过，就内容和方法而言，这两种描述方式还是完全不同的，比如，所有对语言的起源和亲缘关系进行的研究主要还是属于后一种描述方法。

我将先着手描述美洲语言本身，因为我们必须首先对其有所了解，同时这对语言学而言也尤为重要。在具体介绍美洲语言时，我会根据所论述内容的顺序依次述及那些与此相关的语言，在无关论述内容的地方，我会根据美洲的地理特点，从南到北、从西到东依次介绍美洲语言，以便由此并在不妨碍主要目的的情况下，将这两种不同的描述方式结合起来。

I.
对美洲语言特性的描述

8. 迄今为止并还没有一种方法可以有效地实现我在此所设定的目标，也没有过任何成功的尝试，能通过描述某种语言的特征来发现这种语言和其他语言之间的关系以及在整个语言体系中所处的位置，就如可以通过描述某一植物属类的植物学特点来明确其在相应体系中的地位。能够想见，我们可以根据各种语言语法形式的异同对语言进行分类，例如根据它们有无冠词、词性、双数标记、可分或不可分代词、屈折变化的或与助词相连的动词等。这类归纳汇总虽然也能发挥一些无关紧要的作用，但只要稍作思考就会发现，由此我们永远无法从语言的本质出发对语言进行分类。此处的分类仅仅基于语言的一些技术手段，这些手段的使用或缺失极少能够说明语言的内在本质，也几乎无法证明各种语言在整体上是否具有一致性。英语和丹麦语毫无疑问都与德语非常相近，然而前者没有词性标记，后者则通过屈折变化来构成被动态。通过语言的分类将其与德语割裂开来，并使之与那些拥有相同特征的语言为伍，这又能带来什么好处呢？而且这些技术手段也在发生变化，会产生，也会消亡，更会被替代；因此某种形式的缺失，并不意味着其在语言中所引发的功能的缺失。同时语言中是否真的存在那种形式，也常常难以确定。这里所提及的每一点，我们都可以列举出大量的实例。德语也曾通过屈折变化来构成被动态；希腊语后期的方言中双数标记失去了踪迹；科普特语（Coptisch）习惯于使用变位动词而不是分词，但仍保留着分词的思想方法；有些语言很难说是否真的拥有冠词，例如印度语中的指示代词在荷马时期成为冠词，并在希腊语后期十分常用。

9. 总之，我们必须防止像对待事物一样将语言系统比作自然系统。我们无法像对自然物体那样来分解语言，即便拥有众多的词和规则，语言从来也不是一种静态的材料，而是一种行为，一种精神过程，就像身体具有生命。与之相关的一切都无法用解剖学的方法，而只能用生理学的方法来进行研究；语言没有任何东西是静态的，其所有的一切都是动态的。即便那些业已消亡的语言也不例外。对于那些僵死的语言要研究遗留其中的远古时期的思想，而思想始终是生命吐露的气息，总是需要用某种固定的形式去限制，才能保证其与生俱来的无拘和自由得以传递。每个词和每种形式鉴于自身的构成会引发其周围上下左右的词和形式，以这种方式语言的限定本身就消除了可能带来的限制，这便是语言的本质，可以使部分和整体不断地融合转化，使其你中有我、我中有你。

10. 因此，如果真的想要研究语言的本质并对多种语言进行分类，就必须考察语言生动的作用。正因为语言是一种精神过程，所以用研究实体材料这样或那样的方法来研究语言无法同样取得成功。但我们又不得不将语言也视为一个稳定、成熟的实体，将其拆解为各个组成部分；然而这项工作必须始终服务于更高的目标，也就是要考量，出于原初怎样的精神方式和发音类型、借助哪些技术手段、通过怎样的个性化方式，每一种语言才实现了语言的普遍目标?

11. 据前文所述,要想全面地洞悉一种语言的构造,有两条道路可行,且须前后相继。一条道路是研究语言所使用的语法和词汇手段的特性,如变位、变格、复合和派生等。另一条道路则是研究这些手段的具体使用和应用方式,考察其整体状况,并尽可能全方位地探究语言的整体运作过程;因为只有通过这样的描述,才能真正探明语言的本质。对于此处所要考察的问题,其中很多都可以轻易地加以说明。比如可以问:语言的语法和词汇手段是否具有固定的形式、可以清晰区分,还是互相含混不清?这些手段的标记有否简单易行的规律,还是出于偶然、不相一致?相近语音间细微的交互影响是否得以显示并遵循固定的规则?多元组合句的构造(Periodenbau)是以何种顺序将整体概念的各部分连接在一起?词是由结构简单还是形式多样的基本语音构成?词语的变化、复合以及在句中的位置是自由灵活的,还是受限于固定的规则?等等。正因为迄今为止这样的语言分析较为少见,所以想要全面系统地梳理这些简单问题,必须要进行更为深入的研究。

12. 若要对本文提及的两种研究方式进行简要称谓,可以将其中一种称为对语言运作过程的研究,另一种为对语言组成成分的研究,只是要注意不能将这两者完全对立。前者更多的是将语言视为整体来研究,而后者则是研究其具体组成部分。

13. 我将从第一种方式着手,同时认为这种方法,正如前文(7.)提到的先整体后个别的研究顺序,并未牵强造作。这项研究并非是对研究结果进行描述,而是要另辟蹊径。想要投身于这样的研究,在考察所有的美洲语言之前,必须先学会这些语言,并从语音到句子结构逐步推进。这项研究将勾勒出关于不同的美洲语言及其整体状况的图景,如果从其边缘着手,然后逐步推进和个性化,那么该图景就会更加生动形象并更加令人印象深刻。语言的特点取决于其具体的组成部分,然而有些部分是如此的细小且颜色寡淡（如果允许使用这样的表达），从其中某一部分很难足够清晰地辨别出语言的特点。但如果从整体上描绘一种语言的特征，那么就比较容易得出语言的各个组成部分在此观照下所具有的这样或者那样的特性，或者说分析出各部分所具有的特性。

14. 之所以会选择这样的顺序，是因为就语言的本性而言还有一个更深层的原因。尽管所有的语言其形成的起因、技术手段以及目的都有一定的相似性，但每种语言仍具备各自鲜明的个性，而这种个性只有在语言的整体作用中才能被完整地感受到。若要将这种感受转化为认识，必须对语言进行剖析，而这种剖析总是会在某些方面使语言鲜活的个性失去光泽，因为感受永远无法完全转化为认识。但如果从整体印象着手，那么至少那种感受会贯穿于研究的整个过程。如果反过来进行，或仅局限于对语言的剖析，那我们就会在制定了一个研究计划之后还要面对一长串的计划，因为只有了解了语言才能依据其个性选择不同的剖析方法，而剖析本身还无法去认识或感受任一语言的本质特点。我们学习了很多关于语言的知识，却并不认识语言的本质。剖析越是详尽，对整体的印象也就越是零散。即便只是对数量有限、并不完全符合要求的语料进行对比，也会比较有利于获取关于语言特性的整体印象。不过我绝不否认，如果我们想通过这种对比获得丰硕的成果，并在语言的组成部分上证实语言的特性，那么在这条道路上就一定会遇到难以战胜，有时候甚至完全无法战胜的困难。因此，选择一条比较容易通向成功的道路尤显重要。

15. 此外，这里所选择的研究方法还有一个优点，即避免了前文（4.）所担心的零散介绍每一种美洲语言，而是一开始就倾向于描绘出关于所有语言的整体图景。因为对一种语言的描述在效果上必须自成一体，即便那些需要个别探究的内容也总是和整体紧密相连。相反，语法元素、冠词、格的标记、动词等并非总是和语言的整体特性明显相关，对于它们的描述倒可以像数量众多的关于美洲语言的专著那样单独进行。

1.
根据类别和作用方式来描述美洲语言

16．每种语言都不可否认地重复着同样的精神过程；这一过程中各种力量、手段和成效可以彼此一致或截然不同，因为在身体和精神上自然赋予了人类不同的语言禀赋(Sprachanlagen)。若要具体描述不同的语言，就必须从这一精神过程的普遍类型出发，并又回到这一普遍类型，因为否则就会完全丧失必不可少的对比点（Vergleichungspunkt）。精神过程的普遍性在于，与之相关的一切只能通过纯粹的语言概念来决定，而撇开了那种源于人类其他禀赋及其影响因素的所有现实中使之个性化的情况。

17．从这个意义上来说，迄今为止以普遍语法的名义所进行的研究，远未详细阐明这个概念，而仅停留在了对其一肢半节的了解。希腊人关于普遍语法的研究在某些方面已达至完美，无需再作补充，但印度语法学家是否做了进一步的研究，对此我们不甚了了；然而，普遍语法究其竟只是研究如何对言语进行合理的剖析以及如何以必要的词语形式去实现思想的连接，也就是说主要只是研究某一类的语言成果，因而仅涉及语言的一个部分。虽然某些研究赋予了普遍语法更为宽泛的概念，但据我所知，还没有任何研究像此处所要求的那样，尝试去分析语言整体的作用过程。普遍语法主要考察不同的语法形式，亦即言语成分（Bestandtheile der Rede），鉴于本文尝试采用完全不同于以往的划分方式来分析语言，所以大部分内容将在下一章节阐述，但无法避免的是，对于与特殊性进行比较所需要的普遍性，需要从相应的观念发展中加以汲取并重新加以界定。如果在描述某一类语言时能够援引别处已有所提及并证明行之有效的关于语言的普通性理论，那将会好得多。

18．所以现在首先有必要至少勾勒出普遍语言类型的基本特征，然后再据此去审核如何对本章所有的研究内容进行具体的划分。

A.
普遍语言类型的基本特征
a.
语言的性质

19．本文对语言的精神过程的理解极其宽泛，并非仅指语言与言语以及词汇之间的关系，同时也涉及语言对思维能力和情感能力的影响。我们考察的是在个体、某一代人以及历经数代的民族那里语言源于精神又反作用于精神的整个过程。

20．语言并非只是表达业已形成的思想，而且本身就是构建思想的官能（Organ），这一观点早已阐明，并且作为无以争辩的事实或许也能得到普遍的接受。智力活动完全是精神性的和内在的，某种程度上不留痕迹地稍纵即逝，它通过言语的声音外显而能够为感官所感知，并通过文字成为永久的实体（Körper）。如此生成的，是各种言说和记录，而语言是通过智力活动——语言本身就是一种智力活动——所产生的语音及其根据规则（而这些又源自智力活动的和与之相应的语音系统的性质）所可能产生的连接和变化的总和。因此，智力活动和语言是一体的，不可互相分割；我们甚至不能全然将前者视为创造者，而将后者视为前者的产物。尽管每一次的言说都确实是精神的产物，但因其属于业已存在的语言，所以能够脱离精神活动而由语音和语言规则来决定，同时，这一精神的产物又以语言的形式反过来对精神发挥着决定性的作用。智力活动必然与声音相连，否则思维无法变得清晰，思想也无法成为概念。智力活动自发地造就了声音，并通过自身的力量对其进行塑造，因为正是智力活动的作用，声音才能成为分音节（articulirter Laut）（这也许就是所有语言的肇始）。智力活动构建了这种具有独立性、确定性和限制性的分音节，而分音节又对智力活动产生反作用。

21．思维在语言中所需要的其实并非耳朵所能实际听到的，或者换一种说法，如果我们将分音节拆分为音的切分（Articulation）和声响（Geräusch），那么思维所需要的并非是声响，而仅仅是音的切分。音的切分基于精神对语言器官的掌控力，使之按照精神作用的形式对声音进行处理。精神作用的形式和音的切分之所以能够遭遇并联系在一起，是因为双方均将自身拆分为基本成分，这些基本成分组合成为不同的整体，意在将这些整体再次组成一个新的整体。除了这种掌控力，精神还有一种传达给语言器官本身的、想要对其进行使用的急迫需求；基于精神的这种掌控力和迫切需求，语言的形成甚至并不依赖于耳朵可以感知的声响。语言确实是完全内在的，即便不发出和听见语音也可以存在，对此可以通过聋哑人的例子加以说明。对于聋哑人而言，耳朵这一听觉通道被关闭了，但他们通过言语者语言器官的活动以及文字来学习理解言说的内容；通过对聋哑人语言器官的位置和活动进行引导，聋哑人自己也就能够说话了。而这一切只有通过他们自身具备的分音节能力才能实现，由于他们自身思维和语言器官之间的联系与他人相同，聋哑人就根据他人语言器官的活动来猜测出他人的想法。我们所听见的声音，呈现给聋哑人的是人体器官的位置和活动，他们在没有听到声响的情况下"听到"了音的切分。也许聋哑人身上也有进行这一切的感官存在，也许是他们的想象力弥补了听力的缺失，对此我们一无所知；然而，他们总是能够神奇地拆解出分音节。他们的确理解了语言，因为他们学习用字母来阅读和书写、甚至是说话，而不只是通过符号和图像来解读思想。聋哑人学习讲话，不仅是因为他们跟其他人一样拥有理性，最为根本是因为他们也拥有语言能力，以及他们的思维和语言器官相互协调并渴望共同发挥作用，这两者显然都根植于人类的本性之中，尽管在他们身上存在某一方面的残缺。

22．之前对于音的切分（这一概念我这里仅根据其作用理解为作为思想载体的语音形式）的描述仅仅按照其逻辑性质，或至少只是按照其智力本质。然而，音的切分在本质上依附于具有声响的语音，或者更多的是那种能使语言器官向远处发挥作用的空气震动。所以除了耳朵，音的切分永远无法直接作用于其他感官；而且正如所尝试过的那样，人们始终只能发出声音的符号，而无法发出能够拆解为基本元素的词。这一切根本在于，他人耳朵听得见的空气震动借助由思想所决定的器官与人类本性恰好不可分割地结合在了一起，而这种结合对于人类本性的发展也必不可少。

23．不过这里存在三个方面：对表达思想的渴望，因情感需要而产生动物性的嘶吼，以及形成思想所必需的社会性交互作用。其中每一个方面都能单独导致声音的产生，而语言则将其统一于分音节之中。

24．思维是一种精神行为，却因其对语言的需求成为了一种身体行为的推动力。思维处于持续不断的发展之中；是一种纯粹的内在活动，任何永久的、持续的和稳定的东西都无法留存其间；同时它也渴望着走出黑暗探求光明、摆脱限制寻求无穷。由双重天性合而为一的人类本质也同样渴求精神活动的外显，并借助语言器官这一媒介找到了空气这种非常契合的材料，因为在所有的元素中空气最为精细、最易流动，它的看似无形也符合精神的感性需要；当人保持直立姿态时，言语就通过空气自由、从容不迫地从双唇涌向耳朵，空气引发了星辰的光芒，无拘无束地延至无限。

25．以这样的方式精神的追求在唇齿间开辟了道路，然后精神追求的产物又重新回到了发声者的耳朵里；主观的内部活动反过来作为外部客体被重新接受。由此，语言分离和传递了思维的内在本质，亦即促使主、客体之间不断地相互转化。因为没有任何一种思想可视为对现存对象的一种纯粹观照。感官活动必须和精神的内部行为结合在一起，从中挣脱而出的思想相对于主观力量就变成了客体，并作为客体重新被感知，从而再次回到了精神活动之中。因此，撇开人与人之间的信息传递，言说也是每个人在封闭的孤寂中进行思维的必要条件。不过从表面上来看，语言只能在社会中得到发展。因为人只有通过考察别人对其言辞是否理解才能理解自己。

26．如果不是语言，而是像所有的动物那样发出非分音节，当然人有时也会这样，那么这样的声音或是由困境逼迫而出，如出于不良的情感，或是基于引诱、警告或者呼救的意图，又或并无困境也无意图，仅仅是出于生存的喜悦或对大声嘶吼的喜好喷涌而出。后者具有诗意，是混沌的动物性中闪烁的微光。不同的动物发出的声音多寡不一，因而不同的声音种类在动物中的分布极其不均，相对而言只有少数才演变为了较高级、较悦耳的声音。探究不同的声音究竟从何而来也许对于语言的研究也具有启示意义，然而我们却可能无法做到。为何只有鸟儿才会啼鸣，其原因可能在于，相比其他动物，鸟类更自由地生活在声音之中，生存于更纯粹的声音空间，当然，只要没有那么多的鸟类像地上的动物那样，只拥有稀少且单调的声音。

27．困境、意图和对言语的愉悦感，语言的产生也同样具有这些动因。不过言语的愉悦感也和思想，且主要和思想相关；这样也就产生了第四个动因，即对于通过交谈来传递和阐明观念及情感的需要。而将语言的产生主要归因于互相帮助的需要，无疑是一种极其错误的观点。人在自然环境中并没非如此的无助，而且即便真的需要寻求帮助，正如我们在动物身上看到的那样，发出非分音节就已足够。语言，即便在肇始之际，就完全是人类所特有的。即便是所谓的野蛮人，而恰恰是他们的语言，具备了远超实际需求的丰富多样的表达；可能在任何荒野上都找不到一户没有自己歌曲的游牧家庭，因为人类，作为一种动物，在本质上是歌唱的生物，只是将观念和声音结合了起来。而促使语言产生的更为本质的原因是言说的愉悦感，因此一个民族是沉默寡言还是口若悬河，会对语言的形成产生非常重要的影响。

28．对人的考察，即便有关其最崇高的追求，也必须总是从人的整体本性出发，而人在本性上具有动物性的一面；我们不能忽视语言简单的发声，因为由此动物般的声音转化为分音节。这里首先可以发现的是这样的发声与观念表达之间的关系。这就如同绘画中的色调。语言使用语音时而浓郁，时而寡淡，时而低声细语，时而又震耳欲聋。有时也会发生这样的情况，语言在根本上，或者在一定的发展阶段，会或多或少地将没有思想的吼叫混入真正的语言之中，使用没有明确含义的音节甚至是词，几乎只是为了填充声音。当然，所有这类语音可能都与某种感受有关，不过即便是非分音节可能也能做到这一点。在开化的语言中，这些单纯的声音填充词要么消失不见了，要么在比较有利的情况下，经过人为处理成为表达观念细微差别或者连接观念的符号。

29．每一种语言真正的个性最终仅在于其声音性质本身。无论如何尝试去描述某种语言的特点，都只能逐步接近其所属的类型；耳中听到的只是这种，而非其他语言的发音。尽管整个人类使用的字母只有一定的范围，甚至也并不十分丰富，但每个拥有自己语言的民族都具有独自的语音系统，会排除某些声音，同时又偏爱另外一些，选择不同的声音来表达不同的概念，并将声音连接组合等。这可以与动物各种各样的吼叫和声音相比拟。即便语言持续的发展已经淘汰和排除了很多声音，但其中仍有一些稳定了下来并得以沿袭继承，深深根植于进化了的语言器官以及声音感觉之中。然而，与其说语音系统区分的是语言，还不如说是种族，因为即便使用同一种语言，各个种族也会有与众不同的语音，例如佛罗伦萨人的送气喉擦音。但如果不考虑这些就语言本身而言偶发的个别情况，不管何种语言，语音系统对其核心部分都具有极其重要的影响；因而必须首先要确定语音系统。这自然需要费力的，通常也很琐碎的基础研究，但我们对于不同语言的整体印象正是基于这些本身琐碎的细节；而这样的研究与只想探寻语言中重大的、占主导地位的问题以及精神现象完全不同。如果不想在任何关于语言构造和语言起源的评判上因犯错而出丑的话，那么认真研究每个语法细节并将词切分成元素就是完全必要的。

30．语言之所以想要借助声音对外界发挥影响，是因为人类与生俱来的社交性（Geselligkeit）。这一社交性具有双重含义，尽管这两者可以紧密结合构成更高层次的含义：一方面所有的人类力量只能在社会中才得以充分发展；另一方面整个人类具有这样一个共同之处，即每个人都渴望通过他人来完善自己。而这两者恰恰对语言而言极其重要，因为社会的共同作用对语言的影响越大、越活跃，在其他条件不变的情况下，语言的收获也就越大；而刚才提到的人类的这种共同之处便是所有沟通理解的基础。

31．即便说社交性源于单纯的需求也具有片面性。动物的社交性甚至并非基于单纯的需求。就力量而言，没有什么动物能够像恰恰喜欢结群而居的大象那样，仅靠自己就足够强大。因而，各种动物所具有的不同程度的社交性倾向根植于它们的本性。我们只是无法探明其原因，因为我们无法了解动物拥有的那种毋庸置疑的能力，例如感知能力、情感能力以及结合各种感知的能力。但人的思维与社会紧密相连，除却所有的身体和情感方面的需求，为了进行纯粹的思维，人需要一个和"我"相对应的"你"。只有借助他人思维力量的反射，概念才会获得明确性和清晰性。只有从大量活跃的思想中抽离出来并构成与主体相对的客体，概念才得以生成。然而，仅仅在主体中进行思想的分离是不够的，只有当思想者真正从自身外部观察思想时，客观性才得以实现，而这只能通过另一个如同他一样思想和思维的生命才会成为可能。但语言是思维力量与思维力量之间唯一的媒介，因而也成为形成思想的必要条件。不过这也在于语言本身所具有的不容变更的二元性，所有的言说都基于招呼（Anrede）和回应（Erwiederung）。词并非客体对象，相对于客体对象它更像主观性的东西，但是词在思维者的精神中会成为客体，一个由思维者产生而又反作用于思维者的客体。为了将其与纯粹的虚假客体，亦即与幻影加以区别，词必须在听者同时也是回应者那里成为客观实体（Wesenheit）。这种所有语言都具有的原型（Urtypus）在代词表达上体现为第二人称与第三人称的区分。"我"和"他"的确是不同的对象，究其竟这两个代词就已穷尽一切，因为换言之，它们也就是"我"和"非我"。而"你"则是一个相对于"我"的"他"。如果说"我"和"他"分别基于内在与外部的感知，那么"你"就体现了一种临时的选择。"你"也是一个"非我"，但不像"他"那样遍及一切生命，而是和"我"一起受到共同行为的影响。除了"非我"，"他"也包含着"非你"的含义，因此"他"是"我"和"你"共同的对立面，而不是只有其中一个。这样的代词形式存在于所有的语言之中，这表明了，所有的民族中，言说者面对言说的对方都能根据感觉将其与其他所有人区分开来，这便是言说的本质前提。很多美洲语言甚至会小心突显第二人称，会在第一人称复数中以不同的形式表明是否将言说的对方包含在内。

32．如果我们尝试剖析简单的思维活动，就会发现，思维在人的精神生活中不间断地循环往复；而社交的信息传递赋予了思维以信念和激励。思维力量需要一些与其一致但又有所区别的东西。与其一致的可以激发思维力量，有所区别的可以使思维力量获得检验其内在信念本质的试金石。因为人类以其无定的有限，只能将无限不变的真理看作外物；人类所有的精神努力都是为了追求真理，而用来接近真理、衡量与真理之间距离的最有力的手段就是社交集体。因此，语言是思想最初形成和精神持续向前发展的必然要求。

33．人与人之间进行精神交流的前提是，这两者之间具有共同之处。我们之所以理解所听到的词，是因为我们自己也能够这么说。心灵中的一切存在都是通过自身行为而产生的；理解和言说一样，本身是对语言力量的一种激发，只不过理解是一种内部的接受，而言说是外部的行为，因而将所理解的即刻再说出来，对人而言是非常自然的事情。所以每个人都具有完整的语言能力，也就是说，每个人不管是受到外部或是内部的诱因引导，都在努力地逐步创造整个语言或者去理解业已创造出来的语言，而推动或者限制这种努力的力量在人跟人之间有些微差别。这种力量如同所有的其他力量一样，自然也是一种个体力量，但这是不同等次意义上的个体力量，是相对于更为普遍、更高一级的层次来说的。这种力量就是普遍的语言力量，由部族、民族和方言所决定，并体现在固定的语音符号之中；在使用方式上，则是由所有对心性（Gemüth）发挥作用的内部特性和外部巧合来决定，它们的作用是如此巨大，以至于在语言中也可以察觉得到；而最终它是由无法再加以普遍归纳的个性所决定。不同的普遍性程度就构成了不同的语言区域，每个区域在内部具有相同性，与外部具有差异性。因此，所有的普遍语言研究都有必要在所考察的不同方面，例如字母表，去探寻人类语言的界限，并在这个广阔的领域中区分出不同语言类型的从属关系，同时要随时关注，不同的语言是否都能满足划分的标准，因为在历史上它们曾经是一个由观念形成的整体。

34．这一任务要面对的是普遍性本身还具有多样性，语言研究不仅要从史实的视角去明辨和描述，而且要有目的地对语言和人类的发展发挥作用，所以这种情况就尤其突出。当然，不同语言之间所具有的普遍关联可以通过普遍的人类本性加以解释，因为人类本性中相似的力量依照同样的规则发挥着作用。不过在我看来，要对语言进行更深入的研究和更完整的评价我们还有很长一段路要走，对于这个遥远的目标，到目前为止我仅做了较为简单的研究以开辟道路；然而我们还无法对语言做出进一步的解释，因为任何形而上学的研究，也就是旨在探索存在本身之奥秘的研究，都无法对语言进行最终的解释。我不想苟同那种普遍的看法，而是想说出我内心的信念：在我看来，我们对于语言本质的认识是错误的，对语言产生的精神过程（并非仅指其本身，还指每一次言说和理解的精神过程）只是在表面上作了解释，而且，如果将人类视为同属一个种属的无数个体，而非分裂为无数个体的一个种属，那么语言对心性所发挥的巨大作用也并未得到正确的评价。除了语言研究，通过其他完全不同的研究，基于其他完全不同的出发点，也同样能够形成这样的认识。上面提到的关于种属和个体关系所具有的两种截然不同的观点，他们之间的差别显而易见，因为后者认为人类内在的相似性是基于其本质的统一性，而前者则认为这种相似性仅仅基于对本质进行考察或创造性归纳时观念的统一性。

35．这一相似性也隐藏了人类个性的秘密，亦即人类存在的秘密。但人类的个性在尘世间尤其可能出现差异，如果意识将这两种情况联系起来，那么这种差异就有可能会彻底地改变所有现存的观点。这一秘密无法解释和探究，但为了正确地解释现象并指明智力努力的方向，我们必须要避免对人类个性相似性的真正本质做出错误的判断，仅在逻辑推理的意义上去认识它，而不是发自内心深处的感受、通过对研究进行全面彻底的思考去理解它。即便我们将上述我认为正确的观点仅视为一种可能，不再固守与之相反的观点，那么就已经是一个进步了。

36．我觉得最有说服力的反对理由就是前文所提到的，认为理解也完全基于内在的自主活动，而相互之间的言说只是互相唤醒了听的一方所具有的语言能力。词语的理解完全不同于非分音节，比仅仅互相引发声音及其可能指代的对象包含了更多的内容。词也可视为不可分割的整体，就像我们在读文章时，即便尚不清楚一个词组的字母组合也能明白其含义；也许儿童的心灵在他们理解行为的最初阶段就是这样引导的。然而，正如动物的情感能力和人的语言能力都可以被激发（即便还很微弱，儿童身上很可能无时无刻不在发生着这样的过程），词也会以分音节的形式被听到。音的切分除了产生词义（这自然也是通过音的切分才变得更加完美），还直接根据词的形式将词作为某一种语言无尽整体的一部分。因为词的分音节可以作为基本元素，根据一定的感觉和规则，构成数量确实无限的其他的词，对应于概念之间的相似性，由此便也可以促成词之间的相似性。如果心灵不具备将上述可能化为现实的力量，那么就会对这一人为机制一无所知，同样，就好比盲人无法理解颜色那样也很难理解音的切分。儿童学习言说并不是接受和记忆不同的词并用嘴巴咿呀模仿的过程，而是语言能力随着年龄的增长和操练的增多不断加强的过程。我们所听到的并非仅仅是传递的信息，它们也激发了心灵的力量，能够让尚未听到的内容变得较为容易理解；它们能使之前一知半解或根本没有理解的内容变得清楚明晰，因为越来越敏锐的心灵力量会突然领悟到，之前所听到的与刚刚听到的内容具有相似之处；同时它们也增强了那种渴望和能力，可以更多更快地去理解所听到的内容，并让更少的信息仅作为无用的声音从我们耳边溜走。因而，这种进步不同于词汇学习，无法仅通过加强记忆训练而均匀增加，而是本身就会不断提升，因为语言力量的提高和材料的获取能力能够互相加强、互相拓展。儿童学习语言并非是一个机械的过程，而是语言力量不断发展的过程，这也说明了，人类所有的力量其发展都有一定的年龄阶段，而且无论情况如何不同，所有儿童几乎都是在相同的，或者说差不多的年龄言说和理解。如果言者和听者不具备同样的、仅因个体差异而稍有不同的本质，使得分音节这种精细的但恰恰是源自人最深刻最全面的本性的符号能促使言者和听者双方协调一致，那么听者又怎么能够仅通过提升自身不断发展的力量来驾驭所听到的话？

37．如果事实的确如此，那么民族的分离和混合是如何导致了他们语言的差异，也就不言自明了。因为人类越是由于民族的变迁而风行雨散，那么人个性的区别就越是与人本质上的一致性相冲突，尽管这一现象，即任何离开了母亲的怀抱来到一个陌生民族的孩子都可以发展其语言能力而学会该民族的语言，从根本上说明了人本质上的一致性。当然这一现象也可以反过来说明，言说仅仅复述了所听到的内容，如果不考虑人本质上的一致性或差异性，那么言说就取决于人际交往。但如果就此认为只是周遭的语音起着决定性的作用，那么就有可能去随意否认母语所带来的影响，这一影响在这种异乎寻常的情况下只是被压抑了而已。母语语音对发音器官的影响毋庸置疑，当然发音器官是个体的，且必定会根据祖辈语言的需要有所改变，并在接受或抵触的过程中这种改变会对语音产生一定的作用。但人身上没有什么是个别的存在，即便是和智力相关的语言能力，一定也与种属禀赋相关。无论是否受过教育，对母语的感受总是要比对外语更为强烈、更为真挚；即使很长时间没有听到，母语仍可以用某种突如其来的魔力唤醒我们的耳朵，即使相距遥远，仍能让我们对其充满渴望；这一切根本不是基于母语的精神层面，即母语所表达的思想或感受，而是基于那种无法解释的、最个体化的部分，也就是基于母语的语音。这一事实或许也可以说明人本质上具有真正的一致性。也就是说，从他人身上听到熟悉的语音似乎就像听到了自己一样。如果充分注意到这类现象，那么在语言最为精美、最具智慧的使用中，在各民族的文学作品中，我们就能发现这样一些个体，他们从孩提时代起就远离了他们甚至从未真正学会的母语，却总会在使用所学到的语言时违背其语言习惯，流露出母语的某些特质。

38. 然而，即便没有不同母语的影响，仅通过人际交往和共同生活仍会产生方言土语。尤其在真正的民族语言范围内一个民族的不同阶层会出现这样的情况，例如特别是在美洲语言中常见的女性语言，以及马来语中不同社会阶层所使用的不同语言，都属于语言的变体。但还可以加上共同的母语这样一个因素，例如印加人的语言，既与某一家庭也与某一阶层相关。和语言形成的过程一样，产生所有这些情况的原则都是有意无意中互相分离的集体。

39．之前我们将语言视为思维的官能，并将体现了语言本质的分音节根据其双重特性分为音的切分（21.）和语音（22-38.）两部分。如果现在来研究言说，或者更确切地说思维在语言中所引发的，我们也会发现，认为语言仅仅指称了感知的对象以构成了我们所谓的世界，这种思想方式离从深度和广度上去详细阐明语言的内涵还有很大的差距。没有语言就无法生成概念，同样，没有语言心灵也就失去了对象，因为任何外部对象只有借助概念心灵才能感受到它的存在。而对对象的所有主观感知又必然体现在语言的构成和使用之中，因为词正是产生于这种感知，词并不是对象本身的、而是对象在心灵中所造就的图像的印记。因为所有的客观感知都无法避免地带有主观性，所以即便不考虑语言的影响，也可以认为每个人都具有各自的世界观（Weltansicht）。但语言加剧了这一主观性，因为词对于心灵而言本身又成为了客体，同时带有一种脱离了主体的新特性，由此概念就具有了三重性：对于对象的印象、主体对对象的接受方式以及词作为语音所发挥的作用。在同一种语言中语音所发挥的作用必然存在广泛的类比性，又因为同样的主观性也会对该民族的语言发挥作用，所以每一种语言便也体现了一种独特的世界观。这一表述绝没有逾越简单的事实范围，因为语言所有组成部分之间的联系以及整个语言和民族之间的联系是如此的紧密，以至于一旦这样的交互作用显示出了一定的方向，必然可以由此推断出这一语言的普遍特性。然而，语言就是世界观，其原因不仅在于因其能够把握所有的概念而无异于展示了整个世界；而且还在于，正是语言对对象的改变才使得精神能够洞见语言与概念之间无法割离的关系。人在生活中要面对各种对象，正如人通过语言来认识它们，人的情感和行为也是由甚至仅仅由关于外部世界的概念来决定。借助这样的行为，人从自身出发编织了语言的网络并置身其中；每种语言都在它所隶属的民族周围设下一道藩篱，一个人只有跨过另一种语言的樊篱进入其中，才有可能摆脱母语藩篱的束缚。因此，学会一门外语，能正确地使用这门外语，也就意味着丰富了原有的世界观，因为任何一种世界观都包含了人类某一方面概念和思想方式的整体。

40．相比"语言"，我迄今述及更多的是"言说"，主要描述了言语的产生和理解及其对心灵发挥的影响。不过语言作为词的储备和规则体系产生于言说，并通过几千年的延续，发展成为不依赖于每一个言语者、每一代人、每一个民族、最终在某种程度上甚至也不依赖于人类的一种力量。前文我们已经注意到了，语言承载的思想对心灵而言成为客体，并对心灵发挥着一种外来的作用。不过我们主要还是认为，客体源于主体，而作用则源自被反作用的心灵。但还有一种截然相反的观点，认为语言其实是一个外来的客体，语言的作用其实并不来自于其所作用的对象。语言必然属于言说的双方（31.），事实上就属于全人类，因为语言即便在文字中也能为精神保留随时得以唤醒的思想，这样语言就形成了一种独特的存在，虽然总是只在每一次思维活动中发挥效用，但在整体上又独立于思维活动。这里提出的这两种截然不同的观点，即语言对于心灵是外来的还是属于心灵的、是独立的还是依附的，实际上是结合在一起的并构成了语言的本质特征。同时也不必通过这样的方式来解决这一争论，认为对心灵而言语言一部分是外来的和独立的，而另一部分却并非如此。语言之所以是客体并是独立的，正因为语言是主体并是依附的。因为不管在何处，即便在文字中，语言都没有一个永久的居所，而总是必须在思维中重新生成，由此完全转化为主体；然而正是这种生成活动使语言同样成为了客体；在这一过程中，个体每一次都对语言发挥了全部的作用，但这一作用本身却早已包含了语言正在以及已经对个体施加的作用。而能够真正解决这一对立的方法是前文（34.）提到的人类本质的一致性。原本和我一体的，它所产生的东西便融合了主、客体，交织着依附性和独立性。语言从属于我，因为是我说出了它。但语言又不属于我，因为我只能这样而不是那样说出它；其原因就在于言说以及历代人曾经的言说；只要语言不间断地世代相传，我就会受到来自语言本身的限制。

41．人在使用语言的过程中会受到外来的影响，除了前面提到的语言的影响，考虑到语言与人所有其余的本质都紧密相连，还有人的来源、周围环境以及共同生活的方式对人的本质所产生影响。这一点对历史语言研究尤为重要，因为我们一方面必须要防止完全从对民族产生影响的状况来解释一种语言，另一方面我们也不能忘记，即便是一种历史悠久的传统语言也可能遭受过这个民族对其所做的巨大改变。所有的语言研究都要考虑到这两方面交织所产生的影响。如同所有的研究，语言研究也总是只把与人类历史相关的部分置于研究的中心，想要为语言设想一个开端，甚至想要对其进行解释，然而这最终可能会无果而终。即便无法通过历史和传统了解语言早期的情况，以及语言与其他因素之间的普遍关联，也必须通过广泛的研究对之进行探索，这是语言研究的一项任务。

42．所有的这一切结合在一起是如何对一个民族的每一代人发挥作用的？该民族的语言在过去数百年间到底经历了什么？这又是如何触及每一代人的语言力量的？而任何一代人甚至都不是纯粹的，因为成长中的和即将离去的几代人互相混合共同生活。如果我们考虑到这些问题，就会发现，面对语言的威力个人的力量是多么渺小。正是因为语言具有非同寻常的可塑性，可以在不影响一般理解的情况下采用极其不同的形式——这在下文也会谈到，并让所有活跃的精神来支配僵死的传统，所以语言才能在一定程度上重新建立平衡。不过语言总是能让每个人都感受到，自己只不过是整个人类的一股涓涓细流。正因为每个人都独自不断地对语言发挥反作用，所以每一代人都会为语言带来变化，只是这样的变化在数代人身上都颇难察觉。因为变化可以是双重的，一方面是词和形式本身的变化，另一方面是其使用方式的变化，在缺少文字和文学的情况下，后一种情况就很少也很难察觉到了。

43．只有已有的才可以被改变，而且总是要一种力量对抗无数的其他力量才能发生改变，从中不难得出，语言的每一个变化以及新语言的产生都只能是一个渐进的过程。同样，那些历经世纪更迭始终与语言携手共进的民族，其形成的方式也是如此；而所有新语言（只要我们能够辨识）的形成手段都是异化（Entfremdung）和混合。部落的一支脱离而去，可能独自安家落户，可能会融入另一个部落。历史语言研究中我们从不说"发明一种语言"；而"一个民族创造了自己的语言""这一语言源于该民族的个性"，甚至"这一语言仅属于该民族"，这样的表述也需要谨慎以便正确地使用。在将"来源"这个概念用于语言时[1]，情况也是如此；我们绝不可以将其理解为一种语言似乎可以完全来自另一种语言，其实只是所谓的"母语言"通过部落的分离和混合经几代人之后在其口中演变成了某种"子语言"。以这样的方式几种不同的语言转化为了一种新的语言，但使用"来源"这个概念会误导我们去寻找一门核心语言，所以组成新语言的不同材料应该分类进行研究。同样，民族本身也难以分清彼此，因为他们互相交融，是通过分离和聚合的协同原则逐渐形成的；只有在民族完全形成之后，才能在某一点上显示出自己的特征。

44．因而彼此之间曾经存在某种联系的民族，所有他们的语言必须被视为一种语言，它只是通过异化和混合才转化为各式各样的子语言。这是任何语言研究都需要遵循的主要原则；无论是从词源学的角度去验证各种语言的相似性，还是从哲学的角度去描述语言如何通过人类广泛传播，这一原则都同样重要。这一原则基于简单的、无可辩驳的事实：原本完全分开居住的人，只要开始彼此造访或彼此联系，就会逐渐改变

1　克拉珀罗特（Klaproth）先生已在《亚洲多语》（*Asia polyglotta*）中撰文说明，参见第43页。

原初的言语方式，并转化为一种全新的、彼此统一的方式；多数情况下这种影响是相互的，但有时也可能是某一方先在肉体上，而后在精神上为另一方所征服。即便原初的言说方式保持不变，但个别的词和形式仍会互相融合。因而可以从词源学的角度去探寻语言的不同元素及其关系。只有当所有的元素都相似并与另一个民族的语言相一致，也就是说只有当语言仅通过分支而没有任何混合而形成，才能用"来源"这个概念。因为这个概念本身总是同时包含了早先和后来的存在，所以几乎永远无法仅从语言出发来确定语言的来源。从哲学的角度出发关键是要去探究，人对语言最为坚守的是什么？哪些差异较易或较难形成？

45．上述原则中提到的多种语言的一致性，绝不是指它们拥有同一种原始语言，而是说每一种语言都包含了另一种语言所拥有的某个元素；正是因为所有的语言都是如此，故而所有的语言也都间接地互相改变、彼此相关。这一观点的主要特点是将不同的语言视为某种包含一切的语言的各个部分（方言），而不是认为它们在时间上分散形成；此外，这一观点并非意在创新，其目的仅仅在于排除不合时宜的比喻，进一步明确概念，并使其更接近事实。同样，语言研究也不能忽略语言产生的时间顺序，不能不恰当将其混为一谈；由于大多数现存语言起源不明，所以我们在不了解其时间顺序的情况下在某种程度上会认为它们是同时产生的。

46．在我看来，假设存在一种原始语言，或提出在几近灭绝人类的大洪水前后不同语言就具有差异性这样的说法，都是徒然无益的，且只会产生误导。不管是依据事实真相，还是纯粹的概念，都无法得出这样的结论。曾经可能只存在过一种原始语言，但也可能存在过多种原始语言，因为如果严格来说，地理上人类拥有多个起源地，如果不是那么严格，还可以认为正是多次大洪水导致了各民族零星而居，以至于他们语言中早先相互联系的所有痕迹都消失不见了。不过从语言中汲取的事实很难证实这样或那样的说法，同时也难以借助这样或那样的假设来解释语言中的各种现象。然而，如果并不想从原始语言这个概念中得出任何具体的结论，那么也就无法拒绝这一概念，正如我们无法否认人类起源这一概念一样；依据前文提出的原则（44.），一个民族的分支也有可能与另一个之前从未受其相关语言任何影响（包括最间接的影响）的另一个民族分支相混合。如果追溯历史，这两个部族的语言应该与两种不同的原始语言相关。

47. 在不同民族的言说者之间存在真正交流的地方，即便是间接的，他们的语言本身就具有相似性；反之，如果能在不同的语言中发现相似性，就可以证实存在这样的交流。这一点很重要，因为即便应用意义不大，但至少指出了这样一个原则，即不同语言的历史关联不同于仅仅取决于人类禀赋相似性的那种语言相似性。假设美洲各民族均为本土起源，且在其现存语言传播之前未曾与地球上其他地区的居民混合，那么美洲大陆上就应该听不到任何非美洲语言的语音，这样一来，美洲语言就不可能与地球上其他语言原本就存在任何相似性。然而人类的普遍禀赋，即便在美洲，都是一样的；这种禀赋可能源于人类第一对男女的生殖繁衍，或是来自创造性观念的一致性，即人类本质的一致性（34.），而如果没有人类本质的一致性，语言本身也就不可能存在，因而由此也必然会产生各种语言的相似性。从这个意义上来说，如同只有一个人类种属一样，也只存在一种语言。种族之间的所有差异，既不能消除人类这个概念，也无法排除人类有序繁衍的可能。如果我们考虑到，对人并因此也对语言发挥作用的自然环境都大体相同，而且所有语言所采用的比如声音这种手段，也都相差无几，那么这一点就更加显而易见了。即便那些历史上有所联系的语言，也表现出这种普遍相似性，但仅出现于那些尚未受到外来语音影响的部分；不过所谓的未受影响并非是纯粹的，因为语言仅存在于其每一次的创造活动之中（40.），对语言每一次的作用总是会遍及整体。现在是否已有足够的手段来区分不同语言中可能存在的这一双重相似性，对此我们可以暂且不论，但之前我们有必要先明确相似性这个概念。后面我们还会再对这一点详细讨论，因为相比世界上其他任何地方（可能得排除中部非洲），美洲大陆都可能更容易避免受到任何的外来影响。

48. 因此，所有语言我们都会发现具有相似点，而那种想在某种语言里找到全新现象的希望是徒劳的。我不否认，一开始正是欧洲语言以及一些亚洲语言之间极大的相似性促使我去研究美洲语言。我原以为会踏入一个完全陌生的领域；粗看之下在某种程度上也的确如此，但随着研究的深入，我发现美洲的语言现象也没有那么多的与众不同。对任何语言进行研究都是为了在相似性中洞悉其独特性。因为语言总是一个整体，也就是说，每一个语言表达总是源于个体在某个瞬间的全部语言（或者更清楚一点，源于个体在某个瞬间的全部语言能力），因而整个语言都会体现在这一个别的表达之中，这样一来，相似之处并非与独特之处并存，而是转化成了独特之处，也就是说这一全人类都具备的普遍力量是因人而异的。因而相似性和个性只能在观念上加以区分；尽管个性化的东西作为直观事实只能够被感知，无法通过知性的剖析加以描述，但我们必须尽可能地将二者作为一个整体来理解。我刚才提到每个单独的表达都体现了整个语言，我并不希望将其视为一种人们容易冒险听信的没有实例支撑的夸张说法。我想表达的是，语言的整体是由部分，而部分又是由整体来确定，这是千真万确的。事实上，我们可以通过一个最简单的句子来验证大部分这样的关联，只要我们按照所有可能的语言切分方式将这个句子拆分为元素，再将每一个元素归入相应的范畴，然后对同类的元素进行对比，对不同的范畴进行对比，接着检验语言所有的支配关系，并研究这些支配关系是如何发挥作用来支配该句子的元素的。不过，无疑仍有无数的支配关系基于语言感觉的相似性而无法描述。

49．综上所述可以得出以下结论：虽然最后真正显现的是个体的语音，但一种语言的个性并不仅仅在于其声音，语言的相似之处必然出自精神层面。更确切地说，语言个性的体现是全面的，从字母到对世界的认识（39.），同一种个性贯穿于整个语言。正如不同语言的基本语音可以有所不同，不同语言反映出的看待问题的方式也同样会如此，反之亦然。不过没有人会要求通过某种语言真的对此进行描述。虽然这一点无法做到，但它仍然真实而重要：真实是因为它是上文提到的言说和语言本质的必然结果；重要是因为如果我们偏离一切语言研究的两大基本真理，即语言与人的所有思维和情感是一体的，语言只能存在于永远互相生成的言说行为和思维活动之中，那么我认为我们也会在真实的语言中忽视原本可以辨识的东西。不过对语言进行恰如其分的正确研究尤其必要。正是因为语言所包含的一切都是精神的，所以语言对思维和情感发挥作用的强度和广度取决于使用语言的力量和智力水平；每一次对于语言更加准确的认识，都会在整个人身上生动地体现出语言个性更为纯粹的影响。在各自的语言使用过程中，所有的这一切会融入感受并从而转化为认识，这是通过知性剖析所无法描述的；而随着视野的拓展在语言的使用中也会产生对语言的新认识。然而，我们在自己的语言里所感受到的，不管多么隐蔽、多么细微，都能更为容易地在外语中察觉到。所以我们可能无法否认，自从欧洲最主要的民族开始用他们的母语进行书写，对每种语言本身及其与该民族之间关系的认识就跟以前截然不同了。这也是这个时代的独特之处，我将其视为语言研究最为重要的一个时期，相比古典时期，它对我们现在的影响要巨大得多，因为古典时期只有两种语言，而我们却拥有多种语言，而且这些语言之间的角逐和联系也比那时要活跃得多。

50．不过为了精确界定概念而无所遗漏，还必须对前文所言进行补充：一种语言的个性只是相对而言的，真正的个性只存在于每次的言说者本身。事实上，也只有这样概念才得以完满。一个民族无疑作为整体拥有同一种语言，但并不是这个民族的所有成员（38.）全都拥有完全相同的一种语言；如果极端地来说，其实每一个人都拥有他自己的语言。即便是同一个词，也没有人恰好和另一个人想到的完全一致；而且，如果想要把语言比作最为活跃的元素，那么这样的细微差异就贯穿了整个语言。由于个性的同一性，每一次思维和情感中都会再现同样的差异，而这一差异由大量难以察觉的细节构成。因而一切理解同时也是一种不理解，这是我们在实际生活中也能完美运用的一个真理，所有思想和情感上的一致同时也是一种分歧。只有当这一差异隐匿于普遍的概念和情感中时，才无法发现；但如果力量的提升打破了这种普遍性，并使意识也能更加敏锐地捕捉到个性，那么这一差异就显而易见了。例如没有人会否认重要的作家都拥有自己的语言。当然可以反驳说，语言的普遍性仅指语言都具有形式、词以及规则，不过这恰恰给不同的个性留下了发挥的空间，而这一点完全正确。所以即便最普遍的语言研究也无法放弃这里所倡议的观点。由于语言形式的普遍性可以在很多不同的层面上体现个性，且每个层面上个性化的原则相同，是指具有某种个性的思维和言说。由此，就像不同民族之间具有语言差异一样，在不同个人身上，也产生了语言差异。差异普遍存在，只是或多或少。因此我们必须研究到语言最后的层面。有人可能会认为，尽管存在细微的个体差异，但一种语言的语音却是相同的。然而，这一点对于一个民族的不同阶层而言，情况就已经有所不同了；至于个人，则会偏爱使用某些语音，也会使用另外一些对其而言似乎并不陌生的语音，甚至也会完全不用某些语音，由此——暂不考虑意义上的偏差，他就构建了他自己的词典。

51．但我们尤其有必要去关注个体使用语言的差异，以证明人对语言的支配力量，正如上文（42. 43.）述及的语言对人也具有威力一样。语言对人的威力（如果我们想以此表达精神力量）可以视为一种生理学的作用，而人对语言的支配力量则是一种纯粹动态的作用；语言对人的威力出于语言作用力量的本质，而人对语言的支配力量则在于语言的自由原则。因为人的内心会产生某些想法或感受，其原因无法用知性加以解释；但如果排除了语言去考虑这种无法解释的现象，那么就可能错误地认识语言的本质，歪曲语言产生和变化的历史真相。即便语言的自由性是无法确定和解释的，但在一定程度上还是可以界定其范围；语言研究必须认识并尊重这种自由现象，但须谨慎探寻其界限，以避免鉴于自由性而将语言中的不可能视为可能。

52．各个民族对于本民族语言的改变也只能通过自身来实现，这种改变并不借由民族的分化和混合，而是在语言与民族的共同延续过程中持续发生，经过一定的年代之后这些变化就显现了出来。这些变化的范围、速度和类型取决于语言的交际活力以及人领会语言内涵的深度。我们后面会谈到，这里存在着不同的程度。语言研究的一项主要工作就是关注这些变化。但即便语言通过民族的分化和混合被强行改变时，民族的个性也会根据与外来语言的接触方式以及用内部力量改造外来语言的方式而发挥主要的作用。不过似乎无需提醒，为了弄清民族的影响，我们必须回到个人如何使用语言这一问题，而个人使用语言的方式是总体呈现的。即便在同一个民族内部，个人有时也会与全体成员的语言使用方式有所偏差，突然的灵光闪现，或是一个决定性的创造，又或是个人特有的语言使用方式，都能让某种新的语言使用方式产生效果。因为虽然民族的智力，就像人类的智力那样有着一定的限度，但个人仍拥有一定的活动空间。只要自由不超越限度，即便存在大量决定性的、在作用瞬间仍无法了解的影响，自由仍能像晴朗苍穹下的一道闪电，突然冲破这些影响，决定自己的方向。

53．基于此，人类或者说被深度激发的人身上就会活跃着不间断的创造，人类存在的方式从来都无法估量，也无法透彻解释，因为任何一个方向都带有不可解释的自由原则。因而语言可以出其不意地急速发展，却从来没有持续地逐渐倒退；不同民族对原本相同语言的使用可以有所不同，以至于其语言特点呈现出了巨大的差异，例如希腊语和拉丁语；个别的作家可以建立起语言风格的全新时代，而这一定早在文字发明前就已经发生了，只不过后世对此无法知晓而已。

54．这一考量对于语言研究尤为重要，因为它告诫我们，使用单纯的机械解释方式是不够的，同时也不能过分地相信分解法。语言研究必须探寻人在改变和构建语言时所经历的相同过程，但需要考虑到那种能够脱离或缩短该过程的独立力量，因为一丁点这样的力量就能赋予语言材料以完全不同的性质；当然我们还得对语言进行剖析和推导，只是需要那种感觉：即以这种方法无法再进一步探究了，只有到了这个时候，思想和语音才真正结合在了一起。正如我们称之为语言的词汇和规则系统，总是在思维、言说和书写过程中才具有了鲜活的精神，我们的研究也必须始终同时关注鲜活的精神和僵死的语言，并探究它们之间的相互作用。不同民族的个性千姿百态，即便只是想将其分门别类，任何这样的尝试都只会徒劳无功。对语言最主要的影响始终只取决于两点：民族的个性是否从根本上、并从哪个方面倾向于智力发展？它是否恰好通过语言倾向于智力发展？正如我们在日常生活中会看到人有不同程度和不同类型的语言需求、语言感觉和语言使用方式，不同的民族也同样如此；语言不断发展过程中所呈现的，早在它们互相生成时就已经存在了，因为语言的形成本身（43.）只能是逐渐变化的过程。若不是本章的目的是展现语言的构造及其整体的有机组合，而其他个别的只需简单提及，对于各民族获取语言的这种差异其实还有很多可以补充。

55．迄今我们完全是从语言的双重本性出发对语言进行了考察：一方面作为言说和理解过程中的思维行为，另一方面是由此产生的僵死的材料——虽然永远无法脱离人，却又总是存在于单个人之外（40-54.）；

紧接着我们还讨论了语言与人的本质联系（40-51.），并将其与民族和个体的自由进行了区分（52-54.）；所以我们现在要探讨语言的具体运作方式。在此我们要清楚地区分词和言语连接这两个方面，分别作为语言的具象（Materie）和抽象（Form）。这一区分不能与语音和规则之间的区分相混淆，因为构词也有规则，而言语的连接有时也会使用特定的语音；如果将言语视为语言的目的，那么就必须更好地把握这一区分的真实本质，即将一部分看作构成言语的元素，另一部分是言语的连接。不过因为这两部分都要使用语音，所以有必要首先对语音系统进行考察。

b.

言语形成过程中的语言运作方法

α.

语音系统

56．语音系统的影响遍及整个语言，对其所有特征进行仔细考察是所有认真的语言研究的基础。如果不能全面地认识语音的使用方式以及字母之间的关系和亲缘关系——后者在每种语言中具有不同的规则和习惯，那么对语法形式的解释、对语言体系全貌的探索就无法达至圆满（29.）。对言语的理解和重视及其优美的语音，都直接建立在语音系统的基础之上；但它同时也对语言纯粹而精细的智力水平发挥作用，语音在这一方面的重要性可能迄今还没有得到足够的重视。但若回想到（21.），语言的整个概念就存在于分音节之中，而每一种语言对分音节的理解方式都呈现于作为分音节体系的字母表中，那么语音系统的重要性就不言自明了。

57．首先要将可视为真正语音的声音与所有同时发出的声响区分开来。这种声音应该只是激发了语音概念，而并没有占居过多的实体。因为只有占居最少的实体，特性才能最清晰地显露出来。动物性的声音具有了精神特质，就成为分音节，但并不是所有的语言（28.）都会完全彻底地抛弃语音这种原初的本性，而是将咂舌声、大喊声、嘶嘶声、哒哒声或呵气声混合其中，这在一些语言特别是十分粗糙的非洲语言中可以见到，不过在高度发达的语言中也留有细微的痕迹。对语言迟钝的精神渴望与肌体粗糙的发音器官在这种情况下可能共同作用，但精神和发音器官会通过相互作用得到发展，因而粗糙的声音经常是随着语言的进一步发展而得到逐渐的打磨。

58．然而，即便真正的语音从共同发出的声响中脱颖而出，不同的语音还必须区分明确，不能互相混合。对语音器官而言，字母之间的区别似乎并不明确。语音器官通过活动发出某一类别的语音，而这种活动必须被视为连续性的；根据嘴唇开合的大小、舌头撞击的快慢、轻重、接触面的宽窄等，语音在这个连续活动过程的每一个瞬间便赢得了略微的差异。因而每个语音都有自己的活动空间，具有某一个明确的发音点，但又不是唯一的。这个点是某一民族逐渐形成的习惯使然，由此便也产生了该民族特有的字母表，是福是祸，不得而知。

59．由于声音没有得到清楚的区分而造成的影响，还远非导致误解这般简单。分音节与精神之间的联系过于紧密，以至于分音节的正确构成或缺陷存在都会反复地对精神产生影响，同时分音节也会显示出精神对它的反作用，通过这种方式这两者之间就会无穷无尽地交互作用，在这一过程中精神虽然以其更为纯粹的本性占据上风，但这种主导作用也总是被分音节的对抗作用所阻碍。因此，一个民族的概念若具有完美的明确性、出色的清晰性和强烈的精准性，那么这完全取决于其字母表中基本语音之间的明确区分。

60．即便在使用那些没有任何音乐或诗意元素的单纯的分音节时，也会产生一种美感，它促使每一个民族成员都能完整清晰地发音；而缺少这种感觉或对同一感觉另作他想的民族，所发之音则会含混不清，比如受重音控制的英语。在这种情况下对概念产生影响的是这种感觉，而不是缺少对语音的正确区分。也即是说，造成概念缺乏从容闪耀的清晰性另有他因。

61．通过语言的使用，准确地说如果语言能够选择一种出色的语音系统并正确地加以使用，精神便会产生精细区分语音的意识并乐在其中。言语为了表达和激发概念的所有含义与色彩也需要许多不同的语音，所以精神的那种意识非常有利于言语的这一需求。这样便产生了通过各种字母的变化来标志和识别语音的喜好和能力，这便是所有非屈折变化的起源，非屈折变化可能与语言同时产生，也可能晚些时候再形成。这样的变化具有双重优势：只给予观念恰如所需的实体，并借由本身毫无意义的字母去避免产生会导致混乱的次要概念。语言所有的功能都总是在谋求智力的提升。正如语言能够从语音中将同时发出的声响分离出去（57.），它也能够在由语言产生的想法中排除那些并非与思想直接相关的材料所引发的概念，并用无意义的语音来表达形式。因此所有与精神相适配的语言都具有这样一种特征：较之于不符合于精神的语言，表达同样的观念它们只需引发较少的材料，并由此也就能更为自由、更为纯粹地表达观念。

62．对声音进行清晰的区分所带来的一个自然并近乎必然的结果就是，字母表的范围会由此而变得更为宽泛。因为那些很容易被听混的尚不完善且发音模糊的声音，现在可以明确地区分开来了。不过有时不同民族的语音特征和习惯也会造成字母表范围大小的不同，并在相同的字母表中增添个别字母，比如波兰语中的 *l*，甚至是同一类字母，如印度语的卷舌音和舌音[1]。语音器官的位置和运动，以及不同的声音落到同一个还是不同的区域（58.），都会使字母互相关联，并使字母表在一定程度上具有一个完整的声音系统。一旦文字产生，再加上语法形成，

1　葆朴（Bopp）的梵语学。《葆朴语法》，第20节，第14页。

较之民族原初的语言使用，字母表便具有了更为明确和更为完善的语音系统，梵语字母表可能就是如此，而这一类字母表目前还在南亚大部分地区的语言中广泛使用。整体而言，这样一个语音系统总是基于民族的语言禀赋和语言习惯，但出色的文字符号会使之更为明确，而这种明确性又会对言说产生反作用，从而变成语言所真正具有的特征。

62[a]. 在将多个字母结合成为音节时，根据语言是否有利于一些字母的结合而避免另一些字母的结合，以及根据语言发出的音节数量，语音系统便显示出了新的特征。因此除了字母表的范围，也需要关注由同样的字母表所可能形成的音节。值得注意的是，正是因其粗野而可能经常被诟病的野蛮人的语言，能够发出许多在高度发达的语言中不太常见的音节。这一方面可能是因为这些民族具有先前提到过的更为敏感的感官，另一方面则是因为发达的语言经常将原本前后分离的音节缩合（zusammenziehen）在了一起。

62[b]. 构词也要遵守语音系统的习惯，因为许多语言中某些字母无法用于词首或词尾，词的内部构造也取决于语言规则，特别是相邻辅音的变化。

63. 引起字母变化的原因和条件是语音系统，只有部分出于语音器官的普遍性质和每个民族特殊的语音习惯。如果说字母的性质也决定了其变化的方式，那么这其实取决于每个民族的听觉和语音器官对语音碰撞时所产生的相互影响是否敏感。在一个非常系统且范围显著的字母表中，声音之间越是接近，相近的声音越是能够清楚明确地加以辨识，那么字母变化的可能性也就随之增加，同时反过来会使语音的区分更为精细，字母表也就更具系统性。可能有人会认为，未开化的民族他们听不见或会忽略这些声音之间的精细区别，然而恰恰是他们常常拥字母变化，这可能出于两个原因：第一，越是接近自然的人其感官的敏感性就越强；第二，未开化的人会先于知性将言语视为一个互相关联的连续体，而开化之人即便在连续的言语中，在知性无法顾及时会对发出模糊的声音有所顾忌。印度各民族所显示出的那种真正的民族特征也只能以此来进行解释，他们经常通过字母的变化和缩合将许多词语连接在一起，而在这方面至少目前尚未发现，是否还有其他的民族也达到了这一程度。[1] 粗看之下人们会不由自主地试图将梵语中由此形成的各种规则，至少部分地归因于语法学家对系统性的偏执。不过，如果对那些源自梵语的现存印度语进行对比，这种猜测便不复存在了。泰林加语（Telinga）中词的这种连接关系尤其需要经常加以识别，却又难以辨认，对此卡赖（Carey）[2] 明确指出，想要忽略这种连接关系的外来者，根本就不能被本地人所理解。相反，孟加拉语（Bengalisch）中这种连接关系并不十分严格，[3] 因而我们可以清楚地看到，这一点取决于部落的个体习惯。

64．下一个受到这种特征影响的，当然是悦耳的声音（Wohllaut）。当互相抵触、互不和谐的语音之间生硬的连接尽可能得以避免时，耳朵就会感到舒服。不过，悦耳的声音也会促使语言发挥理想的作用并先于知性对言语进行正确的划分，当然前提是，字母的变化足以使词的各个部分融合成为一个词，而不是将互不相关的词语排列在一起，因为后者只会给听觉编造一个不借助于知性而无法存在的整体。只有当后一种习惯用于诗歌，使词的切分与韵律节奏关系和谐时，我才认为它是有益的。也就是说，以这种方式会形成其他的、通常比单纯通过词的划分更大一些的语音整体。相反，如果词尾字母通过变化准备去连接紧随其后的词，那么对知性和听觉而言就是一种干扰，因为知性在逻辑上、听觉在节奏上需要一个停顿。而如果这种语音变化仅局限于词的范围，那它就会成为一种语音手段，可以将言语切分为互相区分的整体，同时强化知性关

---

[1] 蒂尔施（Thiersch）声称，希腊人连接词的方式与梵语相同。
[2] 《泰林加语语法》，前言，第 II 页。
[3] 霍顿（Haugthon）《孟加拉语语法入门》，第 377 节，第 147 页。

于词是言语的元素这一意识。这样，对言语的逻辑划分非但不会受到干扰，反而会随着语音变化的多少而得以突显。用特殊的声音单位来标识词的整体，这种必要的基本原则梵语也会用到，但梵语确定一个词的重音与确定两个相连的词的重音所用的规则不同。不过因为这些规则在一些方面是一致的，并适用于很多词语和复合词的各个部分，[1]所以用这种手段对词进行划分感觉上并不十分清晰。

65．音节还有一个速度问题。但因为元音决定音节，且本身就可以独自构成音节，所以对元音的感觉也会影响到字母表的完整性；字母表中，要么所有长短不一的元音能够清楚地区分开来，要么恰好相反。不过这不只取决于书写的符号。比如始终无法确定，由梵语遗留下来且尚在使用的语言是否也没有短音 e 和短音 o。音节的速度完全属于语音的性质而无法去随意决定。即便个体的禀赋和习惯也只能对此施加很小的影响，因为多个语音相连必然需要更多的发音时间。相反，一种语言的禀赋、习惯和意图，可以促进或者限制音速在言语中发挥作用；由此，言语和语言的悦耳性与节奏美，以及它们所形成的语言特征就会具有一种极其重要的区别。语言的这种节奏特征很少从本质上影响思想的表达。对音速的重视并不会给思想表达带来任何不利，而对长短元音不加仔细区分这种不合理的疏忽，正如含糊不清地发出单纯的字母语音一样，才会带来害处。相反，遏制音速的自然作用，可能会过于片面地强调思想的表达。节奏和思想的强调相互牵制，如果语言使用不当而无法使之取得平衡，那么节奏就会被打乱，因为在激烈的言语或坚决强调知性之余，就不一定能够一直保持从容的音速了。正如认为粗野的语音会带来困难，语音的美感也是主观的；这里的关键是语音的美感要占据主

---

[1] 确切地说，确定多个词的中心规则这一说法并不十分正确。因为只有将词根转化为词或对词进行屈折变化时，这些规则才能充分发挥作用。在继续使用后缀以改变由词根转换而来的词 *Taddhita* 时，就会出现关于不同词语词首和词尾字母的规则。《葆朴语法》，第85节，第38页。

导地位，除了强调思想的连接它在其他方面可以自由发挥，同时它赋予了词以适合优美节奏的重音。

66. 如同音速主要属于声音的本性特征，重音仅仅表达了言语者的意向。借由重音，语言将原本只是由排列在一起的基本成分组成的言语，连接和分割成为不同的具有并列或从属关系的整体。通过重音强调一个音节，随后的几个音节就会变成轻声，由此重读音节得以强调，并与其他重读音节连接了起来。同样，如果在重音之前排列着几个音节，那么听觉鉴于缺少重音就会期待着其出现。此外，重音造就了不同的音域（Tongebiet），并通过开始一个新的重音将音节分离开来。在这一方面，重音紧随着思想，使言语的流动近似于思想的流动；不过重音受制于语音规则，且或多或少地服从于声音悦耳这一原则。然而，不能将在这个意义上的重音与元音的其他语音变化相混淆，尽管后者也是通过重音标记才得以表达，并借助声音的升降来实现。元音的这些语音变化仅由声调（Intonation）的差异来决定，如果没有声调变化，就会需要更多的语音。汉语中的重音标记正是如此，因为汉语的每个元音都根据不同的声调有不同的变体。归根到底，音节的声调只落在元音上面。通过这些的声调，字母表的范围就扩大了。[1]

67. 真正的重音最重要的呈现方式是词重音，这也是语言最主要的特征。言语的重音会自然而然地随着言语特征的不同而发生变化，且无法附着于语言各个独立的部分。不过整体而言重音的使用属于语言的本性。它存在于某一民族所特有的思想和情感方式之中，因为语言从来也未能与之分离，而且除却那些似乎业已僵死的元素，重音也总是体现了

---

1 汉语语法中，声调虽然是词的一种修饰，或者说与之合而为一而被称为音节的声调，这对词而言也更为贴切。但归根到底，它们只位于词尾元音，因此根据其他语言的说法，可以更为自然地说成是每一个简单的和复合的词尾元音都可以具有这种声调，而根据不同的意义，词可以拥有不同音调的词尾元音。汉语以这种方式达到了其他语言借助元音长短所达到的效果。

存在于言语者心灵的那种生动的言说特征，只是这一点无法或至少不能完全在僵死的语言中得以辨识。迄今为止我们对梵语的重音一无所知；如果说希腊语的重音通过符号的标识得以保留，那么在真正生动的言说中，重音既与言语的重音、也与音速相关，对此我们还有许多不明之处。

68．词只有通过赋予其以概念单位的重音才能形成。假如一个简单的词有两个完全相同的重音，那么感官上就无法通过听觉去辨识概念单位，语音与思想的适配也会受到干扰。自然的语感因此会遭受无法想象的损害。所以一个词中同时出现的两个重音会在发音上具有主次关系，或者说不同词的概念无法合为一体，因为其中必定有一个元素起着支配作用。由于重音通过在词中的固定位置赋予了词以个性特征，因而借助不同的重音位置同样的音节序列就可以形成不同的词；在极度不开化民族的语言中也能见到这一现象，这并不令人惊奇。常见的说法是，对于最平庸的社会阶层而言，没有什么比不正确的重音更让人无法理解外来者的讲话了。恰恰是民族和社会阶层中那些没有受过教育的人，习惯于不加剖析地将每个词都视为整体，并通过重音辨识出词的样貌——如果允许这么形容的话。

69．虽然从根本上来说要连接多个词语只能借助言语的重音，但在某些情况下，也可以通过真正的语重音（Sprachaccent）来实现，只是在这种情况下相连的部分就无法毫无变化地保留自己特有的重音了。显然，我这里想要说的是那些附读词（enklitische Wörter），但它们远不只出现在希腊语，如果仔细注意一下就会发现，它们存在且必定存在于所有的语言之中。因为所有的语言都有这样一种情况，如果一个单独的词与其他词一起出现，那么它就会在这种相互连接的过程中不再独自发挥作用了。同时词特有的重音也会因此不复存在。在重音清晰的英语中我们可以听到这种变化，尤其在民间，以至于附读词整个的语音效果因此发生了改变。本身就需重读的词它的重音如何改变位置，或者是添加一个强度稍弱的重音，这取决于不同语言所具有的规则和习惯，就如同那些能够被附加的词是否存在双重语音形式一样，即一个本音（orthotonische Lautform）和一个附读音。[1] 因为梵语除了词重音和言语重音之外，还要通过字母的变化来准确地保持音速并将词相互连接起来，因而，即便字母表涵盖了大量的字母，其语音系统还是会产生困难，虽然已经非常丰富多样了。

70. 借助语重音，言说者或者可以强调某些词句在言语中所表达的意思，或者只是按照语言习惯在抑扬音调，后者虽然并非完全不关意义，但意义在此无足轻重。这种差异在德语和法语的朗读中表现得尤为明显，因为法国人指责德国人在讲法语时像德语一样重读，好像在唱歌。不过，除了这两种截然相反的方式，还有许多不太明显的细小区别，主要显示了对词和音节的意义所强调的程度不同，因为每个民族在这方面也许都遵循着自己的感觉。不过正是由于言说的方式对思想的表达具有极为重要的影响，因此也对智力的构建意义重大，尤其对那些仅限于口头交际的民族。

71. 拼音文字的使用对语音系统的发展至关重要，影响也显而易见。尽管借助了拼音文字，分音节还是一种转瞬即逝的声响，只不过拥有了记忆这种声响的符号，但这种符号以及符号之间的对照会对知性和和想象力发挥作用，使得语音更加确定而分明，并让心灵能够更为清晰地感受到语音的基本特征。借助符号语音代代相传，而通过正词法可以辨识出语音发生的偏差，由此语音及其所属的一切也就成为视觉以及科学研究的对象。因而拼音文字本身带有两大优势，能给整个语言带来许多不同的后果：第一，所有的语音关系会更加纯粹、更加明确，也会发展得更为完整、更为系统；第二，由于知性会更为仔细地分离和确定语言的

---

[1] 虽然针对某些格，梵语中的第一和第二人称代词也有复杂但并不常用的形式，但还有另一种更常用的缩略形式，而这种形式似乎不只被用作附读。

基本成分，观念的划分也就更加生动，由基本成分逐步构建而成的思想也就具有了形象性和完整性。相反，对语音的标识进行科学加工有时会过于系统化而显得矫揉造作，尤其当语言从生动的民间交流开始转变为纯粹的学术用语之时。

ß

词汇

72．词是表达概念的语音。也就是说，词是一个在多个语音相连时由重音引发的语音单位，同时也是一个概念单位。简单词是语言真正的个体。因为它完整地体现了语言全部的知性活动，它本身甚至就是将具有了精神主体性的客体重新转化为客体对象的那种形式（39.）；如果对其进行剖析，分成音节和字母，那么它就不再是语言，而是语言的组成元素。所有的词，也包括复合词，都是言语的组成成分，是言语的材料；而一种语言的词汇则显示了一个民族的全部思想材料。词具有前文所阐释的语言的全部本性，具有相同的客观性和主观性（40.），对人发挥着同样的威力（42.），并同样屈从于人使用时的自由性（51.），词构成了语言相对于现实世界所具有的精神世界的对象（39.）。语言所展示的对事物的独特理解主要在于，个体的主观性会始终如一地用同样的方式拿取并使用语言的所有组成成分，且使之相互连接；因而这种理解更多的是源自语言的精神部分而非物质部分，更多的是借由语言所引发的思想方式，而不是语言所使用的语音。那些在不同民族中代代相传的词，如果语音极少发生改变并一直能够明确地指称对象，那么这些词的这种特征就不明显，因为这种特征只有在词的使用过程中，通过词之间相互补充、相互限制和相互决定的方式才能显露出来。比如未开化民族的语言，他们词的使用我们只能通过极为有限的语料去了解，在这种情况下，仅仅通过同时也并不全面的词汇知识就不足以从最重要的方面去探究语言的特征。

73. 一种语言中可能的词汇数量取决于可能的音节数量（62^a.）以及特有的构词规则和习惯（62^b.）。只有当词汇数量相对较少，并的确完全地或基本上穷尽了语言材料时，[1] 词汇量才能得到确定。而这几乎只发生在使用单音节词的语言那里。

74. 若将这样的语言独自归为一类，那么就有必要去理解这是以怎么样的方式发生的。但纯粹依据事实无法将其划分为一类。因为大部分语言，也包括多音节语言，都可以通过剖析追溯至单音节的词根；如果对语言的起源稍加想象，那么就会发现，只用一个简单的语音来表达一个简单的概念是非常自然的事。不过我们不能理所当然地认为，每个根词（Stammwort）都必定是单音节。因为我们的语言研究从未能够追溯到语言的开端，根词这个概念本身也只是一个相对概念，每一种语言发轫之始除了有单音节词，也可以有许多多音节词。反过来单音节语言的这一特征表现得也并不纯粹，当这些语言中的两个词合在一起表达一个复合概念时，就只能依靠重音将这两个词连接起来，否则这两个词就会各自突显、互相分离。现在需要判别的是，这种词的分离是否也意味着知性中概念的分离，抑或知性中概念的结合只在于语音特点，而与词的分离无关，不过这几乎是不可能的。相反我们也许有理由认为，在概念合而为一之处如果语音分离，那么将言语正确适宜地划分为完整的词，这种划分对精神发挥的影响就会受到干扰。语音的划分与思想的划分是否保持同步，可能单独来讲是无关紧要的。但总体而言其重要性却不可小觑，因为不同音节中语音的持续碎裂必定会对思想的流畅表达造成不利的影响。不过在中国，人们可能从未研究过语言对精神的这种较为细微的影响；而一些其他的情况会自然而然地促使语音与思想的这种不匹配反复出现，以至于从整体上来看这种不匹配的现象便也出现在了原本不存在的地方。

---

1 引人注意的是，汉语尽管口语中词汇不足，但并不是每一个词都具有声调。同时更没有将所有的词尾元音与每一个词首辅音结合起来。

75．因此，单音节语言这一概念本身需要有一定的限定，而多音节语言可能原本是单音节的。这种分类的基础是词的划分，而词的划分甚至取决于语音的发声情况，如上文所示，这些情况难以判别，因为我们无法深入了解生动真实的言语表达。尽管如此，少数语言的单音节构造是一种极为引人注目的现象，正是因为其稀少性而值得引起最大的重视。像对待儿童语言那样，认为这些语言尚停留在原初的不完善阶段，这种思想方式是完全错误的。我们必须以某种完全不同的方式更为深入地探究单音节的成因。美洲语言没有单音节现象，在此我只是想在语言的大厦中为其找到合适的位置。

76．根词构造相同的多音节语言也是如此，比如闪米特语言（Semitische Sprachen）。

77．在构词形式并不十分稳定的情况下，无法确定可能存在的词的数量，而大量难以解释的情况决定了哪些词能够真正地存在。但我们必须设想，每一个词都是通过另一个早于它的词才形成的。语言所有的变化都是逐渐发生的（43.），而且始终只有那些听到过的或者听到过的一部分才会被重复。因而研究词的语音总是处于一条发展链的中间位置而无法启达始端。几乎无需进一步说明就可以发现，并非所有尚存的语言都必须具有这样的一条发展链，因为可能存在（46.）不同的、早就互相联系或从未相互联系的词的发展过程。不过因为发音器官及其使用原则都相同，都只能发出一定数量的词的语音，因此（47.）语音千篇一律或具有相似性，无法造成词在历史上或构造机制上的差异。可以想见这种相似性能够以两种方式形成：通过派生，即通过附加、前置或插入使较简单的语音在一定程度上变成复合语音；或者通过重复，即再次但有变化地发出单一的语音，或者用相似的语音标记相近的观念。以这样的方式便从一个词产生了另外的词，在这一过程中最多只有对自然音的模仿语音是例外，虽然它们也是代代相传并流传于不同的民族之间，但也可以突然形成，不过在这种情况下它们还总是遵循着语言其他的语音类比规则。

78．若要研究一种语言的构词方式，就必须尽可能不断剖析复合词以形成更为简单的语音，找出这种复合方式的类比规则，并比较所找到的简单词之间的语音关系。由此，一方面可以发现不同民族构词的原则和习惯，另一方面也可以认识他们构词的范围、构词的全面性和传统性。前者包括由元音的排列、辅音的插入和改变而导致的词的变化，由前置音和后置音以及音节的重复和移动所产生的词的扩展。这一切通常能够显示出不同民族较为粗糙或较为精细的语言意识（Sprachsinn）。

79．若一种语言源自形式完善的语言，与之越是接近，就越少使用简单的语音，因为很多这样的语言它们的词汇几乎都没有这种情况。只有那些历经数百年却没有与外来民族混合的知名部落，他们的语言其起源被历史所湮没，但世代相传，才会出现那种遥远而古老的构造，以至于可以通过历经世代演变的词来追溯还保留着基本意思的基本语音，它的每一种类比规则可以找到大量的例证，每一种语音特点都为所有同类的或很多同　范围内的语音所分享，语音这种严格的类比性造就了非常全面的词的发音系统，从而对精神起到了引导作用。丰富的语音及其规律性除了会对词的使用造成影响，本身也会有意无意地对民族产生反作用；当精神世界也能得益于一个自我排列简单而奇妙的语音世界时，该民族的语言活动便会对与之相关的一切带来更多的裨益。这样一种语言的构造将每一个人与遥远的年代，与人类极为久远的原初状态，与曾经出现过、总是可以以某种方式触碰并再次引发的似乎无限的思想和情感联系在了一起。

80．这里涉及的是构词的规则（55.），即便只是对不同语言的词汇进行对比，也必须将其与语音区分开来。构词规则的基础是语音。因为听觉和语言感官对语音的反应越是准确和机敏，每一次的构词就会更加细致，也许最初只是碰巧通过插入一个吐气音、一个元音或一个鼻音而注意到了语音的变化，然后通过相似的情况，以类比的方式形成了其他类似的变化。这一构词的基本特征从有亲缘关系的民族转而为有亲缘关系的语言所共享，因而语言的相似性在很多方面更为准确地呈现为构词的类似性，而不是语法的类似性。因为构词并不像语法那样基于普遍的思维原则，而是与语音直接相关。如果一种相似性越是个性化，那么语言之间的历史关联也就越明确。但必须要注意这样一类现象，构造方面具有这种类比性的词，进入了一种本身没有这种类比规则的语言，也就是说其民族没有这种类比感觉，所以它就不经改变成为了这样一种语言的一部分：该语言要么没有完整地拥有这种构造，要么具有另一种构词系统。

81. 包括语音在内的词的这种内在关联显然说明，无法直接比较多种语言中词的相似性，而必须首先对不同语言的词各自进行对比。将不同语言的词按照字母顺序进行排列会割裂词的自然关联。对同一种语言的词进行比较会产生两个结果：第一点是构词的类比规则和基本语音，第二点与第一点紧密相连，能找出进入了另一种语言的确实根据这种构词规则构成的复合词，而这两点是对不同语言的词进行比较的前提。而只有以这样的方式才能保证比较的正确性。但常有的情况是，人们因为缺少辅助手段，或者因为一种语言根本没有明显的内部构造，或者是因为无法完全对其进行辨识，所以就直接比较了不同语言的词；如果这样，那就必须在各自的语言中尽可能仔细地考察这两个要比较的词的形成过程，以避免将只是看似相同、其实不同的语音视为同类。[1]

---

[1] 因此，人们可能将同样意为"愤怒"的科普特语的 *hrosdi* 和梵语的 *rôsha* 视为同一类词，因为 h 在这里可能只表示 r 是一个送气音，就像 *hloili* 与 *loili* 的区别。但更为仔细的比较显示，*hrosch* 源于表示同样意思的 *horsch*，就像 *hroyr* 源于 *hoyrooy* 和 *heri* 那样，因而它与梵语词的语音相似只是出于偶然。

82．这里我们仅仅考察了一个民族的语音行为对构词的影响及其对词的语音范围和种类的决定方式。但构词时首先要顾及到词义，比如源于 λάβω 的 λαμβάνω，虽然只是声调发生了改变，但意思从"放着"（liegen）变成了"放下"（legen），也有了细微的变化。复合词的构成则完全出于语义的需要，复合词总是将多个概念连接在一起，或者构成一个新的概念，或者通过前置音和后置音以不同的方式来限定主概念。在此过程中，语音关系只是偶尔起着辅助作用。

83．在选择语音表达概念时，语言会依据民族个性或多或少地受到对这两者关系的感觉和想象力的引导。然而，历史上这一点已经遗落在了研究所无法启达的语言创造之初，由于语言的逐渐变化——有时是一个语音从基本语音、有时是一个概念从基本概念慢慢衍生而来，语音和意义之间的关系通常遭到了彻底的改变。同时对这一关系的感觉本质上是一种不太确定的感觉，不同的民族有所不同，正是那些更原始的语言，亦即没有经历重大变化的语言，不喜欢音节的辅音组合，并由此缺少了用来确定词的语音特点的一种手段。强烈而令人反感的概念与温婉柔软的语音相配，或反之，这种现象并不非同寻常，只是历史语言研究完全没有重视过这种类比关系。在这点上，想象力和洞察力虽然用途广阔却并不可靠，如果找到了十个语音和意义相匹配这样的例证，那么在此过程中也会碰到更多两者相左的例子。相反，对此毫不关注也同样可能是错误的。因为不容否认的是，与其他语言相比，在那些历史悠久且词的构造形式丰富多样的语言中，对语音和意义具有明显一致性的感觉常常触手可及。如果这种一致性在未经混杂的母语言中历经数百年持续对该民族发挥作用，那么就能提高和加强语言的影响力，因为对语言而言最为重要的，是通过语音与词的概念之间的紧密融合构建一种游离于人与世界之间的、同时既依赖又不依赖于这二者的独特本质。这在德语及其附属语言中尤为明显。

84.词的语音虽然与词的意义一起世代相传并在不同的部落中流传,但因为相对于能被感官感知的语音,概念更为灵活,会根据不同的情况——有时出于自身的原因,有时鉴于使用语言的个体,有时又由于外部的环境,发生轻微的转变,所以概念比语音更容易衍生变化。因而可以将词的语音视为形式,从悠远的古代流传至今,但或多或少地变换着含义,当然,这些不同含义始终被一条尽管只是松散的红线贯穿着。就此而言,在研究语言的构造时有必要将词人为地分割为语音和概念。连续的思想与连续的语音都要求划分出词的语音并使之符合思想的单位,而思想的单位可以用来理解和连接理想的客体对象。

85.每一个这样的思想单位,也就是每一个词都有一个与之相应的对象,要么是自然界的实体,要么是由精神所构建、或多或少不依赖于感官的感知。尽管在后一种情况下,词本身就是这个对象,但还是应该将普遍意义上的这个词与在某个瞬间由某个个体所想到的词区分开来,就像将整个语言与具体使用时的语言区分开来一样。词促使心灵去想象词所代表的对象。这种想象必须与对象区分开来;它可以具有个体的差异,而且必定具有这种差异,因为它是由各种因素所决定的,而对象作为客体则总是具有普遍性;这种想象除了具有与对象相关的客观部分,还具有基于理解方式的主观部分,既包括智力方面的观点,又包括与之相随的情感。反之,几乎无需进一步说明,这种区分只是抽象的,词除了思维之外没有其他的居所;如果词的对象不是实体,便也只能居于思维之中,每次都必须完全通过精神来生成,只有在每一次的思维中才真正拥有了完整性和个性,且作为语言的组成部分和语言研究的对象,词只具有普遍性的含义,虽然可以用不同的方式使之个性化,却也为词的性质所限制。对能够感知的对象而言情况也是如此,因为显现在心灵之中的,从来都不会是这些对象,而始终只是词所引发的对它们的想象。

86.一种语言中的每一个词都具有一定的想象空间,鉴于此,这种语言就有可能综合不同的人和不同的时代具有个性特色的想象方式，而每一个词的想象方式除了由语言的普遍性所带来的同一性（50.）还可以有自己的特点。理解并不是将各种想象方式汇合成为不可分割的整体，而是一种思想的综合，其中较为普遍的部分互相叠合，而更为个性化的部分则会突显。由此人类精神的进步就成为可能，因为思维的每一次拓展都可以传递给他人，而不去束缚其获取和拓展新的思维方式所需要的自由；同时也因为作为思维形式的语言就像世间万物一样，在其发展进程中发生了无法逃避的变化。因而必须要关注词的含义是如何脱离和决定个体的想象方式的，同时通过考察词及其不同含义的历史发展可以了解词义形成和使用的不同方式。

87．通过词的清晰性和确定性来加强概念的表达，必定是所有心灵力量共同作用的结果；因为词的特性是借助语音就像电击那样引发词的概念，因此语音的作用会通过整个心灵辐射至所有方向。一种力量的整体无法再分裂成部分，不过在词的构建和发音时，还是有三种关键性的主要关系脱颖而出，可以分别加以考察和检验：词的逻辑结构、词的感官作用和词的感觉印象。其中的每一部分，都在词中表现出两面性，因为我们必须将对对象本身的想象（85.）与词根据其构建和产生方式所引发的对对象的想象区分开来，并且不是用一种想象来抵消另一种想象，而是使两者保持一定的关系。

88．词赋予概念以形态，并通过语音直接地对听觉、间接地对心灵所有的感官力量发挥感官作用。词将每一个概念理解为一个普遍的概念，并在严格意义上总是指称其在现实中的类别，即便是一个专有名词也是如此，因为词综合了所指对象在时空中所有的不同状态（将所指对象想象成一类，包括所有的状态，就像不同的个体被归为同一个种属概念那样）。然而，词使自己、因而也使其所包含的概念成为了语言的一种个体。因此，词在不舍弃对象的任何含义的前提下只能从某一个角度对其进行指称，能够做到这一点，是因为词就上述的三个主要关系激发了心灵，由此，生成的概念虽然是完整的，但显示了一个明确的角度。在这种情况下，多种语言中意思相同的词对同一对象就会具有不同的想象，词的这种特性尤其赋予每一种语言一种独特的世界观。

89．正如语言和词将个性化的世界普遍化，语言也使内在和外部所感知到的具体对象具有了精神性。但就如同词本身在语言中再次成为了个体，借助语音，词也变成了语言的实体，并成为精神发挥新作用的质料（Stoff）。不过所有这一切都同事发生，词作为综合而成的不可分割的整体，普遍性和个体性、精神性和物质性都相互渗透其中，而这只有通过以下途径才成为了可能，因为否则这些对立的特性会相互抵消：词作为语言的组成部分只能被视作存在于心灵之外，看作对思维的一种激发、心灵的一种完美概念，词就是思维本身，属于人类特有的一种精神力量，能够从个性和感性中提炼出普遍性，又使之回归于个性和感性。结合上文（87.）提到的词激发心灵的三个主要方向我们可以认为，只有当心灵能够发挥智力的作用，词才能具有感官和情感的效用。而要做到这一点，词必然同时作为感官和感觉的内容，进而作为这二者的综合体，消弭了具象而保留了抽象，这是人类想象力的成果，是调和人类对立本性的结果。由于词的知性部分也同样只能通过想象力才能与感官部分结合，所以词其实回旋在想象力的空间，而想象力聚合了心灵用以引发或理解词的全部力量。

90．词按照那三个方向，将外部和内在感知到的对象带给心灵的那种方式，可称之为词的客观部分，也是词的具体形式；而心灵的不同力量按照这三个方向相互联系、融为一体并共同作用的方式，则被称为词的主观部分，亦即词的抽象含义。

91．毫无疑问，语言及其所有的词都包含了这两个部分；这本是言说者的个性，与语音紧密相连，又通过语音体现出这种生动的个性。一种精神创造会引发他人同样的精神创造，语言在本质上便是以一种奇妙的方式体现了这样的精神创造，且主要通过词这一语言的主要组成部分来实现。不过词的抽象含义比具体形式更为重要。因为意义依存于整个语言，即使一个具有完全不同个性的人去理解一种业已消亡的语言或者外语，也不得不接受该语言看待问题的方式（Anschauungsweise），因为他被该语言以这样的方式包裹其中。具体形式做不到这一点，而且关于对象所特有的思想方式也并不总是能够在词中得以辨识，或者至少与词形成时所产生的感受已有所不同；词在概念的普遍性中失去了个性。我在前文（87.）区分对对象的想象和词所引发的对对象的想象时，已经指出了这一点。无疑，只有当词，作为概念的化身，被个性迥异的人所使用并逐渐与各种不同的视角相适宜，期间词的每一次使用对对象的描述已不再等同于形成之初的状况，才有可能进行这样的区分；这种对词的不同理解方式可以通过大量的例子加以说明。对实体对象的表达，无疑在很大程度上是根据对象所突显的特征，与由形容词转变而成的名词没有什么两样；对非感性概念的称谓是参照实体对象采用比喻的方式；仅用来连接话语的语法概念则按照表述实义概念（Sachbegriff）的词来命名。所有这些情况下，原本表达的特征常常、甚至大多数会消失不见，代之以关于对象的普遍性概念，或者赋予了对象别的含义。人们在提到印度语表示大象的 *dwipa* 时，很难始终想到大象同时用鼻子和嘴饮水的这一特点；很少有人在使用德语 Vernunft（理性）和 zurück（返回）时，能够想到前者源自 vernehmen（听见），后者则出自 Rücken（背部）。许多词原本根本没有这种附加意义，只是后来添加了被用来表示诙谐、讽刺或轻蔑的意味。词的具体形式就是这样变化的；即便在同一个语音和同一个由其所指称的对象之间，精神总是能够拥有足够的活动空间，将具有细微差别的不同思想方式安置其中；从根本上来说，虽然是同一个语音，但每一次说出的都是另外一个词。因为只有确实思维着的或者言说着的才是真正的词，而那些语言中传承而来、似乎已经僵死的词，则只是一种被反复赋予新意的语音外壳。思维和言说中的词，其形式和意义总是同时由词和语言的特性以及言说者的特性所决定。

92．这一点与前文（86.）所阐释的，认为词的本性决定了，即便同一种语言中个人在某种程度上也可以拥有他自己的语言，有异曲同工之处。但区别在于，前文指出的那种情况，在词的语音的形式和意义完全被感受到时就会发生，而此处讨论的情况却完全不同。此处显示的是语音作为概念外壳的双重维度。

93．如果一种语言词原本所蕴含的看待对象的方式渐渐模糊不清，那么该语言的某种个性和感性活力无疑也就会消失不见。但这并不是说，语言由此赢得了与之相反的普遍性和智性。因为语言的优势不是通过片面地赋予心灵以大量的图像和概念来决定的，而是完全取决于其对思维和情感的作用。例如上文（90.）提到的以对象的特征来指称对象，只要这一称谓还活跃着，那么它就较大程度上提供了直观体验（Anschauung）；但这样的称谓也有缺点，其中最大的缺点就是过于片面地限制了对象的想象，同时，语言的性质总是借由具体形式加以体现，而过于明显由形容词所构成的名词，却扰乱了语言表达独立对象所需要的与独立的词之间的一致性。根据模糊的相关性感觉（83.）使概念与语音取得一致，这样要合适得多，因为心灵会由此而得到拨动和引导，但想象的方式不会受到限制。如果语言研究关注这些关系，在词中探求这些关系而不是穿凿附会地进行解释，并用这种方式唤醒民族与其母语相关的、可能是无意识的语言意识，并由此引发对语言更为清晰的认识和更加细腻的感觉，那么就可以更加清楚地揭示词原本的个性，使之服从于随着时间的流逝对对象更为自由、更具智性的理解方式，而不是进一步加以损害。

94．两种语言以词的形式予以心灵的不同刺激难以保持完全的平衡。其中的一种刺激会占据主导，同时，能够促使这些刺激构成对对象的想象、尤其能使思维具有的清晰性和确切性的那种力量也不尽相同。这方面的研究只有借助高度发达的语言，不过单凭感觉也能感知到这种区别。比如一种语言更具感官的清晰性，另一种语言感觉占据上风，第三种语言则较多枯燥的逻辑性。这种特性可以随着民族发展方向的改变而发生变化，但会持续并永远对该民族发挥影响。这种特性有时候也决定了语言的使用，决定了其文学更具诗意、更富哲理还是拥有科学性，而语言的使用反过来又决定了语言的特性。

95. 词的具体形式还包含了对象的性质，所以对每一个词都可以发问：词总结了对象的哪些特点？它是如何表述对象的？根据这一表述所带来的感觉还包含了词的哪一个附加概念？如果这些问题被相继从两个角度提出，亦即一方面从一种语言与丰富多样的对象之间的关系出发，另一方面考虑到这些对象与不同语言的词之间的关系，那么至少从大的方向而言能指（Bezeichnung）与所指（Bezeichnete）之间的关系就得以详细阐释。也就是说，语言构词时就具有了一定的规律，这种规律性一定要通过考察大量的词加以研究。

96. 词的具体形式似乎就是思维的对象。多种语言的对比研究却显示了相反的结果，之所以如此，是因为词并不直接依附于对象本身，而是对对象的理解，而且很多对象是由心灵所构建的。这里起主导作用的首要规则，是通过语言对思想的质料进行正确的划分，换句话说，词对对象的描述具有明确的界限，包含了形成完满的概念所需要的所有要素，同时排除了并不重要、只是偶尔附带出现的成分。即便在表达实体对象时，其含义也并不总是与固定的自然界限相符，而是在其间摇摆不定；[1]更加不确定的是智性称谓；而在我们这里首先要研究的美洲语言中，

---

[1] 梵语的 *kati*、*tata*、*srôni*、*nitamba* 都属于这一类词，都表达了身体臀部位置，但范围不明确。

会发现概念中混合了干扰普遍性、妨碍清晰性的成分。相反，很多语言却也构建了出色的新概念，我们必须将其视为真正的思维扩展。因为如果现有的词能够表达一个新概念，能够赢得大量的思想质料来丰富观点并促进思维的发展，便可带来不可估量的裨益。[1] 词的这种概念划分首先彰显了一个民族对正确明晰的自然观和逻辑的准确性所具有的意识；但在更高的层面上却可以看出精神出色的创造能力。不过我们极少能够认为，是一个纯粹推想而得的概念被赋予了一个崭新的词；通常只是意义不重要或不明确的词它的含义才发生了改变。

97. 第二条原则有关词的内容，认为词不应包含太多的且关系松散的意义。这种情况会更多地出现在一些语言中，尤其是汉语和梵语。然而我们不应忘记，这种情况主要出于词典的缺陷，常常没有体系并不假思索地将不同地方找到的所有词义罗列在一起，而每一个词义又是在各处根据上下文强加给了原本意义自然简单的词。如果要恰如其分地评价这一点，并对词义的使用时间和种类进行区分，那么现在尤其要将那些让初学者产生困扰的多义性融合在一起。在多义性不可避免的地方，它一方面就成为上文（96.）所指责的词义的不确定性，词不只含有一个而是多个概念，但另一方面也可能是由于对一个概念过于敏锐的发挥，或出于对太过大胆的隐喻的偏好，而恰好为富于才智的民族的语言所特有。不过词的多义性不能与宽泛的词义范围相混淆。语义宽泛的词可以意义明确，一种真正能够促进思考的语言必须使思想具备最高程度的抽象性或最低程度的个性化（因为这些词能够具有这两个方面）。但如果多种具体词义同时存在并被随意使用，那么就会干扰表达的明确性和可理解性。

98. 词对概念的表达方式我认为不是语音的方式，而是决定语音的

---

[1] 这里梵语的 *nyáya* 和 *yôga* 便是例证。

方式，虽然到目前为止一直在讨论的与前者重合在了一起。但除此之外，前文也已经阐释了一般意义上的语音（73-82.）以及与意义相连的语音（83.）。我们这里谈的是词的内容，亦即概念。但概念既无法加以定义，也无法表达实体对象的全部本质；词是表达概念的单位(88.)，也就是说，词将概念传递给了听者，本身也就被称为概念。原本词对概念的称谓（其实这只是对听者而言的，从言说者的角度来看这是一种理解）可以是对对象声音的自然模仿；可以是描述事物的特征；也可以是智性上对实体对象的比喻。因为概念一旦被赋予了语音的外壳，舌头就为对语音的选择方式所左右，而这一选择方式就是贯穿于所有概念的看待问题的方式。对其本身只能进行感性的理解，一方面是因为要引导对语音的选择，另一方面则是因为整个构词（89.）都属于想象力的范畴。但大多数情况下，这种对对象的感性看法，先于语音存在或者与语音同时产生但又对语音起着决定作用，对其无法再加以探索，它只是体现在语音所发挥的影响之中，有时甚至也难以辨识。前一种情况说的是词语音特征（生硬或是柔和、响亮或是低沉等），后一种情况是指分音节的声音本身就表明了词的内容。以三个德语词为例：Fliege（苍蝇）、Krähe（乌鸦）、Gans（鹅）。第一个词含有不停地飞来飞去这个意思，由此使得苍蝇特别让人厌烦；第二个词是乌鸦的叫声；第三个只是一个源自印度语、但在印度语中也无法解释的词。表示思想概念的词，无论是否使用明显的比喻，也可以举出相似的例子。

99. 这种对概念的称谓方式也许可称之为词的本义（Selbstbedeutung）。用这种方式进行称谓的词的确区别于其他的词。有很多方面需要进行着重考察，看看一种语言是否存在很多具有本义的词？同时要区分上文（91.）所提及的情况，即这种本义是否继续为民众所普遍感受，还是只是一种研究者的认识？我们有理由认为，那些本义占主导地位的词是语言较为原初的现象，所以由此可以得出词义变迁的结论。这些本义本身，只要真实可靠，对其进行研究就显得十分重要，因为它们表明了一个民族对自然的理解方式，以及如何用语言感性地表达精神现象。但是由于这方面要做的是史实的考察，所以要避免太过敏感并发挥太多的想象力，而是要查找可靠的事实依据。

100．我们这里讨论的关于词的感性材料，是精神用来理解智性概念的依据，如果要严格遵循自然运作的规律，那么就不能将语言对概念的称谓视作先有概念再有称谓这样一个自上而下的过程，而要反过来从称谓上升到概念。创造力量看似偶然孕育而成的多种现象会发展成为一个整体，并从中产生闪耀着精神光辉的观念单位，人类社会处处皆是如此，语言也不例外。对自然的感知、信息传递的需求以及社交交谈引发了语音的丰富多样性，在这样的多样性中，心灵以其更为高级的智慧力量和更加细腻的语言意识，更加经常、更具创造性地发现了各种思想关系，并赋予已有的词以相应的意义。不是通过那种近乎单调的对观念质料的划分与剖析以及冥思苦想，而是借助一种活跃向上的精神所孕育的大量自然语音，词才具有了丰富而深刻的思想内涵。

101．表述概念的词，与符号（Zeichen）和象征（Symbol）相关。这里我们要明确这三个概念并指出，词尽管与其他两个概念有相同的特征，但在本质上又与之不同。只要词能够通过语音引发概念，那么它虽然达到了符号的目的，却又因此完全脱离了符号的范畴，因为符号指称的对象不依赖于符号而存在，而概念却要通过词才能最终形成，二者不可分离。认不清这一点，将词视为单纯的符号，是一种根本错误，会彻底损害语言学并阻挠所有对语言的正确评价。只要词将概念转化为想象力的感性质料，它就类似于象征。因为词赋予了观念以形态，并通过突显一种特征将实体对象从其全部的现实性中抽象出来，并通过对象所不熟悉的语音、借用对象的特征来指称对象。也就是说，语音用这种类似于象形文字的方式将概念包含其中。象征中感性内容与非感性内容互相渗透，可以视为一体，后者彰显于前者之中，前者则通过后者得以丰富，观念与实体材料合二为一。[1] 词的概念也无法完全与语音分离而独立存在，因为脱离了语言就没有概念；概念也离不开其在一种语言中所特有的表达方式，因为这种表达方式同时也包含了概念的个性。尽管如此，词和象征完全不同。象征要求一种完全的、为自己而存在的自然形式，这种自然形式可以无关内在的观念，但正如它作为象征所表现的那样，却又可以从所有的部分闪耀出观念的光芒。相反，语音（作为与象征的自然形式相对应的感性材料）如若失去了概念就毫无意义，因为它的任务就是构建并引发概念。因此象征跟词的感性与非感性部分的合二为一迥然不同；词的语音和概念就每一部分而言本身并不完整，但它们紧密结合成为一体，形成了一个独立的对象，而语音在一定程度上又屈从于概念，因为它只需引发概念并予之以形态。象征的自然形式独立存在，观念浸润其中，两者保持同一，因为无论从哪点来看，其中的一个方面都会映射出另一个方面，但是它们并非一体。自然形式即便失去由其推想而得的观念也能保持完整，但在这种情况下，象征的自然形式就像失去了灵魂的肉体。然而，词及其语音，和其他所有的对象一样，在显示的特性和数量方面以及与意义的关系方面，可视为象征；可能埃及教士[2]的说法能够帮助我们理解，他们提到过庆祝神灵依次发出七个元音。

102. 象征尤其强调非感性的内容要与感性内容融合在一起；实体不应只是实体，观念也不应只是观念。相反，语言纯粹是一种精神努力，从思维到思维（24.），在这条道路上被迫接受了实体材料，且尽可能

---

[1] 克罗伊策（Creuzer）关于象征学和神话学的著作第一册第三章，极富见解并非常清楚地阐释了这些概念。第 57 页指出"唯一和不可分割始终是这种（热带）表述方式的本质特征"，第 63 页则提到"本质渗透并激发了自然形式。由于对无限的约束是一种人性本质，所以无限和有限之争得以化解"。

[2] 狄米椎耶斯（Demetrius）的《论风格》(de elocutione)，第 71 页。从赫西基奥斯（Heszchius）的《瑟拉皮斯（七个字母）语法》($E\pi\tau\alpha\gamma\rho\acute{\alpha}\mu\mu\alpha\tau o\varsigma\ \Sigma\acute{\alpha}\rho\alpha\pi\iota\varsigma$) 可以看出，也要注意到字母数量的象征性。

少地只是选取了简单并转瞬即逝的声音,从中又只使用了分音节,也就是那种尽可能剔除了所有其他的声响的一种纯粹听得见的关系。因此,起着象征作用的知性、语言意识以及语言天赋,处于一种自然的互相牵制的状态,它们促使精神适应于想象力所引发的一个非同寻常的时刻,而这对于个体和民族的思想建构极为关键。象征作用是对不同对象的深化,仿佛穿透其外壳以感知其中闪耀的观念;语言意识则是在持续活跃的运动中激发精神。语言意识跟随着转瞬即逝的思想并力求思想的无限。由于每一个词都是一系列词的一部分,同时无法独自彻底地阐明概念,因此概念需要从一个词到另一个词、随着思想的逐步展开才变得清晰,从中仅忽略了那些最简单的、极少对上下文的连贯造成干扰的部分。

103. 如果词的声音带有关于对象特性的模糊感觉,比如 Stärke（强度）所带有的坚定性,Wolke（云）、Wolle（羊毛）和 Wald（森林）所显示的范围以及组成部分的摇摆不定,那么事实上这样的词就具有了象征性。因为这种特性会通过声音得以突显,而声音则如同含有这种特性的图像对感觉发挥作用。然而,词的语音本身却并不能因此而被称为象征。因为语音的意义虽然也受到其象征成分的影响,却无法由此加以辨识,而是要通过语言所具有的那种完全不同的方式。词的概念部分所具有的象征性则更加明确也更为常见,而且恰好存在于我们这里所谈到的词的感性表称之中。所有的比喻性表达皆是如此。不过,这同样也不会改变词的性质。语言的这种不可否认的象征性说明,出色的语言禀赋能够促进语言意识,同时也清楚地指明了这两者之间的关系。使感性和非感性的内容相互探求和互相包容需要天赋和渴求,但对精神鲜明的追求必须占据上风,并通过生动而强有力的思维力量去遏制那种使这两者关系含混不清的倾向。

104. 因为这里讨论的是词的感性含义及其本义,那么就产生了这样的问题:心灵对于词究竟会产生怎样的感性想法?是对象的整体?还是词所反映的特征？亦或是根据词所引发的感觉而形成的不确定的东西？或者说对那些已长期拥有字母的民族而言是文字形式？对此通过自我观察来研究可能是困难的。因为这种意图本身就已经改变了观察的对象，且感性想法本身会根据不同的个性和具体的情况在上述可能性中来回变换。相反，对于语言的真实本性而言必要且关键的是，只有当词让对象从属于每一次产生的思想并使之成为思想的一部分，词才能引发并长期保留对对象的想象。这是词的本性，由此才能用语音替代真实的对象，并通过语音将对象转变为思想；此外，在这种情况下，由多个词语表达的思想序列，准确地说是思想单位，便与言语构成了整体，其中各个片段总是能够反映出整体的构造。因此，根据词的具体使用激发相应的想象，是词的重要特征之一。虽然这主要通过适当地与其他相关词语连接在一起并通过心灵为听者指明的方向所引起，但有时候也与词的构成相关，要求词在确定概念时具有纯净性、精确性和客观性，完全符合所要达到的明确目标。由此也就有必要根据不同的使用情况对同一个对象形成多种表达，用以揭示对象的不同方面，并反映不同的心绪。除了言语的逻辑性，也要考虑到这一点，而这尤其会对词的感性想象方式产生影响。因为同一个词在一个富有诗意的和一个科学性的演说中，表达的侧重点显然有所不同。不过语言的这种现象更多的是出于偶然，而非有意为之；意义相近的词往往来自别的方言并带有附加概念。

105．词所带来的感觉（92.）要么是心性的个别感受，要么是智力和心性力量所共同传递的总体情调，虽然个别感受占居上风，但也会带有整体的色彩。由个别感受会形成带有爱抚、尊敬、欢庆、斥责、蔑视、嘲讽、戏谑味道的表达，而从总体情调则会产生带有诗意、哲理性、劝诫性等等的表达。从根本上讲，所有的词都带有智力和心性力量所共同传递的某种总体情调，虽然每一个词都表达了难以察觉的不同情感，因为心性总是能够拨动心弦。不过这里讨论的只是那些特殊的词，它们的构造本身就决定了这种感觉，并总是能引发这种感觉，而如果不需要这种感觉，就不能使用这些词。不同的语言中，这样的表达会产生两种奇特的现象。未开化民族的语言有大量显示个别心性感受的词。语言总是会使人具有精神之美，让其走向纯粹的智性，但若缺乏平衡力量，在跨越智性顶峰的同时，语言就会变得过于枯燥、过于吹毛求疵、过于做作；只是语言的这种变化是逐渐发生的。相比更为纯净的方言，所有民间土语会更加经常地使用带有爱抚、缩小、放大或恶化味道的词。相反，在那里找不到特别富有诗意的词；当然，在某种程度上所有的词都具有诗意，只是在无意识的情况下走向了反面。另一方面，一些高度发达的民族，他们语言的这种意识是如此的敏锐和生动，演说是如此的枯燥，以至于在自由的言说中从不容许出现任何富有诗意的词。这样的词只能间接地来自民族的诗意感觉，直接源于对言语的独特类型——散文的感觉，因为这需要更为高级、更为纯净的语感。因此，这只会出现在最高贵、最富才智的语言之中。对于那些富有哲理的词，我们必须将通过知性构建的只具逻辑性、仅属于技术科学的词，与通过更深的思考或更高的领悟由理性综合而形成的词区分开来。如果抽象的哲学与伟大的文学创作能够出色地结合在一起，就像印度语那样，那么就会出现具有强大力量和强烈美感的表达。

106．到目前为止，我已尝试分别对词的本性和要求进行了剖析，以说明语言是如何指称概念的。现在有必要就词义间的相互关系以及对象和概念的范围，对一种语言的全部词汇进行研究，以阐明语言如何为每一次的言语使用找到合适的表达，以及如何指称出现的大量概念。

107．每一种可能存在的语言，在存在的每一刻对产生于其民族的所有可能的概念都拥有相应的表达。此外，每一种语言存在的每一刻都符合当时该民族的思想广度。最终，每一种语言无论在什么状态下，都构成一种完整的世界观，因而能够表达该民族对世界的所有想法以及对世界产生的所有情感。

108．这样的表达基于思维和言说的一致性。所思便化为所言。一个民族思维的发展有时通过与其他民族的混合来实现，因为其语言也会受到外来影响而变得丰富；不过思维也可以完全依靠自身的力量形成并逐步走向完善，如果思维由此而更为出色、更加独特，那么民族和语言的发展也会欣欣向荣。由个体思维组成的民族思维，在任何时候都必定是一个整体。因为这是人无时不刻向世界宣告其精神存在的方式；个体思维必定呈现整体思维，而整体思维也只能存在于个体思维之中，因而整体思维的显示不可能是部分的、残缺不全的。

109．这样的表达对正确评价语言具有极为重要的意义。因为以此为出发点，无论何时都不能将语言视为业已完成的，语言是不断发展的，它所包含的一切都孕育了新的发展，同时语言的发展不是机械地对部分进行拼接，而是真正有机地从一个整体生成另一个整体。正如前文所言，语言的这种性质可能是由于它能够用各种方式使用并连接分音节，能够在保留普遍相似性的情况下制造细小的差别，并由此从一个基本语音产生一类语音（79.），能够通过对同一个词进行屈折变位生成相近的词义、通过新的标记改变词的使用。这是一种对语音和概念的创造，能够使语言自我成长，其中概念的创造是无限的，但语音的创造，正如经验所示，具有局限性。如果语音无法再自我丰富，而是至多通过吸纳外来词才得以增加，那么语言就达到了一个临界点，进一步的发展在一定程度上更加只会发生在内部，且局限于意义的确定和修改。没有任何的历史经验可以对这一转折点作出具体的说明。但我们也许会发现，当不同部落之间不再相遇和混合，或者即便这样也不再对语言产生影响，就出现了这一转折点。因为对语音的所有内部发展我们有理由这么认为，很多讲这种语言的人会带来其特有的或不同的语音，也就是带来差异，以至于引起语音的整体变化，这些不同的语音或已自带含义，或者之后被赋予意义。事实上，每一个人为了能被理解，都要像别人那样言说，但由于每一个人无论在精神还是肉体上都别具一格，所以言语的方式又的确有所不同，而这一点不同又会被理解和吸纳，如果在个体、家庭和部落中延续数百年，那么一种语言的语音就会变得丰富多样。另外，我们也已经知道，方言可以丰富另一种方言以及共同语。

110．如果将语言的丰富性理解为满足表达需要的能力，那么可以认为所有的语言都具有丰富性。因为正如一种真正丰富的语言，所有的语言都能适当地指称任何概念和观念表达。但如果仅指表达所带有的含义，那么对一种语言丰富性的考察就绝不是一种多余的研究了，因为对同一个含义可以有不同程度和不同方式的表达。重要的是：第一，每一个区别明确的对象或概念无需借助其他的表述方式就能找到对应的词；第二，根据言说时所带有的情感以及看待问题的方式，同一个对象需要有适宜的表达方式；第三，对于同一个对象，在没有明显的意义或意图差别的情况下，也可以有多个词存在；第四，最终同一个词具有多种形式。

111．一些语言通过单独的词所能表达的，在另一些语言中要通过多个词，但没有影响表达的清晰性与明确性，所有的语言皆是如此。但当一种语言必须经常求助于别的表达方式才能达到目的时，就绝不是无关紧要的了。虽然思想的传递和和言语的瞬间目的虽然没有受到损害，却在语言的形式及其对思维的反作用这些方面造成了差异。因为我们不能忘记，语言作为思维的工具这一特性会对思维产生直接的影响，可以增强或减弱思维的清晰性、明确性、敏捷性和敏锐性，使其发挥对外的感性作用和对内的精神作用，这绝对是语言最为重要的方面。如果每一个概念都能找到明确对应的词，那么精神就得以丰富；语言就好比一个对象的世界，同时代表了一种世界观而处于自然与人之间。接下来我还会进一步指出，如果语言抛弃了思想枯燥的抽象性，那么也就会具有外在现实世界的那种形式，这一点极为重要，并在这里也得到了证实。即便一种词汇贫乏的语言，也能表达大量的概念和观念，甚至还非常清楚和明确；一些用非欧洲语言写成的传教士著述，将本身可能比较丰富的语言使用得漏洞百出，就是一个例证。虽然足以表达思想内容，但语言的贫乏却拖了精神的后腿，在这样的表达中思维显得不够丰富和鲜活并缺乏活力。

112. 出于同样的原因，也不能将表示同一个概念的多个词——即便没有意义的明显差异，以及同一个词的多种形式视为可有可无的奢侈。它们不仅丰富了语言的感性认识，而且在民族持续的精神发展过程中，至少通过使用不同的表达方式，使概念具有更为细腻的差异并变得更加准确明了，当然，这并不总是能够在词典中得到证实。有些语言，比如英语，由不同的语言融合而成，其中的某些概念甚至会有两个只是来源有所不同的表达，比如英语的 *freedom* 和 *liberty*，然而对感觉灵敏、精通语言的演说者而言，这些表达的使用并非随心所欲。从根本上不能低估任何一种显示语言丰富形式的类别。语言的丰富，无论是因为一个民族存在的时间长，讲该语言的部落和个体数量大，还是因为一个民族具有活跃的精神，都说明了该语言曾被广泛而形式多样地使用，因而包含了许多思想和情感在其中。然而，如果一种语言的精神越多地显示出人类存在的内涵，这种语言的启示力量就越强大、越活跃并越具有精神之美。

113. 要通过词汇来全面地评判一种语言的特性，必须将词汇与大量可能存在的概念，将词的意义（das Bezeichnete）与词指称的对象（das zu Bezeichnende）进行比较。这无法从纯粹的概念出发加以理解，因为思想的质料无法清楚地与语言材料分离开来，指称更多的是要通过在精神中生成指称对象才能完成。即便是自然对象也是如此，因为词指称的并不是对象本身，而是基于该语言的对对象的看法。不过这需要严格仔细的分析，否则就可以问，哪些对象在一种语言中能找到符合其原本特性的表达？但对非感性概念而言这种词与概念的差异有时要小得多，有时候就根本不存在。不过也有一种相似的情况，至少在一定程度可以进行这样的区分。我们可以用在一定数量的语言中真正被指称的对象来代替纯粹思维性的概念，并通过这些不同语言的指称习惯来衡量指称所允许和要求的总体情况。因此，对现存语言的研究可以检测人类思维和情感的广度。如果用这种方法来研究不依赖于某一种语言的纯粹的思想质料，建立对象和概念的普遍范畴，不断细分，并意识到，在细分到具体概念时，就无法再脱离一种具体的语言，那么在不陷入错误的情况下，会发现要指称的思想质料与一种语言的词汇相一致，虽然并不纯粹和全面，但对语言研究而言就已经足够了。

114．根据不同范畴分类排列的词典，如 Pollux 和阿拉马（Arama）的 Cosha，都是对此有用的辅助工具，而对智利人的语言也采用这种方式编撰词典，则出于哈弗斯塔特（Havestadt）的实用性想法。但是这方面的工作必须加大力度进一步予以完善，同时我们还要尽可能对所有的语言进行比较，找出那些在一些语言中可以对对象或概念进行指称的词，但在另一些语言中却不存在这样一个独立的词可以予以准确表达。虽然我在这里必须再次强调，准确地说，没有一种语言的词与另一种语言完全相符。然而我们这里只是指言语的那种情况，也就是对不熟悉一种语言的人而言，一个词便产生了一个全新的概念或者一个通过细微差异而带来新视角的概念。这里的关键是要找到需要指称的思想质料，为此，如果不用考虑到语言已确实具有的概念，而仅根据范畴和逻辑定义进行推论，不足以达到这一目标。

115．因此可以且必须这么认为，如果一种语言可以用词来指称天上地下、无生命和有生命的、动物和人的躯体这一类对象和概念，那么最终也能指称表示性质和关系的概念，以及非感性的对象。如果多种语言，即便只是由于说这些语言的民族处于同样的地理位置而具有一些共性，如美洲语言，那么就要重点关注，这些语言用词来表达的概念范围是否基本相同，同时，每一种语言都显示了一种完整的世界观，以此为出发点并通过对很多语言进行比较我们可以认为，在一定程度上这些语言原本似乎都拥有相同的概念范围。由于对所有的民族而言总体上世界相同，如果不考虑不同民族的力量和机会，那么他们的概念范围也说明了他们能够在多大程度上真正用语言来展现这个世界。在这种情况下，对发现和指称特殊对象的进程进行考察可能比较容易，不过特别重要的是要探寻精神概念的变迁，而这方面即便是为人所熟知的语言也还远没有得到足够的研究。

116．一种语言的词汇内部还存在着这样一个问题：哪一类对象和概念的表达具有优势？这就涉及词的分类。当然，不只是不同民族普遍的文化水平会造成这方面的差异，而且不同的习惯、风俗和生活方式也会给人类活动的某一部分、因而也就是某一类对象和概念带来更为丰富的表达。普遍的语言研究不仅应该关注最具普遍性的词类，而且必须重视词类的划分，以便探索概念的语言表达对知性（98.）和听觉意味着什么，这也可以被称为指称概念的技术。

117．由于我们必须考察每一类词特有的指称方式，而指称方式又基于思维，所以就此而言所有的词都可以分为涉及具体形式和对象，以及涉及意义和思维活动这样的两类。思维需要词以连接、分离、比较以及按思维所特有的方式去处理概念。一般可以将这些词称为逻辑性的或思辨型的词，其特点在于，主观而言，它们指称的是由内部活动所引发的想法，客观而言，它们并不指称对象及其特性，而是概念和事物的相互关系，以及概念与造就它的知性之间的关系。

118．思维的具体形式主要分为实体和非实体两个部分。不过更为重要的是，在指称的技术方面还要考虑到词指称对象、特性和行为。对象总是通过显著的特性或活动特点引发关注，因而也促使人据此对其进行指称，所以表示特性和活动的词最为常见也最为普遍。显然这里也应该包括表示普遍关系的词。虽然这些词其实是用来指称知性将概念联系起来这种活动的（117.），但若考虑到它们与对象连接在一起，那么也可以归入此类。当然可以提出异议，认为这只是一种语法的区别。但实际上，对所有语言而言这既是词汇的也是语法的区别。因为在所有语言中，即便没有语法标记，根据原本的意义和词的概念就存在词汇意义上的名词、形容词和副词、还有动词，语法只是之后将某一类别的词转变为了其他两个类别的词。特别要注意的是，在不止一种语言中，不利用任何语法手段，仅将一个原本的词和一个原本的词干结合起来，也就是通过纯粹的词汇手段，无法构成原初的动词。词除了实体和非实体这两个主要部分，还可以进一步加以划分，但鉴于本文旨在尽可能简短地描述语言的普遍构造，也就姑置不论了。

119. 对概念进行同样的分类也能帮助并促进了解指称技术。这里我并不想就语音来讨论指称技术，而是（98.）从思维出发，探讨如何根据事物和概念所突显的或与其相关的概念来选择不同的词。这些概念远非都能通过词加以辨识；但探寻所能辨识的概念极为重要，因为不仅语言所具有的各具特色的世界观只能由此才得以非常清晰地展现，而且由此也能够认识通过相近的、通过主观和客观的概念所形成的词的整个指称方式，这也是语言最美妙的一个方面。语言不只是用来满足最初的、最原始的交流需要，而且还要表达所有最高级的思想及其细微差异，新词或新的意义总是与业已存在的相关，因为始终需要在一般条件下去理解语言，而要让听者能够理解，言者只能借助已经被理解的词和意义。

120. 非实体的概念的表达要借助实体概念，而实体世界的表达要涉及对象特性和活动的一般范畴，但后一种规则并没有像前者那样一以贯之。从这两点可以看出，语言中存在一定数量的表示实体的特性和活动的普遍概念，它们构成了指称所有其他概念的主要材料，因此在研究一种语言的词汇时，必须以此为首要目的。同时，可以从两个不同方面来进行这项研究，即进行指称的概念和需要指称的概念。对这双重方式进行比较，一方面能够展现指称的适宜性，另一方面根据指称概念的选择和确定能够揭示民族中占主导地位的这样或那样的看待问题的感性方式、思想方式及其清晰、明确、纯粹和深刻程度。

121．因此，一种语言并不一定要具有一定数量的可视为所有其他词起源的词源形式（Wurzelwort）。即便存在，也只是且通常都是用其派生词来指称新概念。然而对词源形式的考察不可避免。它们显然具有语法和词汇的双重作用。在连续的言语中，词源形式根本不可能，或者说只在特定的条件下，才没有语法的变化，并且它们作为根词来构建派生词和复合词。在有些语言中，例如梵语和瓦里斯语（Wallisisch），词典的编撰在习惯上要为每一个词找出词根。但是，似乎所有这样构造的语言都可以通过例子明显地显示出这一做法的不合理性。因为除了大量可以轻易从词根推导出来的词，总是还有很多词只能将之硬性归入其中。

122．不过除了构建不同的表达，语言还有另外一种手段可以丰富词汇。语言可以指称一系列词所共同具有的特征，而且不是通过新的语音来形成表达，而是根据规则来改变现有的词。这通常只需借助词的复合，但也可以通过词的派生，而且既有黏着，也有非屈折变化。用这种方式构建的有由父名派生的名字、高雅词、抽象词、物主词（Eigentumswort）（一种几乎所有美洲语言都具有的词类）、原因—意愿式动词等。出于非常值得认同的现实原因，人们一旦习惯于将所有能找到规律的都归为语法，并且让词典根据字母表的顺序来记录不同的词，那么这些指称方式现在通常就只能在语法书中才能找到了，但它们显然属于构词的范畴，而不是言语的连接。不过对其进行更为仔细和深入的研究非常重要，因为据此可以判断语言逻辑的准确性和哲理的正确性。这里讨论的是根据规则构成的各种词类，所以关键是看词类的划分依据如何，据此是否可以穷尽所有的类别，甚至还包括是选择通过派生——

派生的规则必须要学习，还是选择通过复合——复合的方式可以直接理解，来指称这些概念，是出于偶然还是按照一定的原则。只有当要指称的词类就其数量和特性而言可以纯粹从概念推导而出时，根据规则来构词才更加符合逻辑性，但构词规则并不针对那些由具体的实际关系所决定的词类，比如物主词。还有另外一种情况可以用来检验语言指称的逻辑性和完整性，也就是共同构成某一范畴的概念，就此可以问，其中每一个概念是否都有一个独立的语言表达，这些表达本身是否体现了这些概念之间的相互关系。这里只想以空间维度和世界上的地区为例。对于前者多种语言都用同一个表达包含两个不同方面，比如"窄"（schmal）和"挤"（eng）、"宽"（breit）和"大"（gross）；对于后者，很多语言中，比如德语和梵语（德语根据太阳运转划分白天，梵语根据采用的视角来划分方位），概念的表达方式具有一致性，而在其他语言中，比如拉丁语，这种一致性却遭到了破坏，或根本就不再存在。

123. 这里只对不同语言的词汇进行了概要研究，目的在于尽可能准确和全面地去认识词汇的构建系统，由此来判断，一种语言的词汇可以指称多少，在可能的情况下可以指称什么，又以何种方式指称？因此，必须对要指称的对象的不同类别（113-118.），与指称相关的所有概念（119-122.），最终还有对词的语音范围——既包括词源形式，也包括派生词和复合词，就其语音的特性和对语音的使用（73-82.）逐一进行讨论。

124. 如果进行了这样的探讨，那么就对语言赋予言语的形式有了一定的概念，现在只剩下（105.）伴随着词的感觉以及词对心灵的反作用还需要加以考察。到目前为止，我们只将其看作词义的一部分，而现在要讨论的是，这些同时也是所有的词在使用过程中展示的语言特性。正如要指称的对象体现的是世界，而这里体现的则是人，两者在同一种语言中紧密相连。较敏感或较迟缓的感觉、想象所具有的更鲜明或更灰暗的色彩，较平淡或更具诗意的倾向，在这里都得以显见，就像在按照客观原则构建的词那里所能辨识到的那样。

125．这里若主要进行逐词分析，可能用处并不大。现在的关键是对迄今为止经过了客观性考察的词汇进行主观性的研究，以探明：能否发现构词时起支配作用的感觉在一定程度上具有相似性？并且从中显示出了何种民族特性？这一些如果能够得到说明那就已经足够了。这种对构词发挥作用的感觉，此后在词的使用过程中也会与之相随。我将其称为感觉，一方面是为了让这个最具普遍意义的词去概括所有人类行为方式在语言中留下的痕迹，另一方面却是因为且主要也是因为，我们这里所讨论的确实在其活动的瞬间只是一种感觉，并不具有清晰明了的意识，因为否则也就会明显显示出纯粹的智力倾向，就像一种语言中的词所引发的不同于其他语言的整个主观作用。而这种主观作用又会对语言对世界的客观描述施加影响，则是显而易见的。然而，语言学很多必要的排除和分类，既无法真正区分不同的对象，也无法分别考察同一对象的不同方面。比如，如果一种语言的构词存在这样一种倾向，通过简单的思想连接去保持精神的活跃，那么这种智力氛围也会很好地体现在语言对非实体对象的表达之中。但这同时也在于，这些表达本身只是指称了对象的表面现象。不过，为了在这一方面对语言有一个完整的认识，有必要将这种客观特性与对其产生的这种主观影响放在一起考察。因为主观影响也显现在语言构造的其他部分，比如言语的连接。

126．构词时同时起着作用的、又由构建成的词所引发的主观情绪——起因和作用总是互相轮换交替，极少体现在指称对象的那些僵死的词之中。如果对对象的指称，正如我们所看到的那样（84.），本身随着时间的推移有所变化，那么更多的也只是主观印象发生了改变。高雅的词变为粗俗，富有诗意的词变得平淡，或者正好相反，民族思维和情感的整个倾向也就难以察觉地发生了些许变化；这些变化又对指称产生反作用（125.），虽然语音和意义看起来在整体上保持了原样，但较为仔细地考察却会发现，对意义的理解已经有所变化。尤其是那些对非实体对象的表达，如心灵、精神、内心、心性等，仅仅由于理解的不同，渐渐地会被加上一种完全不同的含义。同时，也许是由于个别作家的影响，一些主要的表达也会发生类似的变化，并促使民族的精神倾向逐渐有所改变，而这一改变随后又会变本加厉地对整个语言产生反作用。词所引发的这些感觉上的变化，无论对词义是否产生影响，却很少有明显的痕迹可以辨识。只有在留下文学遗迹的地方，还能够进行这方面的研究。由于这种变化仅仅出于民族理解方式的改变，并有可能引起人内心深处出其不意的转变，因此，相比那些由屈折变化所造成的整体上的意义改变和由语音改变而引发的变化，这种对语言的内在本质具有决定作用的变化会更加迅速、更加频繁、也更加强烈。对此进行研究主要属于思想史的范畴，语言学往往弃之不顾，如果只限于考察某种程度上尚未彻底研究的语言的形式部分，当然也不无道理；但如果像这里一样，语言学的目的是全面揭示这种变化与人之间的关系，则必须将其置于语言学的研究范畴。

γ
言语连接

127．本章我们要研究的是，如果将不同语言的词视为既成事实，那么人以及人类是如何将词连接成言语，并通过言语的单位来表达思想的单位。尽管我们还是按照前面的做法，根据人类思维的规律和性质对此进行普遍研究，但并不会局限于这种方式本身，而是也会考虑到人在言说着的人类社会中所处的特殊环境，因为我们的目标是对现存的语言进行剖析。尽管这里涉及的是语法领域，但比这一领域——即便有时将其视为一个哲学的普遍的领域，要更为广阔，且有些方面也有所不同。语法是根据思维的逻辑规律将词组合成多元组合句（作为言语的语法整体），或者换个说法，是将多元组合句分解成不同的部分并确定各部分的性质及其相互关系。如果不依靠纯粹的概念，那么多元组合句就需要最高级、最精确的语言，以便通过对最完整的言语进行剖析来全面梳理语法关系。我们这里所做的，更多的是与人本身及其掌握和使用语言的方式有关，因而也比较主观，虽然必须考虑到对象本身，但要从另外的角度对其进行阐释，也就是说，我们不仅仅停留在客观的、有规律的言语构建层面，同时也要研究地球上各民族不同的语法观念和语法形式。研究结果将会显示，这一不同的立场会使某些语法理论与人们平时常见的大相径庭。

128. 语法，作为言语连接的规则，是以词的区别、惯用语（Redensart）的区别以及这二者之间的区分为前提的。对于言语着的民族而言，原本并没有语法，它是在言语的操练过程中才产生的；而对语法最清晰的观念则随着语法意识的觉醒才得以形成，但即便在开化的民族中，个体语法意识的程度也极其不同。人原本将所有的思想视为一个整体，并如此表述。他们不相信可以用单个的词组成思想，因而要将思想拆分为单个的词会非常费力。即便能够说出单个的词，也只是对一种惯用语进行补充，于是便又使用了就像一串词那样的惯用语，也就是说，人总是将不同的词视为一体并不加区分地使用。在这两种情况下，确切地说，并不存在语法，至少不存在于言语者的思想里，不仅不存在于其知性之中，因为言语者对此并无明确的意识（相比要求具备完全清晰的意识，这是较为普遍的一种状态），而且对言语中单个的词也无法补充语法关系，由语法关系连接在一起的词也无法进行拆分。没有对同样的词进行各种不同的连接，虽然这不会对言语表达有很大的限制，但词的连接却能让人感受到即便是最原始民族的那种语法需求和形式。将多个词组合在一起，将其视为整体，由此便产生了所有语言习惯上都具有的惯用语，它们总是以同样的方式使用，在其组合中很难再找到各个词原本的意义，因为通常惯用语的整体含义与其单个的词义已大为不同。它们也可能包含冗余的或不合常规的语法关系，却不加考虑地被小心保留了下来。没有一个英国人（这种现象在发达的语言中最为少见，这里仅举一例）会把 how do you do?（"您好吗？"）逐词理解为 was tun Sie tun？（"什么做您做？"）。对英国人而言，这些词语就是一种早已形成的询问健康状况的惯用语，根本无需关注其中每一个元素及其意义。汉语尤其富含这一类惯用语，如果不想通过逐词翻译而得到完全相反的解释，那么它们与汉语的词一样，需要加以熟记。如"老先生"（"先出生的老翁"），其实只是一种对高贵者的礼貌称呼，而中国人在使用这个称呼时也不会去想其中单个词之间的语法联系。除了这个民族本身特别偏爱比喻表达，因为恰恰很多这样的惯用语是比喻性的[1]，我认为汉语语法表达的匮乏也是造成惯用语大量出现的原因。如果缺少可灵活使用的连接手段，一旦形成的组合就必须加以保留和使用，事实上，汉语中常见的词之间语法关系的不确定性也可以由此得到补救，因为某些词一旦按照习惯形成固定的组合，就不可能再具有其他的含义了。

129．如果我们要按照自然过程对真实的语言进行剖析，就不能将语法视为将词组成言语，而是把言语拆分为词。自然界最初出现的或原本存在的不是词而是言语。那些语法学家常常研究的与梵语有亲缘关系的语言中，我们没见到这种现象——其原因稍后再讲，但这在闪米特语言中已经有所显现，而在更加陌生的尤其在美洲语言中，则完全是显而易见的。美洲语言中各种形式互相连接，通过正确的拆分想必可以分离开来，但似乎又无法再将各部分组合在一起，不过即便无法拆分言语的整体，还是可以理解其意义。

---

[1] 阿贝尔·雷慕萨先生《鞑靼语言研究》，第124页。

大多数美洲语言的名词和物主代词紧密相连，其中有多种美洲语言的物主代词从不与名词分开。墨西哥语的动词总是带有所支配的词，也可以由代词来替代。我们这里讨论的现象在奎揣语（Qquichua）中最为引人注目。它的多元组合句由不同的、各自独立的词组构成，而这些词组的组成元素其位置几乎不可以变动，即便可以，范围也极其有限。每一个这样的词组，当其中的名词不用作单纯的第一格主语时，就以复数标记，并以物主代词、介词、动词词尾或附属语助词结束；这些语法关系涉及词组的所有组成部分，而这些组成部分本身却并没有进一步显示这些语法关系。在每一个这样的词组中，一个位于形容词之前的名词或一个位于副词之前的动词构成主词，所有紧随其后的词或词缀与之共同合成了句中的一个词。德语句子 reiche Herren pflegen allzusehr grosse, reiche, vergoldete Häuser, und viele männliche, weibliche Bedienten zu lieben（富裕的男主人通常喜爱大型的、华丽的、金色的房子和许多男、女性侍者），用奎揣语表达如下：

富裕的男主人	大型的、华丽的	金色的	房子
reiche Herren	grosse schöne	vergoldete	Häuser
(khapac <u>apu</u>-cuna-ca)	(hatun cumac	<u>corin</u>-cha-sca	<u>huaci</u>-cuna-ctd)
很多男人(单数) 女人(复数) 侍者	和 喜爱 通常 习惯		
viele Mann Frauen Bedienten	und lieben allzusehr pflegen.		
(achca ccari huarmi <u>yana</u>-cuna-cta-huam-pas)	(<u>muna</u>-paya- c-caucu)		

括号在这里表示词组，连词符表示组成同一个词的成分，带有下划线的词则是主词。这种结构顺序含有很多明显的组合部分，我不是要再将其拆分成简单的成分，而是明白了要从整体的观点出发进行分析，而不是从简单成分往上进行综合。塔加利什语（Tagalisch）奇特的语言结构在一定程度上也属于此类——对此本文在后面还会谈到，塔加利什语借助这种结构能够在意义相关的词之间插入连接用的字母和音节。从言

语的整体来看很容易形成这种中间音,当然是以悦耳的、符合逻辑的方式。

130. 但如果精神首先将连接在一起的言语视为整体,而没有清楚地意识到这种连接本身,那么要形成各种各样的言语,其基本成分,亦即词,就必须以各种不同的方式进行连接。对言语所进行的拆分,以及为使言语的连接关系得以清晰呈现而采用的方式,便是语法。重要的是,在剖析语言、研究语言构造时,要首先关注其结构类型,并由此推导出不同言语成分的特性。只有顺乎自然的过程,我们才能辨识每一种语言的特性,因为语言的结构类型以及言语成分的拆分最大程度上决定了其他的语法细节。

131. 正如我们在语言和词的构造上所看到的,语法也同样基于人类的共性,不过由于不同民族的思想能力和倾向以及不同语言的历史起源有所不同,这些共性的表现形式也就各不相同。整个语言所具有的内在规律甚至主要体现于语法构造之中,而不是语言的组成成分,语法构造蕴含了思想的形式,并将思想结合成为一个统一的整体。语言是一个普遍永恒的有机体,如果没有这一思想的指导,那么通过极其艰难地寻找词的所有形式来汇总出语法,无论是普遍语法还是某一种语言的语法,都会是徒劳的努力。相反,如果没有认清语言这一有机体的局限性,在只能依据史实研究特殊规律的地方,将根据概念形成的普遍规律强加给语言,那么就会妨碍人们从另一更为敏感的方面来洞察语法构造。这些据称由概念形成的规律,大部分也只是源于对史实的归纳,但仅仅流于表象且不全面;这种片面的哲学方法,与上面所指责的片面的史实方法相比较,对语言学造成的损害要大得多,因为依据事实收集的材料可以另作他用,而片面的哲学方法只会留下一个空洞的理论。语言的产生一定由人类内在的必要性所驱动,既不是出于偶然、也非任意生成,一个民族怎么思便怎么言,又因为这么言,所以便这么思;一个民族的所思和所言,本质上基于其精神和身体禀赋的整体状况,并且又作用于此。

然而，不同语言的土壤并非是人类精神及人类思维这种抽象且普遍的概念，而是整个完整生动的民族个性，民族的个性本身无法研究，只能借助于其产物，亦即民族的语言。此外，语言有一个外在的、独立于每一次的言说者的存在，而这也包括了语言的语法构造。如果语法结构主要指看似会在表达思想的言说过程中转瞬即逝的连接、规则和关系，那么不仅是词汇，而且还有语法特征，都会在不同的民族之间传播。因为语法关系将反映在词语间的某种思想与语音的变化联系在一起，又用语音变化来体现语法关系，所以只要不同语言相互之间发生联系，即便只是一种语言混合了另一种语言相当数量的词，那么这两种语言的语法构造也会彼此产生影响。因而只有通过对史实的研究才能从本质上去认识语言的构造，但不同的语法概念必须从哲学上准确地加以界定，并明确地相互区分，同时要清楚地辨识出真正共同的、不容更改的、起主导作用的规则。如果认为，无需严格的概念界定而只要将语法材料普遍归类就足够了，同时运用这种或那种理论都是无关紧要的，那么这些观点都是极其错误的。我们会因此而最终无法认识整体，认识一种语言有机体中的内在关联，同时更无法认识多种语言相互之间的关系甚至根本无法认识语言本身。所有的语言研究必须始终以哲学为基础，而就某一个点、某一种具体情况而言，我们必须完全清楚地意识到其在语言使用中的普遍性和必要性。只是不能将概念和事实相互混淆，不能借由找寻貌似哲学的根据，而将并不全面的研究戴上普遍性的帽子。

132．语法的共性只能产生于语言的本质特性、思维的规律以及语言器官的构造，产生于语法本身及其方式，不过只有前两个方面才能从纯粹的概念推导而得。

语言是一种自然的、人类的、与人的概念共同产生的功能。人的言说类似于人观看、活动、以及根据其身体构造使用其他任何一种感官，不过它们之间有一个值得注意的不同点，即人的语言首先需要一个阶段性的发展过程。虽然语言取决于人的身体器官，但从根本上讲属于人的精神，决定了思维的清晰性，并翱翔在自由的思想和情感之中。这种自由使语言超越了人的生物机体，言语在真正的知性意义上从来都不能称之为感官行为。虽然言说因为具有规律性并为身体器官的机制所制约而是感官性的。但是这一前提只能为其造成局部的限制，同时言语的规律性基于自由性，因为生物机体是自然秩序的一部分。语言的语法功能——因为之前已经充分讨论了语言的性质，是一种借助规律性来规范思想的自由性的一种能力，以便自由性和规律性能够紧密联系、互相渗透。自由性需要规律来保障，但规律性并不是为了一种语言上的明确结果，而只是为了使自由性成为可能。最具语法规律性的语言为多元组合句的构造提供了最大的自由空间，而缺乏语法确定性的语言则不得不限制其构造范围。我们如若尝试根据语言概念推导出一些普遍的和必要的语法结论，那么就只需研究那些以达到自由性为目的以及被自由性所要求的规律性，只需研究语言所特有的这种有机体（如果想要用这个词），而不是对有机体这一概念本身以及对实体世界进行研究。

133．思维的规律从根本上决定了语法，我们能且只能用纯粹推导概念的方法找出这些规律。它们体现了语言必要的哲学性，正如希腊人这一拥有最完满语言的民族很早就认同的那样。思维规律的推导只存在一种真正的方式，如果一会儿尝试这个、一会儿又尝试那个，所有的尝试又都不能帮助最终排除其他而确定一种正确的方法，那就透露了一种无法认同的哲学随意性。在这方面逻辑和普遍语法在一定程度上合为一体，不过这两种理论，包括它们真正互相交叉的地方，必须仔细界定其各自的范围。它们之间的差别没有得到足够有效的解释，这已经使普遍语法经常遭受到损害，而且也不利于去认识语言的生动性和自为性。它们的差别主要体现在两点，却是重要并后果严重的两点。逻辑，也包括它仅在连接、拆分和推导概念时所采用的纯客观的方法，属于可能性的范畴，或更多地属于绝对存在的范畴，此外，它是就逻辑而逻辑，不牵涉任何人。语法，借助语言的特性将它自身所具有的思想与要传递的思想相对照，要求放置并描述主语并将其视为自为者，要求体现行为的谓语以及与之相连的成分，以及要求"我"和"你"这一对相互作用着的人称概念。正如下文中我们会看到的那样，逻辑对动词理论、而语法则对代词理论有着最为重要的影响。普遍语法中由思维规律决定的那一部分，又可以区分为仅仅通过单纯的概念推导就必然而得的规则，以及要依赖一个不属于哲学推导范畴的概念所获得的规则，而这在前者看来只是有可能和被允许而已。因此，前四个变格必定会自动产生于关系范畴，同时根据哲学推导还会产生体现相互作用的第五格；相反，工具格（Instrumentalis）和位置格（Lokativus）则是借助工具和地点这些外来概念才形成的。同样的差异存在于跟直陈式相对的虚拟式与祈愿式（Optativus）——还有其他存在及可能存在的维护式（*modi des Pflegens*）、必要式（*modi des Müssens*）等之间，跟主动式相对的被动式与阿拉伯人只涉及某些对象、颜色和身体缺陷的第九和第十一动词变格之间，以及表多数的复数与对某一数量表达碰巧存在独立形式的双数之间，等等。普遍语法可以根据这里提到的界线确定其范围，不过这一点现在常常还无法做到，因为人们时而从较多的、时而从较少的语言中汲取不同语法形式的概念。通过这样的方法，普遍语法就会具备科学性，对那些不借助现实概念、单纯由语法推导而得的规则进行全面的分类总结，将有助于判断和认识现存语言。思维规律的相同性使所有的语言具有语法上的共性，因此所有语言都与普遍语法相关，不同语言之间也互相关联。每种语法形式——不管以哪种方式呈现，都可以在任一种语言中得到证实，即便一种语言缺乏相应的语法称谓；那些语法称谓根本就匮乏的民族也必定能想象出那些形式和规则，因为否则言语的连接可能就会无法辨认。比如中国人的言语成分没有语法标记，可以说，他们的语言结构根本不是建立在对言语成分进行区分的基础之上，他们的语法根本就没有词源部分，而只有句法部分。尽管如此，使用汉语的当地人也必定能以某种方式想到这些语法形式，并且必须遵循这些语法规则，才能明白易懂地将言语连接在一起。相反，我们无法认为，语言中的一切，包括纯逻辑的部分，以同样的方式存在于所有的语言之中。正如前文所述，在每一种语言中总是找得到这样一个表达，它也许只是选取一个完全不同的角度，或者采用了一种完全否定对象原本含义的方式。因为即便不考虑所有语音上的差别，不同民族理想的语法观也不尽相同。这里我们只需知道，在不止一种语言中，被动式总是只作为主动式出现，有时带有挪动了位置的明确的主语，有时则带有不确定的主语。

134．上述内容让我们可以对不同语言中所有想象得到的语法差异进行最为普遍的分类，这种主要用来判断语法构造重要性的分类也可以用于词源研究。如果按照从普遍到特殊的过程，那么不同语言的语法差异在于：

- 理想的语法观的差异。
- 指称语法关系的技术手段的差异。
- 用于指称的语音的差异。

135．我指的语法关系是一个词在言语连接中所处的关系。当然还存在其他可以归属于此的关系，且事实上也的确是语法关系，只不过这些语法关系完全不依赖于言语的连接而直接体现在词之中，如性别词，即便是数词，它至少在一个名词常用复数时，也是如此。事实上，一个词具有词性只是出于使语言生动活泼的普遍偏好，而且是以该词所特有的观点为依据，确切地说，它是一种词汇关系，不是语法关系，因为语法总是仅指言语的连接。但正因为词性——如果还有其他类似的语言关系存在同样如此，对言语连接的方式有着重要的影响，所以有必要也将其归到语法关系之中。如果像希伯来语、阿拉伯语、巴斯克语那样对动词进行标记，那么这也完全属于语法关系。若不考虑具体的言语而去推想语言构造的普遍形式，并寻找不同的词与这种普遍形式之间的关系，我们就会形成关于该语言语法观的概念。这种普遍形式存在于言者的脑海里，并在每一个不同的言语中得以清晰地显示。它使词的分类成为必要，相同类别的词具有相同的语法特征，并成为了言语成分；此外，它还拥有一种虽然能予以各种不同的言语不可或缺的自由但本身又具有规律的结构类型，这种结构类型表明某些搭配（Fügungen）是符合规律的、常见的，同时排除了其他的可能性。

136．一个民族具有怎样一种语法观？其心灵的基础又是什么？它的缺陷或完满如何对思维和情感方式发挥影响？这些都是不易解答的问题。到目前为止，我们在哲学层面上的以及所有基于科学方法的语法认知，其实也无法解答上述问题，因为就语法而言远不能将语言视为一个业已完成的、僵死的精神产物，而是一种内在的、生动的精神活动。这一点决定了任何一种对语言更为深刻的认知。造成困难的原因主要在于，这里不是将意义与形式区分开来，而是必须将对语言同样必不可少的思维形式与语言特有的形式区分开来。形式就是规律、倾向和行事方式。正如天体沿着轨道运行，有机体的力量以一定的方式发挥作用，我们的思维和言说也沿着有时与生俱来的、有时习以为常的轨道而行。语言是对思维的完满和补充，可以向他人传达信息并反作用于主体，语言也是一种手段，以便从自身引发思想并使之与己相对。因此，语言不仅体现了完满的思维形式，而且还具有另外一种语言所特有的形式，也就是说不只是思维的形式，同时也包括语言表达思想的形式。这二者都属于语法的领域，不可彼此分割，因为语言将其合为一体，不过不能对后者有所轻视和低估，虽然这样的事经常发生。语言纯粹的思维基于判断力和知性，但语言在赋予思想以载体时所增添的东西，需要语言创造性的想象力，语言从根本上在人与现实之间创造了一个语音的世界。因为这种力量或多或少是活动着的、具有孕育作用的，能够使思想在一定程度上保持"赤裸"的状态——如果允许这样的表述，所以人们会试图去分割其实无法分割的思想和语言。的确，由于语言又是对有限本性的一种限制、一种条件，因而人们可能会将根本无法理解的纯粹思维想象为一种无法衡量的量值，以此与染上了不同程度语言色彩的思维相比较。我们在这里单独讨论的语法形式是一种连接形式，每一种连接必须力求构成整体，这也是连接的原因所在。思维本身予以整体的构建以很大的自由和几乎无法估量的空间。语法形式则有严格的范围，能构建话语的整体，因为通过词语的连接，每一个词都直接或间接地从属于对其起支配作用的词语，同时这种从属关系也成为了理解的前提。如果与其他起支配作用的词语形成了从属关系，就会构成一个全新的话语整体。这是语言所具有的两种形式的共同之处，但它们在构建一种话语整体过程中的区别在于，思想形式要求简单组合句，而语言形式则追求多元组合句。简单句所遵循的原则只是用不同的句子成分将思想关系合成一体；而多元组合句，除此之外，在不断顾及句子的可理解性和所陈述内容的同时，还要考虑语言的各种关系，因为语言是思想的外化，同时也是一种有明确规律的、受到限制的官能。

137. 多元组合句融合了思想形式和语言形式，是语法所追求的整体；它的构造框架以及其中包含的不同语法形式，便是语言的语法形式，而这决定了不同的语法观。正如在本章开头所谈到的，如果要探究人是如何把言语连接在一起的，那就必须首先考虑这里提到的几点内容（即便语言的创造过程在事实上自然是完全不同的）：人怎样表达思想？怎样界定表达的范围？怎样用语言或多或少地滋养思想？怎样与此相协调地使用不同的词类？怎样选用不同的语法概念以表达不同的观点？是给与语法概念以与之正好相符的形式，还是满足于辅助手段的使用？这些都是首先并需主要解答的问题。语法的这一部分也可以通过单纯的概念体现在语言上，无需运用语言的技术手段，更不用说使用语音了。因为语言本身的思想形式和语言形式也是有所区别的，而多元组合句又完全为后者所特有，所以这里最高的基本指导原则是，语法形式完全是为了语言并通过语言而存在，换言之，理解是通过并借由语言形式来实现，而不是通过词语的意义及其思想关联，或者这些只起到了辅助作用。语法形式的作用在于其浓缩于语言之中，在于其完全渗透并全面突显于思想的表达之中。

138．这里所作的区分极其细小，为了避免求全责备，我们有必要通过实例来求证。在每一种语言中，每个动词既可以看作是行为的指称，但也可以被视为句中的连接手段。只有后者才是语法的观点；只有具有语法知识的人才能对此具有完全清醒的意识，但如果一种语言的动词具有一种明确的、总是显示出与其他所有言语成分相区别的形式，那么这种观点，作为语言的机制，就是该民族所特有的，我们可以认为是该民族的精神特质造就了他们的语言，或者是语言的作用才产生了这种精神特质，抑或是二者兼而有之。在圭亚那语（Guaranisch）中（类似的情况也存在于很多其他语言），复数只能通过给名词添加相关的数字、或惯用语的含义、或修饰成分才得以表明。[1] 其他也采用复数标记的语言，特别是奎揣语，只有在附加了数字或其他形式的暗示之后还无法清楚地表明复数的情况下，才会使用上述方法；即使在名词和动词同时出现的时候，也只是名词才具有复数形式，而不是动词。因此在所有这些情况下，表明复数只是为了理解的需要，只是为了思想的缘故，而不是为了语言，不是为了让语音处处与概念相符。迪纳瓦语（Delawarisch）、墨西哥语、特忒纳克语（Totonakisch）以及其他语言在很多方面，尤其在标记复数方面，对待表示有生命和无生命对象的词有所区别，有时候

---

[1] 安东尼奥·里茨《圭亚那语研究》（*Arte de la lengua Guarani por el P. Antonio Ruiz*），第 2 页。

只有表示有生命对象的词才具有真正的复数标记。由此这些词形成了不同的语言表达，虽然符合自然，但不合乎语法规律。同样的情况也体现在一些语言的词性上，所有实际上并不天然就具有性别的词就不再予以词性。相反，那些赋予每一个词以词性的语言，为了语法的需要而改变了事物的自然属性，并由此将词性的差异突显为一种真正的语法差异，为这些语言所特有，通过语言形成又服务于语言。还有一些采用另外一种方式的语言，虽然也有这些标记，如英语赋予船只以阴性本质，墨西哥语将星辰和云朵归为有生命的对象一类。但这些特例中，前一个例子选择阴性只是为了语言的表现力，只是在给"战船"（Kriegsschiff）取名"战士"（Kriegsmann）时意义又发生了改变，这是用阴性或中性的柔美来表现航行中充满活力的船只或者停泊着的船只，但将"战士"（the man of war）也不合情理地与阴性代词连接，[1]就显得异乎寻常了。另一个特例是墨西哥语留给其民族的一个文字遗迹，记录了人类初始时那儿童般尚未发展成熟的感官在死寂的自然界中视为有生命的东西。但这两个特例全非出自语法的观点或可以向其转化。希腊语和拉丁语有带不定式的第四格结构，这两种语言、梵语以及其他语言中有绝对的分词结构。但是这些结构并非源于语言单纯的思维功能，人们在系统地梳理所有组合句时不会想到这些，它们只是因为已经存在了，所以需要一种符合逻辑的解释和辩白。它们根本就属于语言形式，由于并不为所有语言所有，因而也体现了某种语法观。

139．如果较为仔细地考察这里所举的例子，我们会发现一个新的不同点。如果重视生命力，就会汲取自然界生机勃勃的景象并将其带给语言，从而产生一种与思维形式毫不相干的语法差异。上述关于句子结构的例子实际上把语言形式和思维形式对立了起来。但在这两个特例

---

[1] 众所周知，当一艘战船或其他船只冠有男性名字如海格拉斯（Herkules）、洛德（Lord）、纳尔逊（Nelson）等的时候，情况也是这样。

中语言形式可以区分为两种情况，一种是语言形式被强加了一些外来因素，另一种则是添加了其所特有的因素。其实有三重原则，正如这里所阐述的，恰好对语言发挥着作用。思维只有借助语言才成为可能，但思维的规律又把控着语言。语言是对现实的一种象征化表达，言语是对与之相关的对象和过程的一种图像，对世界的体验便就此对语言发挥作用；现实中最能引起感官反应的，也就容易传递给语言。最终，语言作为思维和表达世界的官能，具有自己的形式，对这个形式的了解和感觉，只要足够强大，就会给语言留下明白无误的印记。我相信，以这种方式已经说明了人拥有纯粹的语言形式，而这种语言形式又具有确凿的精神特质。因为一个民族的语言意识与语言形式的关系，是决定一个民族的语言能力及其语言完满性的关键，所以有必要对语言形式作进一步的探讨。

140. 如果在不考虑内容的情况下对多元组合句进行剖析，只关注其各部分的组合以及每一部分的可辨识度，那么就可以认识其结构的语法特点。如果用同样的方法尝试剖析更多的组合句，并比较它们的不同组合，就可以拓展我们的认识。无论我们想要怎么拓展我们的认识，如何增加费力剖析的多元组合句，都无法做到穷尽所有。但如果我们在一种语言中多读多写，就会形成对可能是无穷的多样性的一种设想。因为想象力会对此发挥作用，并借助其真正具有孕育作用的力量施展联想功能，做到举一反三，精神在语言知识引导下虽然会限定可能存在的范围，但想象力会以它自己的方式获得关于语法构造唯一可能的终极图像。这一方式类似于通过数学建构能概观一系列情况，在根据事物的本性无法例数的时候，便忽略了不同情况的数量规模。在我看来先讲这些很有必要，可以清楚无误地确定什么是具有语法的言语形式，同时表明，语法形式完全无关材料，只是如同一种观念依附于内容，就像一幢楼房的均称性，一部音乐作品的和谐度，一首诗歌的节奏感，而其规律性只能借助知性的规则、自由性只能通过想象力加以理解。通过语法形式可以达到三个目标：第一，朴素而纯粹的理解；第二，语言能够追随匆匆而逝的思想、它的跌宕起伏、它的有序组合以及它对概念从属关系的那种合乎逻辑的分类，并予以适当的表达；第三，形式会促使言语去形成新的、具有相同精神意识的并与之连接的言语。就如同诗人的诗歌通常只是借由类似于节奏的那种感觉才产生的那样，言语中包含着的语法形式也从根本上创造了思想，并扩展或确定了思想的范围。如果对这样的语法构造而言，语言是全部且唯一的终极原因以及发挥着作用的原因，如果存在无法由思想来补充的、不是由语言所表达的东西，如果语法的指称无需顾及所指对象而只考虑言语简洁而纯粹的连接，或者或多或少发生这样的情况，那么我们就能从中或多或少地辨识出纯粹的语言形式，并通过语言所有的特性将之与单纯的思想结构区别开来。这种形式完全类似于艺术形式。因为如同艺术家对人体形态或者建筑的空间结构，在其万千差异和理想的完美之中总是塑造或表现某一种类型，在充分体现了语言的本质并为其所激发的言语中，即便是无意识的，也存在着言语连接的一种语法类型。

141．对语言形式运用的纯粹性、坚决性和彻底性在希腊语的构造中得到了最为全面的体现。而在古印度语中则程度较低，这是因为这一语言中概念不总是能得到适当的组合，同时缺乏拆分言语和改变言语成分之间关系的语助词。这一点罗马语可能在较为重要或至少明显较为隆重的场合也有所体现，但灵活性却相对较小。这三种语言使用语言形式的方式相同，所有的言语成分都按照语法规则构成并互相连接，其连接方式既符合规律、但又具有巨大的自由空间。由古印度语发展而来的较新的一些语言中，那种语法结构和言语成分连接的自由性体现得并不太明显，因此纯粹的语言形式没有起到主导作用。而这在汉语中，如果不夸张的话，却似乎已经消失了。汉语中所有词都不具有语法形式，词序、语助词和上下文使理解成为可能，并可以将概念连接在一起。但是语言形式的作用越弱，思想形式的作用就越强。对哲学的语言研究而言，没有比汉语和印度语所表现出的惊人差异能够给我们带来更多的启示了；首先是由于这两种语言迥然不同，其次是因为其中每一种语言都能够令人钦佩地将各自的体系贯彻到底，同时它们之间的差异仅限于语言最细腻、最具智慧的方面。汉语在丰富的语法方面所放弃的，似乎在纯粹的智力方面有所收获。最终还有一些语言，它们经常用概念来替代形式，用所指来替代空洞的符号，这些语言尽管没有放弃语法形式，但却用一种与之不相合适的方式将语法形式替代了。不过，这里我并不打算进一步讨论这些差异，因为只有按照所有上文（134.）所列举的方面，不同语言的语法构造才能同时加以比较，而在这里对我而言唯一重要的是确定语言形式的概念。

142. 但是这里我们首先要探讨一个基本问题，若对此没有准确的解答，在阐释相关语法现象时就可能总会陷入模糊不清和模棱两可的境地。我们已经（134.）明确了，一种语言所具有的对语法的理想化观点，是用以彻底认识一种语言的语法的首要和根本所在。这里我们会立刻想象到，语法观的差异一方面可能涉及语法不同部分的使用，如被动语态、动词显示的不同性别、双数等；另一方面则可能与整个语法的运作方式有关。对后者的考察必须先行，我们也已经开始了（137-141.），如果"语法"这一表述足够明确，不会持续遭到错误和模棱两可的理解，那么那种作为基本模式存在于言语者知性之中的，或者更精确些，那种作为语言规则对言语者起作用的语法，就必须与存在于语言中的语法区分开来。这一方面要求概念的清晰性，另一方面则必须总是同时将语言视为人的内在功能以及外来的、与之相对的材料。因此我们要问，在什么情况下可以认为语法确实存在于语言之中？怎么辨识出语言中的语法？语法必定存在于语言之中，是否只是因为言语者本身就具有语法？

317

而语法的全部差异因此也只是一种无用的吹毛求疵？因为语法作为思维本身的一种规律，一直会对精神发挥作用，即便语言自身不具有语法，语法也必然会被带入语言之中，这样一来，上面的问题也许就可以更清楚、更简单地概括为：是否有必要区分语言的隐性语法和显性语法，它们之间区分的界限在哪里？为了通过一些例子来讨论这一问题，这里我要说明，汉语几乎只有隐性语法，梵语、还可以是希腊语，则最为明显地具有显性语法。如果认为，在不考虑这一区别的情况下，这两种语言对语法的重视程度相同，而且根据语法这个词通常所具有的含义，语法在这两种语言中起着同样的主导作用，那就会导致一种语法的中立主义（Indifferentismus），我们在解答那些问题时，必须对此进行佐证或者反驳。

143．构成言语的词单个地互相分离，如缺少语法的连接，就必须对连接关系加以推测。像这样的表达方式，*aedis Funonis detecta*, *senatusconsultum factum, ut* 等，完整起见，需要添加动词 seyn（系动词）。在没有变格或者变格不完全而无法加以明确区分的语言里，必须对言语意指的语法关系进行推测，因为对此语言并没有通过语音显示出来。因此 *the man's head* 和 *I saw the man*，以及 die Sonne weicht den Wolken 和 die Wolke röthet die Sonne 之间存在着明显的区别。[1] 很多语言会用实义概念来表达语法关系，如果这样，那么就必须要想出一个新的关系词，以便将实义概念——虽然它本身也想要用作关系词，与主词连接起来。出于此种正确的语法感觉，梵语中变成介词或作介词用的名词通常在词尾会有格的屈折变化，*agrâ*（德语是介词 vor，"在……前面"），原

---

[1] 英语 the man's head 可以根据上下文理解为"这男人的头"或者"这男人是领头的"，语义并没有通过语言本身得以确定，而 I saw the man（"我曾见过这个男人"）则语义明确。同样，德语 die Wolke röthet die Sonne 根据语法可以理解为"云朵染红了太阳"或"太阳染红了云朵"，但根据常识我们通常理解为后者；而 die Sonne weicht den Wolken 则通过格的变化明确了只有"太阳"可以作主语，只能理解为"太阳躲到了云朵后面"。（译者注）

本表示"在顶端"，*antarê* 和 *antarâ*（德语介词 zwischen，"在……之间"）原本表示"在中间位置或借助于中间位置"，*rite*（德语介词 ausser，"在……外面"）原本则表示"在取出来的过程中"。以类似的方式很多不变位的词通过词尾的 *â*、*ât* 和 *e* 来体现格的屈折变化。语言原本没有单独的介词，所以根本不能将其视为与变格的名词一样。但如果语言中介词与明确表示实义的概念一起使用，并不加变格，如当 Rücken（"背部"）、Mensch（"人"）表示 hinter dem Menschen（"在人背后"）时，就需要添加一个新的介词来连接，因为只有以这样的方式才能满足这种双重要求：将用来确定位置的 Rücken 这个概念与 Mensch 这个概念连接起来，同时对后者来说又表达了一种空间关系。有时这种补充很明显，如西班牙语中的 *a las espaldas de la casa, enfrente*。在我们当前的考察中还有一种推测的方法更为奇特，如果一种言语成分没有某种限定根本就不完整，那么这一限定必须要借助一个独立的实义概念来实现。动词在某一时刻不能不给它设想一种时态，因为行为总是发生于某一个时间。因此如果汉语说"我将问他"，那么就必须用位置副词来表示"将来"这个概念，并将其想象为动词的一部分。如果仔细考虑变位动词的本质，那么除了人称、数量、时态和主要概念外，还必定包含了根本的状态，如果语言本身没有表明这一点，那就必须为其添加。所有这些例子都说明了，如果语言表明了语法关系而没有改变其本质，那么言语就会像思想一样始终连贯着潺潺流淌，而如果语言缺少这样的语法表述，或需要借用实义概念，那么从语法角度看言语就会出现漏洞，需要通过思想来填补。

144. 如果言语所需要的词之间的某种连接方式具有属于自己的符号而无需引发新的实义概念，那么就存在一种语法形式或一定的语法词。借助前者，在不改变词的概念的前提下，词根据其所处的不同关系只是发生了形态上的变化；而后者如介词、连词等，则只是表达了一种关系，如果原本也包含一个实义概念，那么这一概念就会被逐渐遗忘。但即便语法形式或语法词只是表示语法关系的符号，就如词典中的词是概念和对象的符号一样，那么我们还是会看不清它最主要的形式功能，并有可能陷入不可调和的矛盾。因为有些语法关系在所有语言中都没有名称，也就不需要再为其添加新的名称了。我刚才已经提到，变位动词必定含有真实状态这样一个概念。但这一点即便在语法形式最为丰富的语言中，也没有通过对动词的限定得以体现。因为语式（Modus）只决定了状态的各种可能的方式。很多语言似乎由此就变成了真的让动词 seyn 与其他动词相伴，并借由这样一个助动词进行动词变位。但即便是 seyn，无关于其具体概念，作为动词形式也需要和其他所有动词一样明确表称"存在着"这样的含义，如果继续这样推演下去，就会陷入循环无尽的不断重新表称的套合系统（Einschachtelungssystem）。但语法形式所发挥的作用会斩断这一戈尔迪之结（der Goldische Knoten）[1]。因为在动词形式 asti、γράψει、amat 中，知性看到的不是对人称、数量、时态、语式的表称与词所表达的基本概念的单纯结合，而是——正如这些表称与词浑然一体，那种地道、真实、必定带有这些表称的动词；它也不再需要借助一个如我们所见无法解决问题的助动词，特意来表称"存在着"这一含义。语言的每一种语法上的语音组合或者语音变化，都昭示了意义和具体形式之间、词及其组合之间的差异，并使之在言说者的精神里相互比照。这就需要对语法形式进行单独构建，需要抛弃所有的实义概念或以不同形态展现的这样的概念。相比形式对理解的帮助，精神对形式的这种意识更大程度上决定了语言中语法形式的重要性及其对思维能力的影响力。

145．作为理解和辨识言语连接不可或缺的辅助手段，原本的语法

---

1 指难解的结、难题。（译者注）

形式可以通过不止一种的方式加以替代，如借助一定的词序，借助由词的具体含义所形成的语义关联，或借助实义概念来表称语法关系，而从这种实义概念中，言语者只会程度不一地汲取其中涉及关系的含义，并使之与基本含义合为一体。在所有这些情况下，精神根据其所具有的语法形式的规律去理解和创造言语，但总会从不同的情况和当下的具体使用出发，且并没有时刻去关注形式本身，没有纯粹、完全地把形式与意义分离开来。这一切只能如同电击般瞬间发生，以这种方式真正的、原初的语法形式触动了精神。没有人会轻易低估主观对这种作用的重要性。通过掌握条理清晰纯粹的形式去战胜所有的含混不清，是所有精神发展的目标和巅峰。如果通过对语言的感官印象精神就可以进行这样的区分，那么就会令人轻松舒适；如若不是这样或者区分很不彻底，那么精神会不可避免地感受到缺陷并必须以其他方式加以弥补。思维对其自身规律的意识越是清晰，它的发展就越是明确和富有成效，而且这种意识会随着言语所显示的语法形式的清晰性而不断增强。在对形式本身、对与意义分离的形式特别关注的地方（为此并不需要进行科学的语法构建，而只要语法发达的语言发挥作用，就会无意识地发生），一种形式会唤醒其他的与之相关的形式，这样所有的一切很快就会同时作用，并去改变意义。由此，思维必然会更加丰富多样、更加充满活力。事实上，我们发现，相比我们，这种思维的多样性和活跃性在希腊和印度最古老作家的言语中体现得更加强烈、更加优美，他们在思维的灵敏性方面应该已经达到了一个较高的程度，这是我们借助并不那么幸运的语法而形成的语言所无法企及的，所以也只能够模仿了。但若不存在真正的语法形式，即便对客观事物的表达也会迷失在语言之中。我在其他地方[1]指出过，完善的语法形式能够以各种不同的方式表达思想，而缺乏语法的

---

1 致阿贝尔·雷慕萨先生有关汉语特性的信，第26页。

语言则不得不满足于使用同一种方式。每一种不同的表达方式也会修改所表达的思想。用另一种方式表达的思想不再是原本所表达的思想，思想的完整性取决于所有由精确的语法形式所予以的限定。在一种没有精确语法的语言里，思想在精神中的明确程度无法让其顺利并有效地去连贯其他的观念。如果认为那些语法限定所引起的对思想的修改是无关紧要的，并且相信即使没有语法的限定也能完整地再现思想，那么这就是一种错误的狂想。不过具体情况下，有时思想的再现可能只带有细微的损耗，正如忽视数学中无限小的因素那样，对此也可以忽略不计。但如果这种无限小的损耗在连续的使用过程中不断累积，那么就必然会感觉到它对精神及其产物所造成的影响。

146. 然而我并不满足于这样笼统的说法；不管是否能够引发进一步的研究，都有必要确定，那些语言不具备完善语法形式的民族，缺少的究竟是什么？这样的缺陷尤其体现在哪些方面？根据前文所指明的道路，简明扼要地讲，这一缺陷在于，固有的语言形式——这一概念我们已经（136-141.）阐明，凭借这样一种语言不会得到纯粹而全面的展现。但它依然发挥着作用，因为每一种拥有多元组合句构造的语言，这种构造形式就会作为原型存在于精神之中，并在语言的使用过程中被意识到。若语言本身没有真正的语法形式，那么这一形式的原型就无法与意义的表达纯粹地分离开来，也就不会形成所有细微的、这一原型所具有的语法分支。因为精神所具有的语法形式，只有借助语言这种感性工具才得以显现，如果失去了这一工具，就无法形成。它只是方向，只是规则，因此若没有与之相符的材料，它也就荡然无存。我根本无意要说，语言绝对把控着精神的语言构建能力，正如人可以理所当然地从外部获得语言，也可以将其视为内在原型的原由。然而一系列的研究表明，尽管语言一开始为精神所激发，源于内在，但就如它被引发的那样总是不断地自我生成；语言的作用和反作用总是强有力地结合在一起；此外，语言的形成不依赖于个体，但一旦形成，就以一种外来的、外部的力量影响着个体。不可否认的是，即便是语法形式最为细小的层次差异，只要可以用正确的哲学方式从思维的一般规则推导而来，那么也必定存在于所有人都具有的语言的原型之中。如果这些层次差异缺少语言的表达，如果它们也就无法让精神对其具有强烈的意识，那么一部分内部的语言能力就得不到发展，而这也必然会反作用于语言能力的其他部分，因为一种有机形式的每一部分都以其特有的构成方式与其他部分相互依存。正如我们前文所见（140.），纯粹的语言形式是语言中真正具有艺术性的，因为即便是思想也还是被视为一种脱离了形式的材料，认为思想只存在于语言的指称过程之中。由此，语言形式不太完善的构造主要显现在哪里，就已经比较明确了。在那些表达的色调不会对思想产生根本影响的地方，撇开没有在这里讨论的概念指称，也就是在很多指称实际对象和科学对象的地方，只要言语的连接足够清晰明确，那么缺乏完善的语法形式并不会产生严重的阻碍。但在所有思想与语言紧密相连之处，如哲学、诗歌和修辞，因为这里倾注了人的全部身心，所以在这一方面不完善的语言要么留有缺陷，要么需要从其他方面来加以弥补。因为诗歌和修辞是语言的艺术，需要语言提供所有最丰富、最生动、最精巧的辅助手段。在那些语言形式的显示不够纯粹、不够生动、不够丰富的地方，语言创作所需要的全部想象力必然无法发挥作用，而正是这种想象力蕴含了所有诗歌和所有演说艺术的力量。但由此语言也同时影响了人类精神个性的内核。因为人类的精神个性主要存在于思想与语言最为紧密结合的地方，甚至看似依赖于语言的地方。人只有凭借其全部的可以为所有不同层次的语言差异所塑造的本质，才能在日常生活中思维、感受、言说和行为。不仅是他的清晰性和明确性，而且还有他的生动性、灵敏性、柔和性以及不同程度的智慧本身也都依赖于语言，亦即必定取决于促使语言能力得以较为全面发展的一种语言特性。

147．但有一种情况这里不能忽略，它可以削弱语言因缺乏真正的语法形式所导致的缺陷，因而可以用来对刚才所阐述的内容进行有力的反驳。即便语言的一种语法形式没有得到指称，它也会作为主导理解的规则存在于讲这种语言的人之中。同时不管怎样，它也会以某种方式在语言中得到体现，这甚至会让人对语言究竟是否拥有这种语法形式产生疑惑，因为语言不只是僵死的语音，也是言语者对这些语音的理解。但并不因此就认为没有必要将这种理解与僵死的语音明确区分开来，因为也只有这样才能将其与真正存在于感性语音中的所要言语的内容区分开来。我认为这里的语法形式是指语言通过言语本身对语法关系的一种如此明确清晰的显示，以至于所显示的语法关系必定得以辨识，而这种显现方式根本不需要通过概念来表达，而是直接借由自身揭示了概念表达和关系表达之间的差异。按照深思熟虑后（134.）所采用的顺序，关于语法关系的显示方式将在后文进行解释，也包括词序，只要如它绝对固定、不可变动，并具有一个固定的、不只是相对于自身的立足点。假如刚才所描述的那种语法形式的显现方式在一种语言中完全不存在、或是形式上不存在，而是需要借助一个实义概念来实现，那么它还是蕴藏于语言之中，也会从语言出发反作用于心灵。比如汉语就没有将动词作为一种语法形式进行表达。但汉语有一些词，尽管从语法的角度来看也可能是名词，在具体使用时却总是只能被视为动词。这样一个词中国人认为就是动词，因而对中国人而言汉语具有动词，只是没有去注意，动词的性质是通过语法来体现还是通过语言使用的习惯。当汉语的一个词既可以用作名词也可以用作动词时，就会发生这样的情况，但上下文的意义或词序说明了它应该是一个动词。只是汉语的词序正是在这种能够确定动词的意义上而无法成为语法形式的显示，因为汉语的词序缺少了一个不依赖于其本身的固定的中心点。此外，有些语言原本的实词（Sachwort）会转变成真正的关系词。汉语的"以"是一个动词，表示"使用""应用"的意思。但是它也用作介词，阿贝尔·雷慕萨（Abel

Rémusat)先生[1]非常正确地注意到了，如果一个民族言说时常常将这个词用作介词，就会逐渐地完全忘记其原本的动词意义。虽然对于"以"要忘记其动词意义比较困难，因为即便在今天这个词也还在当作动词使用。然而情况经常是这样的，原本的实义消失了，几乎无法再通过词源学去辨识，结果这样的语法词就只能起到表达关系概念的作用了。不过这种情况只能逐渐演变，所以语法是否的确作为纯粹的关系指称得以表达，并不总是从语言中就能看出来的，为此必须要了解这个民族的理解方式及其在不同时期的理解方式。

148．所有这些例子也表明了事物本身的性质。言说者总是要使用语法关系，但是语言并不总是能够服务于纯粹而完整的语言表达。混淆和低估语言所真正包含的语法与言语者所使用的、似乎添加给语言的语法之间的区别，在一定程度上会毁灭所有涉及语法的对比语言研究。因为思维对语法的组织所有人都是一样的，所以不同语言的语法区别也许只能归因于屈折变化的语音有所不同。事实上，即便是最为不同的语言，它们的语法若根据我们这一原则也会具有相似性。但这也意味着阻碍了所有的道路去研究语言对思想发挥的影响，因为不同语言所特有的语法样式，通过这样的方法有时会被低估甚至歪曲，有时则无法得到充分的重视。相反，力求细致全面地区分这两种在同一语言中需要加以解释的语法方式，是所有真正史实-哲学性语言研究的基础。因而，在确定语言所具有的语法观时必须要探究的首要问题是普遍意义上的问题：从整体来看，语言是否拥有纯粹全面的语法关系指称？或者语言是否以显而易见但又极为系统的方式忽略甚至拒绝这样的指称？或者语言虽然力求这样的指称，但并不充分、也不适宜，以至于这样的指称方式无法形成单独的关于语法形式的概念？这三个问题中，对于第一个问题那些起

---

[1] 致阿贝尔·雷慕萨先生有关汉语特性的信，第22页。

源于印度语的语言亦即闪米特语言能给予肯定的回答；第二个问题适用于汉语；第三个问题则适用于未开化族群中那些不太完善的语言。在第一个和第三个问题所表示的语言之间摇摆不定的，是原始民族方言土语中那些较为完善的语言，以及所有虽然具有语法形式、但一定程度上数量有限且指称方式落后的语言。不是每一种语言都能准确地归属到这三大类别，对此不用感到惊奇。这绝对是一种无法令人高兴的想法，因为这表明，当人们试图将语言囚禁于某种固定的类别时，就会完全低估语言生动的个性。刚才提出的这三个问题以及只是非常简短的、用列举的方式试图作出回答，其目的也不是为了这样一种划分，而仅仅是想从普遍意义上说明，每一种语言是如何进行语法指称的。这样一种普通的行事方式，需要以各种不同的方式加以进一步的限定。

149. 如果现在厘清了置入语言的语法和语言本身具有的语法之间的区别，由于语言在寻找言语连接以及辨识语法关系方面必定总是起到辅助作用，那么接下来重要的就是研究语言在多大程度上发挥这种辅助作用。而这决定了精神所意识到的语法关系的清晰程度，因为感性语音所反映的语法关系的显现方式和程度显然也决定了其智力上和内在的清晰度。在语言形式不足以提供其特有的帮助的地方，精神必须使用更多的外来辅助手段；在语言混淆形式的地方，精神没法进行纯粹的区分；在语言无法通过清晰可见的形式给予精神真正的活力和动力的地方，精神对思想形式的全部努力必然会有所减弱。即便人通过将语法置入语言或者通过辨识出显现得微弱且不当的语法，能够削弱语言对语法形式不够纯粹和明确的表达所带来的弊端，但也无法否认这些弊端的存在，同时这样的语言也无法与那些较高级、较完善的语言相提并论。但对比语言研究在一定程度上不用在意这一点。它的任务是，在不考虑语言对精神发挥影响的情况下，去勾勒语言所有的特性。在这个过程中，首要的当然是那些能够确定或怀疑语言是否具有语法的东西。

因此，上述（142.）针对语言的隐性和显性语法所提出的问题，通过刚才所有的阐述已经得到了肯定的回答，而那里提到的语法中立主义，在我看来已经被证明是不允许的。语法的这种双重形式之间的界线做不到泾渭分明，因为在语法的暗示和真正的语法形式之间可以由无穷的程度不同的中间形式。但是接下来的整个研究将会阐明这两种形式在语法技术方面的区分。

译词对照表

德语拼写遵照原文，词汇排列按照其在文中出现的顺序

Sprachkunde	语言学
Sprachstamm	语族
die allgemeine Sprachkunde	普通语言学
Idiom	特用语
Coptisch	科普特语
Periodenbau	多元组合句的构造
Sprachanlagen	语言禀赋
Vergleichungspunkt	对比点
Bestandtheile der Rede	言语成分
Organ	官能
Körper	实体
articulirter Laut	分音节
Articulation	音的切分
Geräusch	声响
Geselligkeit	社交性
Anrede	招呼

Erwiederung	回应
Wesenheit	客观实体
Urtypus	原型
Gemüth	心性
Weltansicht	世界观
Entfremdung	异化
Materie	具象
Form	抽象
zusammenziehen	缩合
Telinga	泰林加语
Carey	卡赖
Bengalisch	孟加拉语
Wohllaut	悦耳的声音
Tongebiet	音域
Intonation	声调
Sprachaccent	语重音
enklitische Wörter	附读词
orthotonische Lautform	本音
Stammwort	根词
Semitische Sprachen	闪米特语言
Sprachsinn	语言意识
Stoff	质料
Anschauungsweise	看待问题的方式
Sachbegriff	实义概念
Anschauung	直观体验
Bezeichnung	能指
Bezeichnete	所指
Selbstbedeutung	本义

Zeichen	符号
Symbol	象征
das Bezeichnete	词的意义
das zu Bezeichnende	词指称的对象
Arama	阿拉马
Havestadt	哈弗斯塔特
Wurzelwort	词源形式
Wallisisch	瓦里斯语
Eigentumswort	物主词
Redensart	惯用语
Qquichua	奎揣语
Tagalisch	塔加利什语
Instrumentalis	工具格
Lokativus	位置格
Optativus	祈愿式
modi des Pflegens	维护式
modi des Müssens	必要式
Fügungen	搭配
Guaranisch	圭亚那语
Delawarisch	迪纳瓦语
Totonakisch	特忒纳克语
Indifferentismus	中立主义
Modus	语式
Einschachtelungssystem	套合系统
der Goldische Knoten	戈尔迪之结
Sachwort	实词
Abel Rémusat	阿贝尔·雷慕萨

19. 致阿贝尔·雷慕萨先生的信：论语法形式的通性以及汉语精神的特性[1]

1825—1826

阁下：

遵照您友好的建议我研究了汉语；您编写的语法与您编译的《中庸》为汉语研究提供了极大的便利，对我也帮助匪浅。我将这两本书所载汉语文句与您的译文做了仔细的对比，并尝试以此来了解汉语的特性。现在我想向您陈述我所形成的看法，并请求您的检验与更正。诚然，目前我的汉语知识还非常不全面，而在尚未彻底研究一种语言之前就去评判其精神和特性实属危险之举。因而我的这一全新而艰难的冒险，完全有待于您友好的指点。

读完一个汉语句子后给人留下的最初印象是，这种语言几乎与我们所熟知的所有语言都大相径庭；当然在语言问题上，我们要提防过于普遍性的推论。所以恐怕也很难说，汉语与其他所有语言都完全不同。我想首先拿古典语言[2]作为比较对象；当我讲到汉语不同于其他语言时，指的主要就是这些古典语言。然后我会去研究这样一个问题：现实中是否也存在或多或少类似于汉语的语言。

---

[1] 洪堡所著原文为法文，本文译自德国汉学家何莫邪（Christoph Harbsmeier）先生的德语译本，附于其《关于洪堡致阿贝尔·雷慕萨先生的信——论古汉语哲学语法》（*Zur philosophischen Grammatik des Altchinesischen im Anschluß an Humboldts Brief an Abel-Rémusat*, Friedrich Frommann Verlag, 1979）著述中。（译者注）

[2] 指欧洲古典语言。（译者注）

我认为，汉语与其他语言之间最根本的区别在于：在连词成句时，汉语并没有使用语法范畴，其语法并非基于词的分类，而更多的是使用其他方式连接语言要素而构成思想。其他语言的语法都有词法和句法两个部分，而汉语只有句法部分。

而这决定了汉语句子的规律和特点。一旦从语法范畴的角度去研究汉语，就会改变汉语句子原本的特征。

阁下您也许会认为这一结论太过宽泛和绝对，或许您觉得我只想说，汉语忽略了词的语法标记，没有把语法范畴的分类贯穿到词这个最后的语言分支。然而我想说的却是，岂止是忽略，汉语根本就是不屑于去标记语法范畴；因而从语言的性质而言，汉语属于一个完全不同的领域。为了证明这一宽泛的论断，我觉得有必要更为详细地阐述我的观点，并陈述具体的理由。为此我要向阁下您说明，在我关于语言的普遍思考和对汉语的研究中，都是从哪些角度出发得出上述结论的。

"语法范畴"我认为指的是词的语法形式，即言语成分（Redeteil）和与此相关的其他形式。这样的范畴也就是本身具有一定语法特点的词类（Wortklasse）；我们可以通过附着于词的标记，词在句中的位置或句子的构造来辨识这些词类。大概没有任何语言能够区分或标记出所有的词类形式；但我们可以说，倘若一种语言做到以下两点之一，便是使用了语法形式来显示词与词之间的联系：

一、将词的分类作为语法的基础，或至少不必依赖上下文来辨别最根本的形式和范畴。

二、语言本身的性质使得讲这种语言的人很自然地将每个词都归入某一类别，即便一个词不带有所属词类的外部标记，也不影响其归类。

依据语法范畴对词进行分类具有双重起因：一方面源于对思维发挥影响的语言的表达属性，另一方面则是出于语言表达与现实世界的类似性。

言说时思想要通过前后排列的词加以表达，这些词的排列必须遵循一定的顺序以表达一定的思想；同时，如果言者和听者要相互理解，那么这一排列顺序在这两者的思维中必定相同。这也是一切语法的基础。这一顺序一方面确立了句子中词与词之间的关系，另一方面也明确了词列与思想单位之间的关系。如果单独考察这些关系，并将其从与之相连的具体意义中抽离出来，那么就能够获取语法范畴。也就是说，通过分析词所表达的思想能够得出词的语法形式。然而，这样的分析仅仅只是进一步明确了具有语言能力的人思维中原初就存在的东西。遵照这些形式言说是一回事，通过反思而意识到这些形式则完全是另外一回事。假如在人们的思维中不存在这些形式的原型（Archetyp），或者更准确地说，假如人的语言能力没有出于自然本能而服从于这些形式的规律，那么人既不可能理解自己，也不能理解他人。

语法范畴与句子所表达的内容密切相关。也就是说，语法范畴能够通过词之间的关系来明确句子表达的内容单位；如果一种语言的语法范畴准确清晰，那么句子表达的内容也更加清楚明确。句子越长、越复杂，词与词之间的这种关系也就越丰富多样。由此自然也可以推断出，对语法范畴进行最为细致的区分主要是为了满足构建冗长复杂的多元组合句（Satzperiode）的需求。那些在交谈中不停地被中断的句子大多仅表达简单的内容，因而知性（Verstand）也不会要求人们认清词的语法形式，或者说不会要求对语法范畴做过于详细的区分，使得每一种语法形式的特性都得以突显。在这种情况下，通常只需知道哪个词是所述内容的主语就足够了，无须去仔细考虑这个词是名词还是动词不定式；只需了解一个词在修饰另一个词，无须知道这个词是分词还是形容词。

由此可见，人们不必费力地仔细区分词的语法形式就可以言说和理解。但尽管如此，以这样一种方式使用语言的人其思维中就存在着这种语法形式；他要遵循词类范畴的规律，尽管他的思想表达会由于普遍应用这些规律而受到限制。他不会感觉到具体执行语法规律的必要性；由于词的语法形式并未得到清晰的区分和描述,也就不会对言说者的思维产生真正的影响,或者从根本上决定这种语言。但是在我着手探讨这一对汉语研究极其重要的问题之前,我想先指明语言和真实世界之间的类似性。恰恰是这种类似提供了理由,可以将一种语言中的词划归为不同的纯语法的范畴。

当然,词可以根据所指对象划分为不同的范畴。以这种方式每一种语言就有了表示名词、形容词和动词意义的词,同时,由这三类词也就非常自然地产生了关于这三种语法形式的观念。然而这些词也可以划归到其他范畴,比如,一个具有名词意义的词可以转化为动词,反之亦然。此外,还有一些词,它们的思想意义在现实世界中无法找到任何对应;但是可以用另外的模式对这些词进行归类。每一种语言都有两类词:第一类词可以通过所表达的意义或表达的对象(物体、活动或特性)归入一个语法范畴;第二类词则不同,从不同的角度可以将其归属于不同的语法范畴。一种语言处理第二类词的方式至关重要。如果一种语言将这类词同样归为上述三个范畴,赋予它们上述三个范畴所特有的形式,那么这些词就真正获得了一种语法价值;它们将真的变为名词或动词;因为这些词之间的关系仅仅存在于概念之中;只有以特殊的方式去理解一种语言时,这些词才能被理解,词之间的这种关系对语言而言才有意义。反之,如果这些词的范畴模糊不定,那么即便词的意义能够明确表明其所属范畴,这些词也没有明确的语法价值:它们既不是动词,也不是名词,而只是具有动词意义或名词意义的表达。动词关系和名词关系既不是由语言所规定的,也不是为语言而指定的,因为人们可以在语言中构建许多句子而无须了解语法范畴或关系。即便这样的词出现在句子中,它们也通常并不具有词义所显示的语法功能。动词意义的表达并非一定需要形成主语和谓语之间的联系,而语法性动词则必须具有这种功能。意义上的名词可以通过动词在语法上所支配的宾语来表达,而语法上的名词可以是动词不定式，只要中间没有插入介词而是直接加宾语。

只有当一个民族倾向于将自己所讲的语言视为与真实世界类似的、但又独立存在的世界时，才能产生语法范畴，因为这种倾向将每个词都当作独立的个体，不容许有任何一个词不被划归为某一词类。这种倾向主要源于语言的想象力，在那些拥有丰富的语法形式的语言中，这种想象力似乎已经使上文提到的智力本能得到了发展。

在那些语法范畴的区分并不完善或者似乎缺少这类区分的语言中，组合成为句子的词除了具有形式的或词汇学的价值，还具有语法价值；但是这种语法价值无法通过词本身得以辨别，或者说至少得依赖于词义才可以辨识；如果词所指代的对象仅归属于一个范畴，那么其语法价值便取决于词的意义；如果一个词根据词义归属于多个范畴，那么它的语法价值则按照习惯划归为一个特定的范畴；此外，词的语法价值还取决于其在句子中使用时的位置，即基于语法规则的词序；最后，词的语法价值还可以根据上下文意义分析得出。我认为这些就是不同语言中词的语法价值不同的表现方式。

同一种语言里，言者和听者拥有相同的语法概念；或者更确切地说，两者使用相同的语法规则。假设听者为外国人，讲一种结构完全不同的语言，并具有自己的语法观念。如果他母语的语法比外语的语法更加完善，他就会要求外语中的每一个词都像自己的母语一样具有明确的语法价值；他会毫不怀疑地认为，只要仔细斟酌词义和句中的思想连接，每一种语言的每一个词（如果词体现了这种语法体系）就都能归属于某一个唯一恰当的语法范畴。相比语言的任何一个其他部分，语法更多地是存在于人的思维之中，它赋予了人类精神一种方法，能够将表达思想的词互相连接起来；所有从事外语的人，形象地说，他们带来了自己现成的抽屉，然后只是将外语的各种要素编排入内。因而以这种方式解释的语法并不总是真实存在的语法。一种语言真正的语法是能够加以辨识的，或以词所带有的标记，或通过语法概念，或借助由恒定的规则所确定的词序，亦或是作为隐性的前提条件存在于言说者的精神之中，并在句子的构造中显示出来。

我在这里谈到词的语法价值不同的表达方式时，考虑的首先是不同民族在语法价值表达方面的精确程度。最高的精确程度体现在对语法范畴坚持不懈地仔细区分，因为人通过分析词所表达的思想以及通过对思想的官能，亦即对语言的独特使用来区分语法范畴，所以我们在此所涉及的是语言本质最为隐秘、最为深入的方面，亦即思维与语言之间原初的关系。

任何逻辑判断都是对两个概念的比较，声言二者是否具有一致性，因而每一个判断都可以简化为一个数学等式。语言通过合成的方式将两个概念连接起来，亦即通过形成陈述的方式赋予这种原初的思想形式以语言所特有的形式。为此这些语言使用了屈折动词以表达动词意义，而只有那些具有高度精确性和清晰度的语言才拥有屈折动词。因此，动词成为所有语言语法的核心部分。

若要研究人在言说时的行为——这常常是无意识的，就会发现一个持续的虚拟景象。每个句子中都有一个主动的或被被动描述的理想存在（构成所陈述内容主语的词）。人们构建判断的内在行为与所要陈述的对象相关。人做出判断时置身事外，说"最高的存在即永恒"，而不说"我觉得最高存在的概念与永恒的概念相一致"。请允许我将此称为语言的创造性部分。毫无疑问，每一种语言都拥有这样的创造性部分，因为它既属于人类的智力构造又属于语言的普遍性质；但是它在语言中发挥了多大作用，一种语言文化能够在这一方面发展到何种程度，则取决于各民族的精神特质。古典语言在这方面走得最远；相反，汉语在这方面的发展只是满足了言说和理解所必不可少的需要。

各民族在构造语言时可以走上两条完全不同的道路：一条道路是将概念之间的关系亦视作关系并严格遵循，冷静地做到概念表达的清晰性和准确性，那些属于语言特殊本质的东西尽可能不作为思维的官能和工具加以使用；另一条道路主要是将语言进一步发展成为思维的工具，按照语言表达思想的方式，把语言看作一个在各个方面都能与现实世界相比拟的理想世界。

古典语言所具有的词类区分，虽为许多其他的语言所忽略，却为上述内容提供了令人信服的例证。这样的区分完全属于语言的创造性部分。思想及其与智力的交互关系恐怕无法引发这种区分；从这一角度来看，这样的区分甚至可以被轻易地视为语言的不完善性，也就是说缺乏哲理性、多余且不合时宜。然而，一旦一个民族生动、积极的创造力激活了所有的词；一旦语言能够与真实世界完全匹配，每一个句子各个部分的排列和细微差别更多地显示了思想的表达而不是思想本身，从而成为了真实世界的映像（Schattenspiel），那么词就必须分出类别，就像生物都有属于其自身的性别。由此便形成了构建句子的技术优势；倘若一个民族感到了词类区分的必要性，那么它首先必须清楚地意识到，当语言将思想转化为语词时，会给思想增添什么。

我想我已经充分阐释了语言之所以区分语法形式的缘由。我并不倾向于认为这种区分是一个民族思想分析取得进步的结果，而更多的是将其视为一个民族如何看待和处理自身语言的结果。在此我只想补充一点：一旦一个民族走向了这条道路，其语言体系便会自我完善，因为一个语法范畴的概念自然会引发另一个语法范畴的概念；但我们必须承认，只要语言体系作为整体存在缺陷，那么任何一个语法范畴的概念虽然原则上能够达到精确，却都不会十分精确。

如果没有一种关于词的语法形式的模糊感觉在引导我们，我们有可能无法说话。但我认为我已经表明，有时候完全有可能不必去准确区分语法范畴，句子中只需要有限的几种语法关系就足够了。此外，我也指出了，我们完全没有必要非得要一个能够将所有的词逐一归类并标记特征的语法体系。最后我也说明了，人们在构建句子时无法远离数学等式。此外，从上述内容可以获知，如果有人没有习惯于构建这样的语法范畴和运用整个语法体系，那么他就无法完全精确地把握任一语法范畴。

中国人就属于后一类，他们的表达方式通常是不说明所使用的词该归入哪一类语法范畴；此外他们也不追求语法范畴的精确概念。汉语使用动词时无需时间说明，而事实上，在一般性的陈述中，时态或时间说明语总显得不合时宜；另外，动词也无所谓主动或被动，对同一个词可以用这两种方式去理解。而古典语言却很少用这种模糊的表达方式，因而它们必须借助其他手段，赋予一个概念以普遍性；因为使用精确的语法形式就必定会限制概念的普遍性。

玛雅语（Maya）和贝托依语（Betoi）这两种美洲语言在此值得一提，它们使用两种不同的手段来表达动词：一种是表明行为的时间，另一种则简单明了地表明定语与主语之间的关系。尤其值得注意的是，这两种语言现今在真正的动词变位时，都是为动词添加了一种特殊的词缀。从汉语与上述两种美洲语言之间的相似性来看，我认为当我们见到了语言的这类特点时，不应该将之归因于语言创造者的某种非常突出的哲学理解力。所有的民族，若其使用的语言没有固定的语法形式，那么在语义需要的时候，都会为动词添加时间副词，但在其他情况下则会省略时间副词；而这一方式在不同的语言中会呈现出不同的形式。然而，当哲学精神伴随着时间的推移而发展起来时，却真的能够从这些看似无关紧要的特征中汲取有用的东西。

如果不采用语法体系，那么就得使用其他方式表明概念之间的语法关系；对此我在信函的开头就有所提及，现在则想要进一步阐明这一思想。假如从现在开始我的论据直指汉语，然后再转向前面提到过的那些证明，那就会较为容易地达到我的目的。

请允许我请阁下您关注语言所表达的内容与语法形式之间的紧密联

系。我们的语言可以通过屈折动词来辨认所要表达的内容，屈折动词有时并不显而易见，但大部分都会以语法的方式得以表达。有多少屈折动词，就有多少需要陈述的内容。而汉语用词来直接表达概念，却无需确定词的语法关系。汉语所有的词，即便在句子中，都处于纯粹的状态，类似于梵语中的根词。

从语法上看，汉语没有屈折动词，或者说根本就没有动词，有的只是动词意义的表达；而动词意义则以不定式的形式表达，也就是说，以我们所知道的最模糊的形式出现。事实上我们可以说，汉语主语或代词后面动词意义的表达方式相当于屈折动词，恰如英语中的 *they like*（他们喜欢）。毫无疑问，我们的一些现代语言，尤其是英语，甚至可以构建像汉语句式一样的长句，因为没有词携带了语法关系的标志。然而英语和汉语之间的区别也很明显。*like* 一词在语法上是主动态、现在时，因为它并不具有被动态和其他时态的标记；它只是证明了自己是动词；那些使用 *like* 一词的人也知道，这个动词在其他情况下带有所述人称的标记。英国人普遍习惯于将句子中的要素按照其语法形式组合起来，因为英语中有表明这些语法形式的标记，也就是语法关系的真正标记，而这一点极为重要。如果英语的规则规定省略这类语法标记，那么精神也不会主动添补这些标记，这与那些把语法标记的空缺视为例外的语言是不一样的。

汉语称作为动词的，不同于"屈折动词"这个语法上的术语所表达的；而其间的区别，如果可以的话，可以视为一个词的内容与其形式之间的区别。如果把动词理解为所陈述内容的连接成分，并且必须表达出语法关系，那么实际上就是表明了主语的特征，（通过构成语言的智力行为）将主语视为存在的或以一定的方式行动着的。如果一个民族对这种语法关系印象深刻，从而想要将其表达出来，那么它就会为动词添加标记，以表达"存在"或"真实的行为"这样的意义；一个这样的民族会运用形式概念，至少表达出伴随着"存在"或"行为"的一些状态，如时间、主体、客体、主动或被动。因此，在大量没有屈折形变的语言中，如科普特语（Koptisch）、大多数美洲语言以及许多其他语言，屈折动词带有一个以词缀形式出现的缩略代词，有规律地或者至少在没有主语时出现；墨西哥语的动词带有构成其宾语的代词，有时宾语甚至嵌入了动词之中。也就是说，可以根据动词的形式看出它是及物还是不及物动词。所有这些语言的动词都是真正的言语成分，具有真正的语法形式；动词不仅仅表达了词典中所说明的语义内容，还显示了真实的行为和存在的普遍特征。由此可见，动词并不是显示一种行为方式或存在方式的模糊概念，而更多的是在句子中明确表达了这种存在和行为。汉语的动词没有这些修饰：动词仅表示概念本身，如果有主语或宾语，它们也由单独的词构成；时态在大多数情况下都不会得到说明，或者并不被视作动词不可或缺的限定成分，而更多地仅被理解为整个句子的一部分。如果一定要赋予所谓的汉语动词某种语法形式而不无中生有，那么汉语动词就是一种不定式，也就是那种处于动词和名词之间的中间状态。读者完全不清楚，这个动词究竟是作为屈折动词表达了主语和特征之间的联系，还是应该将其理解为表达特征的名词性动词。越是深入地了解了汉语句子的特性，我们就越倾向于接受后一种理解。几乎无须以汉语动词为先决条件，按照数学等式的模式通常就能够理解所陈述的内容，可以轻易地理解所表达的是主语和特征之间的一致或不一致。

当然，还有一种情况能够让我们从汉语的造句中识别出动词。汉语句子中的词以一定的顺序排列，而词序的根本原则是，起修饰作用的词位于被修饰的词之前，宾语处在支配它的词之后。当动词表达行为概念时，本质上就具有一个所指的宾语，而当名词表达事物（属性或材料）时，根据所赋予的概念范围，本质上就需要进一步加以限定。所以汉语中，识别名词要看它前面有没有限定语，识别动词要看它后面有无跟随宾语。在大量的汉语句子中，人们可以从限定词到被限定词一直推导下去，直到词序颠倒过来,一个由宾语进一步确定的动词位于宾语之前,或者换句话说,被限定的词出现在限定词之前。在后一种结构中发挥统摄作用的词在汉语中是动词,它使所陈述的内容具有了统一性。例如在《中庸》里,"谓"[1]和"在"[2]在语法上可理解为将特征与主语联系起来的成分。

然而,根据词与词之间的连接这种方式无法找到真正意义上的屈折动词。将宾语置于具有动词意义的词之后,这种情况也同样适用于不定式和分词。要不是大多数语言都习惯于用介词作为连接成分,那么就连名词都可以用这种方式构建了。此外,汉语的动词也经常可以用位于其前面的词来进一步加以限定。所以汉语动词的语法属性并没有始终如一的特征。

甚至连句子这样的单位也不完全通过词序来确定;常常无法断定,应该将一连串词理解为一项陈述还是两项陈述。例如在我刚才引用的句子"为政在人"里,"政"不也可以看成是一项陈述的最后一个词,然后翻译成拉丁语的 *regimen ordinatum est, exstat in*?在"大哭道"这个句子中,没有任何迹象表明应该将其翻译成两个句子 *valde ploravit, dixit*,还是一个句子 *valde plorando dixit*。简单的主语有时甚至可以单独使用,而无需与所谓的动词直接相连,也就是可以独立存在。主语常常可以用一个标点符号与句子的其他成分分离开来,而主语所指的动词甚至还可以有一个代词来替代主语的功能。我认为所有这一切可以证明,汉语的词只是限定了陈述内容,但并不按照语法形式来排列,中国人更多的是独立使用每个词,同时不断地打断句子,只是在意义表达绝对需要时才将词连接起来。句子的停顿借助某些尾助词来表明;但在明显应该停顿的地方却常常没有这样的尾助词。倘若我对汉语句子构造的这一理解是对的,那么上文关于所引用的句子是表达一项还是两项陈述内容的疑问,中国人在精神上并没有意识到。

---

1 参见《中庸》第 32 页,I.1 中"天命之谓性",意为:上天决定的事情,叫做"本性"。
2 参见《中庸》第 67 页,XX.2 中"为政在人",意为:执政也要依赖人。

阁下是不是也认为，我们严格划分词的语法范畴，这种方法会迫使我们将汉语句子中所包含的两项或多项陈述内容理解为一项陈述呢？比如您语法书中所引用的例句[1]，根据汉语的精神是不是必须译为"他拥有帝国，他将帝国赠与（他）人"？"以"一词在这里可以理解为"用"（utitur）[（如"不以我"中的"以"，表示"他不雇佣我"（《汉文启蒙》，第259节）]，这个语助词几乎一直都是这么翻译的；"所以"（用—什么）按照我们的理解应该是一个连词，但我认为它构成了通常紧跟在主语之后的一个陈述。[2]

　　您语法书第84—91节介绍的介词，表明了行为所涉及的事物，几乎毫无例外地原本就含有动词的意义。这一事实或许正好清楚地说明了汉语句子的构造方式？如果表达了一个动词概念，按照我们的理解所陈述的内容便以此结束了；此后可以添加另一个带有补足语的动词概念（通常可理解为一个动作或方向，然后不经意间变成了介词）。也就是说，第一个陈述的结尾便开始了第二个陈述。有时候这种顺序会颠倒过来。代替介词的动词连同其补足语出现在前，其后跟着支配整个介词短语的动词。但是在语法上，所有这些构造并无差别。

　　在汉语句子里，名词和动词的概念必然会被混淆；同一个语助词既可以作为属格（Genitiv）的标记，把一个名词和另一个名词分隔开来，又可以作为关系语助词，将主语和动词区分开来。就这一情况可知，汉语并未采用我们的语法形式。一旦抛开严格的语法形式，动词，尤其是以不定式存在的动词，便可理解为名词；有些语言为了表明动词的人称，物主代词也与名词一样与动词相连："我们的吃"与"我们吃"表达的意思基本相同。汉语的一些形容词，甚至有一些名词，在表达动词意义

1　"以天下与人"，见《汉文启蒙》第67页。
2　参见《中庸》第64页，XIX.4"宗庙之礼，所以祀乎其先也。"这里洪堡将"宗庙之礼"理解为主语，"以"作动词在其前置宾语"所"之后。（译者注）

时会改变声调；根据马礼逊先生的说法（第一卷第一部分，第6页），那些可以同时用作名词和动词的词，在作动词时通常取其第四声[1]。在英语中，那些既作动词又作名词的双音节词也有类似的区分[2]，但是汉语的这种发音变化对语法意义没有任何影响。一个词并不是真正意义上变成了动词，而更多的只是拥有了动词的含义。

在此我不得不就"中庸"一词向阁下提出一个问题。您将"中庸"翻译成了法语的 *milieu invariable*，拉丁语的 *medium constans*，您认为这两个词之间的语法关系与"大学"一样吗？我必须承认，我认为这二者有区别。"庸"作为形容词其实应该位于"中"之前。根据我们的语法观，"庸"在这里是一个不定式，可以有副词在前面作进一步的修饰，可译为 *medio constare*。您在另一处也将"中庸"翻译成了动词性的 *parvihomines medio constant*[3]（《中庸》译文第35页，II.2.）。

这一例子岂不是再次表明了汉语不需要提出语法形式的问题？"中庸"所要准确表达的，是对被称为"中"的（习惯性的）坚定不移这一概念。然而是赋予这一概念以屈折动词的形式，还是不定式，或者是动词性名词，亦或另一种名词形式？到底该将其译为 *perseverant, peseverare, perseveratio* 还是 *perseverantia*（分词、不定式、名词或其他名词），这一点根本无法确定，而这也正是因为汉语的精神和特性并不关心此类问题。从语法角度我们仅仅可以说，"庸"这一语义比较广泛的概念由"中"进一步加以限定。"小人之中庸"这个句子就包含了"平凡的人"和"对中的坚持"这些概念；句中语助词"之"表明，这里有两个概念，显示了不同的关系。这两个概念的结合，这一陈述的肯定性，是由不存在否定形式而得出的结论。汉语的局限性也在于此；它没有给句子的表达规定任何

---

1 参见《汉文启蒙》，第26页。
2 参见沃克《语音词典》（*Walker's Pronouncing Dictionary*），第16版，第71页，第492节。
3 此句本为"君子中庸，小人反中庸"。（译者注）

精确的结构，也不说明"庸"应该理解为您翻译的屈折动词，还是像您在另一处注释中就同一个句子所解释的那样，必须得添加另一个动词。

前面引用过的"大哭道"也进一步有力地印证了，汉语在说明概念之间的连接时并未精确地表达形式，但形式也会对概念产生影响。这三个词表示三个概念：*magnum*（大）、*plorare*（哭）和 *dicere*（说），并表明，某人在说话前或说话时感到极大的悲恸。就我所见，通过这些词依然无法确定应该将第二个词理解为名词还是动词，前两个词独自构成了一个陈述，还是与第三个词结合在一起；倘若是后一种情况，那么依然不确定，前两个词是作为分词和副词构成了第三个词的主语，还是只不过以动名词的方式修饰了第三个词，因而动词的主语仍不得而知。我们必须承认，所有这些细微的差别都不太重要；要想解释这句话，知道言语所及的人哭了、说了，也就足够了，而这两种行为的时间间隔恰恰没有得到明确说明。如果将这个句子译为拉丁语，可以有以下四种表达方式：

1）*valde ploravit, dixit.*（ploravit"哭"，动词）

2）*valde plorans, dixit.*（plorans"哭"，名词）

3）*valde plorando dixit.*（plorando，"哭着"，动名词）

4）*cum magno ploratus dixit.*（因为 / 大 / 在哭 / 说；ploratus，"在哭"，动词进行时）

这四句话中，每个句子都用不同的方式表达了它的对象，并赋予所表达的思想以特有的细微差异；一个优秀的作家绝不会不加区别地使用这些句子。翻译这些句子时，我们必须要确定其中一种形式，从而赋予译文比汉语表达更为丰富的细节差异，并且不局限于概念本身的要求。

也许有人会就此提出异议，认为这些句子所表达的众多可能的解释中，只有一种显示了汉语的精神，而汉语也必然能够作为语言手段来选择最准确的表达形式。然而无论如何，汉语的词都不含有任何标记，以迫使或促使我们将以上的词理解为某一种特定的形式。我们可以认定这样一个原则：如果一种语法关系让一个民族印象深刻，那么这种语法关系必然会在该民族的语言中得到表达。因为任何在思维中深刻而清晰理解的事物，都会毫无例外地在语言中得到表达。这一原则我们也可以反过来说：如果一种语法关系在一种语言中无法得以表达，那么这种关系便没有给讲这种语言的民族留下深刻的印象，而这一民族也不会清晰而准确地感受到它。语言的全部作用在于，为思维造就外部的表达，以发出分音节（artikulierte Laute）所留下的确定印象代替飘忽不定的思绪，同时促使精神把所有的思维用一系列词展现出来。鉴于此，只要精神意欲为语言所传递的思想赋予清晰性和准确性，便会在语言中对此进行标记，或者无论如何都会通过符号以一定的方式加以体现。

我认为，汉语用来表达词与词之间连接的两种手段，语助词和词序，其目的并非是为了表达语法形式，而是想用另一种方式来帮助理解概念之间的联系方式。

首先，我想通过研究与印欧语后缀或屈折形变似乎最为接近的语助词来证明我的第一部分论断。语助词"之"似乎常常用作属格的简单标记，类似于法语的 *de*，英语的 *of* 以及德语的 *von*。但是当语助词"之"用作关系语助词时（例如把主语和动词结合在一起），就变成了主格的标记；当"之"作为补足语出现在动词的后面时，则作为第四格宾语[1]。由此可知，我们不能将"之"视为其他语言中常见的属格标记，"之"与 *de*, *of* 和 *von* 究其竟没有可比性。正是阁下在您的语法书《汉文启蒙》第 82 节中的阐述给人留下了这一印象。

属格也可以不用"之"来表达，即便在出现两个相互依存的属格而容易引起歧义的情况下也是如此[2]。此外，在许多并未涉及属格的情况下，也可使用语助词"之"："之"可以将主语和动词连接起来，可以将名

---

1 参见《汉文启蒙》第 57 页，"可以杀之"。
2 参见《汉文启蒙》第 346 节，例句 2。

词性动词[1]以及其他中性动词或被动动词与定语连接起来（比如"谓之中"，是常见句式"之谓中"的倒装形式）[2]；"之"可以连接名词和形容词，起着名词性动词的作用[3]；"之"可以将形容词与其前置名词连接起来[4]；"之"可以帮助构成形容词[5]；"之"可以作为定冠词或不定冠词[6]；"之"可作关系代词使用[7]。但是"之"从来就不只是虚词（Füllwort）[8]。

语助词"之"也出现在否定词"莫"和动词之间。我很希望阁下能告诉我，是否其他的否定词也同样如此？还是"莫"只是一个例外，因为我们可以把它看作动词的名词性主语[9]？

我已经指出，不管主格、动词的主语和属格听起来多么独特，它们在功能上都没有太大的区别，因而不易相互混淆。但在汉语中，当语助词"之"后面的词的构造和意义既可以理解为动词，又可以理解为名词时，便会产生这样的混淆。我想引用阁下在《汉文启蒙》第119节和第87节的例子来加以说明。其中，"吾不欲人之加诸我也"译为 *ego non cupiohominesaddant ad me*，但也可以译为 *non cupiohominumaddere (additionem) ad me*；而第二个句子"足乎己，无待于外，之谓德"，可以将其起始结构理解为属格，并将 *vocatur*（称作）改为 *nomen*（名称）。希腊语中，不定式可以毫无困难地转化为名词，因而这两种译法并不冲突。这一情况也更加清楚地表明了，如果"之"用来连接名词和形容词，而形容词出现在前面，那么"之"可以理解为属格复数[10]。

1　参见《汉文启蒙》第137节，例句2。
2　参见《汉文启蒙》第137节，例句2。
3　参见《汉文启蒙》第315节，"学生衰朽之夫"。
4　参见《中庸》第47页 XII.2，"天地之大"。
5　参见《汉文启蒙》第195节。
6　参见《汉文启蒙》第190节，"士之报礼重"。
7　参见《汉文启蒙》第192节，"古之"。
8　参见《汉文启蒙》第80页，注释1。
9　参见《汉文启蒙》第271节，"[人之行]，莫大于孝"。
10　参见《汉文启蒙》第315节，"学生衰朽之夫"。

如果名词位于句首，那么就要将形容词理解为名词性的，比如"天地之大"既可以理解为 *coelumterra que magna*，又可以理解为 *coeliterae que magnitudo*[1]，只有结合上下文才能确定两种译法该取哪一种。

我在此列举这些句子的原因显而易见：上述两个例句中，属格位于它所依附的词之前，它们有一个共同点，亦即第一个词对第二个词的概念做了限定，而区别仅仅在于后一个词被赋予的语法形式有所不同。像汉语这样不考虑语法形式的语言，更愿意将语法局限在区分限定词和被限定词，因而会以同样的方式处理上述两种情况。

正如阁下所言[2]，语助词"之"的真正功能在于，可以进一步表明所连接的词之间的关系，以避免模棱两可。

倘若要对这一定义作进一步的说明，那么我想补充说，"之"可以把听者的注意力吸引到位于前面的词，同时又表明了，这些词语与位于"之"后面的词之间必定具有某种联系。"之"似乎一方面起着连接的作用，另一方面还起着分隔的作用，所以又可以称之为"分隔语助词"。如果我没弄错的话，假如"之"用作属格的标记，便会避免将其后面的名词也理解为属格的一部分；而当"之"作动词的主语时，同时也不允许将这个主语理解成纯粹的修饰成分或副词。使用了"之"，词的意义便有了不同的倾向。

现在我们来看"之"字的起源。我从阁下您的说法推断，"之"字有"萌芽、蓓蕾"之意，还有"从一处到另一处"的动词含义，同时还可以用作形容词或指示代词[3]。

这三种用法中，第一种用法完全符合"之"字的属格概念，第二种用法则扩展了词义，而只有第三种用法才使我们能够理解"之"的所有

---

1 参见《中庸》第47页，XII.2。
2 参见《汉文启蒙》第80页，注释1。
3 参见《汉文启蒙》第189节。

这些不同功能。

当"之"用作动词的宾语时，其代词意义就显而易见[1]。阁下在《汉文启蒙》的第223节中提到了例句"其此之谓与"，句中宾语好像位于动词之前。不过我认为，在这里更应将"之"理解为所陈述内容的主语。三个限定词一个接着一个，动词的宾语如"这""这个""正是这个""我说过的"就必须省略。"之"在句中独自构成了主语，但始终还是代词[2]。"之"作为属格连接其前后的概念，位于动词和主语之间，尤其是用作冠词时，这些情况都可以用同样的方式加以解释。人们在称呼一个对象时，为了吸引更多的注意力，会加上"这个"，如果这个词引起了好奇，就进而表达与该主语相连的概念。语助词"之"将那些在另一种关系中互相分离的词，以特定的关系结合了起来。不过"之"并非决定了这种连接的特性，至少并没有像我们所理解的语法形式那样去决定这种连接的特性。

假如"之"根本不是代词，那么就难以想象如何像对人称代词"者"那样对其进行解释[3]。如果我们比较这两个限定词，便会清楚地看到"之"的指示性质和"者"的连接或关系性质。如果代词只是指代一个已经提到的对象，那么既可以使用指示代词（veteres, hi），又可以使用关系代词（veteres qui sunt），只是在后一种情况下可以假设省略了名词性动词。反之，如果代词只作动词的宾语，其后也并未跟随被进一步支配的概念，那么就只能使用指示代词，而符合这一功能的只有"之"（而不是"者"）。所以"之"具有限定意义[4]。"者"包含了整个概念范畴，"之"则进一步限定了概念范畴。

在现代文体中，概念之间的语法联系似乎依然如此，只是用了不同

---

1 参见《汉文启蒙》第134节，"可以杀之"。
2 参见《汉文启蒙》第191节，"之谓"。
3 参见《汉文启蒙》第192节，"古者"可作"古之"；也可参见第145节，"爱人者，人恒爱之"。
4 参见《汉文启蒙》第193、195节。

的词来表示。"的"表示属格,也可以理解为关系代词,但是它并不能同时作为动词的补足语,所以也没有明显的代词特性。在您的语法书中,阁下您并没有讲清楚,"的"是否和"之"一样可以出现在主语和动词之间。不过在"我儿你来的正好"这个句子中,"的"的用法与"学生衰朽之夫"中"之"的功能完全相同[1]。

如果说我已经厘清了"之"的不同功能,那么归纳起来有以下三点:

1. 动词意义"到……去"。根据这一用法,"之"还有"鉴于"之意[2]。在另外两个例句中,"之"的含义似乎取决于上下文,且似乎保留了它正常的语法功能[3]。

2. 指示代词的功能。"之"用作宾语或动词唯一的主语。

3. 同样的代词意义。但"之"作为真正的语助词,即虚词或语法词使用。

如果要具体追问"之"属于哪一种词类,那么不应该将其算作表达语法形式的词,而应是在句子结构中指明一个概念向另一个概念转化的词。我们或许可以这样区分这两类词:其中一类称为词源语法词(即形态语法词),另一类则称为句法语法词。

语助词"也"与"之"属于同一类型。"也"可以表示停顿,可以替代名词性动词,或者像阁下在您关于汉语具有单音节(monosyllabisch)特性的文章中所描述的那样[4],可理解为主格的词缀,以加强关系代词的作用。

我发现,较之于《汉文启蒙》,您在上述文章中更多的是将汉语语法与其他语言的语法相匹配。《汉文启蒙》中,您只是出于教授汉语的

---

1 参见《汉文启蒙》第315节。
2 参见《汉文启蒙》第187节:"人之其所亲爱而辟"。
3 参见《汉文启蒙》第123节:"望悯臣祖之孤";第162节:"曾由与求之问"。
4 参见《东方宝库》(*Fundgruben des Orients*),III,第283页。

需要才将汉语语法与读者的语法观念对应起来。正如语言的性质所要求的那样,您的语法书主要研究了汉语的句法,而这种句法划分方式是所有语言的语法基础。您著作的主体部分对惯用语作了出色的总结,即便是那些对一种语言的精神仅能略加评判的读者,也能够由此而去正确理解汉语的精神。通过对您的《汉文启蒙》的深入研究,我认为我已得出了汉语不存在语法形式的结论,相信您也一定不会反对这个观点。

再回到我原先的话题:尾助词完全属于决定句子形式的语法部分。

与其他语言的介词不同,汉语的介词不能理解为词的格标记,因为一是介词所支配的词并没有发生词形变化,二是介词还保留着赋予其最初含义的那种结构,而最后,一个词能够成为介词所发生的唯一的变化是概念的普遍化。

动词时态的标记也一样。汉语很少使用语法形式来描述时间关系,而主要采用实词(volles Wort)。汉语的时间限定词并不是动词的一部分,正如阁下所言,即便在现代文体中这类限定词也很少使用[1]。我们在汉语中根本找不到动词与时间限定词融合起来的倾向,因为有些时间限定词可以随意地位于动词之前或之后,甚至可以与动词分开,中间插入几个别的词。这样的时间限定词与动词放在一起,本身并无任何变化,而且也完全不取决于动词是屈折变化还是不定式形式。您的语法书第370节所引用的句子便是一个有力的例证:"干娘你自成作完备了时,我自重重谢你。"此外,这个句子从整体上表明了,就一个概念限定另一个概念的方式而言,汉语的句子表达的含义清晰准确;同时也显示了,若要按照语法形式对词进行归类,那么句子的表达形式就充满着不确定性。这一句子的第二个陈述是通过第一个陈述结尾的词"时"来限定的,而该词又由前面那些表达行为的词所限定。这样的表述是最清晰准确不

---

1 参见《汉文启蒙》第351、370节。

过的了。但是我们一定要将这个行为的表达理解成事实的表达（"干娘，你已经准备完"）并在停顿之后添加时态概念对其加以限定吗？还是必须要将"时"看成是由屈折变化的动词所支配的连词呢？或者这里的动词是不定式，与动名词的属格一样，位于名词"时"之前，以至于人称代词变成了物主代词？这些问题在这个句子中无法找到答案；而我认为，中国人甚至都不会想到要提出这类问题。此外，还有一点值得注意，这一句子涉及的是一个将来行为的完成时，然而将来时并未通过任何形式得以表达。如果说话者真的想要对话语中的女士在准备就绪后再次表达感谢，那么他似乎也可以说同样的话。

  我认为从上述所言可以得出，汉语即便在虚词（leere Wörter）方面也不同于其他语言。其他语言使用虚词是为了代替词的屈折变化；在很多语言中，虚词似乎成为了实词的一部分，与实词融为一体，成为了词形的屈折变化。事实上，很少有语言没有一两个真正的或表面上的屈折变化例子。汉语的虚词并非要表明语法范畴，而是主要指出思想的过渡；如果一定要从词类的角度分析，那么虚词可归入多种词类。此外，许多虚词明显地保留着原初的用法，常常更能被看作为实词，比如"以"。阁下您把"以"翻译为 *adhibere*，"由"翻译为 *provenire*[1]。这里这两个语助词都位于宾语"所"之后。《中庸》里也有一个类似的结构，但据我所知更值得关注[2]。在这句话中，"以"位于"所"之后，"修身"之前，因此有两个宾语，一个有动词意义，另一个则为语助词。不过这里也可以把"以"翻译成动词，译为 *cognoscit* (*scit id*) *quo* (*per quod*) *tractamustóinstaurare vel colere corpus*。

  刚刚我提到，汉语的语法词根本没有说明词的语法形式，我觉得，汉语处理词序的方式也是如此。人们通过语法规则来确定词序，以便突

---

1 参见《汉文启蒙》第146节："视其所以，观其所由"。
2 参见《中庸》第72页，XX.11："非礼不动，所以修身也"。

显思想的各个组成部分；但若不借助其他手段，单靠词序本身不足以表明所有的思想成分。如果思想成分可以借助具有不同语法范畴的词来构成，那么词序就只会造成模糊不清。此外，大多数语言都将词序与屈折变化以及语法词结合起来使用。甚至那些没有达到高度完善的语言也是如此，比如遵循严格词序规则的秘鲁语（Peruvianisch）。在同样具有语法形式的鞑靼人的满族语（tartarische Mandschu-Sprache）中，阁下您也能发现相同的情况。因为汉语没有屈折变化，所以要解释汉语的句子只能依靠词序。

一种语言若没有屈折形变或相应的辅助手段，通常就缺失了应用词序规则的基础。我们可以肯定地说，主语位于动词之前，宾语位于动词之后；但是仅靠词序我们无法辨认出动词，也就是辨认出那个连接所有其他成分的要素。在这种情况下，语法规则不足以说明问题，所以人们只得求助于词义和上下文的语义。

若没有这些辅助手段，词序本身难以为解释汉语文句提供确切的规范。比如动词，位于主语之后，但也可以位于副词或修饰语之后。您语法书第 177 节的第二个例句"臣固知土之不忍也"，若不求助词义，便无法断定"固"在此是否也属于动词的主语，还是作副词在修饰后面的动词。再看下面几个取自《中庸》的例子：

亲亲

其位

天下国家

大臣

柔远人[1]

---

[1] 五个例词分别取自《中庸》："仁者，人也，亲亲为大。""尊其位，重其禄，同其好恶，所以劝亲亲也。""知所以治人，则知所以治天下国家矣。""凡为天下国家有九经，曰：修身也，尊贤也，亲亲也，敬大臣也，体群臣也，子庶民也，来百工也，柔远人也，怀诸侯也。"（译者注）

上述短语都作为动词的主语或宾语，但在语法关系上各不相同。尽管这样的语法关系有确定的词序，但要辨识这些语法关系也只能通过词义和上下文语义。这些短语的起首词属于不同的语法范畴，不过由于这些词的词序位置相同，不同的语法范畴也就无法得到表达。

阁下您在您的语法书中简明扼要地总结了汉语的句子构造。如果仔细考察这种句子构造，那么很容易就会发现，词序并不从根本上表明词的语法形式，更多的只是显示了哪一个词支配着另一个词。这种支配通过两种方式实现：一是限定概念的范畴，二是让一个概念成为另外一个概念的对象。由此便形成了汉语句式构造的两条普遍原则，严格来说，整个汉语语法都归结于此。

在所有语言中，一部分语言的语法通过标记或语法规则明示出来，另一部分则是隐含的，不依靠标记和规则，而是通过语义推测而得。

汉语中，相对于隐含的语法，这种明示的语法要少很多。

对所有语言来说，上下文语义都或多或少地起着支撑语法的作用。

汉语的上下文语义构成了理解的基础；而语法结构则要通过分析上下文才能得出。即便是动词也只能通过其动词性的意义加以辨别。对于欧洲古典语言，人们习惯于先解释语法和分析句子结构，然后再到词典里查词义，但这种方法无法用于汉语。理解汉语必须始终以词义为出发点。

只要理解了词义，汉语的句子就不再模棱两可。尽管目前我对汉语所做的研究尚未形成规模，但我也可以看出，您对我在一篇科学论文里曾提出的一些关于汉语的草率评判的指正，分析鞭辟入里；但有一点可以肯定，相比其他任何语言，要理解汉语的文章更需要借助词典的帮助，不仅是对于那些兼有动词和名词意义的词，而且最主要的还有惯用语，对此我稍后再讲。

汉语的语法之所以会采用这样的形式，主要因为汉语句子的构造不需要严密或多样的语法。而这样的句子构造之所以能一直得到保留，也是因为汉语简单的语法几乎无法产生其他的构造形式。这两个因素在语言中始终相互制约。

几乎所有的汉语句子都非常简短，即便那些经过翻译后看起来长且复杂的句子，也很容易被划分为多个短小简单的句子。这种关于汉语句式的观点似乎也最符合汉语的精神。

人们很少能够孤立地理解汉语句子中的词，而更多地必须结合上下文语义并考虑到词义的变化。

这一点从语助词的使用上看得最清楚。比如"而"几乎从来都不是一个单纯起连接作用的语助词，但若想知道，它表达的意思是 tamen（然而）还是 ideo（所以），那就必须参照前面的句子[1]。通过"而"的连接，两种对立或相似的思想产生了联系，而这种联系会反映在语助词"而"的词义上。同样的原则也适用于表达两个句子关联关系的连词，但这种连词往往被省略了[2]。如果试图加上连词，那么汉语的句子就会失去其原本的特色。每一次比较汉语的译文与原文都会发现，译者始终都在努力把那些概念和陈述连接起来，因为这在汉语中只是孤立存在的。正是由于这种孤立性，汉语的词才举足轻重，人们必须将注意力集中到这些词上面，以把握它们之间的关系。汉语需要读者自己补充大量的中间思想，因此给精神带来了比较大的思想上的负担。汉语句子中的每个词，似乎都要斟酌其所处的位置，考察其所有不同的关系，然后才能继续下一个词。由于概念之间的联系来自词与词之间的关系，这种纯粹思想方面的工作就为句子补充了一部分语法关系。可以想见，口语中，使用常用词组的习惯和方式能够减轻言说者的这种工作压力。在《鞑靼语研究》(*Recherches*

---

1 参见《汉文启蒙》第 224 节，"君子和而不同"；第 178 节，"保民而王"。也可参见《汉文启蒙》第 226 节、《中庸》第 35 页 II.2；同上，第 60 页，XVIII.2；同上，第 107 页，XXXI.2。
2 参见《汉文启蒙》第 167 节，"不信民弗从"。也可参见《中庸》第 63 页，XIII.3。

sur les languestartares）中[1]您也提到了，汉语中具有固定用法的词组数量惊人，这类词组的意义局限，人们必须按照语言习惯去理解，而不能依照字面来翻译。总的来看，我们处理和研究语言的方式，与建构语言或者也包括言说的方式在某种程度上恰好相反。无论语言最初多么的不完善，人一开始就可以言说。但语言构建之后，人却常常要花费巨大的努力来分析并从整体上去理解句子；一种语言的言说者其精神发展程度越低，使用现成的句子就越多，也就越加不敢剖析句子并重组其组成要素。

汉语有时会忽略概念之间的联系，以至于一个词的出现仅仅是为了要引出下一个句子。在"君子而时中"[2]这个句子里，"君子"的概念是独立存在的，因为它将整个后续句子作为必然结果包含其中。

汉语没有那种长句，其中互为支配关系的词相距甚远；汉语更多地是展现了孤立存在、互不依赖的对象 [词]；但这些词没有任何标记，无法预示紧接着会出现什么；在这一对象的后面，往往同样以孤立的方式出现一个语法标记或者另外一个对象。汉语就以这种既不直观又不形象的方式构造完整的句子。

倘若我对汉语的认识是恰当的，那么就可以从以下几方面来评判汉语：

1．总体上汉语既无法表达词的语法范畴，也无法表达词语的语法价值。无论词的语法价值如何，其表达概念的发音符号或文字符号总是保持不变。

唯一例外的是：有些名词在转变成动词时，声调发生了变化。有些复合词，尤其是那些以"子"结尾的词，一看便知道是名词；

2．汉语的实词并不附带虚词，因此无法从句子中找出带有虚词的实词并通过虚词来准确辨别实词的语法范畴，例如，"天之"既可以看作主格，又可以看作属格；

---

[1] 参见第24页。
[2] 参见《中庸》第35页，II.2。

3．语法价值只能通过句子构造来判定；

4．只有在了解了陈述内容的一个或若干个词的意思后，才能了解词的语法价值；

5．汉语并不通过语法范畴体系来表示词的语法价值，因而不对语法范畴做最为细微的区分；只有绝对必要时才会对此加以区分。

根据这样的描述，人们可能会将汉语与某些不完善的语言相提并论；而使用这样语言的民族从未在智能上有过巨大的发展，或者说其智能的发展未能对语言产生重要的影响。在我看来，这是一个严重的错误。

汉语与所有那些不完善的语言的区别在于，它所选定的体系具有一贯性和规律性；而我上面提到的未开化民族的语言，即便使用规则也半途而废，或者完全缺少系统性的目标。所有这样的语言一方面缺少语法形式，但另一方面又发展出了冗余的语法形式。相反，汉语鉴于其语法体系使用上的纯粹性却完全可以与我们所了解的最完善的古典语言相媲美。然而同时，汉语的语法体系不但有别于古典语言，而且在语言性质方面与之根本对立。

如果从这里所阐释的角度去考察语言，那么可以得出三种不同的语言类型。

1．汉语：汉语拒绝细致入微地去区分语法范畴，排词组句很少受限于概念之间的修饰关系，多元组合句的构建也是如此。

2．梵语以及与其有明显亲缘关系的语言，可能还有另外一些语言，在此我还不敢骤下断语。这一类语言共同的语法基础便是对语法范畴的区分，而且这种区分深入周密，句子的构造也完全遵守这一切实可靠的原则。

3．希腊语完全具有梵语的这种优势。事实上我认为，甚至是拉丁语和梵语，就其精确、丰富、优美的惯用语以及思想表达的复杂性和细致性来看，也无法与希腊语媲美。

除此外还有一些语言，它们想努力地发展出真正的语法形式，却并未达成目标。这些语言虽然区分了语法范畴，但未能完善地标记语法范畴之间的关系。从这个角度来看，这些语言的语法结构或有缺陷，或遭到了歪曲，抑或两者皆有。不过这些语言之间也存在着显著的区别，因为它们或多或少接近于那些具有完善语法形式的语言，只是程度有所不同。而语法形式完善的语言之间也存在差异，以至于我们无法为这里谈及的语言类型确定固定不变的界限。因而我们的判断通常取决于程度的大小。阁下您在对鞑靼语的深入研究过程中，将汉语同满、蒙、土耳其语以及维吾尔语做了极为广泛的对比，您甚至认为，这些语言都不如汉语。我完全同意您的观点；但我仍想指出，认为一种语言完善或不完善、具有优势或劣势，评判的视角各不相同，如果没有仔细地写明自己的评判视角，那么这一类评判就会充满不确定性。阁下您的研究主要关注语言表达的清晰性和准确性；而我想研究论证的是，不同语言是如何区分和实施语法范畴的。

若要追溯引起这种语言差异的根源，很难得到具体准确的结果。

语法关系存在于人的精神之中，完全不依赖于其智能水平；或者更确切地说，在言说时，人依据其智力本能，遵循着用语言表达思想的一般规律。但人们是不是只能通过这种方式推断出言语中的语法关系呢？

毫无疑问，我们没有任何理由去假设语法关系与智能水平之间存在鲜明的一致性。然而总的来说我们对语言的起源毫不知情；我们无法用机械的方式来解释人的言说和人的相互理解；在不同民族中，如何用词表达概念的方式都有着天然的一致性，所以我认为，如果说原始语言就已经能够总体上表达语法关系了，也不是没有可能的。

关键是这方面的研究要尽可能基于正确的事实；只要对若干语言进行考察，就可以解释那些表达语言关系的形式是如何产生的了。

我们会注意到，人、特别是那些精神尚欠发展的人，会很自然地为所陈述的主要概念添加一些表示时间、空间、人称、环境的附属概念，而不会去问这些概念的添加是否必要。此外，人也不会自然而然地节省词语，而是会重复说过的话，并添加一些与概念关系不大、更多的是抒发了心灵感受的语音。这些附属概念按照习惯伴随着主要概念一起出现，并通过智力本能和精神的持续发展而获得普遍性，它们及其相应的语音似乎就是很多语言语法形式的起源。研究美洲语言时我们会注意到，只有意义需要的时候，某些语法形式（如数和性）才会得到表达，但同时也复制出了大量其他的语法形式，没有它们其实也并不影响理解。特拉华语（Delaware-Sprache）中，大量人为的动词结构就是这种情况。许多美洲语言还有一种习惯，就是从不把名词和物主代词（即便是不定的）分开，另一种更为自然的习惯是始终将代词作为主语或宾语与动词连接起来；由此，孤立的代词变为了词缀，并进一步全面划分成了名词性和动词性词缀；而许多语言的语法就是根据不同的词缀来确定同一个词是名词还是动词。正如您的研究所显示的那样，从表达附属概念的词转变为语法关系的标记，这种情况多少都见于巴斯克语、科普特语、南岛语言以及鞑靼民族的语言；此外，在所有完全不具有屈折变化，或者屈折变化不完善或遭到歪曲的语言中，都可以发现这类过渡现象。

以上分析也完全可能就是语言形成的历史，所有语言或许都以同样的方式表达了语法关系。那么我们来看一下，其中两个例外是如何造成的：一个是汉语，另一个是那些具有完善的语法标记体系的语言。

就我对语言起源给出的一般性说法，后一类语言的结构应该归因于其自身原本的初始构造。但如果不接受我这里提出的观点［（我相信，对不同语言的语法形式、特别是词内部的语音迁移（Lautverschiebung）进行充分的分析可以加深对这一重要问题的认识）］，那么在一定的范围内也可以这样来解释这些语言的语法，认为其发展过程与那些不太发达的语言相似。因为，如果各民族的自然喜好与其构造语言的智力本能有幸达到一致，而这种情况又能与我上文提到过的想象力相结合，并且语言的要素与真实世界的对象相适应，那么促使语法形成的活动就会臻于完满。如果这样，便不会再去指责存在特殊情况而非普遍现象；通过全面的言语分析而区分出的所有情况都可能具有语法标记；同时不再需要多余的标记，语法标记会成为词的内在成分，句子中的每一个词都会向精神呈现出特定的语法价值。因而根据语法形式比较语言时，必须要考虑到以下双重问题：

1．一种语言是否发展起了我们称之为的真正的语法形式（这个问题我曾在另一篇论文中讨论过）？

2．这些语法形式在其现有的数量、规律性和分类的精确性方面展示了怎么样的体系？

后一个问题也可以针对那些不具备真正语法形式的语言，而本文我所关心的主要也是这个问题。

一个民族的语言是否达到了高度的完善，有赖于该民族的语言天赋（Sprachbegabung）。正如不同的个体具有不同程度的各种天赋，我认为各民族所具有的语言才能也并不相同。促使人言说的本能力量，促使词以一定形式和丰富多样的方式表达思想的精神和想象力，敏锐的听力，良好的发音器官以及其他多方面的条件创造了语言奇迹，数百年以来，如此造就的语言依旧是最精妙的思想所依赖的模型。如果将人类与生俱来的语言能力与一个原始的社会所处的环境结合起来，尽管无法解释那些最完善语言的起源，但至少可以对此有所认识；这一方面，阁下，我想进行研究。我并不认为那些拥有出色语言的民族一定具有超人的能力，也无须承认这些语言走过了一条不同于其他民族的发展道路。相反，我深信，我们不应忽视这样一种能够激发人类能力的真正神奇的力量，尤其是在原始状态下，概念、甚至是心灵的各种能力都从崭新的印象中汲取了非凡的活力，同时人感觉到了各种组合手段，而这些无法通过缓慢递进的经验积累去达到。这种创造性的才能会冲破为常人所设定的界限，即便无法追踪这一创造性才能的发展过程，我们仍可以明显地感觉到它生动的存在。在解释语言的起源时，与其不顾这种强大而不可回避的因素所造成的影响，认为所有的语言都具有相同的、机械的发展模式，一步一步地从最初的粗糙走向完善，我更多的是赞成那种将语言的起源与直接的神明启示相联系的主张。持这种观点的人至少认识到了那种神圣的光芒，它照亮了一切语言，哪怕最不完善、最不开化的语言也受惠于此。

我语言研究的原则是，我们不应该指望对一切做出解释，故而不得不局限于陈述事实；但这并不是说，我认为一切屈折形式都源于互相分离的词缀。正如阁下所言，我也承认从词缀到屈折形式的转变是非常自然的方式；我甚至认为，在很多情况下都发生了这样的转变；但显然也有人会发现，通过词自身的变化能够更为清晰地表达语法关系。去设定语言创造力量的界限以排除这种可能性，则是毫无道理的。这方面的事实之所以有时会被掩盖，是因为人们很少能够充分地认识到，即便是最为简单的分音节，成为以语音表达的意义符号时便会对精神产生影响。否则该怎样解释元音之间的细微差别在历经了数个世纪之后依然保持不变？我在一篇关于伊比利亚民族的文章中，用一个章节研究了这种稳定性，这些民族一直保持着其发音最细微的差别。若非如此，主要的概念区别怎能仅仅通过一个元音的变化体现出来，正如阁下您借一个极具价值的满族语例证所描写的那样[1]？

在我尝试解释汉语语言体系之前，我还要进一步阐述自己关于这一语言真正本质的看法。迄今为止，我几乎只谈到了汉语所不具备的特征。但汉语的神奇之处在于，它直接放弃了其他所有语言所具有的优势，并因此相对于所有其他语言又独具优势。在人类语言本质允许的范围之内（我认为我可以坚持使用这样的表达），汉语排斥了语言表达添加给思

---

1 参见《鞑靼语言研究》，第 124 页。

想的各种微妙的色调和细微的区别，以此清晰地突显出了概念本身。换言之，汉语的艺术性在于，它只是将概念简单地排列在一起，就能使概念之间的一致和对立不仅可以像其他语言一样被感知，而且更以一种新奇的力量作用于精神，促使精神去探究概念并再现概念之间的联系。由此便产生了一种有趣的活动，这显然与所要表达的基本思想无关，可称之为纯粹的智力活动，因为这仅仅涉及概念的形式和排列。如果要分析这种感觉的起因，那么会发现它主要源于一个个词的快速而独立的前后排列，其中每一个词都表达了完整的概念；此外，这也显示了一种放弃一切连接的大胆的处理方式。

这些至少是我埋头苦读汉语文章时所获得的感受。如果我已经把握了汉语文章的独特性，那么我认为可以发现，相比任何其他语言，汉语的翻译极难再现原文的表现力和句式特点。然而人在言说时添加给思想，亦即语言和作品的风格，不正是我们在阅读古典和现代作品时产生满足感的源泉吗？没有任何添加的纯粹的概念表达给我们带来的只是枯燥无味的说教。如果以这种方式分析最出色的文学作品，结果也并不会令人十分满意。表达和阐释概念的方式，促使精神对概念进行思考的方式，使心灵悸动并为之打开新的思想之路和情感之门的手段，所传达的不仅仅只是理论观点，而且更有引发这些理论观点的智慧力量，其广泛的影响历代绵延，直至永久。写作的艺术（与写作的语言紧密相连）就是通过表达对概念进行一些添加，而所做的添加与概念交融却又不使概念发生明显的变化；思想只存在于作者把握思想的形式之中。研究不同语言的价值正在于此；以此为立足点，就不会将各种语言只看作繁冗的语音和形式了。

我并不想隐藏克服困难后通常所认为的乐趣；但这里所言及的汉语文本理解起来并不很难，因为可以使用很多辅助手段；那些在汉语的其他研究中要通过披荆斩棘才能战胜困难的研究者，想必不会误解我的意思。

由于汉语放弃了许多其他语言用来变换和丰富表达的手段，或许可以认为，汉语是否根本就不存在语言风格这种东西。但我以为，汉语作品最显著的语言风格是概念之间的直接联系以及概念与表达之间所产生的全新的关系，因为完全没有语法的标记，因为汉语拥有一种借助惯用语的简便的技术手段，可以通过词的前后排列这种结构本身来显示概念之间的相互关系。就后一种情况而言，读者对作品强烈而适宜的印象取决于作者的天赋和品味；而如果这种印象来自语法标记，那么正如古典和现代作品风格所证明的那样，作者可以通过在一定程度上冷静地运用语法标记来加深这种印象。

就汉语语法所具有的一致性和规律性精神，可以将其与通常被称为不完善的语言区分开来；就其截然不同的语法体系，又可以与古典语言相区分。古典语言的词与真实的对象相适应，并被赋予了真实对象所具有的特性，词在句子中的所有语法关系都能通过概念加以表达，以这样的方式概念被添加了修饰成分，尽管这并非是表达基本思想所绝对必要的。汉语并没有走上这条道路，没有让词的某种本质对概念的特性发挥影响。汉语主要致力于表达根本的思想，并在用词来表达思想时，尽可能不求诸于语言的特殊本性。

如果我们要从根本上探讨这个问题，那就必须进一步确定与此相应的心灵活动，以促使语言仅仅通过语法形式，亦即以一定的关系将词连接起来，让思想具有细微的差别。

我的回答是，这种心灵活动的功能恰恰能赋予语言创造以活力。这就是想象力，但不是一般意义上的想象力，而是那种能够借由语音来表达概念的特殊形式，这样概念便能够脱离于人，作为词又可以从他人的口中听到，同时词也就被视为语言所固有的概念。具有完善语法形式的语言，其起源要归因于这种想象力生动且强大的作用，而这样的语言反过来也会对精神活动产生强烈的影响；汉语在这两个方面与这些语言完全不同。

语言通过丰富的语法结构对精神产生的影响比我刚刚所提及的要更为深远。这些语法形式，无论多么的不显眼，都提供了一种手段，以此根据思想的需要连接句子，从而为思想造就更加广阔的天空；这样的语法形式允许并促使人们去表达思想最细微的差别和最微妙的联系。正如每个人头脑中的概念都构成了一张连续的网络，如果语言构造完善，那么这些概念在语言中就具有同样的整体性和连续性，概念本身几乎难以察觉的变化也能得到表达。古典语言所具有的完善的语法能够为思想提供更为宽阔的广度、更为灵敏的感觉和更为丰富的色彩；同时能够借助于更为清晰、更为细腻和具有表现力的符号，更忠实、更准确地表现思想；此外，其语法的形式均衡，语音和谐，与所表达的概念和伴随概念的心灵活动协调一致。在所有这些方面，一种不完善的语法，由于并未充分利用语言的所有可能，只能较低程度地激发思想活动、促进思想自由的发展。

另一方面，在概念的表达和连接中，人们会或多或少地依赖于那种构建语言的想象力。尽管人无法不借助于词来进行思维，但还是将不相联系、没有受到宝贵的语言附带成分影响的思想，与受其影响的思想区分了开来。虽然人们对于前一种思想只有一种模糊的感觉，但这一感觉却证明了这种思想的存在；否则在概念和感觉所谓的无法言传时，人们何以常常抱怨语言的匮乏？甚至在母语中我们有时不也难以找到合适的词以表达所想说的意思？毫无疑问，不受词语联系约束的思想于我们而言更全面、更纯粹。然而，一旦涉及最深入的概念和最内在的情感，我们总会赋予词一种超越普遍含义的意义，一种扩展了的或有所变化的意义；而言说和书写的艺术就在于，将那些没能在词中所直接表达的溢于言表。对语言的产生和语言对民族精神的影响进行哲学阐释时，这是极为重要的一点；在思想的表达上，词语被不断地赋予新的意义，一旦脱离了人，词便不再具有那种僵化局限的特征了。

在此，我并没有抓住思想和言语之间的分歧不放，认为这是汉语所具有的现象,然后将汉语的特殊结构归因于汉民族意欲摆脱词语联系和语言约束的倾向。我仅仅是为了说明,人从未停止去区分思想和言语,而且思维和言语这种双重行为并不等同,一种行为会随着另一种行为的减弱而增强。

一方面,汉语所缺乏的,正是其他语言进行形式构造的那种想象力,而这种想象力反过来也会作用于思想本身;但另一方面,汉语通过简练、朴实、扼要的方式来表达概念。汉语的语言效果不只源于以这种方式所表达的概念,更主要的是在于汉语如何通过其语法体系对精神发挥作用。相比任何其他语言,汉语需要精神承受更大的思维压力,它让精神去独自建立概念间的联系,由于汉语的构造基本上就是根据概念的某种特性而将其排列在一起,由此也就剥夺了精神可利用的几乎一切机械手段;因此,汉语唤醒了并支持着一种纯粹的思想活动,使精神不再去追求表达更为丰富的色调和更加迷人的风采。汉语的这种优势不仅仅体现在哲理性概念的表达上,这种简明扼要的风格也以独特的方式为叙述和描写注入了生气,赋予了情感的表达以某种力量。还有什么比如能比《诗经》中关于神明的段落更为美妙的呢[1]?

我承认,汉语的文章之所以令我们印象至深,是因为它们与我们的语言及其构造截然不同。但是有一点无疑可以肯定,人们会发现这种令人惊叹的语言将精神引上了独特的发展道路,如果仔细考察,还会发现,这种语言的形成也必然归因于其精神的源泉。

将汉语与古典语言进行对照,可以发现汉语相对于那些拥有完善语法形式的语言独具优势。虽然那些拥有完善语法形式的语言通过一些短语可以在一定范围内达到相同的效果——尤其是德语我认为颇具这方面的能力,但这些语言的概念绝不会像汉语那样孤立出现,它们表达逻

---

[1] 参见《中庸》,第21页。

辑关系也不像汉语那样将概念分离并纯粹明确地借助一种结构将一切都联系起来。最终，这些语言的概念不会以惯用语的形式出现，因为在惯用语中词可以单纯的作为词而发挥显著的作用。

尽管汉语具有这种优势，但在我看来，它作为思维的官能毫无疑问远不如那些在某种程度上拥有完善语法形式并由此与汉语截然不同的语言。

这一点从上文所述已经可以看出。倘若我们并不能否认，思想仅能通过言语获得精确性和准确性，那么我们也就必须承认，只有当所有对概念的修饰都在言语中得到相应的表达时，才能完全达到这一效果。这是不言而喻的真理，也是一项根本的原则。

也许有人会说，汉语并没有违背这一原则，因为汉语可以表达一切，即便是语法关系。我并不想要否认这一点。汉语的确有固定的、有规律的语法，而且这种语法的规则——对此不能误解，决定了多元复合句中词之间的联系。

但区别在于，除了极少数的例外，汉语并不添加语音作为外部标记来表达语法变化，而是让读者自己从词序、词义和词之间的相互关系中辨别出语法关系，同时汉语并没有为词设定在句子中特定的使用功能。这一点就其本身而言就意义深远，然而更为重要的是，汉语的这种特点拘囿了句子的构造，限制了汉语形成多元复合句的可能性，阻碍了长串思想的自由表达，因为长串思想的表达需要语法形式的引导。

一个概念越是具有个别性和具体性，越是能够从不同角度显示人所具有的各种能力，那么就越能感动和激发心灵；心灵中越是充满了生气和活力，人在活动中越是能够结合其各种能力，那么心灵就越善于构成个别、具体的概念。在这一方面，那些将表达视为思想之图像的语言就完全具有优势。在思想的图像中，一切都是连续的并紧密联系在一起的，而且这种连续性就体现在词本身；具有这种优势的语言能够赋予词以生机，因为它们能够根据词的功能改变词的形式，并最终让听者根据听到的语音追踪思想的轨迹，而无须中断听讲去添补词所留下的那些思想空缺。通过这种方式，心灵就更加富有生机和活力，它的各种能力就更为协调地发挥着作用；如果说汉语的风格鉴于这些效果使我们惊叹不已，那么那些语法体系迥异的语言鉴于其完善性让人印象深刻，而这样的完善性我们知道是语言追求的真正目标。

我在上文谈到，汉语用特殊形式约束句子，这种形式独具一格，几乎没有语法形式。依我所见，我们尤其要注意句子构造和语法体系之间的紧密联系，这样才能避免两种错误的认识：一是用解释方式把汉语所没有的语法形式加诸其身；二是假设出某种就语言的本质而言所不可能存在的形式。只有把句子造得极其简短，就像呼吸那样不断地停顿，并且不将词与所支配的词远远分开，那么一种语言才能够没有语法形式。一旦试图将句子变得复杂，那就不得不通过不同的标记为词添加各种功能，就不能像汉语那样依靠作者的节奏感和鉴赏力来放弃使用这些标记。我在上文还曾试图证明，语法形式主要与陈述的方式及其内容单位有关。除此之外，只是简单地区分主语、定语及其连接并不足以说明词的排列关系，这种逻辑关系必须要通过真正语法性的，也就是源自语言本质的范畴来确定。请允许我这么说，汉语现在就处于这一边缘地区。事实上，汉语超越了边界，而汉语语法的艺术就在于，不用逾越其体系便提供了适用的手段；不过汉语构建多元复合句的长度和方式却始终受到这种手段的限制。因而汉语在某一阶段止步不前，而其他语言则继续发展。我深信，汉语也由此才落在了那些语法形式完善的语言后面。

根据我的概述还得补充一点，汉语完全无法享有那些具有较为完善语法形式的语言所拥有的特殊优势；后者的句子构造基于语法形式，可以根据陈述对象的需要较为冷静地加以运用，比如常常可以省略概念之间的连接，可以使用模糊的形式，虽然这并不能达到汉语简明扼要的风格，但有一定的相似之处。如果不容许概念表达的力量和纯粹性受到语言风格的影响，那么合理使用语言所拥有的大量表达手段至关重要。就这一点来说，汉语具有完全的优势。其他语言只在乎某些语句和短语的简明扼要，而汉语的著作中，我们看到了整个语言的简明扼要及其对精神产生的影响。然而，这一优势是以牺牲其他更为重要和根本的优势为代价的。

语法形式的缺失令人想起了儿童的语言。儿童通常只是将词逐一排列，不太管它们之间的联系。如同个体，我们可以假设各民族也有一个童年时期。如果这样，那么极为自然的第一反应似乎是，汉语停留在了语言普遍发展过程中的童年时期。

这一看法无疑包含了一个基本的真理，但从其他方面来看，我认为这是错误的，而且并不适合用来解释汉语的独特现象。

首先我可以确定，"民族的童年时期"不管大家怎么使用，这一术语我认为并不恰当。"童年"这一概念是相对于生命体有机成长的一个固定点——成年期而言的。我深信，在各个民族持续发展的过程中，可能存在着一个它们并未超越的阶段，从这一阶段算起，历史的发展就变成了倒退，但这一阶段并不能被称为成熟阶段。我们不能将一个民族视为"成年"，出于同样的原因也不能将其视为"孩童"；因为"成年"这个概念必然以"个体"为前提，不能用于"群体"概念，而且完全不依赖于群体中个体之间的相互影响。此外，"成年"指的始终是有机体的身体构造，可以认为，一个民族只在道德和智力意义上才构成统一体，虽然身体因素会影响构成民族的个体他们之间的凝聚力。语言能力的发展仅仅与人的身体构造相关，如果不存在发育的问题，所有孩子几乎都会在相同的年龄学会说话。这种能力无疑会在成年后随着概念世界的扩展或环境情况的变化而不断增强。然而，这种在很多方面都取决于偶发因素的增强与语言能力原初的发展完全不同，后者是自发的、是基于智能力量的必然发展。不同的民族就其语言能力的增强程度而言会处于不同的发展阶段，但就其语言能力原初的发展而言，却不会如此。一个民族从来不会、也绝不会为某一代人保留所谓的"儿童语言"。而现在汉语所被认为的，恰恰就是这种"儿童语言"，也就是语言能力原初的发展。

我认为我们能够得出这样的结论：探讨不同语言的本质和特性时，关于儿童语言特征的推论根本无足轻重。

尽管使用"童年"这个概念需要十分谨慎，但也并非完全不可以讲"语言的儿童时期"。我在考察一种语言数百年所发生的变化时惊讶地发现，虽然在诸多方面语言变化显著，但语言真正的语法和词汇体系以及这一体系的结构在整体上却没有改变；而在体系发生改变时，如从拉丁语发展到罗曼语，也就意味着一种新语言的产生。各种语言似乎都会有一个时期，会形成一种本质上不会再发生变化的形式。这可以说就是语言的成熟期了；但若要谈语言的童年期，就得了解，语言是通过持续的发展达到了这样的形式还是最初便具有了这种形式。关于这个问题，就我们目前的知识水平我还无法发表意见。但假设语言有童年时期，那么仍然需要运用其他的手段来研究语言初始阶段的特征，而不是借助现在儿童真实的言说方式进行类比推理。

无论民族史还是语言史都无法将我们带到人类的这种原始状态，由于这此类论据缺乏说服力，所以我完全避开了这些问题。语言的原始状态始终是一个假设，我认为在所有语言研究中唯一合理的方法是尽可能不要脱离事实。我将尝试用这样的方法去研究汉语的起源；但我愿向阁下您承认，迄今为止人们对于这一问题的看法以及我本人的相关观点，还完全不能让我满意。我还远没有自以为能够追溯清楚这种奇特语言的起源，因而我只限于列举几个形成汉语现在这种特点的起因。

阁下您在关于汉语单音节特性的论文中做出了两个论断，我认为这是我们在此进行讨论的基础：首先，汉民族创造汉语时，相比通常的社会原始状态我们没有理由假设它已经达到了更为完善的发展阶段；其次，那些被普遍认为古老的语言，甚至是那些野蛮、未开化民族的语言，它们与汉语完全没有相似之处，相反繁琐复杂并充斥着各种语法形式的区分。

阁下您以拉普兰语（die lappische Sprache）为例来说明第二点，我在巴斯克语、美洲语言和太平洋诸语言中也发现了同样的现象。

然而必须承认，所有这些语言在某些方面也表现出了与汉语明显的相似性：一般不显示词类；复数的处理方式常常与汉语相同；那种根据被计数事物的类别为数字添加计量单位的特殊习惯，在这些语言中几乎都可以观察到；常常省略语法标记，以至于词完全像汉语那样没有语法联系而被放在一起。但也不应忘记，我们对所有这些语言的认识，都依赖于那些作者的介绍，他们已习惯于非常严格的语法体系；此外，这些作者有可能把这些语法手段的使用描述成了一成不变和无可避免，而那些当地人，比如中国人，则只有在理解绝对必要时才会使用。最后要注意那些编写语法的人给语言所造成的语法假象，因为很容易将某个成分说成词缀或屈折变化，而实际上可能完全是另外一回事。

恐怕我有些偏离主题了。如果我的判断正确，那么即便是上述语言，也没有一种语言的语法体系类似于汉语。我能肯定地说，我至今未能找到这样一种语言。我已指出这些语言与汉语的某些相似之处，而这几乎是所有原始语言所普遍具有的特征；具有完善语法形式的语言中，甚至也能找到这些特征留下的痕迹。梵语不也是用尚未成为词缀的 *sma* 构成过去时的？希腊语不也是用动词的直陈式和 *an* 共同构成虚拟式的？我这里所说的不完善的语言处于汉语和其他语言之间，它们必定与这两类语言都有一定的相似之处；但汉语与其他语言最主要的区别在于，汉语的结构和组织与其他语言普遍不同，而且这种差异是原则性的。上文我曾提到，某些民族具有为主要概念常常反复添加附属概念的习惯；我也曾表示过，大量的语法形式都通过这种习惯发展而来。但是汉语很少显示出这种习惯所留下的痕迹。

几年前，我在柏林科学院作过一次报告。在这个并未刊行的报告中，我从动词如何连接主语和所陈述内容的特征这一角度对大多数美洲语言进行了比较，并从这个角度出发，将语言分成了不同的类别。对动词的处理方式可以看出一种语言在何种程度上拥有语法形式或者在何种程度上倾向于拥有语法形式，而这反映了一种语言整体的语法状况。但报告中对比过的所有语言无一与汉语类似。

现在我们来看另一个同样重要的观点：除了独立的代词，几乎所有这些语言还拥有代词词缀。这一差异表明，代词词缀通常伴随着名词和动词；如果这些代词词缀仅为代词的缩略，那就意味着这些代词极其常用；如果这些词缀是各种不同的代词，那就表明，根据代词是孤立使用还是与动词或名词合在一起使用，言说者对代词这个概念有着不同的理解。汉语只有孤立的代词，如果与另外的词连在一起，代词既不会改变发音，也不会改变特征。事实上，汉语也有语法词，被称为"虚词"，但这些词的目的并不是去确定所修饰的词的性质；虚词常常可以省略，显然，在思想中它们并非总是与之前或之后的词联系在一起；而语法形式的表达只能通过始终如一和富有规律地使用标记符号。我承认，出于种种原因我并不认为可以将汉语的语助词视为词缀，尽管这么说我十分犹豫，因为这与阁下您在拉丁语论文中所持的观点并不一致。

将汉语与美洲语言作对比还需要注意一点。各种迹象表明，南北美洲的野蛮民族只是没落的种族，或者借用舍弟巧妙的说法，他们就像海难中幸存的残骸。舍弟在其美洲之行的《历史报导》中，通过对美洲语言的大量评述以及对其普遍性质的深刻思考，为这一说法提供了丰富的佐证。如果这些语言由于大规模的变动而远离了其原初的状态；如果将其视为衰败混杂、竭尽可能变化了的语言，那么它们与汉语的区别就有可能说明，汉语的语法是人类原初的语法。不过我得承认，我觉得这一论证并不合理。我们最为了解的美洲语言其结构体现了显著的规律性，很少反常。不管怎样，它们的语法没有留下任何明显的混杂痕迹；美洲民族似乎遭受了各种变迁但其语言依然如是，这一点已经说明了问题。汉语与其他不太发达的语言，如南岛语言及西半球的一些语言，区别同样很大。讲这些语言的民族是否也像美洲民族那样处于同样的境地？是什么非同寻常的偶发因素唯独让汉民族保留了所谓纯粹的语言原初状态？我不得不说，我根本不相信汉语的语法显示了所谓的人类语言的原本类型，而这一原型又是由一个民族独自发展而成的；我更愿意把汉语看作是一个特例。当然我也不想否认，据我们的了解，中国人并没有经历民族迁徙而引发的巨大变革，因为民族迁移会导致其与其他民族的混合，从而可以且一定会影响汉语的结构。

　　汉语没有屈折变化，它的产生必定像所有其他处于相同状态的语言一样；只是其他语言后来将原本表达从属概念的词转变成了语法形式的标记。甚至在一定程度上，汉语和所谓的野蛮语言之间的类似性也可以证明这一点；但为什么汉语拥有相同的手段却并未采取同样的语法方式？为什么汉语没有将语法词逐渐转变为词缀以最终形成屈折变化？如果一方面能看到汉语和野蛮语言之间的类似之处，另一方面又能考虑到汉语完全不同的特性使之在诸多方面可与那些完善的语言相匹敌，那么就会认识到，一定存在某种原因使汉语偏离了语言发展的寻常道路，从而构成了一种新的语言类型。但这个原因是什么？它何以会导致这样的变化？这些问题即便能够解答，但也非常困难。

　　汉语用单独的字符表示每个简单词以及复合词的每个组成部分；以这种方式，汉语的文字就完全适合了汉语的语法体系。汉语的孤立性表现在三个方面：孤立的概念，孤立的词，孤立的字符。我完全赞同阁下您的观点，认为那些将汉语的文字当作语言的研究者，忘记了汉语是一种口头语言。在用文字记录之前，汉语就已经存在了，而且怎么说就怎么写。此外，汉字应该也不会妨碍前缀和后缀的使用；多数情况下词缀的使用可能会使汉字变成音节文字，而不是像现在这样。甚至音节内部的变化应该也可以用符号来标记，类似于汉语用来表示声调变化的符号。

尽管如此，汉字的确还是对中国人的精神并由此对汉语本身产生了巨大的影响。在所有与语言相关的活动中，想象力都发挥着重要的作用，一个民族所使用的文字体系其类型绝非无关紧要。此外，文字符号造就了图像，并使之成为了概念的外衣；对于经常使用这一文字的人而言，这一图像就与概念融合在了一起。字母文字中这种影响几乎不存在，因为其符号的图像就其本身而言毫无意义，它们要么不起什么作用，要么指向表示真正语言的语音。相反，汉字符号会让人直接想到其与概念之间的联系，它们与语音的关系不大。汉语中大量的同音字迫使识字者自始至终都要同时想到文字符号，因为文字符号不受同音的困扰。在不同语言中，词源都可以揭示概念之间的联系，但汉语的词源很自然地具有双重性质，即同时依赖于文字符号和词，而且只有在文字中才显露出来。我觉得迄今为止我们很少关心汉语词的词源问题；但可以想象，那些需要词源分析的汉语词由于其简单性，使得这方面的研究充满艰辛。相反，文字符号几乎都是复合而成的，组成部分显而易见，字的构造则依据造字者定下的基本原则，而这些构字法大量地被精心保留了下来。正如阁下您在《汉文启蒙》[1]中所提到的，这种文字的复合甚至体现出了优美的格调。鉴于上述特点，我认为可以设想，那些能读会写的中国人说话、甚至于思考时，也常常会在脑海中想象文字符号；倘若果真如此，那么就很难否认汉字也会对汉语口语产生极大的影响。这种影响通常表现在，不再去关注语音以及语音与概念之间的关系；由于并没有用真实对象的图像来代替语音（如象形文字），而更多的是根据与概念之

---

1 参见第81页。

间的关系选择了一种约定俗成的符号，因而精神必须完全转向概念。汉语的语法也正是如此：它拒绝使用词缀和屈折变化以减少言语中语音的数量；它使精神几乎为每一个词都找到了一个独立的概念。那些惊讶于汉语并未采用拼音文字的人，只是注意到了汉字带来的不便和困惑；但这些研究者似乎忽略了，汉字实际上是汉语的一部分，与中国人自己看待语言的普遍方式紧密相关。依我之见，汉字几乎不可能转变成为拼音文字。如果一个民族在使用文字之前还没有文学，那么通常它就会与文字一同出现；在中国，这种可能性更大，因为汉字的书写方式本身在某种程度上就是一件哲学作品。这种情况，加上汉字的构造与其所表达概念之间的关系——文字符号促使我们去寻找概念以及汉字与语法体系的相关性，似乎都在解释，汉语是如何从那个与那些极不完善的语言具有相似性的阶段，过渡成为适合智能高度发展的形式而无需经历一个中间阶段。我们在汉语中看到的现象最终是：汉语将缺陷变成了优势。

不过我依然怀疑，能否通过文字对语言的影响找到形成汉语特殊性的原因。正如阁下您在分析柯恒儒先生（Herr Klaproth）关于禹帝的金石文字（Inschrift）的著作时所介绍的那样，尽管中国在4000多年前就已发明了文字艺术，然而中国人一定有某一段时间虽然已经能够言说了，但还不会书写。其文字在发明之初甚至具有象形文字的性质，与现在的汉字完全不同。由此可以看出，汉语的本质一定是以某种方式形成的。如果如此形成的汉语形式类似于大多数语言的形式，如果中国人不得不在句子中加入表示概念关系的符号，如果汉语在没有文字的情况下能够和其他语言一样发展，那么我不相信，构成概念的汉字会去阻挡汉语的这种发展进程。相反，更多的是文字适应了民族精神的发展方向，而且我们看到了，汉字具有这种能力。但我同样坚信，如果汉语在汉字发明之前就已经具有了这种形式，如果汉民族在那时候就节省语音，将作为概念符号的词不加联系地排列起来而尽可能节约地使用语音，那么我们这里所讨论的汉语的这种现象显然在文字发明之前就已经存在，因而需要另一种解释，而不是用文字系统的性质来进行解释。我认为，文字仅仅强化了民族精神在概念表达方式上的这种倾向，而汉字至今依然如是。

我觉得有必要从汉语的语音方面去找寻汉语特殊结构的起因。阁下您极为出色地证明了，将汉语称为单音节语言是完全不正确的。我得说，在我看来这种根据词的音节数量划分语言的方式毫无依据，也不符合健全的哲学思考方式。所有的语言起初很可能都是单音节，因为如果简单词就能达到目的，就没有理由用多音节去表称对象。但同时至少也同样可以确定，现在没有任何语言还处于这种状态；倘若真有这样的语言，那也不过是偶然现象，并不能说明该语言的特殊性质。尽管如此，汉语词按照惯例具有单音节特征，却是不争的事实；我不记得哪里可以找到例子来证明，中国人在发出多音节词的时候是否会用同一个重音来统摄不同音节；因为词这一单位是由重音决定的。倘若没有这条明确的规则，那么多个音节就可以随意划分为一个词或几个词；如果这样，把一个名词及其词缀看作两个词还是一个词，就只是正字法的问题了。然而，重音虽然毫无疑问能够统领音节而构成词，但这项规则并不适合于像梵语那样没有重音的语言，或者我们对其重音情况还不够了解的那些语言。有时候重音很难判断，因为一个词除了主重音还可能有一个次重音，必须仔细区分这两种重音。尽管如此，依然有必要去尝试区分，一种语言中哪些可以看作一个词，而哪些又可以划分为多个词；当然，用一些别的方法通常可以使这种区分变得容易一些，在此我们不便详述。汉语的语音系统中，相比数量庞大的单音节更令我印象深刻的是，汉语总体而言词的数量较小。这倒不是说其他语言有大量真正的基本音节，只是中国人没有充分发展、混合、组构各种音节，从而使语音变得丰富多样。

我认为民族之间的根本区别也在于此，一个民族对语音的自然倾向，无论是单调还是多样的、贫乏还是丰富的、和谐抑或杂乱的，都对语言的性质发挥着极大的影响。这种自然倾向与身体组织和感知能力有关。此外，这种倾向和那种更高级的心灵能力——它与语言表达概念的那部分相对应，一起决定了语言的特性。汉语语音贫乏，被指责为枯燥乏味，可能造成了汉语的某种不完善，而鉴于中国人概念处理方面的绝妙天赋，这种不完善又转化成为一种优势。一旦形成了这种贫乏的语音，一旦确立了这种几乎为单音节的体系，中国人的精神便会在这两个方面与文字的特殊性保持一致；我也已指出，汉字已经成为汉语固有的组成部分。由于汉字提供了一种增加符号但无须增加语音数量的手段，无论是现在的文明状态下，还是自汉字广泛传播以来，它在表达概念方面必定起着重要的作用。

不同语言语音的丰富性和多样性无疑与身体组织和民族智力素质相关，但也许更大程度上是由不同民族的混合所造成的。之所以拥有丰富的基础语音材料，对此更为自然的解释是某些偶发因素的共同作用，其中民族迁徙和不同民族的统一效果最为显著，超越了进步中的民族创造精神所产生的作用。中国人的例子本身表明，一个民族可以借助各种人为的、充满艺术性的方式，只用少量的词就达到表达目的，无须考虑增加词的数量。民族间的相互隔离对于语言而言绝对无益，显然阻碍了大量的词、固定词组和语法形式的汇聚，而这恰恰是那些拥有优秀素质的民族将其语言逐渐发展成为一种规模巨大、丰富多姿的语言所必不可少的。系统性的规则，有意义、成功的概念表达，语法形式与言语需求的一致以及与语言的组织结构相关的一切，无疑都源于不同民族的智力禀赋；但语言活动所用的材料，遵从于这种规则的语音和词的数量，则是那些使民族联合或分离、混合或孤立的因素共同作用的结果，这些因素必定不受普遍规律的制约，我们不了解它们的产生规则和因果关系，所以更多地称之为偶发因素。依据目前的知识，我们无法追踪语言产生之初的状况；同样，我们也无法追溯一些业已存在的方言土语演变成为新的语言的那个时期[1]。

汉语不是没有外来词，根据阁下的研究，汉语甚至拥有大量的外来词[2]。但是中国的历史又表明，据我们的了解，汉民族的社会发展几乎没有由于巨大的外部革命、意在殖民中国的外族入侵或者任何可能明显影响语言的民族混合而发生改变。对汉语的影响几乎也不可能来自那些一直以来就与汉民族共同居住在中国的野蛮民族。如果像有人认为的那样，汉民族的居住地最初只有大约几百户人家[3]，并且历经数百年仍能基本保持自己的风俗习惯和语言方式，最终文字的发明与君主政体的建立同时发生，那么这些历史事实结合起来就可以解释为什么汉语日常用语的符号数量有限，此外也可以解释汉语为何没有在其他语言中构成词缀和屈折形式的附加音。

虽然我们在探讨所谓汉语不完善性的起因方面成功地迈出了一小步，但在解释汉语的哲学特点以及汉语这种非同寻常的语言其整体结构所显示出来的那种引人深思的思想性时，依然会陷入困境。我们能够理解，为什么汉语不具备我们在其他所有语言中或多或少都可以发现的那些优势；只是我们还远不能明白，汉语是如何成功地获得自己独特的优势的。可以肯定的是，历史悠久的汉字，甚至是文学，在一定程度上解释了这一疑惑。尽管语法结构的形成必定远早于文学和文字，但语法结构的主要基础却可以由一个不甚开化的粗野民族来奠定，而我们今天在语言中看到的哲学内涵可以后来由文化程度更高的人来添加。这样做的优点并不在于可以给语言增加新的表达方式（这需要整个民族的努力），而更多的是在于如何既合理又大胆地使用语言原有的手段。由此也就不难理解，为什么汉语绝大部分的语法都是隐含的，需要推测。

---

1 这最后一句何莫邪漏译，是根据法语原文翻译的（译者注）
2 参见《东方宝库》第3卷，第285，注释6。
3 参见克拉普罗特《亚洲历史图集》（*Tableaux historiques de l'Asie*）第30页。

阁下您也许已经注意到了，我对汉语所有大胆的评述都仅仅针对其古代文体，并没有提到现代文体。但我并不认为，现代文与古文的差别是如此之大，使得我们不得不去改变基于汉语古典文献的分析和论证。

的确，您的《鞑靼语言研究》中的一段论述[1]，粗看会给读者留下另外一种印象。但如果较为仔细地研读您的《汉文启蒙》，就会发现，从古代文体过渡到日常用语并不能解释为，人们将现代文体理解成了另一种语言，或者原初的文体发生了根本的改变。您对汉语语法的描写是从现代文体着手的，但您认为，这两种文体在本质上相同；我逐一对比了您在各章节中对这两种文体的描述，发现其语法结构也相互一致：现代文体

1. 和古代文体一样，没有标记出屈折动词的真正形式。

2. 也很少有词缀和屈折变化。

3. 在构建动词和名词时也使用同一个语助词"的"。

4. 也极少使用动词的时态标记或动词式的标记。

4. 仍经常省略其他的语法联系，尽管不像在古代文体中那么频繁。

5. 与古代文体最大的差别是拥有大量的复合词，但这在古代文体里也不全没有。

正如阁下您所言，现代文体更加清晰明了，从这方面来看，它的变化是有益的；但现代文体也只获得了这一优势，实际上它受到了和古代文体同样的限制。此外，现代汉语本质上也没有语法形式，至少其语法并非基于形式的区分；它没有标记词在言语中的语法范畴，所有这些方面，都与我们所了解的其他语言相距甚远。这些至少都是我从您在《汉文启蒙》中所引用的句子以及一本由舒尔茨先生惠赠的配有译文的汉语小说中所获得的印象。

---

1 参见119页。

我的这封信我想在此收笔，同时也很担心，这些冗长的思考会令您感到无聊。然而，汉语这种现象实在太值得注意，对于对比语法而言也太过重要，以至于我们必须仔细研究，而我也不得不试着尽可能阐述我的想法。倘若您能告诉我，我对于汉语的这些看法是否正确，或者对汉语更深入的研究是否会得到其他的结果，那么不仅对我个人是无上的友好和帮助，而且对于科学也将是一份宝贵的贡献。请允许我提醒您关注那些我不得不涉及的一般性观点，您的评价对我而言分量至重。我得承认，我是怀着忐忑不安的心情向您陈述我的结论的，因为我总想要以事实为依据提供论据，但这样做很容易会根据自己正在分析的语言去构建普遍概念，由此带来的风险是，研究一种新的语言的同时，就会去建立一种新的体系。

谨致最崇高的敬意

威廉·冯·洪堡

1826 年 3 月 7 日，于柏林

译词对照表

德语拼写遵照原文,词汇排列按照其在文中出现的顺序

Redeteil	言语成分
Wortklasse	词类
Archetyp	原型
Satzperiode	多元组合句
Verstand	知性
Schattenspiel	映像
Maya	玛雅语
Betoi	贝托依语
Koptisch	科普特语
Genitiv	属格
artikulierte Laute	分音节
Füllwort	虚词
monosyllabisch	单音节
volles Wort	实词
leere Wörter	虚词
Peruvianisch	秘鲁语
tartarische Mandschu-Sprache	鞑靼人的满族语
Delaware-Sprache	特拉华语
Lautverschiebung	语音迁移
Sprachbegabung	语言天赋
die lappische Sprache	拉普兰语
Inschrift	金石文字

20．论汉语的语法构造

1826 年 3 月 20 日宣读于柏林科学院

　　研究汉语通常注重的是汉字的特点及其与语言之间的联系，对汉语本身的语法构造关注较少。但汉语的语法构造极为特殊，并非某种语言的变体（Abart），而是在所有语言的不同语法中自成一类。

　　读一段汉语给人的第一印象是，汉语的语法构造似乎与所有已知的其他语言相距甚远。其中尤其与通常所说的古典语言相对立，因此在论述汉语与其他语言的差异时，我指的主要就是古典语言。

　　我认为汉语与其他语言最根本的差异在于，汉语不根据语法范畴来确定词之间的联系，其语法不以词的分类为基础，而是通过其他方式来展现思想的联系。其他语言的语法由两部分组成，即词源部分和句法部分，而汉语的语法只有句法。在其他语言中，要理解一个句子，首先要分析词的语法属性，然后据此由词构成句子，而这在汉语里是行不通的。汉语必须借助字典来理解词义，其句子的结构完全取决于词义、词序和上下文。

　　语法上词可以分为名词、动词等，这种分类源于以词的形式对思想进行剖析，是用前后连接的词来表达思想单位的一种辅助手段。作为对语言起决定作用的内在规律，词的语法分类潜藏于人的心灵，多大程度上能够通过语言表达出来，取决于每种语言的语法性质。如果没有这样的分类，言语将变得无法理解，人也无法借助语言进行思维；但在不同的语言中，词类划分的普遍性和确定性程度有所不同，这取决于多元组合句的构造形式和种类。因为语法形式决定了单个词与整个句子的关系，如果一种语言的句子冗长复杂，那么词进行分类所需的语法形式就必须丰富细致；相反，如果一种语言仅限于使用尽可能简单的句子，则只需最表面、最一般的分类范畴。如果注意到，汉语不同的言语成分（Redetheile）既可以充当句子的主语，也可以充当谓语；非常简单的句子即可满足言语的需要，只是忽略了言语成分之间的细微差别，仅表达较为普遍的、逻辑的而不是语法的意义，那么这两种方法的区别就一清二楚了。

将词划分成确定的、带有自身标记的类型，我认为这一点源于拥有语言的人的自然倾向；人将词看作真实的个体，将其视为类似于现实的对象。有一定数量的词在本质上就具有名词、形容词或动词的意义，它们表示独立的生命、特性或行为。但同一个词可以属于不同的范畴，如动词可以用作名词，反之亦然；有大量的词属于这样一种类型，它们只指称概念，但可以用不同的方式去理解。如果词通过标记或其他方式能够明确归于一类，那么语言就有了真正的词类，因其由语言且为语言而建构。虽然不影响言说的理解，但如果词的分类并不确定，那么就不存在真正意义上的语法词类，因为这样的分类出自词表达的内容。这是具象（Materie）和抽象（Form）的区别，一个有动词意义的词还远不是动词。

一种语言中即便不是每个词都有明确的语法分类，其所有的词也必定具有语法价值。但这种语法价值或者完全取决于词所表达的意义；或者当词同属两个词类时，就取决于语言的使用，正如汉语中所常见的那样，可以根据词在句中的位置，甚至仅仅根据上下文的意义分析而得。由于没有标记，词便没有外部变化，又因其能以不变的形式归属于不同的词类，所以词与其类别属性便没有结合在一起。

语法比语言的其他任何部分都更深地隐藏于言说者的思维方式之中。每个人都会把自己母语的语法观念带到外语中去，如果这种语法观念更完善、更详细，便会将其运用到外语之中。如果考虑语言使用的所有因素，那么无论什么语言，其句子中的每个词自然都可以被赋予语法形式。但母语者是否也是这么认为的，则完全是另外一回事；一种通过解释附加给语言的语法必须与语言本身所固有的语法仔细地区分开来。而真正存在于语言本身的只有这种语法，它通过屈折变化、语法词、有规律的词序得以明确标记；或作为必要手段，在组织句子和构成言语时得以确切显示。

上述所有都与语法表达的准确性有关。词的语法分类越精细，语法表达的准确度就越高。词的分类源于对由语言所表达的思想所进行的仔细剖析，这是语言作为官能（Organ）的固有功能。词的分类可以触及思想转化为词的直接过程。

每一个逻辑判断都可以看作是在表达两个概念的一致性或不一致性，亦即看作是一个数学等式。语言通过合成的方式将两个概念连接起来，赋予了这种原初的思想形式以语言所特有的形式，也就是借助屈折动词使一个概念事实上成为了另一个概念的属性，而通过这种方式，动词便也成为了语言的核心。

由此可见，语言原初就具有拟人化（Prosopopoee）的特点，且愈演愈盛：一个理想化的事物，即一个词，被想象成主体，描述为主动的行为者或被动的接受者，而发生在心灵内部的活动，即判断一个对象的陈述，则作为属性从外部添加与这个对象。语言这一似乎极富想象力的特点必不可少、毋庸置疑地存在于所有的言说活动之中，只不过有的民族运用得较为广泛，有的民族则相对较少。古典语言在运用这种拟人化方面达到了极致，而中国人对此的运用则仅限于满足言说和理解的基本需要。

因此，不同民族构建语言有两条非常不同的道路。一条是依靠概念之间的关系，不可避免地要求表达尽可能地清晰明确，尽可能地避免涉及语言作为思想的官能和工具所具有的特殊本性；另一条则是首先把语言当成工具来塑造，注重语言表达思想的特殊方式，使语言作为一个理想世界尽可能在所有方面都与现实世界相符。

　　词性的标记便是一个例子。这种标记本身也许并不十分合乎逻辑，因为它将词看作个体，将语言当成了一个独立的世界，而产生的根源在于后来构建多元复合句所需的语法上的操作优势。但只有当一个民族用词语表达思想时，特别关注语言为思想所添加的东西，才会重视这样的标记。

　　如果对词的语法形式没有一点最起码的模糊感觉，那么就不可能言说。但我相信，我们可以大大压缩多元复合句的构造，使之成为最简单的句子，这样的话仔细区分词类就没有必要了；我们也完全可以放弃那种语法体系，它要求将每个词，脱离了语境、只按其本身的特性都归入一个语法范畴并予以标记；而最终，语言的句子可以非常接近于数学等式。然而，倘若一个民族并不谋求语法形式的完整体系，那么无论什么语法形式，它的概念也就无以确定，因为就像任何一个有机体，不然就会从一种形式的概念衍生出所有其他形式的概念。

　　中国人通常不确定词准确的语法形式，他们也无须去确定，因为他们的语法概念对此并无要求。他们可以把动词当作纯粹的系词来使用，而无须添加时间限定，因为这对一般的句子而言反而会显得不合情理。同样，也极少需要说明动词是主动还是被动，并可以用同一个动词形式表示这两种语态。所有这些情况古典语言都需要借助特殊手段，以便赋予具有确定形式的概念以普遍性。

　　我们的语言可以通过屈折动词来辨别句子单位；有多少屈折动词，就有多少句子。

　　不考虑词之间的语法关系，汉语所有的词都只是表达意义的概念。即便在言语连接中，汉语词也都像梵语的根词一样处于独立纯粹的状态（*in statu absoluto*）。

　　从语法上讲，汉语没有屈折动词，甚至根本没有语法意义上的动词，而只有动词概念的表达，这样的动词始终具有跟不定式类似的不确定形式，事实上介于动词和名词之间。是否该将汉语所谓的动词确实看作屈折动词或句子的系词，抑或将其看作省略了名词性动词的句子谓语，仍存在疑问。但后者可能更符合汉语的精神。其他语言，即便是不太发达的语言，如美洲语言、巴斯克语、科普特语、南岛语言等，都是通过人称、经常也包括事物，以及时态、及物和不及物、使役（factitiv）等形式来标记连接句子的动词，并由此产生屈折变化，使之区别于单纯的动词性概念。而汉语动词本身没有这样的变化形式，主语和补足语是各自独立的词；时间完全不是，或者说至少不是对动词进行语法标记的附加形式，而只有在上下文需要时才加以表明。整个句子很少偏离数学等式这样的形式。

也许会有异议认为，"父道"（父亲说）这个表达跟英语 *they like* 一样也有屈折动词。事实上几乎所有语言，尤其是英语，都存在个别类似汉语的表达。然而区别显而易见，因为 *like* 在其他情况下具有屈折变化，而英语整个语言构造也以词的语法分类为基础。

此外也难以断定，汉语句子从哪里开始，又在哪里结束。翻译时两个或更多的句子往往被看是一个句子。如《中庸》中：

文武之政，　布在方 [策]。

可以翻译为 Die Verfassung des Wón und Woù steh gordnet in Büchern（"文王武王的政令井然有序地记录于书中"），或者 Die Verfassung des Wón und Woù ist geordnet ud steht in Büchern（"文王武王的政令井然有序，并记录于书中"）。汉语里几乎所有被认为是介词的词实际上是动词性的，可以在结构上形成两个单独的句子。雷慕萨（Rémusat）将"以天下予人"翻译成拉丁文的 *ex imperio donare hominem* 和法语的 *donner l'empire à un honeme*（"把君权交给某人"）。但汉语原句中既没有介词，也没有三格（这是汉语中很难表达的格）。这句话的字面意思是："拥有天下，赠与他人。"

从上文可以看出，名词和动词无法完全加以区分。而语助词"之"则使动词和名词概念变得更加容易混淆。如果该语助词位于两个名词之间，那么第一个名词为属格；如果位于名词和动词之间，则表示名词作为主语支配动词。事实上，如果忽略严格的语法限定，可将不定式形式的动词看作名词，这样主语的主格形式就变为了属格形式；例如，有些语言里动词借助物主代词（Besitzpronomen）来变位（"我的食物"代替"我吃"）。值得注意的是，汉语的名词用作动词时经常会有不同的重音，就像双音节的英语名词那样（*the cónduct, to condúct*）。但汉语的名词并未由此变成了动词，只是表达了动词的概念而已。

汉语根本无需问及语法形式，这一点孔子的《四书》，这是由孔子的学生整理并流传至今，其中《中庸》的标题就可以证明。雷慕萨将《中庸》译为 *medium constans*（拉丁语）和 *l'invariable milieu*（法语）。"庸"在这里不能看作是形容词，因为按照汉语的词序，形容词应置于被修饰的名词前。汉语用"中"和"庸"两个词所要清楚明确表达的是：坚持中间道路，而"坚持"的普遍意义由"中间"来加以限定。"庸"是译为拉丁文的 *perseverantio*（作为动名词）、*perseverantia* 还是 *perseverare*，甚至是 *perseverant*，则完全无法确定。实际上雷慕萨在另一处真的将"庸"当作屈折动词来翻译："小人之中庸"译为 *parvi hominess medio constant*（小人在中间坚持）。这个句子汉语只是将"小""人""中间""坚持"这几个概念依次排列，语助词"之"表明，前两个词合在一起应与后两个词有所联系；同时由于没有否定词，所以表示这双方具有一致性。汉语没有更多的语法手段，但也已经足以表达思想了。"庸"是否的确如雷慕萨翻译的那样是屈折动词；在后面两个词之前应该添加一个名词性动词，还是像雷慕萨在另一完全相同的情况下所说的那样添加别的动词，使"庸"成为分词或不定式，对此汉语语法无法解答，也并不关注。

汉语的"大哭道"可以译成如下几种形式：

valde ploravit, dixt

valde plorans dixit

valde ploraudo dixit

cum magno ploratu dixit

但汉语只是表达了，某个人哭了并说了。

对此有人可能会提出异议，认为这类句子表面看虽有不同的理解，但母语者却只会有一种理解，他们可以根据语言使用的经验直觉加以辨识和把握。然而不可否认的事实是，汉语的词语本身并不具有可以判断哪种译法更可取的特征；同时我们也可以肯定地认为，如果一种语法关系为一个民族的精神所青睐，就会在语言中得到相应的体现，反之，一个民族的语言如果缺少这种语法关系，那就毫无疑问地说明它并没有受到关注。因为所有的言说本质上都是通过精确的分音节将飘忽不定的思想固定下来，因而，凡是心灵想要用清晰明确的语言来表达的内容，都必须以某种方式找到相应的语言符号。

无论以哪种方式来看，汉语都不具有屈折变化。唯一的句法手段是语助词（语法词），以及语序。但即便是这两种手段，似乎也很难称之为语法形式，因为它们是以其他方式来引导理解的。

上文提到的"之"是汉语中最接近于格概念（为了避免提到屈折变化）的语助词。短语"天之命"中，"之"可能只是明确地表示了属格，或者类似于德语的 *von*、法语的 *de*、英语的 *of* 这些介词的语助词。但当"之"位于主语后面、动词前面时则表示主格，位于动词后面则表示宾格。汉语属格的表达常常不用语助词"之"，而"之"在很多情况也不表示属格，如：

- 连接主语和动词。
- 将名词性动词以及其他的不及物动词跟谓语连接起来。
- 连接主语及其定语,作用类似于名词性动词。
- 构成形容词,作用类似于定冠词。
- 作为代词指代动词支配的不明确的对象。
- 作为关系代词使用。

在所有这些不同的功能中,"之"都兼具分离和联结的作用,且必须将这两种作用视为紧密地结合在一起的。当"之"位于属格和支配属格的词之间时,这两个词并非同位关系,而是独立的,但同时又是相互依存和联系的。同样,"之"一方面将主语和动词联系起来,一方面又事先将两者分开;如果没有"之",按照汉语的词序规则,动词之前的词就会被归入一般的副词范畴。所有使用"之"的情况,虽然言语意义不同,但都可以按照紧随其后的成分去引导理解。该语助词同时又可用作代词,如"王惩之"、"之谓"。这是"之"的本义;当"之"(作为所谓的属格标记或其他)表达联结作用时,我看不出除了这种本义还有其他什么意义。言者不是一气呵成把话说完,而是在句子结构发生转折时突然停顿,然后在继续下文之前喊出"这个!",以便让听者再次关注之前的内容。因此,"之"通常只用在缺少它会造成意义模棱两可的地方。在使用"之"的时候经常难以判断它前面的词是主格还是属格。比如:

"我不欲人之加诸我也。"

可译为 *ego non caypio, hominess addant adme*,但也完全可以译为 *non cupio hominum additionem s.addere ad me*。

"学生衰朽之夫。"

可译为 *studio natus debilis, marcidus sum homo*(*studio natus* 是中国学者自称的惯用方式),但译为 *studio natus debilium, marcidorum sum homo* 也未尝不可。同样,"天地之大"根据前后联系的不同也有

两种含义，表示"天和地是恢弘博大的"，或者"天和地的恢弘博大"。同一个句子的不同翻译只是其中所用的语法形式有所不同，但语助词"之"后面的词在意义上均为"之"前面的词所限定，这一点所有的译句都是一致的。该语助词所有的用法都表明，汉语并不对其进行区分；由此可见，汉语的语法观注重概念的确定而不是形式的表达；也就是说，汉语重视概念意义的一致性，但并不关心形式表达上的差异。

简略起见，我不再去剖析汉语其他的语法词，但结果应该相同，这些词同样不是语法形式的标记，而更多的是用来表明思想片段之间的过渡。对于那些没有这种作用的词，如所谓的介词，几乎可以断言，从其原本的实际意义出发，而不是将其看作语法标记，可以更好地理解它们的用法。

因此，在这一点上汉语与我所了解的所有其他非屈折语都有着根本的不同。那些语言的语法词从不脱离其所限定的词，并以这种方式来表达语法形式，同时也显示出了其作为附加语音与名词（Hauptwörter）融合的倾向。因此很多这种语法词可以视为真正的前缀或后缀，有些几乎可以完全看成是屈折形式。而汉语完全不同，其表示时态的词最为清楚地说明了这一点。这些词并不经常伴随动词出现，而总是省略，事实上它们只是表示时间的副词，并不紧连着动词，有时在动词前，有时在动词后，有时与动词之间隔着多个词语。

汉语的词序并没有借助其他语言的语法表达手段，因此无法表明句子中的每个词具有怎样的语法形式，而仅仅只是表明了思想的组成成分。这种情况下，汉语甚至经常缺少一个用来理解的稳固的立足点，即便可以假设，比如主语必须在动词之前，受支配的对象必须在动词之后，但也无法保证，句子一定只有三个词语构成并仅凭词序就可以辨识作为主要成分的动词。因而，汉语的词序再怎么固定，单靠词序也还是不够的，必须始终同时考虑词义和上下文。词序很难说明语法形式，比如可以作主语的不止一类词，在动词之前的不仅可以是主语，也可以是状语等。

严格来讲，汉语里的词序只表明了哪个词决定着另一个词。这可以从两个不同方面来看，即一个概念来限定另一个概念的范围，以及一个概念指向另一个概念。这样限定词位于被限定词之前，而被指向的词位于指向词之后。汉语的整个语法就建立在这两条基本结构规律之上。用我们的方式来说就是：副词位于名词或动词之前；形容词位于副词之后，名词之前；无论哪种言语成分做主语，都位于动词之前；动词位于所支配词之前。

每种语言的语法都有一个明显表达的部分和一个隐藏的、依赖于联想的部分。汉语中前一个部分的比重要比后一个部分小得多。

每种语言都必须借助上下文为其语法服务。但汉语中上下文是理解的基础，通过上下文才能推导出句子的结构。同时，动词本身只有根据其动词性概念才得以辨识。

汉语之所以满足于这样一种语法，是因为其句子的独特形式。汉语的句子大多非常短小，即便看起来较长的句子也可拆分为短句，而这似乎是最符合汉语精神的方法。显然，汉语多元复合句的构造如此的简单，是因为其语法结构不允许构建其他的句子类型。

汉语的惯用语往往不能按字面意思来理解。我们经常需要根据之前的内容来补充理解其意义。比如起连接作用的语助词"而"极少只表示德语里 und（和）的意思。将其翻译为"然而"还是"因而"，取决于所连接的句子之间的关系。以同样的方式，相互关联的句子之间大多不使用连词，因此，句子之间以怎样的方式关联只有从它们的意义和相互关系中才能看出来。

其他语言相互关联的在汉语中却大多独立存在。因此汉语的表达更为重要，并迫使人们通过词语本身去解释它们之间的所有关系。汉语需要听者自己去填补大量的中间概念（Mittelbegriff），因此精神就需要付出更多的劳动去弥补缺失的那部分语法。日常运用中也许可以借助惯用语，其意义已经固定不变，无须再逐字理解，据雷慕萨所言，汉语中惯用语数量巨大。有时候与其说汉语忽略了，还不如说拒绝去表明思想间的联系，因而一个本身就相当于句子的单独的名词可以置于句首，以从中引出之后所要表达的推论。如：

"君子而时中"

这实际上是两个互相关联的句子，表示"智者，因而始终中"。暗含了大部分人的行为与此不同这个意思。雷慕萨将其译为 *sapiens et simper medio stat*，但我的译法准确地对应了汉语的词语。

从这个视角将汉语与其他语言进行对比，就有了以下三种语言类型：

· 汉语：没有严格意义的语法标记，或者说基本无任何语法形式标记。

· 印度—日耳曼语言，也许还有其他一些语言：形式标记为其语法的基础，并得到了最完善的发展。

· 除此之外的其他语言：追求语法形式并予以标记，但其语法形式表达尚不完善、也不适宜，有时欠缺，有时多余，有时则存在缺陷。

汉语以其语法构造的纯粹性、规律性和一致性区别于第三类语言；这些优点无疑使其跻身最完善的语言之列，但汉语又在语言普遍性质允许的范围内，遵循着与这类语言相对立的语法体系，这就使得汉语又有别于这些语言。汉语更不应该与那些野蛮部族不发达的语言相混同，正如雷慕萨所言，这些语言大多语法标记过多，并且有时过于细致。

汉语展现了一种奇特的现象，它因摒弃所有其他语言共同的优势而独具优势。汉语正是通过舍弃许多附加于表达的东西，才更加突显了思想；某种程度上它具有一种独特的艺术，能够直接将概念前后相连，使得概念之间的一致性和对立性不像其他语言那样只是被感知，而是以某种崭新的力量触动、或许是迫使精神去单纯地考察概念之间的关系。由此便产生了一种不依赖于言语内容，在某种程度上不为其他语言所知的、只源于概念形式和排列的纯智力乐趣，而这主要是因为汉语对有意义的独立的概念表达进行了大胆的处理，出其不意地将各自独立的概念表达前后相连，同时摒弃了所有本身不具有意义、只起粘附和连接作用的成分。

汉语与其他具有完善形式标记的语言的区别在于，那些语言赋予了在言语中起连接作用的词以一定的形态，词由此获得的特性会对思想的表达产生作用，并给纯粹的思想内容添加上其本身并没有的某种限定；汉语则不同，它没有使词具有一种可以对思想内容产生反作用的特质，而仅仅停留在了思想内容本身，用词语来表达思想时，也尽可能不借用语言的特性；因而，为了刨根问底我们要问，当语言借助完善的形式标记对思想内容产生反作用时，相应地在心灵中究竟发生了什么？汉语不存在这一反作用，或者作用微乎其微，那么其言说者的精神中又缺少了什么？

要回答这个问题是如此的困难，因而我想说，能够引发上述作用效果的心灵力量是一种想象力，它从根本上力求用语音来表达思想。那些具有完善形式标记的语言，得益于想象力强有力的活动，又对想象力产生较为强烈的反作用。但汉语中想象力和语言之间却不存在这样的相互作用。

由此，完善的语法形式构造其有利的影响会扩展到整个思维系统。这些看似无足轻重的形式为句子的扩展和复合句的构建提供了强有力的手段，从而赋予了精神以自由发挥的空间。思想在头脑中形成一个连续的整体，在一种将所有的词都有机连接起来的语言中便能重新找到这种连续性。通过这两个方面，完善的语法形式构造便具有了双重优势：一方面赋予思想更大的空间和更丰富细腻的色彩，另一方面能够更为准确忠实地表达思想。此外，这样的语法构造使语言形式搭配均衡、语音连接和谐，与思想的需要和心灵的感受相切合。而一种放弃使用语言诸多特性的语法，至少无法在同等程度上赢得这些优势。

综上所述，思想和语言密不可分。相反，如果将两者对立，那么脱离语言外衣的思想会变得更自由、更纯粹，因为语言表达必然会限制和改变思想。虽然脱离了语言就不可能思维，但人还是将思想与词区分开来，并且常常跨越现成语言的局限，这是促使所有内在语言扩展的根源。因此，一旦激发思想和词语的这两种精神活动不再平衡，那么一种活动的增强就会导致另一种活动的减弱。我认为，汉语区别于印度—日耳曼语中最为完善的语言，其深层原因便在于此。

相比其他任何一种语言，汉语要求知性（Verstand）承担的工作更多，只向其暗示概念之间的关系，却剥夺了几乎所有帮助理解的机械手段，甚至连词语的结构也几乎只基于思想的排列顺序和概念的相互限定，汉语唤醒了并滋养着针对纯粹思维的精神活动，并避开一切仅属于表达和语言的东西。有些语言的基本原则是结构中要将所有成分都连接起来，使词的语法形式对思想的表达产生相当大的影响，这样的语言只会在一定程度上、在个别词序中显示出汉语的这种优势。

抛开这一优点，我深信，汉语远远不及这里所比较的那些语言。

思想唯有通过语言才能变得清晰明确，而只有当所有影响思想的因素也能在语言中找到对应的表达，语言的作用才能达到完美。任何一种在表达上尚需补充的语言在此看来都处于不利的境地。

思想在各个方面越是获得个性化的处理，它的活动就越加积极频繁；心灵的各种力量越多地作用于思想的表达，思想的处理也就会越加个性化。显然，那些与汉语的构造相对立的语言更多地属于这种情况。汉语的风格令人惊讶地束缚了语言的这种作用，而构造上与之对立的那些语言则以其完美性令人惊叹，这也正是语言注定要追求的目标。

汉语语法凭借其句子的简短才成为了可能。对于这些简短的句子只区分主语、系词和谓语是不够的，这些纯逻辑的概念还必须由源自语言特性的真正语法来进一步加以限定。我觉得汉语就处于这狭小的边界上。虽然毫无疑问汉语会跨越边界，这也是其语法的艺术性所在，但汉语多重复合句的规模和构建总是要受制于有限的手段。因此汉语驻足于此，而其他语言则沿着自己的道路继续前行。

译词对照表

德语拼写遵照原文，词汇排列按照其在文中出现的顺序

Abart	变体
Redetheile	言语成分
Materie	具象
Form	抽象
Organ	官能
Prosopopoee	拟人化
factitiv	使役
Rémusat	雷慕萨
Besitzpronomen	物主代词
Hauptwörter	名词
Mittelbegriff	中间概念
Verstand	知性